工程建设理论与实践丛书

LUQIAO GONGCHENG
XIANGMU GUANLI YU ZAOJIA KONGZHI

路桥工程
项目管理与造价控制

王 涛 谭艳臣 范俊宗 李桂强 主编

华中科技大学出版社
http://press.hust.edu.cn
中国·武汉

图书在版编目(CIP)数据

路桥工程项目管理与造价控制/王涛等主编. —武汉:华中科技大学出版社,2022.12
ISBN 978-7-5680-8952-4

Ⅰ. ①路… Ⅱ. ①王… Ⅲ. ①道路工程-项目管理 ②桥梁工程-项目管理 ③道路工程-工程造价 ④桥梁工程-工程造价 Ⅳ. ①U415.1 ②U445.1

中国版本图书馆 CIP 数据核字(2022)第 246975 号

路桥工程项目管理与造价控制
Luqiao Gongcheng Xiangmu Guanli yu Zaojia Kongzhi

王 涛 谭艳臣 范俊宗 李桂强　主编

策划编辑：周永华
责任编辑：叶向荣
封面设计：王　娜
责任监印：朱　玢

出版发行：华中科技大学出版社（中国·武汉）　　电话：(027)81321913
　　　　　武汉市东湖新技术开发区华工科技园　　邮编：430223
录　　排：华中科技大学惠友文印中心
印　　刷：武汉科源印刷设计有限公司
开　　本：710mm×1000mm　1/16
印　　张：23.25
字　　数：414 千字
版　　次：2022 年 12 月第 1 版第 1 次印刷
定　　价：98.00 元

本书若有印装质量问题，请向出版社营销中心调换
全国免费服务热线：400-6679-118　竭诚为您服务
版权所有　侵权必究

编 委 会

主　编　王　涛（中交路桥华南工程有限公司）
　　　　　谭艳臣（保利长大工程有限公司）
　　　　　范俊宗（保利长大工程有限公司）
　　　　　李桂强（深圳市交通公用设施建设中心）

副主编　王宜葵（保利长大工程有限公司）
　　　　　辛玉霞（佛山市南海区西岸水利市政工程有限公司）

编　委　贾广平（陕西省渭南市公路管理局）
　　　　　孙晓迈（中铁十四局集团第一工程发展有限公司）
　　　　　王志伟（中铁十九局集团物资有限公司）
　　　　　王清平（成都华川公路建设集团有限公司）
　　　　　杨明新（深圳市市政工程质量安全监督总站）

前 言

近年来,随着我国路桥交通事业的不断发展,路桥建设规模也在逐渐扩大,建设投资连年增长,建设项目数量增加,建设速度加快。在路桥工程建设领域,新的理念、新的技术和新的管理制度不断涌现,路桥工程建设在项目管理、技术规范、质量标准、造价管理等方面发生了许多变化。

本书以项目管理与造价控制的知识体系为理论框架,结合路桥工程项目管理领域与造价控制领域的专业知识和实践经验以及相关的管理规范,立足于路桥工程项目管理和造价控制的全过程,分析项目进行过程中主要参建单位对项目管理、造价控制的需求和操作内容。本书旨在为我国路桥管理和造价领域的工程管理人员、造价人员和科研教学工作者提供一本全面、简洁、实用的工程项目管理及造价控制参考书,希望能够有助于提高交通行业的路桥工程管理水平和造价水平。

本书详细地介绍了路桥工程项目管理和造价控制的基本理论和技术方法。全书共有9章,具体内容包括路桥工程项目管理概述、路桥工程项目进度管理、路桥工程项目质量管理、路桥工程项目施工成本管理、路桥工程项目合同管理、路桥工程项目施工安全管理、路桥工程项目环境管理、路桥工程造价管理基本内容和路桥工程全过程造价管理等。

本书涉及面较广,而编者知识水平有限,书中难免有疏漏之处,欢迎广大读者批评指正。

目 录

第1章 路桥工程项目管理概述 (1)
- 1.1 路桥工程项目管理 (1)
- 1.2 项目管理组织 (6)

第2章 路桥工程项目进度管理 (19)
- 2.1 项目进度管理概述 (19)
- 2.2 项目进度计划 (24)
- 2.3 项目进度控制 (38)

第3章 路桥工程项目质量管理 (42)
- 3.1 项目质量管理概述 (42)
- 3.2 项目质量控制 (51)
- 3.3 项目质量事故分析与处理 (57)

第4章 路桥工程项目施工成本管理 (65)
- 4.1 项目施工成本管理概述 (65)
- 4.2 项目施工成本的预测与计划 (76)
- 4.3 项目施工成本的控制与核算 (80)

第5章 路桥工程项目合同管理 (85)
- 5.1 项目合同管理概述 (85)
- 5.2 项目建设阶段合同管理 (92)
- 5.3 路桥工程变更与索赔 (95)

第6章 路桥工程项目施工安全管理 (111)
- 6.1 项目施工安全管理概述 (111)
- 6.2 施工安全管理问题与管理措施 (116)
- 6.3 工程安全事故处理 (123)

第7章 路桥工程项目环境管理 (136)
- 7.1 项目环境管理概述 (136)
- 7.2 路桥工程项目环境管理流程 (142)
- 7.3 实施项目环境管理的策略 (152)

  7.4 施工现场主要环境污染防治措施 …………………………………… (159)
第8章 路桥工程造价管理基本内容………………………………………… (165)
  8.1 路桥工程造价管理概述 ………………………………………………… (165)
  8.2 路桥工程造价计价依据 ………………………………………………… (186)
第9章 路桥工程全过程造价管理…………………………………………… (207)
  9.1 投资决策阶段工程造价控制 …………………………………………… (207)
  9.2 设计阶段工程造价控制 ………………………………………………… (250)
  9.3 招投标阶段工程造价控制 ……………………………………………… (289)
  9.4 施工阶段工程造价控制 ………………………………………………… (318)
  9.5 竣工阶段工程造价控制 ………………………………………………… (348)
参考文献……………………………………………………………………… (361)

第 1 章　路桥工程项目管理概述

1.1　路桥工程项目管理

1.1.1　路桥工程与工程项目管理

1. 路桥工程

路桥工程包括施工过程中所进行的勘测、设计、工程实施、养护管理等一系列工作。路桥工程具体涵盖路基工程、路面工程、桥梁工程、涵洞工程、挡防工程、交通安全工程、绿化工程等。路桥工程构造物涵盖路基、路面、桥梁、涵洞以及隧道，包括排水系统、安全防护设施、绿化和交通监控设施，以及施工、养护与监控使用的房屋、车间和其他服务性设施。

路桥工程是在多变的自然和社会环境中进行的，其建设周期长、投资金额大，在技术水平方面也有很高的要求，是内部结构繁复、外部联系面广泛的一类建设施工项目。路桥工程实施一般包含规划、勘察设计、施工、养护四个过程。这四个过程按路桥工程实施进展可以划分为事前、事中以及事后三个阶段：事前阶段有规划、勘察、设计等工作，着重把握决策和设计；事中阶段侧重施工工作；事后阶段侧重养护工作。这三个阶段的主要任务不同且各具特色，应当要求不同的主体来把握不同阶段的具体工作。从整个项目的宏观层面来说，这几个阶段之间有一定的关联性，无论哪一个因素发生变化，都可能会使其他因素随之产生变化，并且可能会对项目的目标达成效果也造成一定影响。所以，在项目实施期间，各个阶段的协同配合是需要着重把握的内容。

2. 工程项目管理

1）项目

项目指的是，因为资源的限制，以特定组织形式，在特定的时间范围内，秉承着特定的目标,由多个利益主体以各种复杂并有一定关联性的活动形式,在具体的时间要求、预算要求和资源要求中,以满足相应的质量、性能和数量要求为基础而去有序落实的一次性任务,可理解为为达成一致性目标的所有活动的总称。美国项目管理学认为,项目是为提供某项独特产品或服务所做的一次性努力。英国项目管理学认为,项目是为了在规定的时间、费用和性能参数下满足特定目标而由一个人或组织所进行的具有规定的开始日期和结束日期、相互协调的独特的活动集合。对于项目的定义,永远都离不开以下几个因素,即质量、时间、范围、成本及资源。很多研究学者也对项目的定义提出了自己的观点,这些观点有一定的区别,目前较为常见的有工作报告、提案、项目章程以及项目数据表之类。在白思俊的著作《现代项目管理概论》中,城市建设、经济建设、民生建设、文化建设、政策制定、改革方案等都属于项目。

2) 项目管理

项目管理就是因特定的资源条件限制,基于有效的方式、科学的观点和理论,按照项目特点和规律对项目展开的整体实施与管理工作。在这一概念中,项目涵盖由项目决策开始直到项目结束的整个过程中的所有工作,具体有项目的协调组织、规划、实施、控制、评价等,通过对这些方面的工作进行有效把控,可以有效保证项目的顺利落实,并最终达成项目建设的目标。这类系统的管理方式将项目当作核心对象,并将临时的灵活性组织当作媒介,从而提高项目的规划、控制和实施效率,达成项目目标的有效协调和优化的效果,同时对项目实施的整个过程展开全面的动态管理工作。这种涉及项目整个周期的管理不仅有很强的规律性,还较为经济,能够让项目的组织、规划、控制效率都得到明显提升,并且可以在特定的时间范围内,保证项目的顺利实施,达成既定的目标,符合既定的时间与成本要求。

项目管理需要存在相应的动态性,在项目推进的全过程中,为了保证项目的最终实施效果符合既定要求,并使项目在落实期间保持良好的运行状态,就需要对项目的相关资源进行优化配置,有效调整项目关键节点的决策方向,但这些调整都需要保持在可接受的范围内,调整所用到的相应策略和手段通常都体现在项目策划、评估及核心环节的控制层面,其最大目标就是可以实现既定效果。

3) 工程项目管理

工程项目管理是项目管理的一种,其管理的对象是工程项目,是指用系统工程的理论、观点和方法,对工程项目进行有效的规划、决策、组织、协调、控制等系统性的、科学的管理活动,从而按工程项目既定的质量、工期、投资额、限定的资源和环境条件圆满地实现工程项目建设目标。

通常来讲,工程项目管理有以下几个特征。

(1)创新性。

在项目设计、施工和投入生产的环节,应当进行有效创新,通过先进工艺和施工手段的应用来实现,这是人们对路桥要求的提高及市场竞争的日趋激烈而导致企业急需壮大造成的,所以,极具创新力、高水平、研究型的项目数量明显增多。

(2)复杂性。

现代工程项目的参与方更多、建设规模更大、投资体量得到进一步提升,其中还出现了很多国际性的合作项目,合同条款更为烦琐,对专业技术水平也有了更高的要求。

(3)不确定性。

现代工程项目在建设期间面临着多方面因素的影响,除了外部政治、经济、自然环境的干预,项目自身也存在很多的不确定性,使得项目在建设期间的管理和控制工作面临诸多困难。

(4)严格性。

因为市场竞争相当激烈,为提高工程的整体质量,现代工程项目常采用多方面合作的方式,各投资方对项目规划的准确性有了更高的要求,对项目建设费用、工期、质量方面的要求也更加严格。

1.1.2 路桥工程项目管理

1. 路桥工程项目管理的概念

路桥工程项目管理可以视作路桥工程实施全过程所有阶段管理工作的整合,以深入交流设计、实施、协调管理、运行、评价等方面的具体意见为基础,使项目的各个参与主体达成一致性意见,从而保证项目整体收益水平的提升。路桥工程项目管理除了从运营的角度对路桥项目进行规划,还从项目实施的层面寻求建设期和运营期的平衡点,另外,路桥工程项目管理还加强了路桥工程各个时期的有效关联,所以,可以保证有效控制项目损失的同时,在一定程度上提升项目绩效。

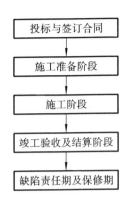

图 1.1 一般路桥工程项目管理的程序

2. 路桥工程项目管理的过程

路桥工程项目管理是指路桥建设企业运用系统工程的概念、理论和方法,通过计划、组织、控制、协调、信息反馈等手段对施工项目进行全过程的全面管理。其管理主体是项目经理部,客体是路桥工程项目。一般路桥工程项目管理的程序分为以下5个阶段(见图1.1)。

(1) 投标与签订合同阶段。

本阶段的主要工作如下:收集招标信息,做出是否投标争取承包该项目的决策;确定投标后收集资料,分析招标、投标形势;编制项目管理规划大纲;编制既能盈利,又有竞争力的投标书;如果中标则与招标人进行谈判,依法签订平等互利的工程施工承包合同。

(2) 施工准备阶段。

工程施工承包合同签订后,即进入施工准备阶段。主要工作如下:选定项目经理、成立项目经理部、配备管理人员;企业法定代表人与项目经理签订"项目经理目标责任书";编制项目管理实施规划;进行施工现场准备,包括技术、物资、人员、场地、施工组织等;提交开工申请报告,待批开工。

(3) 施工阶段。

施工期间按"项目管理实施规划"进行管理。主要工作如下:按承包合同要求组织施工;对施工活动进行动态控制,保证质量、进度、成本、安全等目标的实现;加强施工现场管理、保护环境,实行文明施工;严格履行施工合同,协调各方关系,做好工程变更、延期、索赔、调价等工作;做好施工原始记录。

(4) 竣工验收及结算阶段。

本阶段的主要工作如下:自行组织初验,如发现问题应及时修竣;接受业主组织的交工验收;整理、移交竣工文件,进行工程款结算工作,编制竣工总结报告;办理工程移交手续;企业对项目管理工作进行考评;项目经理部解体。

(5) 缺陷责任期及保修期。

在竣工验收中,按施工承包合同规定的责任期,根据"工程质量保修书"的约定进行项目维护、保修、回访以及必要的技术咨询、观察等活动,保证项目的正常使用。

3. 路桥工程项目管理的管理模式

路桥工程项目管理的实施主体是项目经理部,由项目经理及其组建的项目经理部对整个项目实施管理。其管理目标和任务是,在确保施工承包合同规定工期和质量要求的前提下,降低成本。质量、工期、成本三者之间相互制约,项目的管理就在于求得上述三大目标的和谐统一,因此施工项目管理的任务是合理组织项目的施工过程,充分利用人力、物力等施工资源,有效使用时间和空间,保证施工的综合协调,按期、保质并以较低的工程成本完成项目施工任务。一般项目经理部需要协调内外部关系以保证项目的顺利进行。在外部关系中,项目经理部需要协调总分包关系,与劳务作业层的关系,公共关系(建设单位、设计单位、监理单位、质量监督站等),与政府主管部门、行业管理部门的关系等。在内部关系的管理和协调中,项目经理部需要制定相应的管理制度,应用科学的管理技术和方法进行项目人员管理和项目要素管理。项目经理部需要制定项目管理人员岗位责任制度,计划、统计与进度管理制度,技术、质量、安全管理制度,材料与机械设备管理制度,成本核算制度,现场管理制度,分包及劳务管理制度,分配与奖励制度,例会及施工日志制度,组织协调制度,信息管理制度等。路桥工程项目管理模式示意图见图1.2。

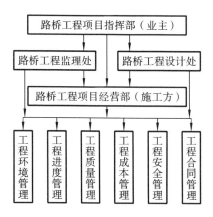

图 1.2　路桥工程项目管理模式示意图

项目经理部通常采用目标管理的方法对项目及其要素进行管理。目标管理以被管理活动的目标为中心,将经营活动和管理活动的任务转换成具体的目标,运用现代管理技术和行为科学,借助人们的事业心、能力、自信等实施自我控制,促进目标实现,从而完成经济活动的任务。施工项目目标管理程序如下。

①确定项目组织的任务及各层次、各部门的分工,提出完成施工任务的要求和工作效率的要求。

②把项目的任务转换成具体的目标,包括成果性目标(质量、进度、安全等)和效率性目标(成本、劳动生产率等)。

③落实目标。具体落实目标的责任主体及相应的责、权、利,进行检查与监督的责任人及手段,实现目标的保证条件等。

④协调和控制目标的执行过程。如有偏差,应及时分析和调整。

⑤把目标的执行结果与原计划目标进行对比,评价目标管理的好坏。

项目经理部项目要素目标管理示意图见图1.3。

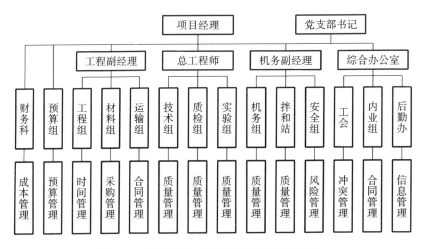

图1.3 项目经理部项目要素目标管理示意图

1.2 项目管理组织

1.2.1 组织论与组织结构模式

1. 组织论

组织论是一门传统的学科,主要研究系统的组织结构模式和组织分工,以及组织工作流程(见图1.4),它是与项目管理学相关的一门非常重要的基础理论学科。然而,我国在20多年来的学习和推广项目管理的过程中,对组织论的重要性和它的应用意义还没有足够的重视。

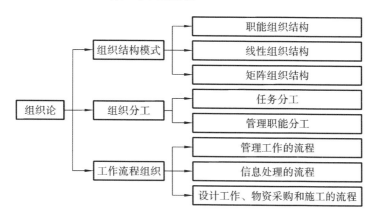

图 1.4 组织论的基本内容

2．组织结构模式

(1) 职能组织结构(见图 1.5)。

职能组织结构是一种传统的组织结构模式。在职能组织结构中，每一个工作部门可能有多个矛盾的指令源。在图 1.5 所示的职能组织结构中，A 可以对 B1、B2、B3 下达指令；B1、B2、B3 可以对 C5 和 C6 下达指令。C5 和 C6 有多个指令源。

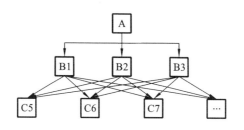

图 1.5 职能组织结构

职能组织结构的优点如下。

①这种结构有利于同一部门的专业人员一起交流知识和经验，可使项目获得部门内所有的知识和技术支持，对创造性地解决项目技术问题很有帮助。

②在人员的使用上具有较大的灵活性。不同专业技术人员可以被临时调配使用，工作完成后又可以返回他们原来的工作岗位。

③具有较广泛专业基础的技术专家可同时参加不同的项目。

④当有人员离开项目组或者离开公司时，职能部门可作为保持项目技术持

续性的基础。

⑤将项目作为部门的一部分,有利于过程、管理和政策等方面保持连续性。

⑥职能部门可以为本部门的专业人员提供一条正常的晋升途径,项目成员可以考虑自己的职业生涯规划。

职能组织结构的缺点如下。

①调配给项目的人员往往把项目看作他们额外的工作甚至负担,其积极性不是很高。

②项目经常得不到好的支持,与职能部门利益直接有关的问题可能得到较好地处理,而那些超出其利益范围的问题则容易被忽视。

③技术复杂的项目通常需要多个职能部门的共同合作,但他们往往更注重本领域,而忽略整个项目的目标,并且跨部门之间的交流沟通也是比较困难的。

④这种组织结构使得项目及客户的利益往往得不到优先考虑,客户不是活动和关注的焦点。

⑤项目经理只负责项目的一部分,另外一些人则负责项目的其他部分。责任不明确往往导致协调的困难和局面的混乱。

职能组织结构的局限性如下。

在职能组织结构中,每一个职能部门可根据它的管理职能对其直接和非直接的下属工作部门下达工作指令,因此,每一个工作部门可能得到其直接和非直接的上级工作部门下达的工作指令,就会产生多个矛盾的指令源。

图1.5所示的职能组织结构指令传递图中,A、B1、B2、B3、C5、C6和C7都是工作部门,A可以对B1、B2、B3下达指令,B1、B2、B3都可以在其管理的职能范围内对C5、C6和C7下达指令,因此C5、C6和C7有多个指令源,其中有些指令可能是矛盾的。

因此,职能组织结构在工作中常出现交叉和矛盾的工作指令关系,严重影响了项目管理机制的运行和项目目标的实现,从而局限了这种组织结构形式的应用。

(2)线性组织结构(见图1.6)。

线性组织结构来自军事组织系统,在线性组织结构中,每一个工作部门只有一个指令源,避免了由于矛盾的指令而影响组织系统的运行。在图1.6所示的线性组织结构中,A可以对B1、B2、B3下达指令;B1可以对C11和C12下达指令;虽然B2和B3比C11和C12高一个组织层次,但是,B2和B3并不是C11和C12的直接上级,不允许对C11和C12下达指令。在该组织结构中,每一个工作部门的指令源是唯一的。

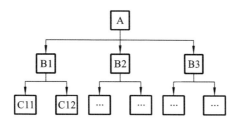

图1.6 线性组织结构

在国际上,线性组织结构形式是工程项目管理组织系统的一种常用形式,因为一个工程项目的参与单位很多,在项目实施过程中矛盾的指令将会给工程项目目标的实现造成很大的影响,而线性组织结构形式可确保工作指令的唯一性。

线性组织结构的优点如下。

①项目经理对项目全权负责,因此他有充分的权利调动项目内外部的资源。

②项目经理避开了直接与公司的高层职能部门进行沟通的情况,使得项目内沟通更顺畅,沟通速度更快,途径更简洁。

③当面对一系列的类似项目时,线性组织可以保留一部分在某些技术领域具有很好才能的专家作为固定的成员。

④由于项目目标的单一性,项目成员能够集中精力,团队精神得以充分发挥。

⑤权力集中使决策速度加快,整个项目组织能够对客户的需要和高层管理的意图做出更快的响应。

⑥这种结构有利于使命令协调一致,每个成员只有一个上司,避免多重领导。

⑦线性组织从结构上来说简单灵活、易于操作,在进度、质量和费用等方面的控制也较为灵活。

线性组织结构的缺点如下。

①一个公司通常有多个项目,而每个项目都有自己的组织,这就使人员、设施和设备重复设置,从而增加了成本。

②为储备项目随时需要的专业技术人员等关键资源而增加了成本。

③将项目从职能部门的控制中分离出来易造成在公司规章制度执行上的不一致性。

④在相对封闭的项目环境中,行政管理上的敷衍时有发生。

⑤项目内部即成员与项目之间、成员之间都有着很强的依赖关系,而项目外部即项目成员与公司的其他部门之间存在沟通困难。

⑥项目成员缺乏归属感,无法顾及自己的职业生涯规划。

线性组织结构的局限性如下。

在该组织结构中,每一个工作部门的指令源是唯一的。但在一个特大的组织系统中,线性组织结构形式的指令路径过长,有可能会造成组织系统在一定程度上运行的困难,另外,组织系统的最高指挥者(部门),即图1.6中A的协调工作量会非常大。

(3)矩阵组织结构(见图1.7)。

矩阵组织结构是一种较新型的组织结构模式。矩阵组织结构设纵向(图1.7矩阵组织结构的X1)和横向(图1.7矩阵组织结构的Y1)两种不同类型的工作部门,因此其指令源有2个。矩阵组织结构适用于大的组织系统。

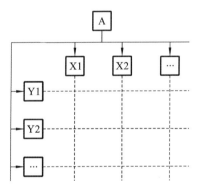

图1.7 矩阵组织结构

为避免纵向和横向工作部门指令的矛盾,因此矩阵组织结构有以下三种运行模式。

①以横向工作部门指令为主的矩阵组织结构,即当纵向工作部门指令和横向工作部门指令发生矛盾时,以横向工作部门指令为主。

②以纵向工作部门指令为主的矩阵组织结构,即当横向工作部门指令和纵向工作部门指令发生矛盾时,以纵向工作部门指令为主。

③横向工作部门的指令与纵向工作部门指令不分主次,即横向工作部门指令和纵向工作部门指令同等重要。

矩阵组织结构的优点如下。

①项目是工作的焦点,项目经理负责管理整个项目,负责在规定的时间、经

费范围内满足项目的要求。

②矩阵组织的项目中会有来自行政部门的人员,他们会在公司规章制度的执行过程中保持与公司的一致性,这至少可以增加公司领导对项目的信任。

③当有多个项目同时进行时,公司可以平衡资源以保证各个项目都能完成各自的进度、费用及质量目标。

④矩阵组织具有项目式组织的长处。项目组织是覆盖在职能部门上的,它可以临时从职能部门抽调所需的人才,所以项目可以分享各个部门的技术人才储备。当有多个项目时,这些人才对所有项目都是可用的,从而可以大大减少直线式组织中出现人员冗余的情况。

⑤项目组成人员对项目结束后的忧虑减少了,虽然他们与项目具有很强的联系,但他们对职能部门也有一种"家"的亲密感觉。

⑥对客户要求的响应与直线式组织一样快捷灵活,而且对公司组织内部的要求也能做出较快的响应。

⑦公司可以在人员及进度上统筹安排,优化整个系统的效率,而不会以牺牲其他项目去满足个别项目的要求。

矩阵组织结构的缺点如下。

①在矩阵组织的项目中,项目经理主管项目的行政事务,而职能部门经理主管项目的技术问题。但在实际工作中,项目经理很难将项目与职能部门的职责及权利划分清楚,项目经理必须针对各种问题,如资源、技术支持及进度等,与部门经理进行谈判,若项目经理缺乏较强的协调能力则会使项目成功的可能性降低。

②多个项目在进度、质量和费用方面能够取得平衡,这既是矩阵组织的优点,又是它的缺点。因为所有的项目可以作为一个整体来考虑,但当资源稀缺的时候,各个项目可能为争夺有限的资源而产生矛盾。每个项目经理都更关心自己项目的成功,而不是整个公司的目标。

③矩阵结构还有多重领导的缺点,项目成员至少有两个上司,即项目经理和部门经理。当他们的命令有分歧时,会令人感到左右为难,无所适从。

矩阵组织结构是一种较新型的组织结构形式,与职能组织和线性组织相比,具有更广的选择范围。其职能部门既可以为项目提供人员,也可以只为项目提供服务,从而使得项目的组织具有很大的灵活性。矩阵组织结构适用于大型的工程项目组织系统,如在上海地铁和广州地铁一号线建设时都采用了矩阵式组织结构形式。

在矩阵组织结构中为避免纵向和横向工作部门指令矛盾对工作的影响,可以采用以纵向工作部门指令为主,或以横向工作部门指令为主的结构形式,这样也可减轻该组织系统的最高指挥者(部门)的协调工作量。

1.2.2 项目管理的组织结构与职能分工

1. 项目管理的组织结构

对一个项目的组织结构进行分解,并用图的方式表示,就形成项目组织结构图(OBS图),或称项目管理组织结构图。项目组织结构图反映一个组织系统(如项目管理班子)中各子系统之间和各元素(如各工作部门)之间的组织关系,即各工作单位、各工作部门和各工作人员之间的组织关系。而项目结构图描述的是工作对象之间的关系。对一个稍大一些的项目的组织结构应该进行编码,它不同于项目结构编码,但两者之间也会有一定的联系。图1.8所示是某高速公路大标段建设项目组织结构图。

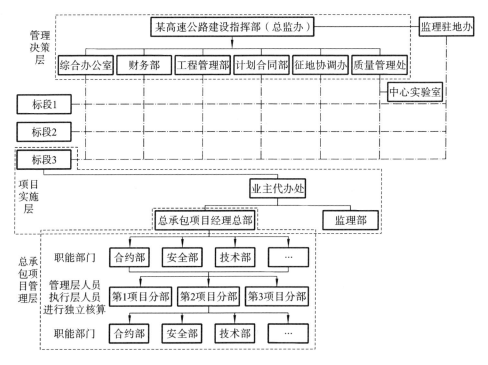

图1.8 某高速公路大标段建设项目组织结构图

一个路桥工程项目的实施除了业主方,还有许多单位参加,如设计单位、施工单位、供货单位和工程管理咨询单位以及有关的政府行政管理部门等,项目组织结构图应注意表达与业主方以及项目的参与单位有关的各工作部门之间的组织关系。

业主方、设计方、施工方、供货方和工程管理咨询方的项目管理的组织结构都可用各自的项目组织结构图予以描述。

项目组织结构图应反映项目经理和费用(投资或成本)控制、进度控制、质量控制、合同管理、信息管理和组织与协调等主管工作部门或主管人员之间的组织关系。

图1.9是某线性组织结构的项目组织结构图,在线性组织结构中每一个工作部门只有唯一的上级工作部门,其指令来源是唯一的。总经理不允许对项目经理、设计方直接下达指令,总经理必须通过业主代表下达指令;而业主代表也不允许对设计方等直接下达指令,他必须通过项目经理下达指令,否则就会出现矛盾的指令。项目的实施方(如图1.9中的设计方、施工方和物资供货方)的唯一指令来源是业主方的项目经理,这有利于项目的顺利进行。

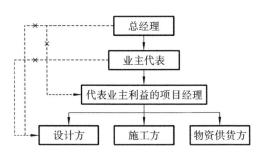

图1.9　某线性组织结构的项目组织结构图

2. 项目管理的职能分工

管理是由多个环节组成的过程:①提出问题;②筹划——提出解决问题的可能的方案,并对多个可能的方案进行分析;③决策;④执行;⑤检查。这些组成管理的环节就是管理的职能。管理的职能在一些文献中也有不同的表述,但其内涵是类似的。

业主方和项目各参与方,如设计单位、施工单位、供货单位和工程管理咨询单位等都有各自的项目管理的任务和其管理职能分工,上述各方都应该编制各自的项目管理职能分工表。

项目管理职能分工表是用表的形式反映项目管理班子内部项目经理、各工作部门和各工作岗位对各项工作任务的项目管理职能分工。

业主方、代表业主利益的项目管理方及工程建设监理方等的管理职能可以用管理职能分工表表示,表 1.1 为某路桥项目的一个示例,表中用英文字母表示管理职能。

表 1.1 某路桥项目管理职能分工表

序号	任务		业主方	项目管理方	工程监理方
设计阶段					
1	审批	获得政府有关部门的各项审批	E		
2		确定投资、进度、质量目标	DC	PC	PE
3	发包与合同管理	确定设计发包模式	D	PE	
4		选择总包设计单位	DE	P	
5		选择分包设计单位	DC	PEC	PC
6		确定施工发包模式	D	PE	PE
7	进度	设计进度目标规划	DC	PE	
8		设计进度目标控制	DC	PEC	
9	投资	投资目标分解	DC	PE	
10		设计阶段投资控制	DC	PE	
11	质量	设计质量控制	DC	PE	
12		设计认可与批准	DE	PC	
招标阶段					
13	发包投资	招标、评标	DC	PE	PE
14		选择施工总包单位	DE	PE	PE
15		选择施工分包单位	D	PE	PEC
16		合同签订	DE	P	P
17	进度	施工进度目标规划	DC	PC	PE
18		项目采购进度规划	DC	PC	PE
19		项目采购进度控制	DC	PEC	PEC
20	投资	招标阶段投资控制	DC	PEC	
21	质量	制定材料设备质量标准	D	PC	PEC

注:P 代表筹划;D 代表决策;E 代表执行;C 代表检查。

1.2.3　项目经理

1. 项目经理的含义

项目经理（project manager）是由项目实施机构任命的，负责项目实施过程管理，领导项目团队实现项目目标的个人。项目经理是对施工项目管理全面负责的管理者，是施工项目的管理中心，是施工项目责、权、利的主体。

项目经理是项目总体的组织管理者，即项目中人、财、物、技术、信息和管理等所有生产要素的组织管理人。不同于技术、财务等专业负责人，项目经理必须把组织管理职责放在首位。首先，项目经理必须是项目的责任主体，是实现项目目标的最高责任者，且目标的实现不应超出限定资源条件。责任是实现项目经理负责制的核心，它促成了项目经理工作的压力，是确定项目经理权力和利益的依据。对项目经理的上级管理部门来说，最重要的工作之一就是把项目经理的压力转化为动力。其次，项目经理必须是项目的权力主体。权力是确保项目经理能够承担起责任的条件与手段，因此，权力的范围必须视项目经理责任要求而定。最后，项目经理必须是项目的利益主体。利益是项目经理的工作动力，是项目经理因负有相应的责任而得到的报酬，所以利益的形式及利益的多少也应视项目经理责任而定。如果没有一定的利益，项目经理可能就不愿负有相应的责任，也不会认真行使相应的权力，因而难以处理好企业和职工的利益。因此，要处理好项目经理责、权、利三者的关系，首先要明确责、权、利的内容，只有这样，才能从实际出发把本企业项目经理的责、权、利三者关系处理好，带动企业经济发展。

2. 项目经理的职责与权力

1）项目经理的职责

项目经理的主要职责包括组建项目团队，进行责任分工，制订项目的进度、成本、质量计划，控制项目的进度、成本、质量，控制项目风险，协调相关工作，考评项目成员的工作绩效等。具体如下。

（1）在国家规定方面。

①贯彻执行国家及工程所在地政府有关法律、法规和政策，执行企业各项管理制度。

②严格财经制度，加强财经管理，正确处理企业与个人利益关系。

③执行项目承包合同中由项目经理负责履行的各项条款。

④对工程项目施工进行有效控制,执行有关技术规范和标准,积极推广应用新技术,确保工程质量和工期,实现安全、文明生产,努力提高效益。

(2)在本企业规定方面。

①认真贯彻本企业制定颁发的各项规章制度,维护企业和职工利益,确保公司下达的各项经济技术指标的全面完成。

②对项目范围内的各单位工程和相关工程组织内外发包,并对发包工程的进度、质量、安全、成本和文明施工等进行监督管理,考核验收,全面负责。

③组织编制工程项目施工组织设计,包括工程进度计划和技术方案,制订安全生产和保证质量措施,并组织实施。

④根据公司年(季)度施工生产计划,组织编制季(月)度施工计划,包括劳动力、材料、构件和机械设备的使用计划。

⑤科学组织和管理进入项目工地的人、财、物资源,协调分包单位之间的关系,做好人力、物力和机械设备的调配与供应,及时解决施工中出现的问题,保证履行与公司签订的承包合同,提高经济效益,圆满完成任务。

⑥组织制定项目经理部各类人员的职责权限和各项规章制度,搞好与公司机关各职能部门的业务联系和经济往来,定期向公司经理报告工作。

⑦严格财经制度,加强财务、预算管理,推行多种形式的承包责任制,正确处理国家、集体、个人三者间利益关系。

2)项目经理的权力

在项目管理中,项目经理的权力主要来自上级的授权,即公司(或公司高层经理)为完成项目目标所赋予他的权力。项目经理应具有哪些权力取决于项目经理的职责要求。根据权力与责任相称的原则,职责越大,要求赋予的权力越大;反之亦然。为了确保项目经理能够履行其职责,项目经理一般应具有下列权力。

(1)用人决策权。

项目经理应有权决定项目管理机构班子的设置、选择、聘任有关人员,对班子内的成员情况进行考核监督,决定奖惩乃至辞退,但不能违背企业人事制度。

(2)财务决策权。

在财务制度允许范围内,项目经理应有权根据工程需要和计划安排做出投资动用、资金流动周转、固定资产购置、使用、大修和计提折旧的决策。对项目管理班子内的计酬方式、分配办法、分配方案等做出决策。

(3) 进度计划控制权。

项目经理应有权根据项目进度总目标和阶段性目标要求,对项目建设进度进行检查、调整,并在资源上进行调配,从而对进度计划进行有效控制。

(4) 技术质量决策权。

项目经理应有权批准重大技术方案和重大技术措施,必要时召开技术方案论证会,把好技术决策关和质量关,防止技术上决策失误,主持处理重大质量事故。

(5) 设备、物资采购决策权。

项目经理应对采购方案、目标、到货要求乃至供货单位的选择、项目库存策略进行决策,对由此而引起的重大支付问题做出决策。

(6) 管理权。

①组织项目管理班子。

②以企业法定代表人的代表身份处理与所承担的工程项目有关的外部关系,受委托签署有关合同。

③指挥工程项目建设的生产经营活动,调配并管理进入工程项目的人力、资金、物资、机械设备等生产要素。

④选择施工队伍。

⑤进行合理的经济分配。

⑥企业法定代表人授予的其他管理权力。

此外,为保证企业利益的实现,项目经理还应具备以下权力:在洽谈业务、签署和洽商有关业务性文件方面,要有权以法人代表委托代理人的身份与建设单位洽谈业务;在经营决策和生产指挥方面,要对进入现场的人、财、物有统一调配使用的权力;在人事、分配方面有内部承包方式的选择权,工资、奖金的分配权以及按合同有关规定对工地职工的辞退、奖惩权。

3. 项目经理的工作内容

项目经理是经承包人的法定代表人授权对工程项目施工过程全面负责的项目管理者,是承包人在施工项目上的委托代理人。在完成项目施工任务的过程中,项目经理是最高领导者、决策者和组织者,是项目管理的第一责任人。因此项目经理是施工项目目标的全面实现者,在授权范围内对业主直接负责,在企业内部要对企业的效益负责。其主要工作内容见表1.2。

表 1.2 项目经理主要工作内容

工作职能	工作内容描述	运用的知识、管理方法及工具
计划	编制项目管理规划大纲;编制施工组织设计;制定成本控制计划;制定人员、机械、材料使用计划	专业基础知识、系统论、网络计划方法、施工预算、财务成本核算与管理、项目进度管理
组织	组建项目经理部并配备人员;组织经理部各项管理制度的制定;主持项目日常会议,配合例行检查验收	管理学、统筹技术、项目质量管理、项目合同管理、项目冲突管理、项目信息管理
领导	激励项目小组成员的工作;激发项目施工团队、运输和供应分包商积极性;鼓励技术、材料、管理创新	管理学中的激励理论,如需求理论、期望理论和公平理论;领导艺术学的应用等
控制	质量目标控制;进度目标控制;成本目标控制;安全目标控制;信息控制;合同控制;突发事件控制	专业基础知识;全面质量管理;ISO9001:2000 版质量体系;项目成本、合同及冲突管理
协调	协调与公司及职能部门关系;协调项目内部及分包商关系;协调与建设单位、设计单位、监理单位及地方公共部门的关系	专业基础知识;沟通与谈判管理;项目冲突管理;项目合同管理;相关法律及法规

第 2 章　路桥工程项目进度管理

2.1　项目进度管理概述

2.1.1　项目进度管理的概念及特点

1. 项目进度管理的概念

项目进度管理(project time management),主要是根据本项目的总体控制目标,进行进度计划的编制和控制,其主要流程为,开工阶段编制施工总进度计划,并根据工程进度的分解,在执行进度计划时,查看实际执行是否与进度计划一致,找出偏差,从综合质量、安全、费用等方面制定相应的措施来解决现场问题,保证后续进度计划的实施。根据实际情况重新编制进度计划,根据最新调整的进度计划来进行资源配置、材料采购、投资计划的制定等。进度管理核心理念是能够保证实施工期在合同工期以及其他予以认可的工期范围内,完成施工进度控制管理。通过采用进度管控手段,来高效完成工程建设目标。项目的进度管理理念图示见图 2.1。

在进度计划编制完成后,需要项目组织机构各司其职,保证现场实施按计划运转。在实施过程中,多方面外因干扰往往导致进度产生偏差,因此需要对进度滞后情况进行统计、调查、研究,制定措施并实施,同时根据优化后的措施,对进度计划进行优化。这就需要项目组织机构在进度计划实施过程中,通过运用PDCA 动态控制理论,不断进行检查、发现问题、制定措施、实施对比、总结改进,保证项目进度管理始终处于受控状态。

工程项目进度控制管理不仅体现在项目的组织管理方面,还体现在现场的其他部门、地质因素、气候因素、施工资源等方面,如设计变更、征地、地质变化、资源匹配等。结合多方面影响因素,通过工程项目进度管理进行宏观动态调控,才能保证进度目标的顺利实现。

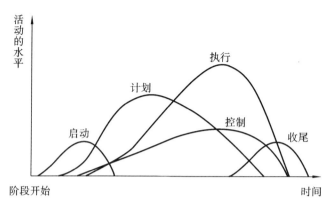

图 2.1 项目的进度管理理念图示

2. 项目进度管理的特点

路桥工程项目管理具有线路长、建设规模大、一次建设成型、建设过程地质和气候影响较大、技术模型复杂等多种特点,在项目管理中,结合现场实际情况的进度计划编制、过程动态调整均具有其特殊性。项目进度管理普遍具有以下特点。

(1) 进度管理机构组建。

工程建设进度管理是多人员综合管理的结果,在项目建设前,项目管理单位应根据本工程的特点建立项目组织机构,划分现场工区,设立项目网格化管理,明确各管理人员的进度管理目标和责任。此为进度计划实施的基础条件。

(2) 进度管理的动态变化。

路桥工程建设周期较长,在编制初始总进度计划后,受项目内外部因素、地质及环境因素影响,往往在实施过程中不断变化,偏离原进度计划设定值,导致进度计划与实施目标存在较大偏差。因此在项目实施过程中,应根据现场实际影响因素对进度计划的干扰来进行动态调整,不断更新,与现场实际施工情况和管理目标相对应,才能够将进度管理贴切地运用到现场中,保证进度管理目标的实现。

(3) 进度管理的系统性。

在项目开工阶段首先根据已下发的施工图纸编制项目总进度计划,作为本项目进度管控的纲领性文件,在实施过程中按照项目划分对各单位工程、分部工程进行进度计划编制,并在年、季、月、旬、周定期编制进度计划,各类进度计划相互联系,互为补充,如实施过程中细化的进度计划发生改变,则相应的整个系统的进度计划均应根据情况来调整,同时牵连技术管理、物资管理、投资管理等。由此可见,进度计划管理是具有系统管理性的。

(4) 进度计划的实时性。

在项目进度计划管理过程中,每个阶段均有不同的项目管理重心,各阶段的施工内容和进度管理任务不同,因此施工进度计划编排应考虑现场各类外界因素和条件的变化。在进度计划实施过程中应根据现场变化来进行动态调整,保证计划与实际内容的匹配和实时性。

(5) 进度管理的风险性。

工程建设的特点是具有隐蔽性,建设完成后不能够重来,因此在建设管理中具有较大的风险性。在施工进度管理中,针对所遭遇的各类不利因素,借鉴同类工程进度管理的经验和成果,结合现场实际情况对进度计划作出优化,可以消除进度滞后所带来的连锁风险效应,从而实现进度管理目标。

2.1.2 项目进度管理的目标及程序

1. 项目进度管理的目标

在确定项目进度管理目标时,必须全面细致地分析与路桥工程进度有关的各种有利因素和不利因素,只有这样,才能定出一个科学、合理的进度管理目标。确定路桥工程项目进度管理目标的主要依据:工程总进度目标对施工工期的要求;工期定额、类似工程项目的实际进度;工程难易程度和工程条件的落实情况等。

项目进度管理总目标是依据路桥工程项目总进度计划确定的。对项目进度管理总目标进行层层分解,便形成实施进度管理、相互制约的目标体系。

项目进度管理目标是从总的方面对项目建设提出的工期要求,但在施工活动中,是通过对基础的分部分项工程的项目进度管理来保证各单项(位)工程或阶段工程进度管理目标的完成,进而实现路桥工程项目进度管理总目标的。因而需要将总进度目标进行一系列从总体到细部、从高层次到基础层次的层层分解,一直分解到在施工现场可以直接调度控制的分部分项工程或作业过程的施工为止。在分解中,每一层次的进度管理目标都限定了下一级层次的进度管理目标,而较低层次的进度管理目标又是较高一级层次进度管理目标得以实现的保证,于是就形成了一个自上而下层层约束,由下而上级级保证,上下一致的多层次的进度管理目标体系,如可以按单位工程或分包单位分解为交工分目标,按

承包的专业或按施工阶段分解为完工分目标,按年、季、月计划期分解为时间目标等。

在确定项目进度分解目标时,还要考虑以下各个方面。

(1)对于大型路桥工程项目,应根据尽早提供可动用单元的原则,集中力量分期分批建设,以便尽早投入使用,尽快发挥投资效益。这时,为保证每一动用单元能形成完整的生产能力,就要考虑这些动用单元交付使用时所必需的全部配套项目。因此,要处理好前期动用和后期建设的关系、每期工程中主体工程与辅助及附属工程之间的关系等。

(2)结合本工程的特点,参考同类路桥工程的经验来确定施工进度目标,避免只按主观愿望盲目确定进度目标,从而在实施过程中造成进度失控。

(3)合理安排土建与设备的综合施工。要按照它们各自的特点,合理安排土建施工与设备基础、设备安装的先后顺序及搭接、交叉或平行作业,明确设备工程对土建工程的要求和土建工程为设备工程提供施工条件的内容及时间。

(4)做好资金供应能力、施工力量配备、物资(材料、构配件、设备)供应能力与施工进度的平衡工作,确保满足工程进度目标的要求而不使其落空。

(5)考虑外部协作条件的配合情况。包括施工过程中及项目竣工动用所需的水、电、气、通信、道路及其他社会服务项目的满足程度和满足时间。它们必须与有关项目的进度目标相协调。

(6)考虑工程项目所在地区地形、地质、水文、气象等方面的限制条件。

2. 项目进度管理的程序

(1)根据施工合同的要求确定施工进度目标,明确计划开工日期、计划总工期和计划竣工日期,确定项目分期分批的开工和竣工日期。

(2)编制施工进度计划,具体安排实现计划目标的工艺关系、组织关系、搭接关系、起止时间、劳动力计划、材料计划、机械计划及其他保证性计划。分包人负责根据项目施工进度计划编制分包工程施工进度计划。

(3)进行计划交底,落实责任,并向监理工程师提出开工申请报告,按监理工程师开工令确定的日期开工。

(4)实施施工进度计划。跟踪检查,对存在的问题分析原因并纠正偏差,必要时对进度计划进行调整。

(5)全部任务完成后,进行进度管理总结并编写进度管理报告。

路桥工程项目进度管理的程序见图2.2。

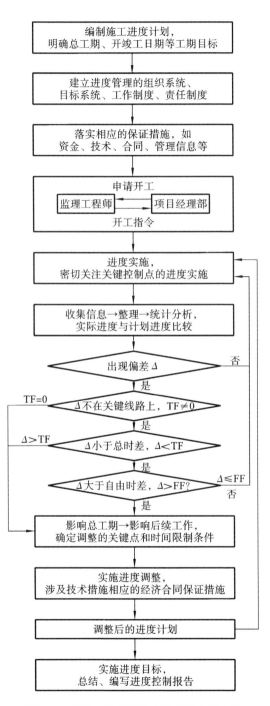

图 2.2 路桥工程项目进度管理程序示意图

2.2 项目进度计划

2.2.1 项目进度计划的编制

1. 项目进度计划编制依据

(1) 项目的工程承包合同。

合同中有关工期的规定,是确定工期值的基本依据;合同规定的工程开工、竣工日期,必须通过进度计划来落实。

(2) 项目的施工规划与施工组织设计。

这些资料明确了施工力量的部署与施工组织的方法,体现了项目的施工特点,因而成为确定施工过程中各个阶段目标的基础。

(3) 设计进度计划。

图纸资料是施工的依据,施工进度计划必须与设计进度计划相衔接,必须根据每部分图纸资料的交付日期,来安排相应部位的施工时间。

(4) 有关现场施工条件的资料。

这些资料涉及施工现场的水文、地质、气候、环境,以及交通运输条件、能源供应情况、辅助生产能力等。

(5) 材料和设备供货计划。

如果已经有了关于材料和设备的某种供货计划,那么,项目施工进度计划必须与之相协调。

(6) 已建成的同类或相似项目的实际施工进度。

这是重要的参考资料,可以为要做的项目提供一定的借鉴。

2. 项目进度计划编制步骤

(1) 确定编制依据。

总进度计划的编制依据为施工合同、设计技术要求和图纸、建设单位下发的行业管理要求。其他分部工程和年季度进度计划的编制依据为总进度计划、现场各实施部位的设计图纸和实际施工具备的条件。

(2) 确定工程建设内容。

工程建设内容包括项目的地理位置、工程建设范围、主要项目、项目的总工期目标、里程碑目标和各分项目的逻辑关系。

(3) 建立项目组织机构。

项目组织机构明确了具体分工和关键岗位的进度管理职责,方便在进度计划实施阶段各部门按照岗位责任进行调配,保证进度计划任务的实施。

(4) 分解工作任务。

根据项目施工的特点对项目结构进行分解(WBS),结合施工特点进行施工作业或工序的逐层分解,并确定紧前工序、紧后工序,找出关键工序和关键线路。当进场关键工序变化时,及时有针对性对后续工期进行动态调整。

(5) 确认工程量。

对分解后的工作任务进行工程量统计,按照名称、类型进行分解,以便于根据分解统计工程量进行后续的工作持续时间确认。

(6) 估算工作时间。

对工序工作时间的估算是进度计划编制的基础,在进行作业工作时间的估算时,应综合考虑该部位的人力、设备的投入,以及作业的程序要求,保证工作时间的准确性。

(7) 编制进度计划网络图。

在工作时间确定后,利用 P6 软件、双代号网络图、甘特图进行进度计划编制,将分解后的工作名称、工作时间、相互关系在进度计划图表中展示出来。

(8) 制定进度保证措施。

在进度计划编制后,应从项目组织、技术管理、施工资源、特殊季节等方面制定保证措施,确保在项目实施过程中,组织管理、人员设备等方面满足要求,能够按照进度计划实施。

3. 项目进度计划编制工具

(1) PDCA 工具。

PDCA 循环英文称 plan、do、check、action,也可以将其称为"质量环",PDCA 作为项目管理学中的通用模型,已经被广泛用于我国基础建设项目中。进度管理是质量管理的基础性构建,也是按照 PDCA 的顺序而来,P—计划、D—执行、C—检查、A—纠正处理,以这一循环形成项目质量管理的现代管理体系。P(plan)计划,即根据实施目标来确定实施计划。D(do)执行,根据了解的情况,来确定方法、流程和具体操作,实现计划内容。C(check)检查,根据具体的实施情况,对比计划来确定偏差项目,分析问题产生的原因。A(action)纠正处理,根据产生的偏差来确定改正措施,对完成情况较好的措施予以总结和继续推进。对于尚未完全解决的问题,继续采取 PDCA 循环进行分析。通过持续开展 PDCA 循环,不断解决问题提升质量,最终达到预期的目标值。进度管理活动就是采用 PDCA 工具进行策划和动态实施的过程。

(2) P6 软件。

P6 软件(Primavera P6 专业项目管理软件)是一款项目进度管理软件,由美国 Oracle 公司研发。P6 软件是在 P3 软件的基础上经过不断改进和创新的结晶。P6 软件具有大型数据库和现代管理体系,具有高度灵活性和开放性,通过计划编制、过程跟踪控制、进度优化和经验积累,将项目管理思想在网络上转化为可操作步骤,使各类工程项目达到高质量的项目进度管理水平。

P6 软件主要用于项目进度计划的编制及过程分析和控制,其进度分析原理见图 2.3。P6 软件通过创建进度计划管理框架,来逐步分解作业,分配角色、逻辑关系及资源和费用,最终形成整体的进度计划网络,具体见图 2.4。

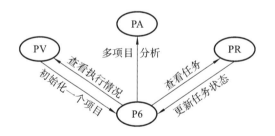

图 2.3　P6 软件的进度分析原理

4. 项目进度计划编制方法

一般而言,项目进度计划主要包括项目进度、细节说明、进度管理计划、资源需求更新等内容,至少包括每项工作的计划开始时间和期望完成时间,它可以以提要的形式(主进度)或详细描述的形式提供,其表达方式有表格和图形两种方式。其中,图形表达方式因为具有直观易懂的优点而被广泛采用。

常见的编制方法如下。

1) 横道图

横道图既称甘特图,又称条线图。横道图是工程施工中的常用叫法。这种方式早在 20 世纪初就开始应用和流行,主要用于项目计划和项目进度的安排。

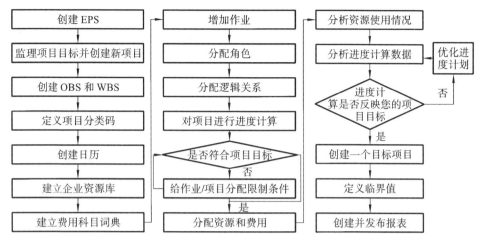

图 2.4 P6 软件项目进度计划管理框架

横道图是一个二维平面图,主要由两大部分组成,横维表示进度或活动时间,纵维表示工作内容,横道线显示了每项工作的开始时间和结束时间,横道线的长度表示了该项工作的持续时间。它的时间维决定着项目计划的粗略程度,根据各项计划的需要,可以以小时、天、周、月等作为度量项目进度的时间单位。如果一个项目需要一年以上的时间才能完成,则选择日甘特图更有助于实际的项目管理。

在路桥工程项目管理中,横道图的常用格式见图 2.5。它的左面部分是以分部分项工程为主要内容的表格,包括相应的工程量、定额和劳动量等计算依据;右面部分是指示图表,它是由左面表格中的有关数据经计算得到的。指示图表用横向线条形象地表示出分部分项工程的施工进度,线的长短表示施工期限;线的位置表示施工过程;线上的数字表示劳动力数量;线的不同符号表示不同的作业队或施工段别。

采用横道图表示施工进度计划,可明确地表示出各项工作的划分、工作的开始时间和完成时间、工作的持续时间、工作之间的相互搭接关系,以及整个工程项目的开工时间、完工时间和总工期,并综合反映了各分部分项工程相互间的关系。

(1) 横道图的特点及适用范围。

横道图的优点:直观、简单、容易制作、便于理解。适用于绘制集中性工程进度图、材料供应计划图或作为辅助性的图示附在说明书内用来向施工单位下达任务。传统的横道图一般只适用于比较简单的小型项目。现在横道图可用于

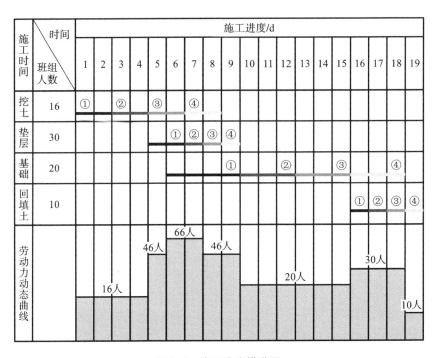

图 2.5 施工进度横道图

WBS 的任何层次,除了用于进度计划的编制,还可以用于进度控制,是路桥工程管理常用的形式。

但横道图也存在以下缺点。

①分项工程(或工序)的相互关系不明确。横道图不能明确地反映出各项工作之间错综复杂的相互关系,因而在计划执行过程中,当某些工作的进度由于某种原因提前或拖延时,不便于分析其对其他工作及总工期的影响程度,不利于建设工程进度的动态控制。

②不能明确地反映出影响工期的关键工作和关键线路。横道图无法反映整个工程项目的关键所在,因而不便于进度控制人员抓住主要矛盾。

③施工日期和施工地点无法表示、不能反映工作所具有的机动时间。看不到计划的潜力所在,无法进行合理的组织和指挥。

④不能反映工程费用与工期之间的关系,因而不便于缩短工期和降低工程成本。

⑤工程数量实际分布情况不具体,仅反映平均流水速度。

(2)横道图的类型。

在项目管理的实践中,将网络图与横道图相结合,使得横道图得到了不断的改进和完善。除了传统横道图,还有带有时差的横道图或具有逻辑关系的横道图。

①带有时差的横道图。网络计划中,在不影响工期的前提下,某些工作的开始和完成时间并不是唯一的,往往有一定的机动使用时间,即时间差。这种时差在传统的横道图中并未表达,而在改进后的横道图中可以表达出来,具体见图2.6。

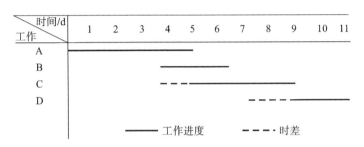

图 2.6 带有时差的横道图

②具有逻辑关系的横道图。横道图把项目计划和项目进度安排两种职能组合在一起,所以在绘制横道图时,必须能表示各项工作之间的关系。但是传统的横道图并不能做到这一点。例如,如果有一项工作不能如期完成,将有哪些工作会受到影响,在传统的横道图中不能显示。而在改进后具有逻辑关系的横道图中,可以将工作之间的这些关系表示出来,具体见图2.7。

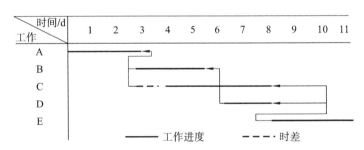

图 2.7 具有逻辑关系的横道图

上述两种类型的横道图,实际上是将网络图与传统横道图两种表达形式进行了有机结合,其同时具备了传统横道图的直观性,又兼备网络图各工作的关联性。

(3)横道图的作用。

①通过代表工作包的条形图在时间坐标轴上的点位和跨度来直观地反映工作包各类有关的时间参数。

②通过条形图的不同图形特征(如实线、波浪线等)来反映工作包的不同状态(如反映时差、计划或实施中的进度)。

③通过使用箭线来反映工作之间的逻辑关系。

④进行进度控制。其原理是将实际进度状况以一条线形图的形式在同一个项目的进度计划横道图中表示出来,以此来直观地对比实际进度与计划进度之间的偏差,作为调整进度计划的依据。

⑤用于资源优化、编制资源及费用计划。

2) 垂直图

垂直图以纵坐标表示施工日期,以横坐标表示里程或工程位置,而各分部分项工程的施工进度则相应地以不同的斜线表示。工程量在图表上方相应地表示,施工组织平面示意图可在图表的下方相应地表示,资源平衡可在图表右侧以曲线表示,具体见图2.8。垂直图适用于线性工程。

垂直图的优点是克服了横道图的不足之处,工程项目的关系、施工速度一目了然,例如机械土方、板涵及挡土墙的施工,在垂直图中可找出任意一天各施工队的地点及完成的工程量。它的缺点如下。

(1) 不能反映某项目的提前或推迟对整个工程工期的影响。

(2) 反映不出主要工程、关键工程。

(3) 计划优劣不易评价。

(4) 不能使用计算机,因而绘制和修改进度图的工作量很大。

3) 网络图

网络图也叫流程图,是表示整个计划各道工序的先后顺序、相互逻辑关系和所需时间的网状矢线图。

与横道图、垂直图比较,网络图主要具有以下优点。

(1) 能够明确表达各项工作之间的逻辑关系,即各项工作之间的先后顺序关系。网络图能充分反映各项工作之间的相互制约、相互依赖关系,这对于分析各项工作之间的相互影响及处理它们之间的协作关系具有非常重要的意义。

(2) 可以区分关键工作和非关键工作,并能反映各项工作的机动时间,因而,可以更好地运用和调配人、材料、机械等各种物资,明确工程进度控制中的工作重点。

(3) 通过网络计划时间参数的计算,可以找出关键线路和关键工作,明确各项工作的机动时间。利用工作的机动时间,既可以支援关键工作,也可以用来优化网络计划,降低单位时间资源需求量。

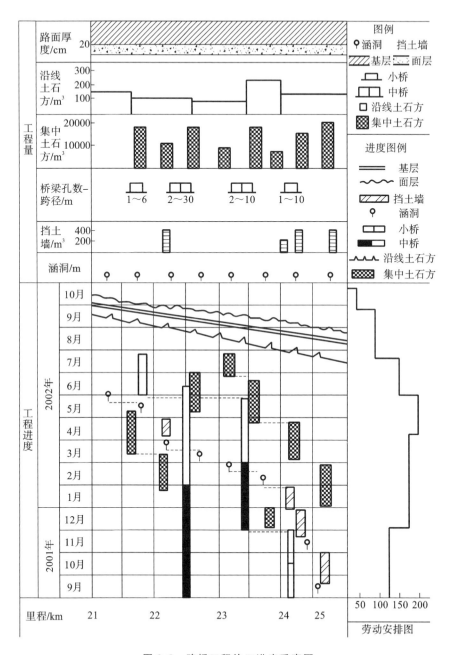

图 2.8 路桥工程施工进度垂直图

（4）能够进行计划的优化比较，选出最优方案。

网络图不仅能反映施工进度，而且能清楚地表达各施工项目、各施工专业队之间错综复杂的联系、制约、协作等关系。它的最大优点是在计划的执行过程中可以很方便地根据当时的条件进行调整,以便施工管理人员集中精力抓施工中的主要矛盾,减少盲目性,指导工程施工按最佳的进度运行。因此,不论是集中性工程还是线性工程,都可以用网络图表示工程进度,尤其是时标网络图更能准确、直观地表达工程进度(见图2.9)。

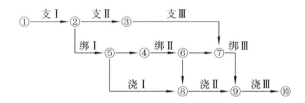

图 2.9 混凝土浇筑施工进度网络图

当然,网络图也存在不足之处,如不像横道图那么直观明了,但这可以通过绘制时标网络图弥补。

在实际施工过程中,应注意横道图和网络图的结合使用。即在应用电子计算机编制施工进度计划时,先用网络方法进行时间分析,确定关键工序,进行调整优化,然后输出相应的横道计划用于指导现场施工。

由此可见,采用网络图能加强工程的管理,但在资源有限的条件下,并不能使施工速度加快很多。

目前,网络图在路桥工程中得到普遍采用,尤其是大型工程项目、重点工程项目。在路桥施工招投标中,网络图是施工组织设计中不可缺少的一部分。

4)里程碑计划图

里程碑计划是以项目中某些重要事件的完成或开始时间点作为基准所形成的计划,具有项目战略计划和框架的作用。它以中间产品或可实现的结果为依据,显示了项目为达到最终目标,在每一阶段应该达到的条件或状态序列,而并不关心如何达到。

里程碑计划可以在项目进度计划编制之前编制,以作为编制项目进度计划的依据;也可以在项目进度计划编制完成后编制,以作为项目进度控制的依据。

一般里程碑计划的编制步骤如下。

(1)把项目的最终成果作为最后一个里程碑,然后反向设置里程碑。

(2)确定并设置项目进行中的其他里程碑。在项目进行的各个阶段中有各种事件,通过一定的分析比较选定可作为里程碑的事件。

(3) 里程碑复查。通过复查,检查里程碑的设置是否合理,有没有遗漏等,并进行相应的完善和补充。

(4) 用里程碑图的形式,编制里程碑计划,其基本形式见图 2.10。

里程碑事件	月份										
	一	二	三	四	五	六	七	八	九	十	十一
A		▲									
B					▲						
C						▲						
D								▲			
E											▲

图 2.10 里程碑计划示意图

5) 斜线图

斜线图是将横道图中的工作进度线改为斜线表达的一种形式。一般是在左边列出工程对象名称,右边在时间坐标下画出工作进度线。斜线图一般只用于表达各项工作连续作业,即流水施工进度计划,它可以直观地反映相邻施工过程之间的流水步距。具体见图 2.11。

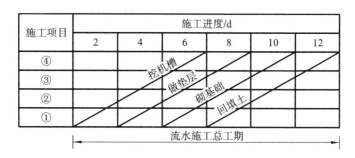

图 2.11 施工进度斜线图

2.2.2 项目进度计划的检查

在路桥工程项目施工进度计划的实施过程中,各种因素的影响导致原始计划的安排常常会被打乱而出现进度偏差。因此,在进度计划执行一段时间后,必须对执行情况进行动态检查,并分析进度偏差产生的原因,以便为施工进度计划的调整提供必要的信息。

1. 项目进度计划检查的内容

(1) 工作量的完成情况。

(2) 工作时间的执行情况。

(3) 资源使用及其与进度的互配情况。

(4) 上次检查提出问题的处理情况。

2. 项目进度计划检查的方式

(1) 定期地、经常地收集由承包单位提交的有关进度报表资料。

项目施工进度报表资料不仅是对工程项目实施进度控制的依据,同时也是核对工程进度的依据。在一般情况下,进度报表格式由监理单位提供给施工承包单位,施工承包单位按时填写完后提交给监理工程师核查。报表的内容根据施工对象及承包方式的不同而有所区别,但一般应包括工作的开始时间、完成时间、持续时间、逻辑关系、实物工程量和工作量,以及工作时差的利用情况等。承包单位若能准确地填报进度报表,监理工程师就能从中了解到建设工程的实际进展情况。

(2) 由驻地监理人员现场跟踪检查路桥工程的实际进展情况。

为了避免施工承包单位超报已完工程量,驻地监理人员有必要进行现场实地检查和监督。至于每隔多长时间检查一次,应视建设工程的类型、规模、监理范围及施工现场的条件等多方面的因素而定。可以每月或每半月检查一次,也可每旬或每周检查一次。当在某一施工阶段出现不利情况时,需要每天检查。

除上述两种方式外,由监理工程师定期组织现场施工负责人召开现场会议,也是获得工程项目实际进展情况的一种方式。通过面对面的交谈,监理工程师可以了解到施工过程中的潜在问题,以便及时采取相应的措施加以预防。

3. 项目进度计划检查的方法

路桥工程项目施工进度计划检查的主要方法是比较法。常用的有横道图比较法、S形曲线比较法、"香蕉"形曲线比较法、实际进度前锋线比较法。

(1) 横道图比较法。横道图比较法是指将路桥工程项目施工过程中定期检查实际进度时所收集的数据资料,按横道进度计划中的施工过程名称列项、整理统计后,直接用涂黑的粗实线(或彩线)重合(或并列)标注在原进度计划的横道线(改用细实线、中空线或中粗线)上方(或下方),进行直观比较的方法。

(2) S形曲线比较法。S形曲线比较法是以横坐标表示进度时间,纵坐标表示累计完成任务量(或累计完成任务量的百分比),并按施工计划进度要求的时间和应累计完成的任务量而绘制一条 S 形曲线,再依据施工过程(或整个施工项目)各检查时间及实际完成的任务量绘制出一条实际进度的 S 形曲线,并将其与计划进度的 S 形曲线进行比较的一种方法。它是与横道图比较法截然不同的一种比较方法。

(3)"香蕉"形曲线比较法。"香蕉"形曲线是由两条 S 形曲线组合而成的闭合曲线。从 S 形曲线的绘制过程中可知,从某一时间开始施工的施工过程或施工项目,根据其计划进度要求而确定的施工进展时间与相应的累计完成任务量的关系都可以绘制出一条计划进度的 S 形曲线。

对于一项路桥工程的网络计划而言,在理论上对应每一个累计完成任务量总是分为最早和最迟两种开始与完成时间,因此也都可以绘制出两条 S 形曲线。其一是以各项工作最早开始时间和累计完成的任务量为依据绘制而成的计划进度 S 形曲线,称为正 ES 曲线;其二是以各项工作最迟开始时间和累计完成的任务量为依据绘制而成的计划进度 S 形曲线,称为 LS 曲线。两条 S 形曲线都是从计划的开始时刻开始和完成时刻结束,因此两条 S 形曲线是共用起点和终点的闭合曲线,ES 曲线在 LS 曲线的左上方,两条曲线之间的距离是中间段大,向两端逐渐变小,在端点处重合,形成一个"香蕉"形的闭合曲线,故称为"香蕉"形曲线(见图 2.12)。

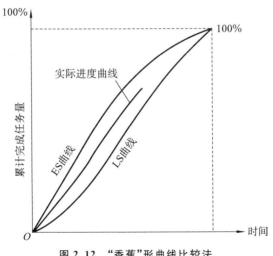

图 2.12 "香蕉"形曲线比较法

(4)实际进度前锋线比较法。当路桥工程项目的进度计划用时标网络计划表达时,还可以采用在时标网络图上直接绘制实际进度前锋线的方法进行施工实际进度与计划进度的比较。

实际进度前锋线比较法是指从计划规定的检查时间的上坐标点出发,用点画线依次直线连接各项工作的实际进度点,最后到同一检查时间的下坐标点为止而形成的折线形施工进展前锋线,按该前锋线与各项工作箭线交点的位置是在检查日期之前,还是在检查日期之后,来判定施工实际进度比计划进度是超前还是拖后,并比较偏差大小。简而言之,实际进度前锋线比较法是通过计划规定的检查时间所测得的工程施工实际进度的前锋线位置,来判定施工实际进度与计划进度偏差的方法。

2.2.3 项目进度计划的调整

项目进度计划的调整应依据进度计划检查结果,在进度计划执行发生偏离的时候,通过对工程量、起止时间、工作关系、资源提供和必要的目标进行调整,或局部改变施工顺序,重新确认作业过程相互协作方式等工作关系,充分利用施工的时间和空间进行合理交叉衔接,并编制调整后的施工进度计划,以保证施工总目标的实现。

1. 项目进度计划调整的内容及步骤

项目进度计划调整的内容主要包括以下六个方面:
(1) 调整网络计划图中关键线路的长度;
(2) 调整非关键工作时差;
(3) 增减工作项目;
(4) 调整逻辑关系;
(5) 重新估算某些工作的持续时间;
(6) 对资源的投入作相应的调整。
项目进度计划调整步骤见图 2.13。

2. 分析进度偏差的影响

在路桥工程项目实施过程中,当通过实际进度与计划进度的比较,发现有进度偏差时,需要分析该偏差对后续工作及总工期的影响,从而采取相应的调整措施对原进度计划进行调整,以确保工期目标的顺利实现。进度偏差的大小及其所处的位置不同,对后续工作和总工期的影响程度是不同的,分析时需要利用网络计划中工作总时差和自由时差的概念进行判断。分析步骤如下。

(1) 分析进度偏差的工作是否为关键工作。在项目的施工过程中,若出现偏差的工作为关键工作,则无论偏差大小,都对后续工作及总工期产生影响,必须采取相应的调整措施；若出现偏差的工作不为关键工作，需要根据偏差值与总时差和自由时差的大小关系，确定对后续工作和总工期的影响程度。

（2）分析进度偏差是否大于总时差。在项目施工过程中，若工作的进度偏差大于该工作的总时差，说明此偏差必将影响后续工作和总工期，必须采取相应的调整措施；若工作的进度偏差小于或等于该工作的总时差，说明此偏差对总工期无影响，但它对后续工作的影响程度，需要根据进度偏差与自由时差的比较情况来确定。

（3）分析进度偏差是否大于自由时差。在项目施工过程中，若工作的进度偏差大于该工作的自由时差，说明此偏差对后续工作产生影响，如何调整应根据后续工作允许影响的程度而定；若工作的进度偏差小于或等于该工作的自由时差，

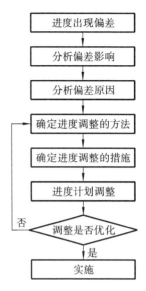

图 2.13 项目进度计划调整步骤

则说明此偏差对后续工作无影响，因此，原进度计划可以不做调整。经过如此分析，进度控制人员可以确认应该调整产生进度偏差的工作和调整偏差值的大小，以便确定采取措施，获得新的符合实际进度情况和计划目标的进度计划。

3. 进度计划调整的方法

（1）调整关键线路。

①当关键线路的实际进度比计划进度拖后时，应在尚未完成的关键工作中，选择资源强度小或费用低的工作缩短其持续时间，并重新计算未完成部分的时间参数，将其作为一个新计划实施。

②当关键线路的实际进度比计划提前时，若不拟提前工期，应选用资源占用量大或直接费用高的后续关键工作，适当延长其持续时间，以降低其资源强度或费用；当确定要提前完成计划时，应将计划尚未完成的部分作为一个新计划，重新确定关键工作的持续时间，按新计划实施。

在调整的过程中考虑到业主的投入不可能无限制增加，而是要求以最低的投入，取得最好的调整成果。因此，调整的对象主要是关键线路中资源强度小或费用低的关键工序。

（2）调整非关键工作时差。

非关键工作时差的调整应在其时差的范围内进行，以便更充分地利用资源、

降低成本或满足施工的需要。每一次调整后都必须重新计算时间参数,观察该调整对计划全局的影响。可采用以下几种调整方法:

①将工作在其最早开始时间与最迟完成时间范围内移动;

②延长工作的持续时间;

③缩短工作的持续时间。

(3)增减工作项目。

①不打扰原网络计划总的逻辑关系,只对局部逻辑关系进行调整。

②在增减工作项目后应重新计算时间参数,分析对原网络计划的影响。当对工期有影响时,应采取调整措施,以保证计划工期不变。

(4)调整逻辑关系。

逻辑关系的调整只有当实际情况要求改变施工方法或组织方法时才可进行。调整时应避免影响原定计划工期和其他工作的顺利进行。

(5)调整工作的持续时间。

这种方法是不改变工作之间的逻辑关系,而是缩短某些工作的持续时间,使施工进度加快,并保证实现计划工期的方法。这些被压缩持续时间的工作是位于因实际施工进度拖延而引起总工期增长的关键线路和某些非关键线路上的工作。同时,这些工作又是可压缩持续时间的工作。这种方法实际上就是网络计划优化中的工期优化方法和工期与费用优化的方法。

(6)调整资源的投入。

网络计划技术就是利用网络逻辑关系的调整及网络运算等功能以达到资源优化、成本最小的目的。当进度计划调整后,要保证现场施工与计划同步,必须对资源进行优化调整,确保在工期不变的情况下,资源的投入与现场施工进度的资源需求相匹配。

2.3 项目进度控制

2.3.1 项目进度控制的概念及目标

1. 项目进度控制的概念

项目进度控制是指在工程建设过程中,通过将总进度计划进行分解细化,跟踪项目的实施情况,通过与进度计划的对比,找出滞后项目,从而对进度滞后的原因及对工程建设目标的影响进行分析,采取相应的措施来应对分析结果,并对进度计划进行更新调整,再次进行检查、统计、原因分析与制定措施,实时掌握进度变化状态,保证进度计划的顺利实现。在后续的进度管理中不断总结改进,直至项目进度目标达到预期效果。

2. 项目进度控制的目标

工程项目进度控制的最终目标是能够保障项目按照既定的工期顺利地完成。在整个工程项目的实施过程中,以签订的合同为依据,严格要求项目的工作技术人员和管理人员遵守合约以及相应的法律法规,按照整个工程的项目部工作人员制定好的项目进度计划方案来执行。进而当工程项目的实际施工进度和项目的计划制定的进度出现一定的偏差时,项目的进度计划则需要相应的调整与更改,并且需要调整人员、物资、机器设备等的相应安排,从而保证整个项目的管理有序地进行,最终能够实现整个项目的进度目标。

路桥工程项目的进度管理目标是保证人员、物资、机器设备的合理调配,以及保障工期可以在规定的计划方案内完成,如果出现紧急的意外情况,可以迅速地启动应急的方案,从而保障工程可以有条不紊地进行,如果项目实际的施工进度与预期制定的施工进度出现了偏差,则需要根据偏差及时地调整进度计划,而且制定相应的控制措施,在可以调配的资源固定的情况下,采取先进的管理方法,运用先进的工程项目管理理念和措施来实现最终的工程项目进度管理的目标。

2.3.2　项目进度控制的原则及具体方法

1. 项目进度控制的原则

(1) 整体性原则。

工程建设的项目部依据他们之间相互关联的要素,制定了施工项目的进度计划系统。为了保障施工的整体进度,整个项目的不同职能部门以及项目的工作人员都背负有不同的进度控制的责任,以便紧密联系、分工合作,从而形成一个整体的项目控制系统。在路桥工程项目施工的整个进度体系控制过程中,必须处理好各职能部门之间以及各人员之间的关系,以明确项目的进度控制责任,相互联系,分工协作。

(2)信息化原则。

在整个工程施工项目的计划实施过程中,整个项目的计划信息会从上至下传递到相关的工作人员那里,从而使得整个项目制定的项目施工计划得以完成。整个项目进度进程的信息则由相关的工作人员收集整理,从下往上进行反馈,相关工作人员对整个流程的信息进行分析之后做出相应的调整,使得调整后的进度计划仍然符合预先制定的工期目标。工程项目进度计划控制的过程就是整个项目施工过程中信息反馈以及信息传递的过程,在项目开工之前做好项目技术交底,下发进度目标,使得各个环节能够严格按照目标进行,相应的任务信息要具体化,并且都要做到书面传达。当项目施工人员向上级反馈相应的信息时,项目进度计划完成情况的相应信息要进行相应的量化,这样做是为了更加方便项目管理层对反馈信息进行分析和处理,最终依据相应的信息做出正确的调整方案。

(3)适用性原则。

当工程项目施工的进度计划出现了一定的偏差时,其调整措施是根据以往的类似的经验来制定的,而不同的路桥建设项目往往存在着一定的差异。因而,在路桥工程建设项目上,需要根据工程项目的实际建设情况来作出适合本项目科学合理的对策,而且在整个工程项目的建设过程中把这种计划措施进行彻底的贯彻。

(4)动态循环原则。

工程建设项目进度计划与控制措施制定实施之后并不是完全不变的,而是根据施工项目环境的变化而变化。项目建设施工的实际进度会逐渐偏离项目的基准计划,此时要不断地调整项目计划的控制措施,并且根据调整后的进度计划继续执行。而项目的进度计划调整之后可能会出现新的阻碍项目进行的干扰因素,那么此时就需要对项目计划进行新的修改和调整。项目的进度计划与控制是一种不断进行循环的工作,从最初项目进度与计划的编制,到项目进度与计划的实施,再到对实际进度与制定的计划进度进行对比分析来调整进度计划,从而形成一种封闭式的循环系统,在整个项目的生命周期中进行不断的循环再循环,一直到实现整个项目的工期目标。

2. 项目进度控制的具体方法

工程项目进度控制的方法实际上包含了进度计划的策划、控制、纠偏的过程。在制定进度计划后,依据进度计划配备现场管理人员,制定材料采购计划、设备进场计划,编制技术方案,准备充足的资金,来保证进度计划的顺利实施。在施工过程中,通过技术人员的现场检查及统计,来验证实施进度与计划的偏差,在进度计划出现偏差后,协调业主、设计方、供货商以及相邻单位从各方面进行综合解决,保证进度目标的顺利实现。

(1) 组织措施。

在进度计划落实中,项目组织机构各部门各层级配置进度目标控制的人员,明确各岗位任务和职责分工,对进度计划进行检查、统计、分析、纠偏,实现进度目标管理。

(2) 技术措施。

根据施工内容编制施工方案,保证各工序顺利实施。在进度计划施行过程中,遇到影响施工进度的变化条件时,采取技术优化措施来减小其对进度的不利影响。同时结合施工部位的空间关系优化技术方案,多点多面同步开展作业,保证施工进度。

(3) 施工资源措施。

在进度计划实施过程中,资源保证是重点,保证各部位的施工强度能够满足进度计划的要求。同时在产生进度偏差后,能够及时从资源配置方面应对,提高单位时间的施工强度,保证进度完成量符合进度管理要求。

(4) 经济措施。

资金是进度计划实施的保障。在施工过程中及时采购施工材料,支付施工队伍资金是保证项目施工能够持续按照进度计划开展的基础,同时对于里程碑关键点,设置进度奖惩措施,督促施工队伍从技术、资源等方面采取措施,按期完成施工内容。项目进度控制是保证现场实施阶段能够按照预定的计划实施,在过程中检查、分析、纠偏,再按如此进行循环,最终实现进度目标。

第3章 路桥工程项目质量管理

3.1 项目质量管理概述

3.1.1 项目质量管理的定义及原则

1. 项目质量管理的定义

(1) 质量的定义。

关于质量的定义：一组固有特性满足要求的程度。该定义可理解为：质量包含产品质量、生产产品过程和工序质量、质量管理过程的质量。一组固有属性是质量的外在表现形式，它是产品本身天然具有的、不变的特性，它的衡量标准是满足客户要求的程度。质量要求指的就是客户的主观或客观的期望。

路桥工程施工中的产品就是工程本身。路桥工程项目的质量就是工程项目建设的整个过程所形成的路桥产品的质量，即路桥产品满足业主要求的程度。再具体一点讲，在隧道施工项目中，要实现工程设计文件的要求，隧道贯通的质量标准要符合《工程测量通用规范》(GB 55018—2021)的规定，比如 3 km 特长隧道的贯通误差在纵向为 100 mm，横向为 50 mm。在桩基施工中，既要满足建设单位的工期要求，又要满足桩基施工质量要求，桩基的完整性要通过仪器检验是否为断桩。其中，隧道贯通误差、桩基施工中混凝土结构是否断桩等指标都是质量的具体体现。

(2) 质量管理的定义。

质量管理就是围绕质量所做的指导和控制工作。与质量有关的工作包括制定质量目标、编制质量管理制度、制定质量保证措施等。因此，质量管理就是通过质量策划、质量制度、质量保证措施实现质量目标的全过程。

①质量策划。

质量策划的目的就是要保证项目施工的质量满足设计文件、施工技术标准和施工规范的要求,同时使建设单位满意,在这个过程中还要充分协调施工进度、施工成本等其他因素。

②质量制度。

质量管理制度是工程项目质量管理日常工作运行的依据。它决定了项目部质量管理机构的运行,以及质量管理人员进行质量管理的操作流程等。要开发适应企业现状的质量管理各项制度,如现场质量"三检"制度,质量定期会议制度,技术交底制度,质量管理奖罚制度等。

③质量保证措施。

质量保证措施是工程项目质量的具体保证手段和方法。它在工程项目施工的全过程都有体现,为实现工程的质量保驾护航。要制定工程施工项目质量保证措施,包括施工人员保证措施、施工管理保证措施、施工技术保证措施、施工材料保证措施等。

(3)项目质量管理的定义。

项目质量管理是指为了实现工程项目质量目标所进行的各项工作,这些具体工作包括质量计划、质量实施、质量监督、质量维护,通过协调项目各方人员实现项目建设质量目标的全过程,也就是实现工程项目质量管理目标的全过程。工程项目在建设过程中要完成所设定的质量管理目标,要协调好项目参建各方人员。

质量计划阶段主要任务是为了实现业主的要求,按照工程项目的实际情况,根据工程施工企业自身的技术生产条件,编制施工质量计划,制定相应的质量保证措施。

质量实施阶段的主要任务是将人、机、料、法、环、测六要素合理整合和组织运用到施工中,同时要满足建设单位的要求、行业标准的规定、设计文件的要求等。质量监督的任务是对已完成的工程项目的质量情况进行监督检查和考评。质量维护的任务是根据监督检查和考评的结果,进行整改和落实,对处理的结果还要进行再次复检直到满足业主要求、行业标准等为止。

2. 项目质量管理的原则

(1)以顾客为关注焦点。路桥工程的实施,必然存在的两个主体是业主、施工方,施工方的最终目标是以满足业主方的各个目标为前提,也就是说,工程的整个建设过程都是以业主方为关注焦点,通过不断的优化实施,确保业主方的相关利益得以实现。

（2）领导作用。凡事都要有牵头者、领导者，在路桥工程施工中更是这样。领导者可以指引大家更快、更好地实现质量目标、进度目标、成本目标。而项目经理作为施工单位的领导者，其重要性更是不言而喻，领导作用在质量管理中有着举足轻重的作用。

（3）全员积极参与。质量管理的重任除领导作用外，其余建设人员也都必须参与，要形成全员参与的局面，如质检员、工区主任、技术员、施工人员等，这些都是质量管理中必不可少的直接参与人员，质量目标的最终实现，也是建立在全员参与的基础上的。

（4）过程方法。有领导者、有全员参与后，对于质量管理而言，还不够，就如同影响质量的因素一样，人、机、料、法、环、测一个也不能少。选用合理的方法是实现管理目标的前提条件，采用过程方法，可以更快、更准确、更高效地实现质量目标。

（5）管理系统方法。过程方法选择最终导致系统方法的形成，在系统方法成型后，就可以将过程方法进行分析、处理、纠偏，可以将质量管理中的问题以及管理方法形成一个系统，然后在管理中将系统集中化，进行集中管理，提高效率。

（6）循证决策。质量管理问题层出，而采用正确的方法处理质量管理中的问题，是一个不断循环的过程，采用合适的处理方法对发生的纠偏及时进行调整，也是一个不断循环的过程。

（7）关系管理。质量管理中问题与方法、经验与水平、投资方与施工方等都是既对立又统一的关系，在质量管理过程中需要不断地协调，以达到最终互惠互利。

3.1.2　项目质量管理的目标及相关理论

1. 项目质量管理的目标

（1）交工验收的质量评定目标。

全部分项工程质量达到交通运输部发布的《公路工程质量检验评定标准 第一册　土建工程》(JTG F80/1—2017)的合格等级。主要分项工程评分值不低于90分。路面面层厚度平均值不低于设计值，且合格率不低于90%，否则必须进行返工处理。

（2）竣工验收质量评定目标。

工程质量和建设项目竣工综合评分达到交通运输部《公路竣(交)工验收办

法实施细则》(交公路发〔2010〕65号)规定的合格等级。

(3) 主要质量指标。

①全部分项工程验收达到规范标准的合格等级,不合格品率为零。

②工程质量事故率为零,单项5000元(含)以上罚款为零,影响单位信誉的质量事件为零。

③技术交底率为100%。

④项目部工序自检验收率为100%,试验检测率为100%。

⑤重点项目(如导线、高程复核,结构物点位测放、标高等)复核率为100%。

⑥业主、监理及社会监督部门一次检验通过率为100%,工程返修率为零。

⑦业主回访满意率为100%。

2. 项目质量管理的相关理论

项目质量管理的几种理论如下:零缺陷质量管理理论、全面质量管理理论、PDCA循环法管理理论、质量保证体系管理理论、主动控制理论与被动控制理论等。这些理论从建立到推广使用,已经在路桥工程建设领域取得了良好的实践成果。下文主要针对全面质量管理理论、PDCA循环法管理理论、质量保证体系管理理论和主动控制理论这四种理论展开详细介绍。

(1) 全面质量管理理论。

全面质量管理理论的英文全称为total quality control,简称TQC理论。TQC理论是以企业或项目全员参与为基础的质量管理形式,是质量管理发展的最新阶段。TQC理论是以全员参与、全要素控制及全面质量控制为基础,以质量目标为载体,不断提升项目质量目标、不断提升业主满意度,最终实现公司的可持续发展。TQC理论的三大核心特征分别是全面质量管理、全过程质量管理和全员参与质量管理。

①全面质量管理是指从决策阶段到运营阶段工序繁多,步骤复杂,涉及的管理单位多,这就要求政府单位、业主单位、设计单位、监理单位、施工单位等所有参与单位都要参与项目的质量管理,将影响质量的概率降到最低。

②全过程质量管理是指质量管理要从工程开始抓,循序渐进,不断探索和发现质量的形成规律,并利用质量管理办法进行过程控制。

③全员参与质量管理是指工程项目由项目经理确立质量总目标、质量方针以及质量保证措施,再将质量目标逐级分解,建立工作任务分工表和管理职能分工表,组织全员参与,保证参与成员的作用最大化,以实现全员参与质量管理。

（2）PDCA 循环法管理理论。

PDCA 循环法的英文全称为 plan,do,check,action。这是质量管理的基本方法,在质量管理实施过程中,把工作分为计划、执行、检查和纠正处理四个阶段。

①计划(plan),制定计划阶段。将项目进行分解,包括确定质量目标和制定目标实现计划。

②执行(do),实施计划阶段。将质量的目标值通过一系列措施转换为质量的实际值。

③检查(check),检查计划阶段。对过程及结果进行检查,包括自检、专检和交接检。检查一方面是检查计划的执行过程,主要是看实施条件是否变化、计划执行是否顺利;另一方面是检查执行结果,主要是看结果是否实现,是否产生偏差。

④纠正处理(action),纠偏计划阶段。该过程是对执行结果的一种反馈,分析结果产生偏差的原因,采用有针对性的纠偏措施,提高目标值和实际值的实现概率,降低偏差影响。

（3）质量保证体系管理理论。

质量保证体系简称 QAS 体系。质量保证体系是指施工单位以提高工程质量为目标,在确保工程质量的前提下,运用系统方法,结合项目自身机构,把项目各职能部门、各工序的质量管理活动组织起来,将项目立项、项目设计、项目实施、项目交验及项目运营整个过程中影响工程质量的因素全部控制起来,形成的一个有明确目标的有机整体。

（4）主动控制理论。

主动控制是在目标启动前预先分析各种质量因素可能导致目标偏离的概率和产生严重后果的程度的基础上,采用有针对性的预防措施,以此来减少或者纠正目标偏离,使之按照既定的目标行进。它是事前控制机制,是前馈控制机制,更是一种面对未来的控制机制。主动控制必须是在目标启动前或实施过程中提前预判后采取措施,以此来调整目标实现的可能性,或者降低目标偏离所产生的后果的严重程度,起到防患于未然的作用;还可以用以指导计划工程的实施;也可以解决在质量管理过程中存在的负面问题,最大限度纠正或者避免偏差造成的被动局面,降低质量事故发生的概率,确保目标实现。

3.1.3　项目质量管理的影响因素及问题特征

1. 项目质量管理的影响因素

（1）施工人员因素。

在工程项目施工中,要顺利实现整个项目的质量管理目标,必须坚持以人为基础的管理思想。如今国家在对工程施工行业进行管理的过程中,要求施工企业具有相关专业的资质,这样才能承揽相应的工程项目,即具备什么等级的资质承揽什么级别的工程项目,都有明确的规定,而企业资质的获取首先要有人员的要求,如注册一级建造师、注册安全工程师、注册测绘工程师等专业人才的数量要求。在施工质量管理中,实行市场人员准入制度、注册管理制度、特种作业人员管理制度等都是基于对人员的管理。

（2）施工材料因素。

施工原材料是工程结构实体的重要组成部分,是工程施工的基础,它的质量直接关系到工程项目施工完工后结构实体的质量。路桥工程施工中的原材料约占工程价款的80%,所使用材料包括钢筋、水泥、砂石、沥青以及防水卷材等。这些原材料都有各自的质量要求,如钢筋的极限弯拉强度、屈服强度、公称直径以及冷拉弯曲直径等,石子的直径、含水量和含泥量等,沥青的针入度、软硬度、延展性以及可塑性等。只有符合质量要求的原材料才能进场使用。要确保工程中每一个结构物符合设计要求的质量水平,符合国家验收规范中的质量要求,必须首先要保证所用施工材料的质量。

（3）施工机械设备因素。

施工机械是指工程施工过程中用到的机械设备以及组成工程实体的工程设备。而路桥工程施工中所说的机械设备大多指的是工程施工过程中要使用到的工程机械,很少的工程设备是路桥工程实体的一部分。在施工中,工程机械的使用不仅关系到工程项目的施工技术水平,更关系到工程施工质量的好坏。路桥工程施工中的机械设备包括混凝土施工中的振捣棒、平衡振动梁、搅拌机,钢筋加工中的钢筋弯曲机、钢筋调直机,路基施工中的各种挖掘机、渣土车、压路机等。这些机械设备是工程施工的必备条件。在混凝土施工中,振捣棒的振动效果决定了混凝土施工是否密实,混凝土表面是否有蜂窝麻面。在路基施工中,压路机的压实效果决定了路基的压实度是否满足要求,同时也决定了路基施工的施工进度。

（4）施工方法因素。

施工方法因素又称为技术因素，包括工程施工技术、工程试验技术、工程检验技术和工艺。在路桥工程施工中，工程技术水平在很大程度上决定了工程的质量。工程技术水平的高低显示了一个企业的实力。在满足工程安全及使用功能的前提下，工程技术水平体现了质量管理水平的高低。在国家推行的几项新技术中，如井盖基础施工技术、防水混凝土技术、挂篮施工技术等，在预防质量通病方面起到了很大的作用。再如，隧道施工技术有很多，包括明挖开挖技术、暗挖开挖技术和盾构开挖技术等，它们各有各的特点，在保证施工质量方面各有各的优势，要根据不同的施工现场环境选择不同的施工技术和方法。同时，采用先进的试验检验方法也可以提高工程的质量。先进的工程试验技术和工程检验方法能够有效地提升工程施工前原材料质量检验的效率、施工中工程质量检验项目的质量水平以及施工后各项质量检验指标的准确度，总体提升了工程项目质量管理水平。

（5）施工环境因素。

影响项目施工的环境因素，包括客观自然环境、外界的社会环境、施工作业环境等。复杂的客观自然环境影响施工质量，不利的地质环境影响基础的稳定性和安全性。天然砂土的自然承载力达到 150 MPa，可以在上面直接施工垫层，作为箱涵的基础进行施工，但地质情况如果变成粉质黏土，那么情况就复杂了，因为粉质黏土的承载力很低，所以需要 1.5 m 以下换填天然砂土，施工中要分层压实，达到基础标高，才能进行下一步施工，继续检验地基承载力是否合格，如果不合格，那么要换填 30 cm 的 3∶7 灰土，这样才能继续施工垫层。地下水位较高的地质环境中，如果要进行基坑开挖，那么首先要进行降水，再进行施工开挖，施工过程中要放坡开挖，并做好防水设施，防止降雨对工程的影响，不然基坑开挖过程中很容易造成边坡坍塌，影响施工作业安全。

2. 项目质量管理问题的特征

（1）综合性。

问题的产生可能不止一个因素，而是多种因素相互作用的结果。人、材、机、环境、工艺等多个方面可能涉及质量的因素非常多，每个因素都可能产生隐患。例如气候变化、勘察设计水平、施工设备条件、工艺方法等。

（2）特殊性。

工程项目与工业产品最大区别在于每个项目都是特殊的独立存在。因此不同于制造业的质量管理,路桥工程必须考虑到每个项目的特殊之处,从环境、地质到材料、人员等方面,每个项目都有自己的特点。

(3)严重性。

路桥工程一旦出现问题,往往会造成很严重的后果,这不仅仅是经济上的损失,还会对人员安全造成极大威胁。同时在维修的过程中,往往会出现严重的交通拥堵情况。

(4)多发性。

路桥发生质量问题的概率较大,比如,很多人观察到身边的公路经常处于维修状态,这在三四线城市感受尤为明显。

(5)隐蔽性。

路桥质量问题相对很难预测,一般都是在问题出现之后再采取补救措施。比如,公路由多层结构构成,但人们只看到表面的一层结构,主体结构都隐藏在路面之下,另外打孔等检测措施会对路面造成微小的破坏。

3.1.4 项目质量管理的基本方法

在深入了解质量管理的相关概念、理论和影响因素后,要仔细分析项目质量管理的基本方法,包括直方图法、因果分析图法、排列图法、工序能力分析法和控制图法等科学分析方法。

(1)直方图法。

在工程施工项目中,质量检查人员要对质量数据进行定期采集,以了解工程项目的质量状况。在路桥工程施工中,质量检测人员要定期采集路基压实度的质量数据,绘制直方图,对质量数据进行分析,看质量是否在可控范围内。绘制直方图时,将质量检测数据划分为若干组距相同的组,以质量数据为横坐标,以质量指标为纵坐标。通过直方图能够看出压实度的质量是否在控制范围内,以及异常数据的变动情况,通过计算数据平均值和方差,可以了解异常质量数据的稳定性。这种质量数据直方图法不仅直观反映数据的情况,而且图形容易得到,缺点就是数据采集量大,采集复杂。

(2)因果分析图法。

在工程项目中,要分析质量问题产生的原因,才能为质量问题找到合适的解决方法。在这一过程中,因果分析图就会起到很大的作用。因果分析图也称为鱼骨图,它能够由大到小、由表面深入到内部,追究质量问题的本质原因。其主要分为如下三类。

①结果分析型。这类型以为什么发生质量问题为出发点,层层分析各种质量问题的影响因素。它的图形绘制方法如下:首先,确定质量问题的主要原因;其次,分析质量问题的次要原因;再次,继续进行原因分析,直至找到质量问题的根本原因所在;最后,将这些质量问题的原因绘制成图。

②工序分类型。按照工序流程将影响项目质量的工序作为平行的质量影响主要因素。然后,继续分析影响每一道工序质量的主要原因。这类分析方法简单,但是容易出现不同工序中,相同的影响因素反映不出各个影响因素间的关系。

③原因罗列型。这种方法就是让质量问题分析人员采用头脑风暴法自由发挥想象,将质量问题都罗列出来,然后整理出这些原因的相应关系,绘制成图。这种方法的特点是能够比较全面地反映质量问题的原因,但是工作量太大。

(3) 排列图法。

排列图又称帕累托图,是用来找出项目质量问题主要因素的常用统计方法。它由两个纵坐标和一个横坐标,以及一些直方柱和一条累计频率曲线组成。绘图方法:横坐标为项目质量的影响因素,按影响大小从左到右依次排列,直方柱的高度表示各个影响因素的质量频数;将各个因素的百分比累计起来,就得到累计百分比,将累计百分比绘制到相应位置,以折线顺次连接,就得到累计频率曲线。

(4) 工序能力分析法。

工程项目施工中,工序是基本的施工单元,每一道工序的优劣,决定了整个工程项目的质量水平。工序能力分析图是研究质量特性简明图表。它能够将质量特征点绘制在图上,并且能够研究质量随时间的变化情况。它的特点就是能够简明地看出质量不合格情况,判断不合格率,分析工序能力状况。

(5) 控制图法。

通过控制图可以判断工程质量数据是偶然发生还是经常发生,进而判断质量问题的偶然性和必然性。可以说,它能够监控质量变化情况。一般质量控制图上有三条线,上面一条为上控制线,下面一条为下控制线,中间一条为中心线。如果质量控制数据落在上控制线和下控制线之间说明工序质量是可控的,否则,说明质量控制出了问题,必须查找问题原因。

3.2 项目质量控制

3.2.1 项目质量控制的工作原理及程序

1. 项目质量控制的工作原理

项目质量控制就是将项目实施的结果与预定的质量标准进行对比,找出偏差,分析偏差形成的原因或因素,识别偶然性因素和系统性因素,采取措施纠正或消除系统性因素。项目质量控制的实质是一个输入→转换→输出的过程。输入内容包括质量计划、组织过程资产、一切授权的变更等。其中组织过程资产既包括组织的资源,也包括经验证行之有效的调整措施。转换即质量形成过程。输出的是既定的项目产品或服务。在这个控制过程中,质量标准即控制目标,要把所得出的阶段性或最终结果与质量标准进行比较,对所出现的偏差及时作出调整。项目质量控制原理见图 3.1。质量控制的三部曲:确定标准;衡量绩效;纠正偏差。

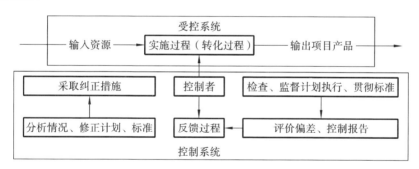

图 3.1 项目质量控制原理图

2. 项目质量控制的程序

项目质量控制的程序见图 3.2。

3.2.2 项目质量控制的工具

统计质量管理是 20 世纪 30 年代发展起来的科学管理理论与方法,它把数

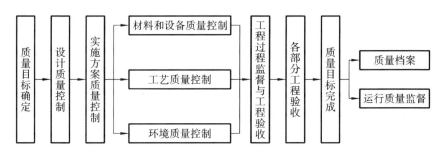

图 3.2 项目质量控制程序

理统计方法应用于产品生产过程的抽样检验,通过研究样本质量特性数据的分布规律,分析和推断生产过程质量的总体状况,改变了传统的事后把关的质量控制方式,为工业生产的事前质量控制和过程质量控制提供了有效的科学手段。在从事质量控制的工作中,一些经典的质量工具常常被用来将复杂的问题简单化,以及用图表等视觉方式来清晰地表达所发现的事件。主要有流程图、因果图、检查表等作为工具进行定量和定性的分析,使产品质量处于受控的状态。

(1) 流程图(flow chart)。

流程图是按顺序分别描述活动过程的各个阶段的图表。它可以按顺序展示操作、进入或流出系统的材料或服务,需要做的决定以及所涉及的人。描述的过程可以是任何事情:管理或服务过程,制造过程,质量改进计划过程。一个好的流程图可以直观地描述整个活动中所有过程的物流、信息流,让人很容易知悉整个过程。流程图的目的是用图形描述与过程有关的要素、组成或任务。在高层次应用中,流程图的目的在于让使用者理解一个复杂的过程是什么样的,而不提供那些不必要的或者可能引起混淆的细节。

(2) 因果图(cause and effect diagram)。

因果图,也叫鱼骨图或石川图,也被称为特性要因图,是一种用于分析质量特性(结果)与影响质量特性的因素(原因)之间关系的图。其目的是用图形记录分析与一个问题或机会(即结果)有关的因素(即原因)。因果图适用于解决问题的场合,或用于识别与一个问题或机会(即结果)有关的因素(即原因)的一般分析中,通过对影响质量特性的因素进行全面系统的观察和分析,可以找出质量因素与质量特性的因果关系,帮助解决问题或分析问题的团队理解这些因素是如何产生已知结果的,最终找到解决问题的办法。

(3) 检查表(check list)。

检查表是一种为了便于收集数据而设计的表格,用于对工作现场的事物加以观察,记录及收集数据。如作业前点检、设备操作点检、机器保养点检、缺陷情况统计等,对于查检制造方法,了解什么情况问题最多,或抓住每日工作重点以防遗漏,或调查产品的哪一方面不良最严重等,都有很大的帮助。并可利用该表作为日后管理及分析改善的工具。

3.2.3 项目质量控制的具体过程

由项目执行阶段质量控制模式可知,项目执行全过程可分为事前质量控制、事中质量控制和事后质量控制三个阶段(见图3.3)。

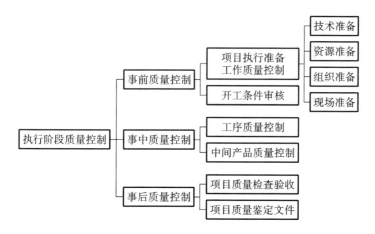

图 3.3 项目执行阶段事前、事中、事后质量控制的内容

1. 施工准备阶段质量控制

准备阶段的质量控制是项目建设活动正式开展之前,分析项目质量影响因素,并制定预防方案、控制方案等,以规避其影响或者降低其影响程度。准备工作虽然是项目开工之前所需完成的工作,但对项目整体有显著影响,为项目的顺利开工、顺利施工创造了基础条件,为项目质量目标实现提供了基础保障。

1) 技术资料、文件的质量控制

(1) 施工地点环境勘查、编制施工材料清单。

针对施工现场开展环境勘查工作,掌握现场的地形、地质、土壤等自然环境,形成相应的环境勘查报告;针对现场施工环境、施工活动等确定施工所需的材料,编制施工材料清单,为施工活动的开展做好相应的准备。

(2) 组织设计。

施工组织设计是前期准备工作中非常重要的内容,组织设计是施工活动开展的基础,包含了资金投入计划、工期进度计划、工期安排等内容。首先,也是最关键的一点,即进度控制,对施工进度进行合理安排,并设计相应的控制方案,确保项目施工活动在规定时间内完成,因此需基于充分的考虑编制全面性进度控制方案,为进度控制活动的开展提供指导。其次是技术分析、经济分析。技术分析是指现有技术能否实现项目目标、确保项目安全性,当前是否具备相应的专业人才,能否熟练应用所需的技术。经济分析是指在实现质量目标、工期目标的前提下,如何高效控制成本,以实现效益最大化目标。

(3) 质量管理方面的法律法规。

在建设的准备阶段,需对国家、相关部门制定的项目质量管理法律调控、制度规定等进行学习,了解相关法律规定的同时,明确我国在该领域采用的责任模式、追责制度、验收标准、问题处理等内容,确保施工行为合法合规、质量控制符合要求。

(4) 工程测量控制资料。

必须认识到数据的重要性,部分数据资料是开展质量评价监管的重要依据,必须充分准备现场原始基线等资料,并妥善保管。

2) 设计交底和图纸审核的质量控制

对施工设计图纸进行审核,确保符合客户要求、技术标准合理、切合现场实际,避免设计不合理导致的工期延误、项目中止等;开展设计交底工作,促使相关人员对项目目标、质量要求、设计方案、施工流程等有充分全面的了解,精准理解图纸,确保现场施工与图纸设计相一致。

3) 采购质量控制

采购质量控制就是对采购的材料、设备等质量进行控制管理,确保原材料、设备等符合质量目标要求,重点在于供应商选择与管理。

4) 质量教育与培训

基于教育培训,强化员工的质量管理理念,帮助其提升专业技能,引导其在实际工作中注重质量控制。

2. 施工阶段质量事前控制

(1) 坚持以人为控制中心。

人是质量的创造者和控制者,应该采用以人为本的思想开展项目质量控制工作,员工个人的工作质量是构成项目总质量的基本元素,因此需提升员工个人的工作质量;树立重视质量的企业文化,引导员工形成质量控制的理念及意识。

项目施工质量控制的两个关键团体是监理队伍、施工队伍,因此对这两个团队的员工工作质量予以监管控制。

(2) 对原材料、半成品和永久性设备等的质量控制。

项目施工过程中使用的原材料、半成品等物料的质量,影响着项目总质量、使用寿命,必须重视所用材料的质量管理,以免因原材料等质量不符合要求,导致项目质量不达标。对物料、设备的质量管理包含了供应商选择、购买、验货、运输、保存等多个环节,需在各环节采用合理的措施进行质量管理。

(3) 对设计图纸的事前质量控制。

设计图是设计和施工单位开展质量控制的重要基础。目前,一种现象在国内非常常见,即设计单位在利益因素影响下,在设计过程中未能充分考虑项目的质量,导致项目质量从设计这个源头上就已经出现问题。设计环节不充分考虑质量目标,不关注质量风险管控,势必导致基于图纸开展的项目施工活动难以达到合同规定的质量要求,最终导致项目质量不达标,需要返工;甚至导致项目在投入运行后发生安全事故,造成人员伤亡。因此,项目团队必须对设计图纸进行严格审核,避免图纸设计存在质量隐患。

(4) 对施工的组织设计、施工方案、工艺及方法的质量控制。

监理工程师必须在承包商开始施工之前,先检查施工组织设计、施工计划,以及技术和方法。质量管理体系、施工组织设计、重点环节的质量保障方案等是审查的关键内容。

3. 施工阶段质量控制

(1) 质量控制点的设置。

质量控制点是动态变化的,是对项目质量有重要影响的关键环节、重要内容、主要因素等,应采用合理的措施对其进行控制,消除其对质量的负面效应。确定质量控制点是实现项目质量目标的基础,监理工程师的工作开展以质量控制点为基础依据,围绕其制定相应的控制方案并严格执行。

选择控制点时,需以关键环节的质量特征为基础,将重点因素、重点环节、重点工序作为控制点,重点防控、重点管理。选择质量控制点时,需注意两点问题:首先,工程技术人员应基于项目经验和实际情况来进行选择;其次,需集思广益,收集相关人员的观点,作为选择质量控制点的依据。

(2) 作业技术交底的控制。

实现项目质量目标的前提条件是承包商必须开展全面的技术交底工作。编制详细的技术实施计划、细化施工方案、提升组织设计水平等技术交底工作为各环节、各施工单位开展实际建设工作提供了指导。因此,应严格按照规定开展技术交底工作,充分认识其重要性,编制相应的文件并交由总工程师审核。将施工所用的方法技术、流程、质量要求、验收标准等内容均包含在技术交底文件中,同时设计应急方案,向施工人员清晰地解释需要做什么、采用什么方法做、要实现怎样的目标、出现问题时如何应对解决。

(3)进场材料构配件的质量控制。

施工所用的相关材料、设备等运输至施工现场之前,编制完善的"工程材料/构配件/设备报审表"并上交至项目监理机构;验货签收时必须要求供应商出具出厂合格证、使用说明书等;验收部门检查质量,并由监理工程师亲自审核,检查合格后入场,确保入场材料质量合格;对于进口材料,联合国家相关质检部门共同开展验收工作。

4. 竣工阶段质量控制

1)检验批合格质量验收

该项工作包括质量控制相关资料的检查和一般项目、关键控制项目的抽样检查。

2)检验批按规定验收

(1)资料检查。

与质量控制相关的资料可以反映各环节、各工序、各项活动的质量管理结果,资料检查从本质上来讲也属于质量控制监管,为检验批合格提供了基础保障。

(2)主控项目和一般项目的检验。

主控项目在很大程度上决定了检验批的质量,我国现行的验收标准是主控项目的质量必须100%合格,因此,一个主控项目的质量不达标,则项目整体质量就不合格。而一般项目质量的要求较为宽松,符合相应的标准即可,但对此类项目,必须至少配置一组标准养护试件。

(3)检验批的抽样方案。

采用的抽样方案有差异,会导致抽样检查结果不相同。编制检验批的抽样方案时,需注重风险控制,主要是生产风险、操作风险两方面。一般项目质量合格检验的两个指标α、β分别不能高于5%、10%;主控项目的两个指标均不能高于5%。

3) 分项工程质量验收

分项工程质量检验是基于前两项工作的开展进行的,此类项目质量资料完整、验收结果符合相关标准即可。

3.3 项目质量事故分析与处理

3.3.1 项目质量事故的成因分析

1. 项目质量事故的定义

根据我国质量管理体系标准的规定,凡工程产品未满足某个规定的要求,就称为质量不合格;而未满足与预期或规定用途有关的要求,则称之为质量缺陷;凡是工程质量不合格,必须进行返修、加固或报废处理,由此造成直接经济损失低于规定限额的称为质量问题;项目参建单位违反工程质量有关法律法规和工程建设标准,使工程产生结构安全、重要使用功能等方面的质量缺陷,必须进行返修、加固或报废处理,由此造成直接经济损失在规定限额以上的称为工程项目质量事故。

2. 项目质量事故的成因

在工程的施工和使用过程中往往会出现各种不同程度的质量问题,甚至质量事故。影响工程项目质量的因素众多而且复杂多变,因此造成工程项目质量事故的原因也很多,归纳起来,在工程建设的全过程中,基本的质量事故成因有以下几个方面。

(1) 违背基本建设程序。

基本建设程序是工程项目建设过程及其客观规律的反映,不按基本建设程序开展工程项目的建设活动,往往是导致工程质量事故发生的重要原因。如未做详细的工程地质勘察就开工、边设计边施工、未经竣工验收就交付使用等违背基本建设程序的现象,就会造成各种各样的工程质量隐患甚至质量事故。

(2) 违反相关法律法规。

在建设法律法规体系中,明确规定了工程项目参与各方主体的行为要求及工程建设的程序和内容,违反法律法规,如无证设计或施工、越级设计或施工、不按招投标法的规定进行公平竞标、非法承发包等行为,都是可能导致工程质量事故的主要原因。

(3) 工程勘察或设计的原因。

①在工程项目的勘察阶段,未认真进行地质勘察,不能提供详细准确的地质资料,或地质勘察时,钻孔的深度、间距、范围不符合规定要求,使得地质勘察报告不能全面反映实际的地基情况等,均会导致采用错误的基础方案,造成地基不均匀沉降,使上部结构或墙体开裂、破坏,甚至引发建筑物倒塌等质量事故。

②在工程设计阶段,采用了不正确的结构方案、荷载取值过小与实际受力情况不符,或变形缝未适当设置、悬挑结构设计错误等,也都是引发质量事故的隐患。

(4) 工程施工和管理的原因。

许多工程质量事故,往往是由施工方法不当和管理不到位造成的。

①不按图施工或未经设计单位同意擅自修改设计;对不均匀地基未进行加固处理或处理不当,造成地基失稳;不熟悉图纸,盲目施工,致使结构破坏。

②不按有关的施工规范和操作规程施工,任意留设施工缝,造成薄弱部位,不按规定强度拆除模板致使构件不成型,砖砌体包心砌筑,上下通缝,游丁走缝,不横平竖直,灰浆不均匀饱满等导致砖墙破坏或倒塌。

③施工管理紊乱,施工方案考虑不周,施工顺序错误。技术组织措施不当,技术交底不清,违章作业,疏于质量检查和验收工作等,导致产生质量问题或质量事故。

(5) 工程材料和设备的原因。

①工程材料方面。如钢筋物理力学性能不符合标准会导致结构产生裂缝,水泥受潮、过期、结块、安定性不良,混凝土配合比不准,外加剂性能和掺量不符合要求时,均会影响混凝土的强度和工作性,导致结构强度不足、裂缝、渗漏等质量事故。

②工程设备方面。如配电设备的质量缺陷或电梯设备质量不合格,均会造成质量事故或危及人身安全。

(6) 自然环境的原因。

工程项目建设周期长、露天作业多,受自然环境影响大,因此外界空气温、湿度的变化,日照的长短,雷电、洪水、大风和暴雨等灾害天气都可能造成重大的质量事故,施工中应予以特别重视,并采取有效预防措施。

(7) 建筑结构使用不当的原因。

对交付的建筑物使用不当,如不经校核、验算,就在原有建筑物的表面任意开槽、打洞削弱承重结构的截面,以及任意拆除承重结构构件等,也会造成质量事故。

3. 项目质量事故成因的分析方法

工程项目出现质量事故,可能是勘察设计、施工管理、材料设备等方面原因造成的,要了解具体成因,必须对质量事故的特征表现及其在建设过程中所处的实际情况进行分析,主要的步骤和方法如下。

(1) 调查现场。

对工程项目的质量事故现场进行细致的调查研究,观察记录全部实际状况,充分了解导致质量事故发生的现象和特征。

(2) 收集整理相关资料。

将工程项目施工过程中所使用的设计图纸、采取的施工方法与工艺、采用的材料与设备情况,以及施工期间的环境条件等相关资料信息进行收集整理后,分析工程在施工或使用过程中所处的环境及面临的各种条件和情况。

(3) 分析工程质量事故的成因。

根据对工程质量事故的现象及特征的综合分析、比较和判断,结合具体情况和相关资料,确定诱发质量事故的真正原因。

3.3.2 项目质量事故的特点和分类

1. 项目质量事故的特点

(1) 复杂性。

造成工程项目质量事故的原因错综复杂,可能是单因素、多因素或综合因素导致的,即使是同一类质量事故,原因也可能多种多样,从而增加了质量事故的性质与危害分析、判断和处理过程的复杂性及难度。如对于建筑物主体结构的开裂与倒塌的质量事故而言,可能是未处理好不均匀地基,产生过大的不均匀沉降导致,也可能是施工质量低劣、建筑材料及设备不符合要求等原因造成的。所以,在处理质量事故时一定要全面分析各种影响因素,才能得到正确的结论。

(2) 严重性。

工程项目质量事故的后果一般较为严重,影响较大,轻者影响工程项目进度、增加工程费用,使得施工不能顺利进行;重者则会使工程项目不能交付使用,或留有隐患,影响使用功能,更严重的还会引起建筑物的失稳、倒塌,造成巨大的经济损失和人员伤亡。如1999年重庆綦江彩虹大桥的突然整体垮塌,不仅造成了重大的人员伤亡情况和严重的经济损失,而且引起了全社会对建设工程质量整体水平的质疑,所以,对于工程项目的质量问题和质量事故都要予以足够的重视。

（3）可变性。

工程项目出现了质量问题后,其质量状况有可能随着时间而不断发展变化,如不能及时处理和纠正,就可能有从初始阶段并不严重的质量问题,在质量渐变的过程中,发展成为严重或重大的质量事故,造成严重的后果。如钢筋混凝土结构中出现的裂缝,将随着环境温度和湿度、荷载的大小和持续时间的变化而变化,若不加以关注处理,有的细微裂缝就可能发展成结构裂缝,造成质量事故。所以,在分析处理质量问题时要及时采取可靠的措施,防止其进一步恶化而发生质量事故。

（4）多发性。

工程项目的质量事故,往往在一些工程部位或施工环节中经常发生,从而成为质量通病,如屋面或卫生间漏水、雨篷的倾覆、预制构件裂缝、悬挑梁板断裂等。对此要做好工程项目质量事故的原因分析,总结经验,采取有效的预防措施。

2. 项目质量事故的分类

1）按事故产生的原因分类

（1）技术原因引发的质量事故。该类事故是指在工程项目实施过程中,勘察、设计、施工等技术上的失误,如地质情况估计错误、设计参数计算错误、施工方案不适用等情况而造成的质量事故。

（2）管理原因引发的质量事故。该类事故是指管理上的不完善或失误,如施工单位的质量体系不完善、质量管理措施落实不力或仪器设备检测失准等情况而引发的质量事故。

（3）社会、经济原因引发的质量事故。该类事故是指社会上存在的某些不正之风及经济因素,如招投标过程中,投标单位以低价中标后,在施工过程中通过偷工减料、层层转包、违法分包等行为获取不当利益,而最终导致出现严重的工程质量事故。

2）按事故的责任分类

（1）指导责任事故。该类事故是指工程实施指导或管理失误而造成的质量事故。如管理者盲目追求工程进度,放松或违背质量标准进行作业控制和检验,降低整个施工质量标准等引发的质量事故,就属于指导责任事故。

(2) 操作责任事故。该类事故是指在施工过程中,实施操作者不按标准或规程实施操作而造成的质量事故。如浇筑混凝土时为提高流动性而随意加水,使得坍落度不符合要求,或钢筋的锚固长度不符合规范要求等而造成的质量事故,就属于操作责任事故。

3) 按事故造成损失的程度分类

(1) 特别重大事故。特别重大事故是指造成 30 人以上死亡,或者 100 人以上重伤,或者 1 亿元以上直接经济损失的事故。

(2) 重大事故。重大事故是指造成 10 人以上 30 人以下死亡,或者 50 人以上 100 人以下重伤,或者 5000 万元以上 1 亿元以下直接经济损失的事故。

(3) 较大事故。较大事故是指造成 3 人以上 10 人以下死亡,或者 10 人以上 50 人以下重伤,或者 1000 万元以上 5000 万元以下直接经济损失的事故。

(4) 一般事故。一般事故是指造成 3 人以下死亡,或者 10 人以下重伤,或者 100 万元以上 1000 万元以下直接经济损失的事故。

注意:该等级划分标准中的"以上"包括本数,"以下"不包括本数。

3.3.3 项目质量事故的处理

1. 项目质量事故的预防

(1) 组织工程地质勘察和设计。

精心组织工程地质勘察和设计,严把勘察设计质量关,尽量避免因地质、水文条件或结构、构造设计等问题导致质量事故的发生。

(2) 制定工程质量事故综合治理规划。

在开工前,施工单位应认真分析施工过程中经常出现的质量问题,明确重点防治内容,根据难易程度制定专门的工程质量事故综合治理规划。治理规划的编制要做到目标明确、责任落实、内容具体、措施恰当。

(3) 提高施工作业人员的专业素质。

为减少因施工作业造成的质量问题,应注意提高施工作业人员的专业素质,改善施工工艺、规范施工操作。在容易出现质量问题的部位,设置质量控制点,以保证整个施工过程的每一个环节都处于严格的质量控制状态。

(4) 严格控制原材料、设备、构配件的质量。

对于工程建设的原材料、构配件等要严格查验产品说明书、合格证及技术说明书等,并在检测合格后才能投入使用,新产品应具有技术鉴定书、实验资料及用户报告等。

(5) 建立质量奖罚机制。

通过建立质量奖罚机制,充分调动全体施工人员的工作积极性,增强质量意识,从制度上建立质量效果与经济收入挂钩的联动机制。

2. 项目质量事故的处理依据

(1) 质量事故的实况资料。

质量事故的实况资料是指质量事故发生后,在对质量事故现场进行了周密的调查、研究后对实际情况所做的详尽说明。包括质量事故发生的时间、地点,质量事故状况的描述及质量事故发展变化的情况,有关质量事故的观测记录、事故现场状态的照片或录像,以及事故调查组获得的第一手资料等。

(2) 有关合同和合同文件。

为确定在施工过程中参建各方是否按合同有关条款实施其活动,以确定质量事故责任单位,如设计委托合同、设备与器材购销合同、工程施工承包合同、监理合同以及分包合同等都是质量事故处理的重要依据。

(3) 有关的技术文件和档案资料。

有关的技术文件和档案资料是指有关的工程勘察设计文件,与施工有关的技术文件、施工方案、施工记录、建筑材料设备的质量证明材料,以及质量事故发生后对事故状况的试验记录或报告等。

(4) 相关建设法律法规。

相关建设法律法规主要是指以《中华人民共和国公路法》为基础的工程建设法律法规体系,是具有很高的权威性、约束性、通用性和普遍性的依据。包括工程项目参与各方资质管理方面的法规,从业者资格管理方面的法规,路桥市场管理方面的法规,路桥施工方面的法规和关于标准化管理方面的法规等。

3. 项目质量事故的处理程序、要求及方法

1) 工程项目质量事故的处理程序

(1) 事故调查与原因分析。工程质量事故发生后,工程项目施工负责人应按法定的时间和程序,及时向企业报告事故的状况,做好现场的保护,积极组织配合企业技术部门和政府主管部门以及工程质量监督部门的事故调查。事故调查应力求及时、客观、全面,以便为事故的分析与处理提供正确的依据。然后根据调查所得的数据、资料进行仔细的分析,找出引发质量事故的主要原因。质量事故的调查与分析结果是形成事故调查报告,其主要内容包括:事故发生的单位名称,工程名称、部位、时间、地点;事故概况和初步估计的直接损失;事故发生原因的初步分析;事故发生后所采取的控制措施;相关的各种资料。

(2) 事故处理方案的制定与实施。质量事故处理的方案应依据事故的性质、原因、程度来制定,要做到安全可靠、技术可行、便于施工、经济合理,且满足建筑功能和使用要求。在制定了质量事故的处理方案后,要严格按处理方案的质量要求进行施工,处理现场要有相关质量监督人员参加,如政府的质量监督部门、监理单位或建设单位的相关质量管理人员等。处理方案实施完成后要按有关规定取样检测,检测结果作为质量事故处理报告的附件材料。在事故处理方案的实施过程中,要根据事故的损失大小、情节轻重对责任单位和责任人做出相应的行政处分,甚至追究刑事责任。对事故责任的分析应慎重,若短期内难以做出结论的,可提出进一步观测检验意见;对某些问题认识不一致、意见暂时不统一的,应继续调查,以便在掌握充分的资料和数据后进行责任的划分。

(3) 事故处理的鉴定验收。质量事故的处理是否达到预期的目标,工程质量是否依然存在隐患等,都要通过检查鉴定和验收做出确认。对事故处理的质量检查鉴定,应严格按施工验收规范和相关的质量标准进行。所有的质量事故都需要在事故处理鉴定验收后提出明确的验收结论,并形成事故处理报告。工程质量事故处理报告的内容一般包括:工程质量事故情况、调查情况、原因分析;质量事故处理的依据;质量事故处理的方案和技术措施;实施技术处理施工中的有关问题和资料;对处理结果的检查鉴定和验收;质量事故的处理结论等。

2) 工程项目质量事故的处理要求

(1) 在质量事故调查时,必须对事故原因展开深入认真的调查分析,必要时还应委托有资质的工程质量检测单位进行质量检测鉴定,或邀请专家咨询论证,以明确引发事故的原因。只有明确了事故发生的原因后才能进行有效、稳妥的处理。

(2) 在制定质量事故技术处理方案时,必须严格坚持施工质量标准的要求,做到技术方案科学合理、切实可行。

(3) 在实施质量事故技术处理方案的过程中,必须加强管理,落实各项技术处理措施,做好处理过程的检查、验收和记录,确保发生事故的部位经处理后安全可靠,不留隐患,满足生产和使用要求。

(4) 要加强对工程质量事故处理结果的检查、验收和必要的检测鉴定工作,分析判断获取的数据后,对处理结果是否达到预期目标做出明确的结论。

3) 工程项目质量事故的处理方法

(1) 修补处理。这是常用的一种处理方案,适用于以下情况。①在工程项目的某个检验批、分项或分部工程的质量虽未达到规范、标准或设计要求,存在一定的缺陷,但经过修补后可以达到要求的质量标准且不影响使用功能和外观要求时,可以采用表面处理、复位纠偏、封闭保护等修补处理的方法。如对于混凝土结构出现的裂缝,在不影响结构安全和使用功能的前提下,当裂缝宽度不大于 0.2 mm 时,可采用表面密封法;当裂缝宽度大于 0.3 mm 时,采用嵌缝密闭法;当裂缝较深时,可采用灌浆修补的方法。②当质量问题较严重,可能影响结构的安全性和使用功能时,必须进行结构加固补强处理,经处理后可能会造成一些永久性缺陷,如改变结构外形尺寸,影响一些次要的使用功能等。

(2) 返工处理。主要适用于以下情况。①在工程质量未达到规定的标准和要求,存在着严重的质量问题,对结构的使用和安全已构成重大影响,且又无法通过修补处理的情况下,针对检验批、分项工程、分部工程甚至整个工程应进行返工处理。如某公路工程在预应力施工过程中,实际张力只达到规定张力的 60%,属严重的质量缺陷,已无法通过修补处理的方法解决,就必须进行返工处理。②对某些可以采用加固补强等方法进行修补处理的严重质量缺陷,若其处理费用已超过原工程造价,应进行整体拆除,全面返工。

(3) 不做处理。某些工程质量问题虽然不符合规定的要求和标准,构成了质量事故,但属于以下情况的可不做处理。①对结构安全和正常使用没有影响或影响不大时,可不做处理。②对可经过后续工序进行弥补的质量问题,可不做处理,如混凝土梁表面轻微的麻面现象,可通过后续的抹灰工序进行弥补,就可不做专门处理。③经法定检测机构鉴定合格的可不做处理,如某混凝土检验批试块强度值未达到规范要求,但经法定检测机构的鉴定,该混凝土检验批的实际强度值已达到规范允许值和设计要求时可不做处理。对经检测未达到要求值,但相差不多,在使用前经再次检测达到了设计强度的,只要严格控制施工荷载也可不做处理。④经检测达不到设计要求,但经原设计单位核算,仍能满足结构安全和使用功能的可不做处理,这种处理方法其实是通过挖掘设计潜力或降低设计安全系数实现的。

第4章 路桥工程项目施工成本管理

4.1 项目施工成本管理概述

4.1.1 项目施工成本的构成、分类及影响因素

1. 项目施工成本的构成

路桥工程的建筑安装费用包括直接工程费、企业管理费、其他工程费、规费、利润以及税金。路桥工程项目施工成本构成示意图见图4.1。

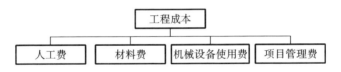

图4.1 路桥工程项目施工成本构成示意图

2. 项目施工成本的分类

根据路桥工程建设的特点、计量方法和类别,按以下三种方法对工程成本进行分类(见图4.2)。

1)按计算成本的标准分类

路桥工程成本按照计算成本的标准,可划分为工程预算成本、工程计划成本、工程实际成本。

(1)工程预算成本:依据分部分项工程的预算单价和施工图以及取费标准,计算得到的项目预算成本和现场管理费的总和。一般由直接成本和间接成本组成。建设工程预算成本是一项前提,阐明所有项目的建设成本。它是衡量特定成本减少或超额预算的基础,也是评估成本管理的实际效果的基础。

(2)工程计划成本:根据公司自身情况确定的项目建设成本。

(3)工程实际成本:根据标准成本计算因子和成本费用,以项目建设全过程

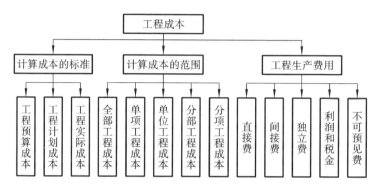

图 4.2 路桥工程项目施工成本分类图

中实际引起的项目成本之和为基础。项目的计划成本以及预算成本与实际成本之间的差额可以反映公司日常成本管理的日常任务的进度以及建设项目管理的水平。

2) 按计算成本的范围分类

根据计算成本的范围，路桥工程成本可以分为全部工程成本，单项、单位工程成本，分部、分项工程成本。

(1) 全部工程成本是指施工企业在项目建设中发生的全部基本建设成本。公司清算费用后，可以作为公司清算项目费用的依据。

(2) 单项工程成本是指在工程建设中具有单独设计计划文件和经济利益，单独制造的基本建设成本之和。

(3) 单位工程成本是指具有单独施工设计图和独立施工条件的工程预算，属于单项工程成本。

(4) 分部工程成本是指在建设过程中将一个项目划分为不同部分而产生的工程建设成本。

(5) 分项工程成本是指项目根据子项目的不同施工方法，以及原材料和结构分区而产生的项目预算。

3) 按生产费用分类

根据生产成本的不同构成，路桥工程成本可分为直接成本、间接成本、措施费、利润与税金、风险费等。

(1) 直接成本是指在建设项目全过程中直接发生的成本费用，可计入项目实物成本，包括如下各项。

①人工费：包括直接从事路桥工作人员的基本工资、额外工资和工资补贴，以及辅助工人的基本工资，如现场制造零件和运输材料的工人。

②材料费:包括主要原材料、构件以及其他原材料、消耗品的摊销费用。

③施工机械使用费:包括施工全过程的机械设备服务费和使用机械设备的租赁费。

④其他直接费:包括水电工程费用和整个施工过程中原材料的二次运输费用。

(2)间接成本本质上是管理和组织施工的成本,与各种建设项目密切相关,在计算过程中往往由各种建设项目分担。

①施工管理费:指整个施工过程中发生的各种服务费,如员工教育费、办公费、劳保费、工资、差旅费、项目维护费、专用工具设备服务费、测试和检查费、利息支出等。

②其他间接费:包括临时设备的建造费用、劳保用品支出和施工人员的鼓励费。

(3)措施费是指在整个施工过程中除直接和间接费用外的单独费用,包括临时设施费、夜间施工增加费、冬雨季施工增加费、先进设备费和工程机械拆除费。

(4)税金与利润:税金是指依据国家税务机关的相关规定,按建设项目收入的9%作为缴纳的增值税;利润是指所有项目的经济效益,一般占建设预算的7%。

(5)风险费包括工程保险费、不可预见工程费以及材料单价浮动费等。

3. 项目施工成本的影响因素

(1)施工方案。

在准备阶段,施工企业需要勘察施工现场,明确施工现场的实际情况,以此为依据展开分析,确定施工方案。路桥施工项目的施工方案具有一定的丰富性,方案中包含较多品类,因此施工方案是否科学合理会对施工成本造成直接影响。从这个角度讲,路桥施工时应严格遵照施工方案,不能随意变动。

(2)施工进度。

工程为了赶进度,自然会消耗更多的资源,在一定程度上会增加施工成本。如果施工进度安排出现问题,往往会发生进度超前或延误,导致产生资源浪费问题。具体到某个施工项目,在施工前制定具体的施工进度计划,力求最大限度减少各种资源的消耗,最终达成有效降低施工成本的目的。

(3)施工质量。

施工质量的高低非常影响项目的成本。质量成本有两种:第一,在实施过程中,为了达到预定质量目标而发生的一些必要的费用;第二,由于没有达到质量标准而产生的额外费用。第一种质量成本是达到施工质量标准的保障,能够避免在施工过程中出现质量问题;第二种质量成本则是由失误或意外造成的,在施工过程中产生的非必要性的额外费用,包括受自然因素影响造成无法在工期内完成施工、出现施工纠纷等造成的关于施工质量的成本。通常来讲,工程质量较高,在进行质量检测时需要支付较高成本,实际上不仅是在质量检测时需要花费更多成本,在预防方面也有大量支出。有的企业为了获取短期利益而不顾施工标准进行施工,导致工程出现质量问题,尽管的确达到了节约成本的目的,能够在短时间内提高企业经济效益,但是这种做法十分不可取,因为从长远上看,施工质量不达标很容易出现安全事故,这时施工方需要进行二次施工,二次施工则需要支付更多成本,因此施工方应当严格遵守质量标准进行施工。

(4) 施工安全。

施工安全因素不仅指施工工作人员的人身安全,还涉及与施工项目相关的其他安全因素,包括设备安全、环境安全等。在进行施工管理的过程中,需要将安全管理落实到方方面面,只有这样才能通过项目局部安全保障项目整体安全。对于路桥建设项目来讲,其本身具有一定的特殊性,因此必须严格管控施工过程的安全因素。安全管理在桥梁施工、深基坑开挖、水下作业等高风险、复杂的施工过程中尤其重要。控制施工安全不能停留在口头上,还需要付出真正的努力,采取必要手段,才能避免出现安全隐患,导致产生更多安全成本。

(5) 物价变动。

当前,路桥建设也存在着激烈的市场竞争,受到这种影响,物价会发生一定的变动。路桥施工企业一定要重视物价变动,重视其对于成本所带来的影响,分析市场变化规律,在满足施工要求的基础上,尽可能降低资金消耗,从而既能满足施工质量的要求,又能实现控制成本的目的。在销售市场中,物价是活跃的成分,能够灵活反映市场的变化情况,物价波动能够影响路桥建设项目的成本。物价的变化时刻影响施工成本,因此为了更好地控制施工成本,管理人员应仔细分析市场的物价变化趋势,在恰当的时间购买路桥材料。

(6) 企业管理水平。

施工企业的管理能力对项目建设的成本控制,长期来看影响非常大。企业管理水平越高,对整个施工期的成本分析越科学合理,越能运用成本预测来防止成本浪费的发生。

4.1.2　项目施工成本管理的含义及内容

1. 项目施工成本管理的含义

简单而言,路桥项目建设中需要消耗一定的材料和劳动力,而这些材料和劳动力的货币体现,实际上就是所需的施工成本。路桥建设项目涉及许多管理内容,而成本管理是其中非常日常的一项。由于成本集中在所有在建项目的基本建设过程中,可以简单概括这一基本概念:路桥企业结合自身特点,依据建设项目的实际情况,对整个项目过程进行管理,并在更大程度上控制成本。成本控制还包括总体目标设定和总体目标完成。从管理方法的要点来看,它包括预测分析、计划、管理决策、操纵、结转、评估、监督等全过程。这整个过程构成了道路建设成本的要素。建设项目成本管理的概念可以概括为通过控制项目支出,减少成本。

2. 项目施工成本管理的内容

一般而言,项目施工成本的可控性分析,首先需要对项目施工成本进行划分,将其分为可控成本和不可控成本两个方面。在推进路桥工程项目建设过程中,严格要求单独的负责人完成可控成本的规划,但因不可控成本本身的不确定性,不需要负责人对其控制。路桥工程项目施工中的主要成本为建筑成本,而建筑成本包括人工费用、器械配置费用等,这些均为可控成本。路桥工程项目施工成本管理主要包括以下六个方面的内容。

(1) 明确成本管理目标,进行成本预测。

路桥工程项目开始之初,首先需要相关负责人确定成本计划,制定完善的成本管理目标,这也是路桥工程项目成本管理的基础和核心,为后期的成本管理以及成本核算工作打下坚实基础;为了有效地进行项目建设过程中的成本预测,需要综合依据该项目的具体特点以及成本特点,采取科学有效的方式进行成本计量、成本定性和定量估算。

(2) 构建成本管理体系。

项目施工期间的成本管理较为关键的就是成本控制,这也需要负责人在项目生产建设过程中,综合依据项目的规模、特点、参与人员的具体分工以及组织机构的配置,进行统筹规划,推进合理有效的成本控制,最终构建完善的成本控制体系。

(3) 责任清晰。

在成本控制过程中,推进成本控制的关键还在于进行合理有效的责任划分,保证各个参与方责权清晰,各自承担起应尽的责任,协调推进各方的成本管理工作。

(4) 完善信息传递和反馈系统。

在信息技术高速发展的今天,在路桥工程项目中推进信息技术的运用也是必然的发展趋势,因此在路桥工程项目中建立完善的信息反馈机制也是必要且重要的。信息反馈系统的完善程度与成本控制能够成功推进有着必然的联系。若在路桥工程项目推进过程中,信息沟通不流畅,各方面的信息很难实现方便、快捷、准确的传输,必将导致实际成本和预计成本之间的偏差,最终导致成本控制失去其原有的意义。

(5) 跟踪、检查、分析、纠偏。

相关负责部门在路桥工程项目施工中,综合依据具体的施工情况以及其他条件的变化,实时进行施工成本的跟踪、调查以及分析,一旦出现偏差,将立即对偏差部分进行针对性的调查和分析,确定产生偏差的原因,及时解决这些问题,严格依据特定的办法和措施进行成本控制和成本管理,最终确保路桥工程项目的施工成本得到有效的控制。

(6) 完善考核工作。

项目负责部门在路桥施工工程进入后期建设阶段时,需要着手推进成本核算工作,结合核算的结果进行分析和考核,若出现实际成本与核算成本有偏差的情况,需要就偏差产生的原因进行调查和分析,总结经验,在下次类似工程推进中,有效规避此类问题的产生。项目完成之后,还需要严格依据要求对各方责任主体进行成本核算,确定不同部门的成本控制效果,依据成本控制结果对不同责任方实施对应的奖惩举措。

4.1.3　项目施工成本管理的意义及方法

1. 项目施工成本管理的意义

(1) 保证公司实现既定成本目标的重要手段。

根据成本管理,可以在第一时间掌握项目计划成本与实际成本之间的差异,根据具体情况进行实时监控、数据分析并采取有效对策,确保公司完成明确的总体成本目标。另外,成本管理不仅必须确保完成本项目的总体目标,还必须确保实际成本不超过计划成本,从而获得更大的经济效益。

(2) 降低成本、提高经济效益的重要途径。

成本控制不仅可以保证成本目标的实现,降低材料消耗,从而降低成本,提高效率,而且可以提高企业的整体经济效益。利润是企业追求的主要目标,但较高的施工成本限制了企业的利润。因此,成本控制对提高企业利润和经济效益具有重要意义。

(3) 企业财产物资的制度保证。

成本控制为企业针对物资和财产的高效管理创造了便利。项目施工成本管理系统可以监控施工过程中的材料消耗情况。成本管理制度的实施,不仅可为企业物资和财产提供可靠的安全保证,还督促企业遵循国家的法律规定,按法按规支付成本,保障成本具有合理性。

2. 项目施工成本管理的方法

(1) 目标成本法。

作为成本控制的关键方法之一,目标成本核算以目标管理为基础,在这里关键的部分就是不同的目标。目标管理就是将企业生产环节的成本目标与运营过程中的目标进行区分,在事先需要设定一个目标,用来指导这两种成本,从而能够依据这一目标对实际成本进行控制。在具体的施工过程中,也可以采用这种方法进行管理。主要采用的方法是结合成本管理与成本预算,以目标为基础控制成本支出,减少资金浪费,提高企业效益。

在施工管理中,对其进行成本管理的核心思想就是实现设定成本目标,依据这一目标为后续开展施工活动提供指导,具体到施工成本管理绩效问题,也是由成本目标来衡量的。通过成本目标,能够明确作业标准,从而严格按照这一标准进行成本控制。在实际实施过程中,成本计划管理可以分为三个部分,即目标的确定与分解、进行成本控制以及完成情况考核。值得注意的是,设定目标时需要以项目的实际情况为依据,展开宏观分析、核算成本目标,只有这样才能制定出合理的目标,充分发挥目标成本法的作用。

(2) 作业成本法。

作业成本法不仅是对施工期间成本和材料消耗的研究,而且是对施工期间必要材料的消耗的研究。作业成本法考虑了对象的操作,因此在计算产品成本时需要从产品转换到操作。这种做法显然也适合工程建设。作业成本法的研究对象是分析资源消耗,对作业过程中发生的成本进行综合统计,按照作业动因不

同,完成成本分配。在作业过程中,成本对象出现了消耗,这表明作业可以消耗成本,也能产生价值。

在分析方法中,资源的使用价值在于工作标准。一般来说,作业成本法作用的不仅是目标成本,而且是成本发生的整个过程。它以工作资源为研究方向,对工作主体活动中的资源消耗进行科学研究和分析,因此这种分析更加系统化。

在研究作业成本时,需要系统地分析作业链,同时需要对作业过程中出现的价值链进行分析,这是因为作业过程涉及的作业单元都会出现成本消耗。对作业链的考察主要是站在企业内部视角进行分析,但是资源链则是从企业外部角度进行研究。前者中的单位消耗资源最终变成产品,而后者是产品价值的表现。在进行成本管理时,需要关注这两条链的相互作用,优化作业过程,降低成本支出。

(3) 成本分析法。

这种方法的核心是通过对工程项目的成本进行分析,来达到控制成本的目的。分析的主要目的是找到造成节约或超支的关键点,得出分析结论后能够指导工作环节优化,或是提出解决措施。通过这种方法,能够提高企业经济效益。成本分析法主要有两种:第一种为综合分析法,通过对成本的实际情况进行综合分析,对比预算成本与实际成本之间的差异,从而发现导致成本减少或成本增加的原因,提出优化措施,有效控制成本;第二种为具体分析法,要具体到每个成本要素,包括人工、设备、材料等方面的成本,对其进行详细分析。以材料费用为例,对其进行具体分析时,需要对材料价格、数量等关键要素进行分析,与预算成本进行对比,评价预设方案是否合理,若不合理,则要做出优化与改进。通过具体分析法,能够明确各项费用的支出是否处在合理范围内,从而达到从整体上进行成本控制的目标。

(4) 责任成本法。

这种方法的核心思想就是明确成本管理的具体责任,在划分责任时,需要以经济责任为依据,将管理责任落实到责任人头上。在成本管理过程中,需要进行责任划分,落实责任成本。

从实际来看,不同单位与岗位责任划分情况是不同的,例如技术部门,其主要职责就是设计施工方案、选择施工办法、确定施工质量,这些内容都会对成本产生一定影响,因此需要在编制方案时将成本控制重视起来。而采购部需要按照要求采购原料、设备等;机械部门主要负责设备数量控制、保养维修等责任。由此可以发现,责任成本法能够使成本预算更加细化,能够明确成本控制的每个责任点,通过各部门的共同努力,实现整体控制成本的目的。

4.1.4 项目施工成本管理的流程及关键环节

1. 项目施工成本管理的流程

(1) 第一个阶段:事前管理。

事前管理也就是在路桥工程项目施工开始之前推进的成本管理,包括成本预算、成本计划等方面。项目相关负责人在这个时期首先需要综合当前路桥工程项目的实际特点和具体特征,依据科学合理的方法进行对应的成本预测和成本估量,结合路桥工程项目中各项费用支出制定书面执行书,其具体工作可分为如下两个方面。

①明确成本目标。路桥工程项目开展之前,首先需要项目负责人结合精确的估量方法确定出当前项目整体水平以及具体的支出明细,以此为基础确定出成本技术和成本控制目标,这也是进行路桥工程项目成本控制的基础和关键,便于后期进行更加完善且详细的成本控制和成本核算工作。

②编写成本计划。在明确了成本目标之后,项目负责人要以此为基础制定出科学、合理的成本计划,使企业经济效益最大化。在路桥工程项目执行过程中,还需要负责人严格依据所制定的计划推进各项成本管理工作,这也是后期成本管理的基础和依据,是成本管理的重要手段和工具。

(2) 第二个阶段:事中管理。

事中管理指的是项目施工过程中存在的成本管理。在项目施工过程中成本管理是实时存在且贯穿始终的,也是成本控制的中间环节,是企业经济效益产生的关键和基础,也是企业项目控制的关键内容。作为一个长期性的行为,项目施工阶段的不少过程都对成本控制存在影响,例如物资采购制度、施工组织、高新技术应用等,这些内容极有可能影响施工阶段的成本控制,因此在这个过程中需要对各方参与主体的责任和义务进行精准划分,协调各方参与主体,严格依据成本技术推进施工过程,确保路桥施工项目的成本消耗严格依据计划执行,其具体工作可分为如下两个方面。

①实际成本监测。在施工过程中对不同成本消耗进行实时监控,确定其与成本计划有效统一,生成实际成本报告,对实际成本和计划成本进行对比分析,确定其中是否存在偏差,并对存在的偏差进行分析。

②实际成本跟踪。实际成本跟踪表示的是对施工过程中的每一个环节和流

程都需要进行准确的成本控制,对其中产生偏差的原因进行分析。

(3)第三个阶段:事后管理。

事后管理也是竣工结算阶段的成本管理,作为成本管理的最后一个环节,竣工结算管理也是其中最为关键的一个环节之一。事后成本管理主要是依据竣工结算资料来进行的,因此资料的完整性、规范性,数据的准确性以及路桥环境对竣工结算的影响因素都是至关重要的。这个阶段需要相关管理人员有针对性地对成本管理中的各项问题进行分析,结合分析结果生成最终检验报告,其中包括下述几个方面的内容。

①核算成本。对路桥工程项目中的实际成本和计划成本的偏差进行核算,确定当前项目成本管理的效果。

②分析成本。对项目成本的变动进行分析,确定其是超过计划还是低于计划,确定造成这种结果的因素,并且进行经验教训的总结,为后期类似工程提供有用的参考意见,制定出更加合理的成本管理方法。

③考核成本。进行核算成本的分析和考核,确定成本偏差产生的根本原因,对原因进行有针对性的分析和研究,为后期的成本控制工作提供可行性的参考意见和建议,与此同时依据具体的部门责任划分和责任主体对应的绩效进行奖惩,提升各部门工作人员在成本控制工作中的积极性,进一步提升成本控制水平。

2. 项目施工成本管理的关键环节

项目施工成本管理具体可分为成本预测、成本计划、成本控制、成本核算、成本分析以及成本考核六个关键环节,见表 4.1。

表 4.1 路桥工程项目施工成本管理六大关键环节

项目成本管理关键环节	内容	作用/方法
成本预测	成本预测就是根据成本信息和施工项目的具体情况,运用一定的专门方法,对未来的成本水平及其可能发展趋势做出科学的估计,也是在工程项目施工以前对成本进行的估算	预测方法:专家会议法等

续表

项目成本管理关键环节	内容	作用/方法
成本计划	成本计划是以货币形式编制项目在计划期内的生产费用、成本水平、成本降低率以及为降低成本采取的主要措施和规划的书面方案	①是建立项目成本管理责任制、开展成本控制和核算的基础;②是降低项目成本的指导性文件;③是设立目标成本的依据
成本控制	成本控制是指在施工过程中,对影响施工成本的各种因素加强管理,并采取各种有效措施,将施工中实际发生的各种消耗和支出严格控制在成本计划范围内,保证项目成本管理目标的实现	计划预控、运行过程控制和纠偏控制
成本核算	成本核算是指利用会计核算体系,对项目建设过程中所发生的各项费用进行归集,统计其实际发生额,并计算项目总成本和单位工程成本的管理工作	项目成本核算所提供的各种成本信息,是成本预测、成本计划、成本控制、成本分析和成本考核等各个环节的依据
成本分析	成本分析是指在施工成本核算的基础上,对成本的形成过程和影响成本升降的因素进行分析,以寻求进一步降低成本的途径。包括有利偏差的挖掘和不利偏差的纠正	①比较法,对计算出来的单位值和计划值进行对比;②因素分析法,也叫连环替代法,将各个影响因素逐个来迭代,然后找出主要原因、次要原因、非主要原因等等;③差额计算法;④比率法(含相关比率法、构成比率法和动态比率法三种)
成本考核	成本考核是指在项目完成后,按项目成本目标责任制的有关规定,将成本的实际指标与计划、定额、预算进行对比和考核,评定项目成本计划的完成情况和各责任者的业绩,并以此给予相应的奖励和处罚	考核指标为成本降低率或降低额。成本降低率是相对值;成本降低额是绝对值

4.2 项目施工成本的预测与计划

4.2.1 项目施工成本预测

1. 项目施工成本预测的方法

(1) 定性预测法。

定性预测法是成本管理人员根据专业知识和实践经验,通过调查研究,利用已有资料,对成本的发展趋势及可能达到的水平所做出的分析和推断。

(2) 详细预测法。

详细预测法基于项目数量清单来执行成本预算,工作量大,需耗费大量人力、物力和财力。

(3) 定量预测法。

定量预测法主要有经验判断法、主观概率法、调查访问法等。定量预测也被称为统计预测,它是基于所获得的历史统计数据,并使用一些科学的数学方法来处理和安排,以揭示它们之间的关系。定量预测偏重于数量方面的分析,重视预测对象的变化程度。定量预测的主要方法有移动平均法(包括简单移动平均法、加权移动平均法、二次移动平均法)、指数平滑法、回归分析法(包括一元线性回归法、指数曲线回归法)、高低点法和量本利分析法。

2. 项目施工成本预测体系的构建

成本预测是成本计划的基础,为编制科学、合理的成本控制目标提供依据。因此,成本预测对提高成本计划的科学性、降低成本和提高经济效益具有重要的作用。路桥项目成本预测是使用科学的方法,结合中标价并根据路桥项目的施工条件、机械设备、人员素质等对成本目标进行预测。主要包括以下内容。

(1) 工料费用预测。

①首先分析工程项目采用的人工费单价,再分析工人的工资水平及社会劳务的市场行情,根据工期及准备投入的人员数量分析该项工程合同价中人工费是否包含住宿费等。

②材料费占建安费的比重极大,应作为重点予以准确把握,分别对主材、辅

材、其他材料的费用进行逐项分析,重新核定材料的供应地点、购买价、运输方式及装卸费,分析定额中规定的材料规格与实际采用的材料规格的不同,对比实际的水泥用量与定额用量的差异,汇总分析预算中的其他材料费等。

③投标施工组织设计中的机械设备的型号、数量一般是采用定额中的施工方法套算出来的,与工地实际施工有一定差异,工作效率也有不同,因此需测算实际将要发生的机械使用费。同时,还需计算可能发生的机械租赁费及需新购置的机械设备费的摊销费,对主要机械重新核定台班产量定额。

(2) 施工方案费用变化及相关费用的预测。

①施工方案费用变化的预测。

工程项目中标后,必须结合施工现场的实际情况制定技术上先进可行、经济上合理的实施性施工组织设计,结合项目所在地的经济、自然地理条件、施工工艺、设备选择、工期安排的实际情况,比较实施性施工组织设计所采用的施工方法与标书编制时的不同,或与定额中施工方法的不同,以据实做出正确的预测。

②辅助工程费的预测。

辅助工程量是指工程量清单或设计图纸中没有给定,而又是施工中不可缺少的,例如混凝土搅拌站等,也需根据实施性施工组织设计做好具体实际的预测。

③大型临时设施费的预测。

大型临时设施费的预测应事先进行详细的调查,充分比选论证,从而确定合理的目标值。

④小型临时设施费、工地转移费的预测。

临时设施的搭设,需根据工期的长短和拟投入的人员、设备的多少来确定临时设施的规模和标准,按实际发生并参考以往工程施工中包干控制的历史数据确定目标值。工地转移费应根据转移距离的远近和拟转移人员、设备的多少核定预测目标值。

4.2.2 项目施工成本计划

1. 收集项目施工成本数据

对项目施工过程的数据进行收集,是路桥工程项目施工成本管理过程中不可替代的步骤。以路桥施工的具体情况和数据为依据,成本计划阶段主要的工作就是收集工程项目施工的相关资料,具体内容如下。

(1) 路桥工程项目施工成本的预算数据。根据甲方提供的施工预算,统计分析人工费、材料费、机械使用费的情况。

(2) 各个周期内施工成本的相应数据。在各个周期时间段内,采集项目施工过程的数据资料。

2. 分析项目施工成本影响因素

了解成本的构成还不能达到积极地对成本进行有效管理的目的,还必须了解影响成本构成中的各类成本影响因素。一般认为,成本是由工作数量、完成该项目工作单位的物质消耗数量和每个单位数量的单位价格这三项所组成。工作数量一定的条件下,物质消耗越低(定额越先进),成本越低。前两项相对不变时,单价越低成本就越低。在市场经济体制不断健全的趋势下,市场价格以至于内部市场价格对于成本的影响越来越呈现其重要性。

项目施工成本影响因素包括如下方面。

(1) 架料、模板等周转材料投入量越大,固定成本越大,反之固定成本越小。为此就必须优化施工方案,选用先进的搭设脚手架支撑方案以减少投入量。

(2) 合理选用机械设备,减少投入,合理组织机械进退场,以降低固定成本。

(3) 尽量减少临建设施的搭设,减少临建费用,以降低固定成本。

(4) 压缩管理人员与非生产人员的编制,以减少现场管理费用。

(5) 缩短工期,减少分摊固定费用的比例。

(6) 优化技术措施,合理确定进料规模,以节约材料。

(7) 减少现场材料的浪费。

(8) 减少材料采购成本。

(9) 合理组织材料场,减少二次搬运。

(10) 防止计划外用工、重复开工,防止返工费用发生。

(11) 适当降低劳务用工的费用。

3. 编制项目施工成本计划

路桥工程项目施工成本计划就是目标成本。成本计划既是衡量路桥项目管理班子施工生产经营业绩的尺度,又是通过目标分解,明确路桥项目参与责任人员和作业人员对控制成本应承担责任的依据,所以编制成本计划是路桥项目成本管理的重要步骤。项目成本计划编制一般按以下程序进行。

1) 有关资料收集整理

路桥工程项目成本计划编制要对以下资料进行收集整理:

(1) 施工图预算；

(2) 施工组织设计、技术措施；

(3) 施工工期网络计划；

(4) 施工项目组织架构及人员配备计划；

(5) 施工机械配备计划及进出场时间计划；

(6) 工料分析表；

(7) 市场调研报告，包括材料信息价、设备架料、模板租赁信息价、劳务价格信息；

(8) 水电气的需用量计划及节能措施；

(9) 上级下达的降低成本的要求；

(10) 上期计划成本的执行情况。

2) 预测分析、计划编制及信息反馈

(1) 预测分析。

根据本企业或同类企业过去所实施的路桥工程项目的结论指标，确定本路桥工程项目的参照比例后确定成本预测数据，这种预测方法在路桥施工企业中使用较为普遍，尤其是一般路桥工程项目。这种以经验指标数据收集为支撑的成本预测方法，普遍有一定误差，但误差范围、幅度不大，有一定的实用性和可操作性。

(2) 计划编制。

在进行成本预测及成本趋势分析的基础上，优化施工组织设计和专项技术方案。在制订内部挖潜措施的基础上，编制计划成本作为对项目进行控制的依据，并签订目标成本管理合同。项目根据目标成本管理合同，在考虑内部挖潜的措施基础上，编制项目内部成本计划，并将各项目标成本进行分解落实到项目各级人员，作为项目各级人员成本控制的依据。

(3) 信息反馈。

通过会计核算的记录，及时反馈成本计划的执行情况。

3) 计划成本偏差及其调整

成本计划编制并不是一次性完成的。在实施过程中，由于内外环境的变化，工程变更的发生，在执行期内，计划及时调整是正常的现象，成本计划调整的原因有以下几个方面。

(1) 由于建设单位原因，工期不能按原计划进行，可能造成架料、模板和机械设备不能按计划进退场，应对上述费用做出相应调整。

（2）由于发生设计变更，出现工程量的增减，应对相关费用做出相应的调整。

（3）由于材料市场、劳务市场价格发生重大变化，应对计划成本做出调整。

（4）因其他一些未预见的因素发生而对成本造成较大影响的，可对计划成本做相应调整。

（5）由于项目自身管理上的原因，对成本造成较大影响的，这种情况不应对计划成本进行调整，而应由上级派员对项目经理进行指导，以改善其经营管理能力。

4.3　项目施工成本的控制与核算

4.3.1　项目施工成本控制

1. 项目施工成本控制的原则

（1）全面性原则。

对项目实施采取全方位的成本管理，包括全流程管控、全人员管控、全机具管控三个方面。全流程管控表示在项目施工前直到竣工后，针对所有经济业务的成本管理与控制，并且实施动态控制去管理工程项目所产生的成本。某一时期或某一阶段的控制对控制工程成本来说只是一部分，工程成本控制必须贯通整个施工项目，包括前期筹备直到整个项目完成交付并保证质量期限，从全局出发，考虑长远发展的利益问题，对整个工程项目实行总的成本控制。一个好的企业依赖全体员工的勤勉，需要员工都具备成本意识，才可以实现控制成本的目标。

（2）系统性原则。

成本控制系统是由企业职能部门建设成立的一种责任制度，其中涉及联合成本预算和科学制定成本的指标，发放给各个项目经理部，让项目经理部研究并确定控制点和项目方案，并且要落实到项目的每一个参与人员。

（3）整体性原则。

要实现成本控制的最优解，需要各个子系统的协调配合，而不是单打独斗。

（4）科学化原则。

采取科学的方式进行成本控制在工程项目成本管理的过程中是必不可少

的。在激烈的市场竞争中,企业需要利用最少的资源实现最大的利润,这就必须要实行成本控制。而设计成本不一定是最优方案,还需要结合工程实际和严谨的科学技术去寻找最优解。

(5) 开放性原则。

企业必须适应不断开放的市场环境,更新市场信息并合理处理这些信息才能实现最优的成本控制效果。

(6) 及时性原则。

项目成本控制贯穿项目建设的全周期,因而需要及时收集、汇总、分析这些信息,及时将设计成本和实际成本进行比较分析,实时监控成本的变化情况,科学预测成本发展的趋向。并且也要动态控制成本的状况,在成本出现误差时可以第一时间修正实际成本与设计成本的偏差,避免成本差异过大,导致不可控的情况发生。

(7) 责权结合原则。

建设一个完善的成本控制制度,是施工企业的目标之一。而确定的成本控制制度,必须赋予每一个责任和权利的部门拥有一定的权限,也要给每一个员工一定的权限,严格执行规定的制度和成本控制措施,充分发挥个体主观能动性,这样才能减少管理成本,达到最优的成本控制效果。

2. 项目施工成本控制的内容

施工成本控制是成本管理中重要的一个环节,主要是提出成本控制措施并将其实施开展,确定具体的控制范围,在整个成本管理中起到约束的作用,从而降低路桥的施工成本。施工成本控制将直接影响最终的成本管理工作成效。

路桥工程项目施工成本控制内容见图 4.3。

图 4.3 施工成本控制内容

路桥工程项目具有专业性强、要求严格、密集型的特点,密集型包括人员密集、材料密集、机械密集,所以材料的采购管理是路桥成本控制的关键。

路桥工程项目人工费的控制主要从人员工作安排的合理性来实现。

材料费的控制主要是从材料的采购、运输、使用等方面进行合理的规划安排,选择质量合格、价格合理、环保等级达标的材料,提前进行材料的运输及储存安排,减少材料的不必要的浪费,最终达到控制材料费支出的目的。

影响路桥机具使用费支出的主要因素是机具设备的合理调配,要提高机具设备的使用率,保证最大化使用机具设备,要在路桥施工过程中尽量减少不必要的费用。

3. 5S 管理的运用

5S 现场管理的原则:要提高可行性、可操作性,同时加强整理收集,实现可视化、具象化,对于"不接地气""空中楼阁"等难以实现的目标要严厉禁止。在仔细分析路桥建设项目现状后,5S 管理的目的见图 4.4。在路桥工程施工过程中,5S 现场管理主要是对整理、整顿、清扫、清洁和素养五个方面进行优化管理。5S 管理可以通过改善施工环境、优化物料运输存储、提高工作人员积极性、改善施工工艺等方面,来进行路桥施工成本控制。

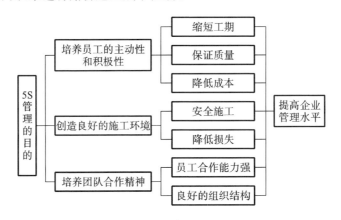

图 4.4 5S 管理的目的

(1) 整理(seiri)。

在路桥项目的实施过程中,首要的工作是"整理",对施工单位的施工现场的生活区做一个分区和分类的整理,比如需要设置一个垃圾的存放区域、一个项目工作人员办公和生活的区域、一个加工施工的区域、一个材料堆放区域等。将不同阶段施工现场需要的材料区分整理堆放,确保各类物品摆放井然有序,为了提高项目现场作业的稳定性,也为了节约工作时间,必须要在设备使用完之后将其放在固定的区域上,这样才能提高工作的效率。

(2) 整顿(seiton)。

对施工场地与生活区进行整理后,整顿的重点在于剩下的必要物品。按照施工工具使用的次数和频率,采用现场存放管理和仓库存放管理两类方式。比如工作记录本、机具的操作说明、辅助员工工作的物品(安全帽和工作服)都该有固定的摆放地点和明确的存放数量。由于路桥施工建设的过程和里程都比较长,应在项目施工范围内设置多个必要物品放置点,并且要限定每个区域放置点的设备都要在施工需求内。

(3) 清扫(seiso)。

要在安全员的监督下进行路桥的施工,及时对材料废品和生活垃圾进行清扫,保持施工现场的环境干净,为施工人员创造一个良好的工作和生活环境,提高工作人员的工作激情。清扫还包括排除施工过程中存在的安全隐患,例如定期检查机械设备和做好大型机械的保养工作,这些措施都能提高设备使用寿命,为企业节约成本,最大限度消除发生安全事故的根源。所以项目一定要责权明晰,选择适合的负责人来完成定期与不定期的查验和清理工作。

(4) 清洁(seiketsu)。

路桥施工现场工作区域的清洁要坚持制度化和标准化,现场施工人员要按照施工制度执行,例如施工机械定时清洗,要保障所有的机械工具和设备都可以正常运行。之后就要制订一个清理清洁的制度,这样才可以保障施工现场与工作人员办公和活动的区域的卫生。如果在清洁制度的执行过程中遇到问题,要分析问题并解决修正,不断完善清洁制度和标准,为施工企业的长期良好的发展奠定重要基础。

(5) 素养(shitsuke)。

经过整理、整顿、清扫、清洁四阶段的实施后,素养是最后关键的一步,为保证前四阶段的顺利实施,需要加强每个施工工作人员的相关成本管理知识储备,比如要时刻提醒员工增强工作责任感、严格遵守规章制度、养成良好的作业习惯等。具体可以通过企业内部宣传、奖惩制度办法等提醒工作人员保持高素养,这样的长期执行,不仅可以提高工作人员的工作效率,还降低了长期的管理成本。

4.3.2 项目施工成本核算

路桥工程项目的完成是一个动态的过程,在动态过程中进行成本管理就需要运用挣值分析法进行分析,它可以分析动态环境中项目成本、进度的完成情况。利用挣值分析法分析每个周期的挣值并记录归档,再与下一个周期的挣值进行比较分析,就可以对成本控制手段的执行程度进行评估,保证路桥施工成本管理方案持续进行下去。

(1) 挣值分析法的应用。

收集周期内的已完工作实际成本(ACWP)、计划工作预算费用(BCWS)、已完工作预算成本(BCWP)三个参数指标,再运用挣值分析法分析成本偏差(CV)、进度偏差(SV)、成本绩效指数(CPI)、进度绩效指数(SPI)四个评价指标,通过评价指标来分析现周期内路桥成本管理情况。

(2) 挣值分析法的参数与指标分析。

挣值分析法的参数与指标分析可以避免路桥施工中实际成本与计划成本间差距越来越大的情况出现,当发生评价指标异常的时候,要立即采取措施进行成本控制,具体见表4.2。

表4.2　挣值分析法参数计算及采用的措施

评价指标	参数大小比较	偏差分析	采取措施
SV<0	ACWP>BCWS>BCWP	进度延误,成本超支	提高人员工作效率,增加材料
CV<0	ACWP>BCWP>BCWS	进度较快,成本超支	减少工作人员
SV<0	BCWS>BCWP>ACWP	进度延误,成本减少	增加效率高的人员,加快进度
CV>0	BCWP>BCWS>ACWP	进度较快,成本增加	偏差不大时,维持现状不变
SV>0	BCWP>ACWP>BCWS	进度较快,成本增加	减少工作人员,放缓进度
CV>0	BCWS>BCWP>ACWP	进度延误,成本超支	增加工作人员,加快速度

第 5 章　路桥工程项目合同管理

5.1　项目合同管理概述

5.1.1　项目合同管理的定义、目的及原则

1. 路桥工程合同体系

路桥工程(特别是大型项目)建设是一个很复杂的过程。首先,其建设程序复杂,从规划、可行性研究、勘察设计、概预算编制、招投标、工程施工、竣工验收、运行到后评价,往往要经历几年、十几年,甚至几十年;其次,路桥工程涉及的项目类别繁多,有道路工程、桥隧工程、通涵工程、交通工程、机电工程、通信管网工程、建筑工程、景观工程等。一个路桥工程的建设需要涉及许多不同行业的单位,投入许多不同专业的人力以及大量的资金设备。它们之间通过合同形成了不同的经济关系,从而形成了复杂的合同体系(见图 5.1)。

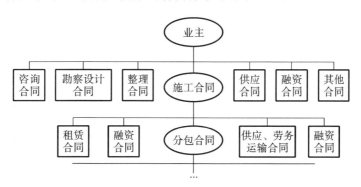

图 5.1　路桥工程合同体系

2. 路桥工程项目合同管理的定义

路桥工程合同是一个较为复杂和庞大的体系,业主和承包商签订的是"核心

合同",业主居于合同主体的"核心位置"。路桥工程项目合同管理是指合同相关方以现行法律、法规和合同文件为依据,本着公正、公开、公平和诚实信用的原则,运用科学理论和现代科学技术依法进行合同订立、履行、变更、索赔、解除、终止以及审查、监督、控制等一系列行为的总称。通过合同管理,业主可以实现"五控两管";承包商可以实现经营目标和经营战略;监理可以促进业主和承包商目标的实现;监管部门可以维护市场经济秩序。因此,合同管理是路桥工程项目管理的核心。

3. 路桥工程项目合同管理的目的

(1) 促进路桥建设市场的规范和发展。

我国路桥建设通过改革合同的订立方式,采用招投标制,通过规范合同订立的内容,采用《公路工程标准施工招标文件》(2018年版)作为合同文件通用化、标准化的示范文本,保证了我国路桥工程合同订立的合法性、全面性、准确性和完整性,从而对我国路桥建设市场的形成和发展起到了积极的推动作用。但目前我国路桥建设市场仍然存在很多不规范的地方,这些现象主要源于人们合同意识淡薄,法制观念不强,不重视合同管理。因此,必须从以下方面认真做好合同管理工作,以促进我国路桥建设市场规范、健康地发展。

①规范路桥建设市场主体和监管部门的行为。

②完善市场价格的形成机制。

③健全市场交易方式,形成开放、有序的路桥建设市场。

④切实提高合同的履约率和履约质量。

(2) 促进路桥建设市场主体建立现代企业制度。

路桥建设市场主体包括业主、承包商和监理等中介咨询服务单位,他们之间的法律地位是平等的,而维系他们之间关系的桥梁和纽带是合同。能否认真签订合同,全面、适当履行合同,正确对待变更与索赔,既是工程项目能否顺利实施和完成的前提,又反映了业主法人责任制是否落实、承包商法人治理是否完善。也就是说,建设市场主体建立和健全以"产权清晰、权责明确、政企分开、管理科学"为特征的现代企业制度是路桥工程合同管理落到实处的关键,反过来说,合同管理可以促进路桥建设市场主体建立现代企业制度。

(3) 形成以合同管理为核心的项目管理体系,全面实现项目管理的各项目标。

路桥工程合同体系严密,内容全面,既有合同双方责、权、利明确而全面的描述,又有施工规范、计量规则、变更办法、索赔程序等具体的操作性很强的规定。因此,加强合同管理,提高合同履约质量,可以使业主实现"五控两管"(质量、进度、投资、安全、环保控制和合同、信息管理),使承包商实现经营目标和经营战略,使监理促进业主和承包商目标的实现。

4. 路桥工程项目合同管理的原则

(1)依法管理的原则。

依法管理的原则是路桥工程合同管理的基本原则。要求管理者树立法制观念,强化合同意识,根据现行相关法律法规、《公路工程标准施工招标文件》(2018年版)等开展合同管理工作,做到有法必依、执法必严、违法必究。

(2)全面管理的原则。

路桥工程合同从横向来看是一个体系,从纵向来看是一个系统。因此,合同管理必须实行全面管理的原则,做到全员、全方位、全过程管理。所谓"全员"管理,就是指将合同责任分解落实到每一个相关人员;所谓"全方位"管理,就是指针对路桥工程合同是一个体系的特点,实行全方位管理,防止疏漏;所谓"全过程"管理,就是指加强基础管理和过程控制,使合同管理各个环节都能得到有效控制。

(3)实现共赢的原则。

路桥工程合同体系涉及的关联方较多,要想顺利地实施合同任务和履行合同义务,合同各方必须在为己方利益着想时,也考虑他方利益,加强管理和控制,认真履行合同,实现共赢。

(4)注重效益的原则。

效益原则是一切管理行为都必须坚持的原则。合同管理注重效益的原则是指在合同管理的过程中应遵循经济规律,注重通过合同管理来实现预期的经济目的。

5.1.2 项目合同管理的方法

1. 路桥工程项目合同的特点

(1)合同标的具有特殊性。

作为路桥工程合同标的物的路桥建设项目具有建设周期长、造价高、风险大、项目内容变动性大和多样性、一次性、不可逆性等不同于一般合同标的物的特点。因此,它对合同管理提出了更高的要求。

(2) 具有很强的计划性和程序性。

路桥工程建设项目要经过规划、可行性研究、立项、设计、概预算批复等程序才能进行招投标,再经过法定招标程序才能签订合同,合同实施期间也要经过很多规定程序才能竣工验收,竣工后还要进行后评价。由此可见,路桥工程合同具有很强的计划性和程序性。

(3) 合同主体的限定性。

为了规范路桥建设市场,确保工程质量,国家对路桥建设市场主体进行了严格规定。对业主的经济能力、管理能力、技术能力进行了具体限定;对承包商和中介机构(监理、造价咨询、设计)等实行严格的资质管理制度,禁止没有资质的单位从业,不允许超越资质等级和范围从业等。因此,路桥工程合同主体具有限定性。

(4) 合同监管的严肃性。

路桥工程属于国家重要基础设施,关乎国计民生。因此,国家对路桥建设承包合同实行特殊的管理、监督,对合同的订立和履行实行行政监管;对合同的拨款、结算进行监督,保证专款专用;对合同的履行情况进行严格专项审计;对项目的运行效益进行科学的后评价。

(5) 合同体系的复杂性。

路桥工程,特别是高速公路等大型项目,建设过程中涉及的部门和单位很多,相关单位之间又存在错综复杂的协作关系,如总承包商与分包商的关系等。因此,路桥工程合同往往形成了一个复杂的体系。

2. 路桥工程项目合同管理的方法

(1) 健全法规,规范市场。

市场经济是法制经济,也是信用经济。合同是联系法制和信用的重要纽带,法制和信用则是合同具有生命力的基础。因此,首先,路桥工程合同管理应建立、健全法律体系,特别是项目法人制、招投标制度,完善合同管理制度,维护法律、法规的统一性、严肃性和程序性。其次,要规范路桥建设市场,减少政府管制,增加透明度,加大违法惩处力度,促使路桥建设市场全面实现"从无形到有形、从隐蔽到公开、从无序到有序"的转变,形成统一、开放、竞争、有序的市场。

(2) 推行合同管理目标责任制,形成正向激励。

将合同管理的预期结果与最终目标数字化和责任化,促使各级管理人员相互配合,协同一致,通过提高管理水平和效率来实现合同目标,从而获得合同利益。同时,有关监管部门还可以通过开展"重合同、守信用"等活动来激励履约、守约单位,通过建立合同信息管理系统,对不守信的单位采取公开曝光或列入"黑名单"等惩罚措施。

(3) 借鉴国际通行做法,规范并推行合同示范文本制度。

土木工程采用合同范本制度,是国际上的通行做法。目前已形成了很完善的运行规则和很成熟的国际惯例。如国际咨询工程师联合会(FIDIC)根据不同管理模式、不同项目条件出台的多个合同条件已广泛地被国际工程界接受。我国路桥建设领域自20世纪90年代开始先后根据FIDIC合同条件,结合中国实际情况出台了《公路工程标准施工招标文件》《公路工程标准勘察设计招标文件》和《公路工程施工监理招标文件范本》。推行合同范本制度,有助于规范合同订立程序、内容,维护合同当事人的利益,对我国路桥建设产生了积极的促进作用。但目前我国路桥领域推行合同范本制度还不同程度地存在"重形式、轻实质"的现象,因此,必须进一步借鉴国际通行做法,规范合同范本,积极推行合同范本制度。

(4) 建立合同管理机构,健全合同管理制度。

路桥工程合同的管理包括两个层次:政府监管部门的宏观管理和合同主体的微观管理。政府监管部门应设立专门的合同管理机构,承担合同管理的服务和监督功能,行使登记、审查、审计等监管工作,维护市场秩序,保护合同当事人的合法权益。合同主体应通过建立合同管理机构、配置专业合同管理人员、健全合同管理制度来加强管理。

5.1.3　项目合同管理的任务和过程

1. 项目合同管理的任务

1) 业主的合同管理

(1) 做好招标文件的编制工作。

路桥工程项目目前大部分都采用招标制,因此,编制好招标文件十分重要。

①确定合同条件是采用(参照)标准文件还是自行编制,目前交通运输部要求达到规定标准的项目(二级及以上公路工程)应当使用《公路工程标准施工招标文件》(2018年版)作为合同条件。

②合理确定重要合同条款,如付款条件和方式,价格调整的范围、方式和条

件,合同风险分担的划分,有关激励和工程控制权的确定条款。

③资格审查的内容和方式。

④标底的确定和评定标方法的选择等。

(2)全面履行合同义务,正确行使合同权利,确保工程目标的实现。

在路桥工程合同体系中,业主居于"核心位置",处于"强势地位"。因此,业主要想顺利实现工程目标,自己必须全面履行合同义务,为承包商创造良好的施工条件和环境;同时,业主也要正确运用合同赋予的权利,维护自身的权益和制约承包商、监理的行为,保证工程目标的实现。

(3)做好档案管理工作。

路桥工程的特点决定了路桥工程档案资料的复杂性、多样性和重要性,因此必须做好档案管理工作。

①建立档案管理制度和机构。

②制订标准格式,要求承包商和监理工程师按规定格式报送资料。

③及时整理、归档资料,按要求移交档案资料。

(4)利用项目管理软件进行合同管理。

利用工程项目集成管理系统等管理软件可以完成工程项目合同管理的各种任务。

2)承包商的合同管理

(1)认真编制投标文件。

投标文件是合同文件的重要组成部分,也是投标人在施工阶段能否实现经营目标的重要基础。

①确定投标方式,如采用联合投标还是单独投标。

②确定投标策略,根据掌握的信息,利用"五因素分析法"或定量分析法进行认真、充分分析论证后决定是投保险标,还是投风险标;常规价格标,还是高价标或低价标。

③确定报价策略,在遵循投标报价"三原则"的前提下,根据具体评标办法采用相应的报价策略,特别注意不平衡报价技巧的灵活、适度运用。

④认真做好招标文件及合同条件的审查工作,全面、实质性响应招标文件。

(2)切实履行合同义务,有理、有利、有节地维护自身权益。

路桥工程施工合同是路桥工程合同体系中的"核心合同",对工程项目"五控"目标的实现至关重要。因此,承包商必须全面、适当履行合同义务,否则不仅不能实现预期目标,还有可能导致业主的反索赔,甚至被解除合同。承包商在履行合同义务时,也要注意采用恰当的方式维护自身的权益,如提出合理的工程变更要求及正当的索赔要求等。

(3)建立完整的合同管理制度。

路桥工程合同的复杂性和经济性决定了合同潜在的风险较大,为了规避、化解风险,承包商必须建立完整的合同管理制度,使施工合同的谈判、签订、履行等各环节实现科学化、规范化、程序化、模块化。具体来讲,应建立和完善如下合同管理制度:

①合同管理相关部门的部门职责和工作岗位制度;

②合同管理的授权和内部会签制度;

③合同审查批准制度;

④印鉴及证书管理使用制度;

⑤合同管理绩效考核制度;

⑥合同档案管理制度。

(4)利用合同管理软件进行合同管理。

如利用施工企业集成管理系统等管理软件进行合同管理,能够轻松完成合同基本信息的维护、合同执行过程的监管、计量与支付管理、工程变更与索赔管理、生成合同台账、分包商的管理、合同查询及档案管理等合同管理任务。

2. 项目合同管理的过程

(1)合同策划和合同评审。

在工程项目的招标投标阶段的初期,业主的主要工作是合同策划;而承包商的主要合同管理工作是合同评审。

①合同策划。在项目批准立项后,业主的合同管理工作主要是合同策划,其目的就是通过合同运作项目,保证项目目标的实现,主要内容有工程项目的合同体系策划、合同种类的选择、招标方式的选择、合同条件的选择、合同风险策划、重要的合同条款的确定等。

②合同评审。对承包商来说合同评审的目的主要是确定合同是否符合国家法律法规的规定,双方对合同规定的内容理解是否一致,确认自己在技术、质量、价格等方面的履约能力是否满足顾客的要求并对合同的合法性以及完备性等相关内容进行确认。

(2)合同签订。

合同一旦签订就意味着双方权利和义务关系在法律上得到认定。在合同签订时可根据需要对合同条款进行二次审查。

（3）合同实施计划。

合同签订后，承包商就必须对合同履行做出具体安排，制订合同实施计划。其突出内容有合同实施的总体策略、合同实施总体安排、工程分包策划、合同实施保证体系等。

（4）合同实施控制。

在项目实施过程中通过合同控制确保承包商的工作满足合同要求，包括对各种合同的执行进行监督、跟踪、诊断，以及工程的变更管理和索赔管理等。

（5）合同后评价。

项目结束后对采购和合同管理工作进行总结和评价，以提高以后新项目的采购和合同管理水平。

5.2　项目建设阶段合同管理

5.2.1　招投标阶段的合同管理

为合理有效地控制工程造价，一般路桥建设项目均采用招投标方式。招标投标是以"公开、公平、公正和诚实信用"原则选择施工单位，并通过签订承包合同来进行合同管理。

1. 招标文件的编制

为规范路桥工程施工招投标工作，交通运输部于 2009 年 5 月发布了最新《公路工程标准施工招标文件》，要求路桥项目招标文件要以 2007 年九部委联合发布的《标准施工招标文件》为依据，《标准施工招标文件》规定通用部分，《公路工程标准施工招标文件》补充路桥工程行业内容，两者结合使用。在编制项目招标文件中的"项目专用合同条款"时，根据项目的具体特点和实际需要，对"通用合同条款"及"公路工程专用合同条款"进行补充、细化，除"通用合同条款"明确"专用合同条款"可作出不同约定以及"公路工程专用合同条款"明确"项目专用合同条款"可作出不同约定外，补充和细化的内容不得与"通用合同条款"及"公路工程专用合同条款"强制性规定相抵触。"技术规范"部分根据《公路工程标准施工招标文件》、招标项目具体特点而修改编制。因此，在编制项目招标文件时，应充分考虑各项目的特殊性,明确其内容,避免不必要的纷争;同样工程量清单也以范本中的支付细目清单为基础,再根据各工程项目的具体情况进行增补和删减,清单中提供的工程量要准确,无重大的偏差,以免造成工程实施中过大的变更,影响到整个工程造价,从而更好地提高合同管理的效率。

2. 合同谈判及签订

通过投标、评标和授标等一系列招投标工作后,承包商取得合同的中标资格,接下来便进入合同谈判签订阶段。主要针对合同条款的内容进行认真研究、推敲,力求条款内容完善、词句严密、签订程序合法;结合工程实际情况进行合同风险分析,使合同能充分体现双方的责、权、利关系,并提出相应的约束条件,从而使双方形成一种共同抵御、共同承担的密切合作关系。双方应严格按照合同履行其责,尽量避免以后合同纠纷的发生。同时,在合同签订前,承包商应向业主提交一份由业主指定银行提供的履约保函,以保证承包商按合同规定承担工程项目的实施及其后期修复。

5.2.2 工程实施中的合同管理

1. 计划与进度控制

工程开工后,业主应根据总体工期的安排,按照工程项目的施工顺序、工程项目与施工季节的关系、资金到位情况合理制定工程总体计划、年度计划等,作为施工进度控制的依据,然后下发给各承包商,要求他们分别制定相应的进度计划。能否有效地控制计划与进度,按期完工,监理工程师是关键。监理工程师对进度与计划的控制体现为两点:一是对承包商工程计划的审查;二是对工程计划执行情况的监督。如果监理工程师认为工程进度缓慢,不能完成业主制定的工程计划,则承包商应重新修改进度计划。业主制定的工程计划,是监理工程师进行合同管理的依据。

2. 计量支付管理

计量支付管理是工程实施过程中合同管理的重要组成部分,严格、规范的计量支付管理既能有效控制工程项目投资,也对工程质量、进度等目标的全面管理起到促进作用,确保工程建设顺利进行。

工程计量是监理工程师按照合同文件(包括合同协议书、合同条款、技术规范、合同谈判澄清书、工程量清单及说明、设计图纸、工程变更令、有关计量的补充协议等)的要求对承包人完成的实际工程量进行测量和计算,计量内容不仅包括对工程量清单及修订的工程量清单所列工程细目的实际工程进行测定,而且包括对施工过程中所有与费用有关项目的工作内容进行详细准确的记录。工程支付就是根据上面已经计量好的工作量,按照合同所规定的价格和支付方式来支付给承包商。

(1) 工程量清单的计量与支付。

为便于计量支付工作,在工程开始施工时,就应当及时建立合理的工程计量支付合同体系,再依据业主批准的清单数量表建立合理的台账明细表和路桥建设项目的计量支付系统。同时还要从方便计量支付工作角度来划分分项工程,因为计量支付工作以分项工程为单位进行。

清单工程的计量必须严格按照合同文件中计量的规定进行,一般根据由监理工程师签认的合格工程量或工作量,将该部分工程量与合同清单中的相应细目价格相乘并汇总,即当期的支付金额,清单支付中必须严格审核中间计量凭证,凡手续不齐全的工程量均不予支付。

(2) 因变更引起工程的计量与支付。

路桥工程由于勘测设计、试验、施工条件等与实际情况有差异,在合同执行过程中会产生工程变更,须根据具体变更情况及合同条款中的相关规定,明确相应的变更费用。

工程变更费用的单价确定,应按照招标文件载明的合同专用条款的规定执行:已标价工程清单中有适用于变更项目的,采用相同的细目单价;已标价工程清单中无适用于变更项目但有类似项目的,可在合理范围内参照类似项目的单价;已标价工程清单中无适用或类似项目的单价的,可在承包人投标时提供的单价分析表的基础上确定单价;因承包人过错、违反合同造成的任何变更费用由承包人承担。取消某项工程的,该工程不予支付。

(3) 工程索赔。

所谓索赔是指在合同履行过程中,合同一方因对方不履行或没有完全履行合同所设定的义务而遭受损失时,向对方提出赔偿要求或补偿要求。

工程索赔是合同管理的重点和难点,也是所有支付项目中处理工作最复杂、最需要处理技巧的问题。在处理此类问题时一定要细心,按照索赔程序进行,同时还要认真负责,对索赔项目进行细致和全面的审查,找出所有索赔款项,并以此为依据提出索赔要求。

5.3　路桥工程变更与索赔

5.3.1　路桥工程变更

1. 路桥工程变更概述

(1) 路桥工程变更的概念。

工程变更是一种特殊形式的合同变更,是指对合同中的工作内容做出修改,或者追加或取消某一项工作。由于路桥工程地质水文条件的复杂性,发生合同变更是较常见的。

路桥工程合同文件中技术规范、设计图纸或施工方法等发生变更,总是发生在工程施工过程中,有时是事先不可预见的,需要监理工程师依据工程现场情况决定。若处理不当,即使是正常的工程变更也会影响工程进展,因此必须对工程变更予以高度重视。

工程变更,不仅变更工作本身会产生额外工程成本,延长工期,而且还经常会影响其他相关工作,对工程产生多米诺骨牌效应。若处理不当,会造成人、财、物的浪费,造成停工、窝工,埋下索赔隐患,甚至会使业主对其工程投资失去控制。

(2) 路桥工程变更的类型和原因。

按照合同管理的惯例,一般合同中都有专门的变更条款,对有关工程变更的问题做出具体规定。依据合同条件有关规定,根据监理工程师的判断,如果其认为有必要对工程或其中任何部分的形式、质量或数量做出任何变更,为此目的或出于任何其他理由,其都有权指示承包商进行而承包商也应进行下述任何工作。

①合同所列出的工程项目中任何工程量的增加或减少,如监理工程师可以指示将原定的 35 mm 厚沥青路面改为 40 mm 厚。

②取消合同中任何单项工程的工作(被取消的工作是由业主或其他承包方实施者除外),如监理工程师可以指示取消钢管扶手的建造工作。

③改变合同中任何工作的性质、质量及种类。如监理工程师可以根据业主要求,将原定的水泥混凝土路面改为沥青混凝土路面,或提高水泥混凝土等级。

④改变工程任何部分的标高、线形、位置和尺寸。如公路工程中要修建的路基工程,监理工程师可以指示将在原设计图纸上原定的边坡坡度,根据实际的地质土壤情况改建成比较平缓的边坡坡度。

⑤为完成本工程所必需的任何种类的附加工作。如监理工程师可以指示把原定由业主安装的路面标志纳入本工程项目。

⑥改变本工程任何部分的任何规定的施工时间安排等。有关规定的施工顺序和时间安排,也一定是在规范里有所规定。若某一工段因业主的征地拆迁延误,使承包方无法开工,业主对此事是负有责任的。监理工程师应和业主及承包商协商,变更工程施工顺序,让承包商的施工队伍不要停工,以免对工程进展造成不利影响。

但是,监理工程师必须注意,不可以改变承包商既定施工方法,除非监理工程师可以提出更有效的施工方法予以替代。

2. 路桥工程变更的程序

1) 工程变更的提出

工程变更的范围广且内容也较多,按提出工程变更的各方当事人来看,可分为以下 4 个方面。

(1) 承包商提出工程变更。

如果是由承包商提出工程变更,应交予监理工程师审查。承包商在提出工程变更时,一种情况是工程遇到不能预见的地质条件或地下障碍,如原设计的斜拉桥基础为钻孔灌注桩,承包商根据开工后钻探的地质条件和施工经验,认为改成沉井基础较好,就会上报监理工程师;另一种情况是承包商为了节约工程成本或加快工程施工进度,提出工程变更。

(2) 工程相邻地段的第三方提出工程变更。

如果是工程相邻地段的任何第三方提出工程变更的要求,监理工程师要先报请业主,由业主出面与第三方协调,以利于工程进展。

(3) 业主提出工程变更。

如果是业主提出工程变更,监理工程师应与承包商协商,看是否合理可行,主要看业主方提出的工程变更内容是否超出合同限定的范围。若属于新增工程,则不能算为工程变更,只能另外签合同处理,除非承包方同意作为变更。

(4) 监理工程师提出工程变更。

监理工程师往往根据工地现场的工程进展具体情况,认为确有必要时,可提出工程变更。

路桥工程施工中,常有通道、涵洞和排水系统在设计阶段考虑不周,或施工时环境发生变化,监理工程师本着节约工程成本和加快工程进度与保证工程质量的原则,提出工程变更。桥梁工程施工中,主要针对地基基础提出的变更较多。

2) 工程变更申请

工程变更通常实行分级审批的管理制度。

(1) 一般工程变更的审批程序。

所谓一般变更程序,通常指一些小型的监理工程师有权直接批准的工程变更工作,其审批程序大致如下。

①工程变更的提出人向驻地监理工程师提出工程变更申请,包括变更的原因、工程变更对造价的影响等分析,必要时附上有关变更设计资料。

②驻地监理工程师对变更申请进行评估,并写出初步的审查意见。

③总监理工程师对驻地监理工程师审查的变更申请进行进一步的审定,并签署审批意见。总监理工程师签署工程变更令。

④承包单位组织变更工程的施工(包括可能的设计工作)。

⑤监理工程师和承包人协商确定变更工程的造价及办理有关的结算工作。

(2) 重要工程变更的审批程序。

重要工程变更通常是指对工程影响较大、需要业主批准的工程变更。其审批程序如下:监理工程师在下达工程变更命令之前,一是要报业主批准,二是要同承包人协商确定变更工程的价格不超过业主批准的范围。如果超过业主批准的总额,监理工程师应在下达工程变更命令之前请业主做进一步的批准或授权。

(3) 重大工程变更的审批程序。

重大工程变更通常是指一些对工程造价的影响很大、可能超出设计概算(甚至投资估算)的工程变更。对这些工程变更工作,业主在审批工程变更之前应事先取得国家相关部门的批准。各省对工程变更的审批程序会有所不同。

3) 工程变更的实施程序

对于我国现在推行的施工监理制度,驻地监理工程师每天直接与承包商及其他参加工程建设的人员打交道,应把好对工程变更管理与审批的第一个关口。驻地监理工程师和监理人员应负责有关变更的工程数量的计量与核实,提供有关现场的数据资料和证明,并审查提出工程变更方的理由是否充分,起草工程变更令;然后上报总监理工程师或其代表,总监理工程师或其代表应负责对工程变更令的最终审查。若基本同意工程变更,可上报业主批准备案。若业主批准了该项工程变更,监理工程师或其代表可签发工程变更令;若业主不批准变更,监理方应视工地工程进展情况,实事求是地向业主讲明变更的利弊,必须变更时,还是应先征得业主同意;若遇紧急情况,监理方可先处理工程变更事宜,然后尽快地通知业主。下面具体介绍有关工程变更的程序与方法。

(1) 工程变更指示有效。

①当监理工程师书面通知承包商工程变更,承包商才执行变更的工程,即必须要有监理工程师签发的书面变更通知令。

②当监理工程师发出口头指示要求工程变更时,如增加桥梁桩基的配筋及数量,这种口头指示在事后一定要补加一份书面的工程变更指示。如果监理工程师口头指示后忘了补书面指示,承包商(须在7天内)以书面形式证实此项指示,交与监理工程师签字。监理工程师若在14天之内没有提出反对意见,应签字认可。

③所有工程变更必须用书面或一定规格写明。对于要取消的任何一项分部工程,工程变更应在该部分工程还未施工之前进行,以免造成人力、物力、财力的浪费,并使业主多支付工程款项。

④可以例外不用书面指示的变更。如工程量的增减是由于其实际工程量超过或少于工程量清单中估算的数量而并非工程师指令的结果,这类增减不需要变更指令。

(2) 工程变更审批的原则。

工程变更的管理与审批的一般原则如下:

①要考虑工程变更对工程进展是否有利;

②要考虑工程变更可以节约工程成本(价值工程成本);

③应考虑工程变更是兼顾业主、承包商或工程项目之外其他第三方的利益,不能因工程变更而损害任何一方的正当权益;

④必须保证变更工程符合本工程的技术标准;

⑤工程受阻,如遇到特殊风险、人为阻碍、合同一方当事人违约等不得不变更工程。总之,监理工程师应注意处理好工程变更问题,并对合理地确定工程变更后的估价与费率非常熟悉,以免引起索赔或合同争端。

4) 工程变更的估价

变更的估价原则:根据《公路工程标准施工招标文件》(2018年版)的有关规定,变更工程应根据其完成的数量及相应的单价来办理结算。其中,变更工程的单价原则,其一是约定优先原则,其二是公平合理原则。

除专用合同条款另有约定外,因变更引起的价格调整按照如下约定处理。

(1) 如果取消某项工作,则该项工作的总额价不予支付。

(2) 已标价工程量清单中有适用于变更工作的子目的,采用该子目单价。

(3) 已标价工程量清单中无适用于变更工作子目,但有类似子目的,可在合理范围内参照类似子目的单价,由监理工程师按合同约定商定或确定变更工作的单价。例如,工程量清单中已有桥梁明挖基础深度为 1.5 m、2 m 和 2.5 m 的价格,而要决定挖 3 m 深时的价格,可以按前面的价格以线性比例决定。

(4) 已标价工程量清单中无适用或类似子目的单价,可在综合考虑承包人在投标时所提供的单价分析表的基础上,由监理人按合同约定商定或确定变更工作的单价。

(5) 如果本工程的变更指示是因承包人过错、承包人违反合同或承包人责任造成的,则这种违约引起的任何额外费用应由承包人承担。

5) 计日工

根据《公路工程标准施工招标文件》(2018 年版)规定,监理工程师如认为必要或可取,可以指令按计日工完成任何变更的工程。

计日工通常包括在有标价的工程量清单中的一项暂定金额内。计日工主要用于工程量清单中没有合适目的的零星附加工作。有关计日工的费率和价格表一般作为工程量清单的附件包括在合同之内。

6) 工程变更的管理

监理工程师对工程变更的指示及管理一定要慎重行事,妥善处理,下面再具体予以讨论。

(1) 监理工程师发布工程变更指示的方法。

依据《公路工程标准施工招标文件》(2018 年版)规定:只有监理工程师发布变更指令,并且一般都应该是书面变更指示形式,但下列情况例外。

①监理工程师认为发布口头变更指示已足够。

②承包商及时发出了要求监理工程师对口头变更指示给予书面确认的请求,工程师没有在规定时间内予以答复。从承包商方面来说,应该在规定时间内尽快致函监理工程师要求对口头指示予以书面确认。在接到承包商的来函后,如果监理工程师未在规定时间内予以书面否认,即使在没有给予答复的情况下也可以推定监理工程师已承认该变更指示。对此,承包商也应该致函监理工程师声明他的沉默已构成合同法律中认为对该指示的确认。

③属于原工程量清单中各工作项目的实际工程量增减。这种情况不需要监理工程师发布任何指示,只要按实际完成的工程量计量与支付即可。

(2) 工程变更的时间。

路桥工程施工合同中一般对何时可进行工程变更没有明确的限制性规定。从理论上讲,在合同整个有效期间,即从合同成立至缺陷责任终止证书颁发之日,都可以进行工程变更。但从实际合同管理工作来看,工程变更大多发生在施工合同签订以后,工程基本竣工之前。除非有特殊情况,在总监理工程师对整个工程发了工程竣工交接证书以后,一般不能再进行工程变更。

如果监理工程师根据合同规定发布了进行工程变更的书面指令,则不论承包商对此是否有异议,也不论监理方或业主答应给予付款的金额是否令承包商满意,承包商都必须无条件地执行该指令。即使承包商有意见,也只能是一边进行变更工作,一边根据合同规定寻求索赔或仲裁解决。在争议处理期间,承包商有义务继续进行正常的工程施工和有争议的变更工程施工,否则可能会构成承包商违约。

工程变更只能在原合同规定的工程范围内变动,业主和监理工程师应注意不能使工程变更引起工程改造性质方面的大的变动,否则应重新订立合同。主要原因是工程性质若发生重大变更,承包商在投标时并未准备这些工程的施工机械设备,需另购置或运进机具设备,使承包商有理由要求另签合同,但不能作为原合同的变更,除非合同双方都同意将其作为原合同的变更。承包商认为某项变更指示已超出本合同的范围,或监理工程师的变更指示的发布没有得到有效的授权时,可以拒绝进行变更工作,但承包商在做出这种判断时必须小心谨慎。因为如果提交仲裁,仲裁人可能会对合同规定的监理工程师及业主的权利做出非常广泛的解释。

(3) 监理工程师发布变更指示时应注意的问题。

合同变更,不仅会使变更工作本身产生额外成本和工期延长,而且会产生连锁反应,影响与之相关的其他工作。作为承包商,若认为合同变更改变了原工作项目的性质,增加了工作难度,则要提出索赔,要求提高变更工作的单价。若导致发生了与变更相关的其他额外成本,也可以索赔得到补偿。如果变更后造成了工程量减少,承包商实际完成工程所需时间也会相应缩短。这样,工期一般不能缩短,除非合同有规定或业主、承包商和工程师三方协商同意。另外,承包商还应注意,如果业主取消了大量的工程内容,而没有同时增加其他替代工作,据公平合理的原则,承包商可以对相应的可得管理费用和利润损失索赔。

承包商在施工中遇到问题或要改变施工方法时,监理工程师可能会主动地应承包商的请求而提出建议。客观地说,监理工程师对这种建议不负任何责任,仅仅是建议而已,是否采纳以及由此产生的后果均由承包商自己承担。而在实际工作过程中,承包商有时会将监理工程师的一些建议作为工程变更令,以便得到与此相关的经济补偿。

(4) 合同中的推定变更及处理。

推定变更是指监理工程师虽没有按合同发布变更令,但实际上要求承包商负责的工作已经与原合同不同或已有额外的工作。推定变更可以通过监理工程师或驻地监理的行为来推定,一般要证明:原合同规定的施工要求是什么,实际上承包商自己的工作已超出了合同要求,并且是按监理工程师或其代表的要求进行的。这样,便可证明为推定变更。推定变更同指令变更,承包商有权据《公路工程标准施工招标文件》(2018年版)规定获得额外费用补偿。常发生的推定变更情况如下。

①业主要求的修改与变动。在施工过程中,如果业主对技术规范进行修改或变动,又没按合同规定程序办理变更通知,可看作推定变更。或者是工程项目所在国新近颁布了技术规范或施工管理规定,对原合同要求的标准提高,也可归属于"业主要求的修改",推定为变更。据此,承包商可提出索赔要求。

②工程师的不适当拒绝。这表现为如下两个方面。一方面是监理工程师认为承包商用于工程上的材料或施工方法等不符合技术规范的要求,从而拒绝该方法或材料,可事后又证明监理工程师的认识是错误的,这种不适当的拒绝则构成了推定变更。若因此而使承包商花费了额外款项,则有权索赔并得到补偿。另一方面是承包商在施工的过程中,若监理工程师在发现承包商的施工缺陷后,没有在规定的合理时间内拒绝该工作,也可以认为监理工程师已默许并改变了原来的工程质量要求,这也构成推定变更。若后来监理工程师又拒绝接受认可该工作,就又属于不适当拒绝。因此,而造成承包商不得不进行的缺陷修复或返工,可认为是因推定变更而引起的,承包商可要求额外费用补偿。

③干扰和影响了正常的施工程序。如果业主或监理工程师的行为实质上影响到承包商的正常施工程序,就构成了推定变更。由此产生的干扰会给承包商造成生产效率的降低,增加工程成本,即会使承包商不能按计划进行施工,导致停工、人员和机械设备闲置,以及其他额外费用的问题。因此,承包商有权提出索赔并得到相应的经济补偿。

④图纸与技术规范中的缺陷。由业主方提供的技术规范和图纸,应由业主负责任。承包商按技术规范和图纸进行施工,如果出现了缺陷,则属于业主的失

误和责任。从理论上讲,为了保护承包商的正当利益,起草技术规范和设计图纸的业主方,一般被认为提供了暗示担保:如果承包商遵守该技术规范,工程就能够达到合同的预定目标要求。即便是建成的工程不能令人满意,承包商也没有责任。如果是因技术规范和图纸有缺陷,则承包商有权向业主索赔由此而增加的额外成本费用。

⑤按技术规范和图纸的工作的不可能。该情况是指合同所要求的工作根本无法实现,即实际工作上的不可能;或者是合同所要求的工作不能在合理的时间、成本或努力之内完成,即商业上的不可行。承包商要以工作实施的不可能为理由得到补偿比较困难,况且在下列几种情况下承包商应自己承担风险,如签订合同时已能预料到工作实施不可能;或仅涉及施工规范;或者图纸及技术规范等是由承包商自己提供的;或合同中有明文条款规定承包商应承担这种风险。承包商若要对工作实施的不可能得到索赔补偿,则必须设法去证明:从法律和工程意义上看,技术规范所要求的工作是不可行的,并且是在签合同时承包商所完全不知道或无法合理预料到的,这种风险该由业主来承担。

5.3.2 路桥工程索赔

1. 施工索赔概念

(1) 施工索赔。

施工索赔是指在施工过程中,承包商根据合同和法律的规定,对并非由于自己的过错所造成的损失,或承担了合同规定之外的工作所付的额外支出,向业主提出在经济或者时间上要求补偿或赔偿的权利。

(2) 施工反索赔。

施工反索赔是指在施工过程中,业主根据合同和法律的规定,对并非由于自己的过错所造成的损失,向承包商提出在经济或工期上要求赔偿的权利。

施工索赔是双方面的,既包括承包商向业主的索赔,也包括业主向承包商的索赔。索赔属于经济补偿行为,而不是惩罚,是合法的权利,而不是无理争利。而承包商向业主的索赔则是索赔管理的重点和难点。

2. 索赔的依据、目的、原因

(1) 索赔的依据。

签订的合同和有关法律、法规和规章。索赔成功的主要依据是合同和法律及与此有关的证据。没有合同和法律依据,没有依据合同和法律提出的各种证据，则索赔不能成立。

（2）索赔的目的。

承包商保护自身利益、弥补工程在工期和经济上的损失、提高经济效益的重要和有效的手段，是补偿索赔方的损失。

（3）索赔原因。

我国加入 WTO 世贸组织，加速了与国际接轨的步伐，一些现代大型承包工程或国际承包工程，在施工中索赔事件经常发生，且索赔金额也较大，大大提高了经济效益，取得了较好的发展。

常见的施工索赔事件及产生原因有以下 5 类。

①业主违约原因造成的事件：没有按合同规定提供设计资料、图纸，未及时下达指令，答复请示，使工程延期；未按合同规定的时期交付施工现场、道路、提供水电；因由业主提供的材料和设备，导致工程不能及时开工或造成工程中断；未按合同规定按时支付工程款；业主处于破产境地或不能再继续履行合同或业主要求采取加速措施，业主希望提前交付工程等；业主要求承包商完成合同规定以外的义务或工作。

②合同文件缺陷的原因造成的事件：合同条文间有矛盾，措辞不当等；由于合同文件复杂，合同权利和义务的范围、界限的划定理解不一致，对合同理解的差异，致使工程管理失策。

③勘测、设计原因造成的事件：现场条件与设计图纸不符合，造成工程报废、返工、窝工；工程地质与合同规定不一致，出现异常情况，如未标明管线、古迹或其他文物等。

④业主和监理工程师方面原因造成的事件：各承包单位技术和经济关系错综复杂，相互影响；下达错误的口令，提供错误的信息；业主或监理工程师口令增加、减少工程量，增加新的附加工程，提高设计、施工材料的标准，不适当决定及苛刻检查；非承包商原因，业主或监理工程师指令中止工程施工；在工程施工和保修期间，由于非承包商原因造成未完成或已完工程的损坏；业主要求修改施工方案，打乱施工程序；非承包商责任的工程拖延。

⑤不可抗力的原因造成的事件：特别反常的气候条件或自然灾害，如超标准洪水、地下水、地震；经济封锁、战争、空中飞行物坠落；建设市场和监测市场的变化，材料价格和工资大幅度上涨；国家法令的修改、城建和环保部门对工程新的建议和要求或干涉；货币贬值，外汇汇率变化；其他非业主责任造成的爆炸、火灾等形成工程实施的内部干扰。

3. 索赔的分类

按索赔的目的,索赔分为工期索赔和费用索赔。工期索赔要求得到工期的延长,费用索赔是由于造成工程成本增加,承包商可以根据合同规定提出费用补偿要求。

按索赔发生的原因,索赔分为延期索赔、工程变更索赔、施工加速索赔和不利现场条件索赔。

(1) 延期索赔。

延期索赔主要表现在由于业主的原因不能按原计划的时间进行施工所引起的索赔。业主未能按合同规定提供施工条件,如未及时交付图纸、技术资料、场地、道路等,业主指令停止工程实施,其他不可抗力因素作用等原因。

(2) 工程变更索赔。

业主或工程师指令修改设计、增加或减少工程量、增加或删减部分工程、修改实施计划、变更施工次序等,造成工期延长和费用增加。

(3) 施工加速索赔。

施工加速索赔经常是延期或工程变更索赔的结果,有时也被称为"赶工索赔",而施工加速索赔与劳动生产率的降低关系极大,因此又称为劳动生产率损失索赔。

如果业主要求承包商比合同规定的工期提前,或者因工程前段的工程拖期,要求后一阶段工程弥补已经损失的工期,使整个工程按期完工。这样,承包商可以因施工加速成本超过原计划的成本而提出索赔。其索赔的费用一般应考虑加班工资、雇佣额外劳动力、采用额外设备、改变施工方法、提供额外监督管理人员和由于拥挤、干扰加班引起疲劳的劳动生产率损失所引起的费用增加。

(4) 不利现场条件索赔。

不利的现场条件是指合同的图纸和技术规范中所描述的条件与实际情况有实质性的不同或虽合同中未做描述,是一个有经验的承包商也无法预料的。不利现场条件索赔应归咎于确实不易预知的某个事实。例如,现场的水文、地质条件在设计时全部弄得一清二楚几乎是不可能的,只能根据某些地质钻孔和土样试验资料来分析和判断。

4. 索赔的证据

索赔的证据是在合同签订和合同实施过程中产生的用来支持其索赔成立或

与索赔有关的证明文件和资料,主要有合同资料、日常的工程资料和合同双方信息沟通资料等。证据作为索赔文件的一部分,关系到索赔的成败。证据不足或没有证据,索赔不能成立。证据又是对方反索赔攻击的重点之一。

索赔证据是关系到索赔成败的重要条件之一。在合同实施过程中,资料很多,面很广。索赔管理人员需要考虑监理工程师、业主、调解人和仲裁人需要哪些证据。索赔证据资料种类如下。

(1) 合同文件、设计文件、计划类索赔证据。

它包括:招标文件、合同文本及附件,其他的各种签约(备忘录、修正案等);业主认可的工程实施计划、各种工程图纸(包括图纸修改指令)、技术规范等;承包商的报价文件,各种工程预算和其他作为报价依据的资料,如环境调查资料、标前会议和澄清会议资料等。

(2) 来往信件、会谈纪要类索赔证据。

它包括业主的变更指令、来往信件、通知、对承包商问题的答复信及会谈纪要、经各方签署做出决议或决定。

(3) 施工进度计划、实际施工进度记录类索赔证据。

它包括:总进度计划;开工后业主的工程师批准的详细的进度计划、每月进度修改计划、实际施工进度记录、月进度报表等;工程的施工顺序、各工序的持续时间;劳动力、管理人员、施工机械设备、现场设施的安排计划和实际情况;材料的采购订货、运输、使用计划和实际情况等。

(4) 施工现场的工程文件类索赔证据。

它包括:施工记录、施工备忘录、施工日报、工长或检查员的工作日记、监理工程师填写的施工记录和各种签证等;劳动力数量与分布、设备数量与使用情况、进度、质量、特殊情况及处理;各种工程统计资料,如周报、旬报、月报;本期中以及本期末的工程实际和计划进度对比、实际和计划成本对比和质量分析报告、合同履行情况评价;工地的交接记录(应注明交接日期、场地平整情况,以及水、电、路情况等);图纸和各种资料的交接记录;工程中送停电、送停水、道路开通和封闭的记录和证明;建筑材料和设备的采购、订货、运输、进场及使用方面的记录、凭证和报表等。

(5) 工程照片类索赔证据。

它包括表示工程进度的照片、隐蔽工程覆盖前的照片、业主责任造成返工和工程损坏的照片等。

(6) 气候报告索赔证据。

它包括天气情况记录。

(7) 验收报告、鉴定报告类索赔证据。

它包括：工程水文地质勘探报告、土质分析报告；文物和化石的发现记录；地基承载力实验报告、隐蔽工程验收报告；材料实验报告、材料设备开箱验收报告；工程验收报告等。

(8) 市场行情资料类索赔证据。

它包括：市场价格、官方的物价指数、工资指数、中央银行的外汇比率等公布材料、税收制度变化（如工资税增加、利率变化、收费标准提高）。

(9) 会计核算资料类索赔证据。

它包括：工资单、工资报表、工程款账单、各种收付款原始凭证、银行付款延误；总分类账、管理费用报表、计工单、工程成本报表等。

5. 施工索赔处理程序

施工索赔处理程序见图 5.2。

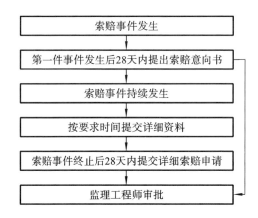

图 5.2 承包商申请索赔的程序图

(1) 索赔事件发生后 28 天内，承包商完成索赔事件发生原因、索赔理由分析、索赔理由评价，并向监理工程师发出索赔意向通知。

(2) 发出索赔意向通知 28 天内，向监理工程师提出延长工期和（或）补偿经济损失的索赔报告及有关证据（工期延长或费用增加证据）资料。

(3) 监理工程师在收到承包人送交的索赔报告和有关资料后，于 28 天内给予答复，或要求承包人进一步补充索赔理由和证据。

(4) 监理工程师在收到承包人送交的索赔报告和有关资料后 28 天内未予答复或未对承包人作进一步要求，视为该项索赔已经认可。

(5)当该索赔事件持续进行时,承包人应当阶段性向监理工程师发出索赔意向。在索赔事件终止后28天内,向监理工程师提交索赔的有关资料和最终索赔报告。

(6)索赔的解决阶段。其解决方法有和解、调解、仲裁、诉讼。

①和解,即双方"私了"。合同双方在自愿互谅的基础上,按照合同规定自行协商,通过摆道理,弄清责任,共同商讨,互作让步,使争执得到解决。和解是解决任何争执首先采用的最基本的,也是最常见的、最有效的方法。

②调解指在合同争执发生后,在第三人的参加和主持下,对双方当事人进行说服、协调和疏导工作,使双方当事人互相谅解并按照法律的规定及合同的有关约定达成解决合同争执的协议。如果合同双方经过协商谈判不能就索赔的解决达成一致,则可以邀请中间人进行调解。

③仲裁:合同双方达成仲裁协议的,向约定的仲裁委员会申请仲裁。在我国,仲裁实行一裁终局制度。裁决做出后,当事人若就同一争执再申请仲裁,或向人民法院起诉,则不再予以受理。

④诉讼:向有管辖权的人民法院起诉。

(7)最终结论。

6. 索赔费用的组成

索赔费用的主要组成部分与工程款的计价内容相似(见图5.3)。从原则上讲,承包商有索赔权利的工程成本增加,都是可以索赔的费用。但是对于不同原因引起的索赔,承包商可索赔的具体费用内容是完全不一样的,要按照各项费用的特点、条件分析论证哪些内容可索赔。

(1)人工费。

人工费包括施工人员的基本工资、工资性质的津贴、加班费、奖金以及法定的安全福利等费用。对于索赔费用中的人工费部分而言,人工费是指完成合同之外的额外工作所花费的人工费用;由于非承包商责任的工效降低所增加的人工费用;超过法定工作时间的加班费;法定人工

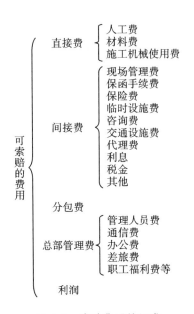

图5.3 索赔费用的组成

费增长以及非承包商责任工程延期导致的人员窝工费和工资上涨费等。

（2）材料费。

材料费的索赔包括：由于索赔事项材料实际用量超过计划用量而增加的材料费；由于客观原因材料价格大幅度上涨而增加的材料费；由于非承包商责任工程延期导致的材料价格上涨而增加的材料费和超期储存费用。材料费中应包括运输费、仓储费以及合理的损耗费用。如果由于承包商管理不善，造成材料损坏失效，则不能列入索赔计价。承包商应该建立健全物资管理制度，记录建筑材料的进货日期和价格，建立领料耗用制度，以便索赔时能准确地分离出索赔事项所引起的材料额外耗用量。为了证明材料单价的上涨，承包商应提供可靠的订货单、采购单，或官方公布的材料价格调整指数。

（3）施工机械使用费。

施工机械使用费用的索赔包括：由于额外工作增加的机械使用费；非承包商责任工效降低增加的机械使用费；由于业主或监理工程师原因导致机械停工的窝工费。窝工费的计算，如系租赁设备，一般按实际租金和调进调出费的分摊计算；如系承包商自有设备，一般按台班折旧费计算，而不能按台班费计算，因台班费中包括了设备使用费。

（4）分包费用。

分包费用索赔指的是分包商的索赔费，一般也包括人工、材料、机械使用费的索赔。分包商的索赔应如数列入总承包商的索赔款总额以内。

（5）现场管理费。

索赔款中的现场管理费是指承包商完成额外工程、索赔事项工作以及工期延长期间的现场管理费，包括管理人员工资、办公、通信、交通费等。

（6）利息。

在索赔款额的计算中，经常包括利息。利息的索赔通常发生于下列情况：拖期付款的利息；错误扣款的利息。至于具体利率应是多少，在实践中可采用不同的标准，主要有以下4种规定：

①按当时的银行贷款利率；

②按当时的银行透支利率；

③按合同双方协议的利率；

④按中央银行贴现率加3个百分点。

（7）总部管理费。

索赔款中的总部管理费主要指的是工程延期期间所增加的管理费，包括总部职工工资、办公大楼、办公用品、财务管理、通信设施以及总部领导人员赴工地检查指导工作等开支。这项索赔款的计算,目前没有统一的方法。在国际工程施工索赔中总部管理费的计算有以下3种方法。

①按照投标书中总部管理费的比例(3%～8%)计算。

　　总部管理费＝合同中总部管理费比率(%)×(直接费索赔款额
　　　　　　　＋现场管理费索赔款额等)

②按照公司总部统一规定的管理费比率计算。

　　总部管理费＝公司管理费比率(%)×(直接费索赔款额
　　　　　　　＋现场管理费索赔款额等)

③以工程延期的总天数为基础,计算总部管理费的索赔额。

计算步骤如下:

对某一工程提取的管理费＝同期内公司的管理费
　　　　　　　　　　　×(该工程的合同额/同期内公司的总合同额)

该工程的每日管理费＝该工程向总部上缴的管理费/合同实施天数

索赔的总部管理费＝该工程的每日管理费×工程延期的天数

(8) 利润。

一般来说,由于工程范围的变更、文件有缺陷或技术性错误、业主未能提供现场等引起的索赔,承包商可以列入利润。但对于工程暂停的索赔,由于利润通常是包括在每项实施工程内容的价格之内的,而延长工期并未消减某些项目的实施,也没有导致利润减少。因此,一般监理工程师很难同意在工程暂停的费用索赔中加进利润损失。索赔利润的款额计算通常是与原报价单中的利润百分率保持一致。

7. 索赔费用的计算方法

索赔费用的计算方法有实际费用法、总费用法和修正的总费用法。

(1) 实际费用法。

实际费用法是计算工程索赔常用的一种方法。这种方法的计算原则是以承包商为某项索赔工作所支付的实际开支为依据,向业主要求费用补偿。

用实际费用法计算是在直接费的额外费用部分的基础上,再加上应得的间接费和利润,即承包商应得的索赔金额。实际费用法所依据的是实际发生的成本记录或单据,因此在施工过程中,系统而准确地积累记录资料是非常重要的。

(2) 总费用法。

总费用法就是当发生多次索赔事件后,重新计算该工程的实际总费用。实际总费用减去投标报价时的估算总费用,即索赔金额。

$$索赔金额＝实际总费用－投标报价估算总费用$$

不少人对采用该方法计算索赔费用持批评态度,因为实际发生的总费用中可能包括了承包商的原因,如施工组织不善而增加的费用;同时,投标报价估算的总费用也可能为了中标而过低。因此,这种方法只有在难以采用实际费用法时才应用。

(3)修正的总费用法。

修正的总费用法是对总费用法的改进,即在总费用计算的原则上,去掉一些不合理的因素,使其更合理。修正的内容如下。

①将计算索赔款的时段局限于受到外界影响的时间,而不是整个施工期。

②只计算受影响时段内的某项工作所受影响的损失,而不是计算该时段内所有施工工作所受的损失。

③与该项工作无关的费用不列入总费用中。

④对投标报价费用重新进行核算:按受影响时段内该项工作的实际单价进行核算,乘以实际完成的该项工作的工程量,得出调整后的报价费用。按修正后的总费用计算索赔金额的公式如下:

$$索赔金额＝某项工作调整后的实际总费用－该项工作的报价费用$$

修正的总费用法与总费用法相比有了实质性改进,它的准确程度已接近实际费用法。

第6章 路桥工程项目施工安全管理

6.1 项目施工安全管理概述

6.1.1 项目施工安全管理的概念、原则及系统构成

1. 项目施工安全管理的概念

路桥工程项目安全管理中的"安全管理"指的是在路桥建设工程中，生产管理机构要以法律法规为依据，通过计划和组织以及协调和控制等系列活动，预防施工过程中的事故，从而构建优化安全管理系统。路桥工程的安全管理贯穿施工始终，主要管理项目中的人与物以及环境等因素，同时有效地控制人与物的不安全状态，确保工作人员的安全与健康得到充分的保障。针对施工单位，要加大监督安全管理的力度，对安全责任者的职责予以明确，针对工程施工的过程中、有可能存在的安全性因素予以预防与控制。同时制定安全预案与相关规划，签署安全责任书，从而提升安全管理的效率。

2. 项目施工安全管理的原则

1）管生产必须同时管安全

（1）安全问题是生产建设单位，以及与生产建设单位直接相关的其他部门顺利进行各项工作的前提和保障。此外，这些机构与机构的领导者，要以国务院有关安全生产的理念为依据，全方位地承担安全生产的相关责任，使之成为生产企业的关键事宜。管生产与管安全两项工作要同时进行，安全工作也是各种生产活动的一部分，两者相辅相成。

（2）遵循安全生产管理原则，就是要认真贯彻执行国家安全生产的法规、政策和标准。制定本企业、本部门的各种安全生产责任制、安全卫生技术规范和各工作岗位的安全操作规程等。设立安全生产组织管理机构，配齐专门工作人员。

2）明确安全管理目的

施工安全管理的目标：保障工程施工的安全，不发生伤亡事故；保障无火灾与不发生交通事故；使施工设备设施的安全得到保障；保护环境，保持现场的整洁等。

施工安全管理的最终目标是保障劳动者的身心健康，且保障其安全，对参与施工的物与人以及环境的现实情形加以管理，加强对人的不安全行为和物的不安全状态的及时管理，有效地避免或减少安全生产事故的发生。保障实现安全管理目标是安全工作的第一要务，如果安全管理是盲目的且缺失目标的，那么将使健康和安全的状态向反方向予以转化。

3）贯彻"安全第一""预防为主"的方针

（1）遵循"安全第一"原则。

"安全第一"突出了安全问题在施工生产中的重要地位。对于建设工程，安全的至高无上的位置应予以明确，这是落实社会主义核心价值观、构建和谐社会必然要遵循的原则。要求全部工程建设者（涵盖管理者与一线员工和工程建设监督管理人员）都必须树立安全意识，在安全与经济利益之间，不能舍本逐末。在安全与生产产生矛盾时，应把安全问题放在首位。为了保障生产活动的顺利进行，要以安全为前提，推动经济的发展，构建和谐稳定的社会局面。为了防止意外事故和人身伤害的发生，应使路桥生产活动符合安全生产要求，采取合理施工工序，来保障生产活动的稳步推进，从而提高施工人员的工作效率，进而提高企业的生产水平。进行安全管理不等于事故处理。安全管理的科学性正是以施工生产的特征与影响因素为依据，采取合理有效的管理手段与技术，对不安全因素的发生与拓展予以预防与规避，将安全隐患扼杀在摇篮中，使生产活动的顺利进行得到充分的保障，同时保障员工的安全与健康。

（2）"预防为主"是主要途径。

"预防为主"意味着构建渐进式、立体型的预防事故机制体系，对于安全事故要提前预防、预教、预测、预想、预报、预警。新时期赋予预防为主以新的含义，即完善安全机制，提高有关安全的技术水准，对安全的责任制予以贯彻与落实，围绕安全管理这个核心，加大资源投入的力度。其主要内容如下。

①加强安全文化和社会文化建设，从而预防安全事故。

②完善安全生产许可制度，隐患排查、治理监督等相关法律与规章制度，以法制力量为依托，推动安全事故的预防与规避工作。

③贯彻"科教兴安"战略，以科技进步为依托，优化安全生产环境且提高劳动

者综合素质。

④完善且创新安全生产监督管理体制,根据各企业不同的生产情况,制定适合本企业的制度,提高管理安全生产的水平,增强基础设施保障力度。

(3)"综合治理"是重要通道。

各个生产部门要自觉地遵守安全管理的相关规则,意识到安全管理工作是一项长期而复杂的极为艰巨的工作,意识到在安全管理的过程中所存在的主要矛盾与冲突,综合性地采取经济手段,运用法律武器,有效运用行政手段,结合人治与法治,同时提高技术水平,共同防范不安全因素,并做好舆论的监督工作。而在生产领域内,采取行之有效的措施解决有关安全管理的问题,并与国家安全生产的要求相适应,且保障路桥工程施工的安全性与稳定性以及可靠性。所以综合治理要做到与时俱进和重点解决,将综合治理作为贯彻安全生产方针的基础,使其成为安全工作的重中之重。

要将安全生产方针作为统一的整体,意味着把安全放在首位,发挥预防的主体性作用,加大综合治理的力度,要将三者密切结合。对其内容可以概括如下。"安全第一",是方针的统帅和核心环节,缺失这个理念,会使预防缺失理念方面的支持,会使治理失去整改的依据,就谈不上所谓的预防与治理了。"预防为主",是践行"安全第一"思想理念的有效途径。要将健全事故防范体系作为安全生产管理的重点,做好有效的防范工作从而降低发生事故的概率,且将损失降至最低点,落实贯彻"安全第一"的思想。"综合治理",作为贯彻落实前两者的方法,要完善相关制度,贯彻落实有关安全管理的政策。

4)坚持"四全"的动态管理

路桥施工安全管理涉及路基、路面、桥梁、隧道、水上、陆地、高空、爆破、电气使用等各层面。施工安全管理贯穿各项施工活动的全过程,所以,施工生产活动要坚持动态式安全管理,即全方位地管理好施工全过程与全员在全时段中的行为。不能将安全管理局限在少数专职员工与项目安全机构方面,而应该让所有参与生产的工作人员共同参与。

3. 项目施工安全管理的系统构成

(1)资质、机构与人员管理。

资质、机构、人员的管理直接关系着路桥工程施工安全管理技术力量的强弱和组织管理水平的高低,路桥工程施工安全管理系统的稳定离不开具有相应资质和经验的管理人员及完善的安全管理机构,项目安全管理的稳定性也易受分包单位和供应单位的影响。资质、机构与人员作为路桥工程施工安全系统的组成部分,其资质的合规性、安全管理机构的完善性、分包单位及供应单位选取将对施工主体质量水平和施工人员的安危产生直接或者间接的重大影响。

(2)设施与设备管理。

设备设施是路桥工程施工安全系统的重要组成部分,设备的完善及配套在施工现场将直接影响施工人员的作业安全,而路桥工程建设所需的机械设备较为繁杂,像塔式起重机、挖掘机等机械大多受力复杂,平时受长期露天作业影响,经常受风吹雨淋和日光曝晒,故受腐蚀大、磨损严重。且路桥工程建设场地和施工操作人员的流动性都比较大,故机械安装质量及维修质量、机械操作水平波动较大,也很容易影响施工机械的可靠性和施工人员的安全。设施与设备管理还包含防护设备的管理,其对施工人员职业病的预防和施工作业的安全将产生积极的作用。故安全管理系统中应包含直接参与工程建设,直接与施工人员接触,对施工人员可以起到防护作用,又可以直接影响其安全性的设施与设备。

(3)安全技术管理。

路桥工程建设环境随道路里程的增加而变化,环境的不确定性、人员的流动性、设施与设备管理中的隐患等因素都可影响到施工人员的安危。故路桥工程施工安全管理系统应包括危险源控制、专项安全技术方案等安全技术管理因素。安全技术管理质量直接影响到安全应急体系、危险源控制防范措施的有效性。

(4)安全生产管理制度。

安全生产管理制度是路桥工程施工安全管理系统稳定运行的重要制度保障,也是路桥工程施工安全管理系统责任主体划分的依据,是系统中最不可或缺的一部分。安全生产管理制度的建立及完善是施工安全管理系统自我改进的驱动力之一,其中的资金保障制度提供安全系统自我完善的经济基础,安全检查制度则直接推动系统内部的自检、互检与持续改进,安全生产教育培训则促使安全系统内的有关人员提高自我安全意识,避免主观地引发施工安全操作或者管理责任事故。故安全生产管理制度是安全管理系统内部的核心环节,是系统重要组成部分。

6.1.2 项目施工安全管理模式

1. 施工安全管理模式概述

影响路桥工程施工安全的因素极多,而安全管理的重要内容是避免各种类型的因素对施工安全产生影响与作用,保障施工者的安全与健康,保障其建设的顺利进行和稳步推进。优化安全管理模式,杜绝安全隐患,如发生安全问题,要予以及时有效的解决。优化安全管理模式的主要内容:健全其组织系统,完善其相关机制,使日常施工安全得到保障,构建事故发生的应急救援系统,且加以有效地控制,做到防患于未然。构建管理模式之后,参与组织体系者要明确自身需承担的责任和履行的义务,培育安全意识且增强责任感,并与安全责任制度相匹配,健全安全管理体系,使路桥工程施工整体的安全得到充分的保障。

2. 施工安全管理模式构建策略

1) 保障日常施工安全的管理方式

落实安全责任制和完善日常安全管理制度,制度可以为执行提供保障支撑,保障日常施工安全要着重从以下几方面着手。

(1) 完善安全责任制。健全奖罚机制与激励机制,贯彻相关的生产责任且加以落实,在事故发生的时候,相关责任人应该能够承担相应的责任,无安全事故时,要做好督促与激励等工作。

(2) 完善检查制度。在施工的阶段,不定期对工程施工的总体情况予以检查,妥善安排检查人员,及时排除安全隐患,核准相关经费,严格把握安全生产环节。对于现场施工,要采取必要的防护手段来保障员工安全,维持并保护设备的正常使用,设置完善的安全防护制度,保障设备设施的安全,同时避免人员的伤亡。对于技术安全交底同样要加强管理,保障各施工工序严格按照施工规范进行,在遇到特殊情况时要及时调整施工规范,并通知现场施工员,保障施工技术的安全性与可靠性。

(3) 贯彻落实安全生产方面的宣传机制,采取多元化的宣传方式,且将其有效地运用,有机地结合安全知识,加大教育培训的力度,使施工现场员工增强安全的意识且掌握相关实践技术,增强安全知识储备。

2) 在施工的过程中完善预控机制

对于日常的安全管理工作,要构建并完善有关施工安全的预防控制管理制度,从而降低路桥工程施工过程中发生安全事故的概率,有效诊断、预测以及监测安全隐患,假如发现存在潜在风险,要及时采取预控等手段,有效地预防且控制事故的发生。委派专业人员建立预防控制管理小组,施工者要予以全力的配合,客观地评价与检测路桥工程施工过程中潜在的安全性因素。

(1) 客观地评价与有效地监测环境因素,就自然与社会因素来说,要进行有效掌控,辨别不利因素并且采取相关的预防控制手段。

(2) 对机械设备安全予以监测,监控特种机械以保障其安全,提高相关技术水平,保障操作的安全性。

(3) 监测施工者贯彻执行的情形。确保施工过程的安全性与可靠性得到充分的保障,降低事故的发生率。

3) 安全事故的应急救援系统

在施工过程中为保障施工安全,要构建有关安全事故的应急救援系统。针对已发生的事故要妥善地处置,把损失降到最低点且预防二次伤害的发生。

(1) 针对存在较大安全隐患的施工段,组建应急救援组织,以便事故发生后予以紧急的救助。

(2) 针对应急救援小组的成员,加大培训与教育的力度,使成员增强安全保障的意识,储备好有关应急救援的知识,各成员要能够熟练地运用应急救援的器械等,并且做好各救援设备的检查维护工作,对存在问题的设备要及时更换。

(3) 优化、完善以及改进应急报告流程,发生事故之后,专业化的救援小组立刻奔赴现场,避免事故受伤人员遭受二次伤害,并及时地对人员加以疏散,以掌握事故情形为基础,制定救援预案并开展救援活动。

6.2 施工安全管理问题与管理措施

6.2.1 路桥工程施工特点

(1) 作业条件的恶劣性。

我国复杂的地理环境加上路桥工程建设等人为的工程活动而导致的地质灾害,最终致使人员伤亡与经济损失与日俱增。尤其是云、贵、川等丘陵地带,地质环境条件错综复杂,已建道路桥梁或在建的道路桥梁、人为地开挖坡脚与路堑、修缮建设等工程具体活动,均容易导致地质灾害的发生。一般情况下,路桥施工主要是野外作业,在施工过程中会遇到各种各样的作业环境,如松软的路面、错综复杂的地质条件、噪声干扰和不良的照明条件以及极端的温度环境等,均易发生安全事故。假如气候条件特殊或自然灾害发生,安全事故也极有可能随之而来,如冰雹暴雨与洪水以及严寒、酷暑等不可抗条件。与其他生产企业作业条件不同的是,随着施工进度的改变,路桥施工作业环境将产生相应的变化,各影响因素的形成存在极强的随机性。路桥施工的不同阶段与不同路段以及不同产品,其影响性因素存在很大的差异,这也给路桥工程施工安全管理工作带来很大难度。例如在化工、制造业等的生产过程中,影响因素相对稳定。一般情况下,其生产环境不容易受到风雨与雷电以及冰雹等自然界因素的影响,同时生产车间中的危险源相对固定,工人对其极为熟悉。而路桥建设工程施工基本上在露天空旷的野外或水域中完成,甚至要在悬崖深谷边、潮汐海浪处作业,在上述恶劣的环境下,安全防护的条件极差,易导致伤亡事故的发生。

(2) 施工地点的复杂性。

在路桥工程施工的过程中,存在诸多危险源,高空作业就是存在较大风险的工序。改变作业环境,将会增加施工者在心理方面的负担与压力。由于高空作业的条件是距离地面超过 2 m,有时甚至距地面十几米、几百米,而且工作面很少有平稳的立脚的地方,如果安全防护措施不到位,极容易产生高空坠落伤亡事故。在路桥工程施工的过程中,所发生的高处坠落的安全事故与高空作业相关,因此在高空作业时,要做好安全防护工作,加大安全管理与监督的力度是至关重要的。高空作业,要以工程特征为基础,以在建工程周边环境为依托,制定有效的安全防护策略,同时严格地加以执行。路桥建设常涉及地下作业,诸如隧道作业等。随着施工的深入,作业场所发生变化,由地上转为地下,施工条件与环境不断地恶化,其表现形式是:空间狭窄(施工设备与机械占用空间,且需进行各种交叉作业)、照明情况差、灰尘和噪声污染严重。有些隧道还存在着高温、高湿的危害,这种情况很容易发生交通事故,而且还非常容易使工作人员患上职业病。另外隧道施工环境是一个恶劣的、多变的动态环境,经常存在物体打击与坠落以及车辆伤害等事故,且事故频发,易给工作者带来精神方面的压力。

(3) 实施安全管理的困难性。

随着路桥业市场改革进程的加快以及路桥企业改制之后经营机制的不断完善,路桥企业的用工制度发生了本质上的改变。就现阶段的情形而言,施工企业的用工体系中分离出了劳务层,现场中的一线工人逐渐从以往的固定工人转为现在的劳务工人,路桥建设企业也不例外。

①基础设施建设规模日益拓展,劳务市场的发展较为滞后,务工人员大多没有经过安全教育培训,其安全意识有待于增强,且需做好角色的转换工作。

②大部分务工人员的学历层次不高,缺乏综合素质与安全的意识,且生产的技能低,他们难以在较短的时间内通过培训达到国家对施工安全生产作业的要求。

③如果务工人员经由多年的培训与教育,技术与技能水平有所提升,与技能要求基本上匹配,但难以有效地控制其流动性。路桥工程施工具有极大的流动性,作业环境有待于优化,且条件极其恶劣,薪酬水平不高,难以提升对于人才的吸引力,致使中青年的人力资源流失严重,导致技术工人团队呈现断层的格局。在施工现场中,缺乏专职的安全管理者与安全员,诸多施工现场的安全管理者与安全员一般为兼职,其专业化水平有待于提高,且需要全面了解掌握技术标准与安全规范。安全生产从业者的上述问题导致施工现场存在诸多安全隐患,若其能得到及时的纠正与消除,也有助于建设单位杜绝安全隐患。

(4)劳动保护是一项长期艰巨的任务。

在恶劣的施工环境中,路桥工人操作繁杂的步骤,体能被大量耗费,同时劳动时间长、强度高,将严重地危害工人的身心健康,这也使得个人劳动保护任务更加艰巨。

总之,施工安全隐患普遍存在于以下方面:高处或作业交叉,垂直运输或运用电气机具等。伤亡事故常发生于以下环节:高空坠落、物体打击、机械伤害和触电以及坍塌等。目前新型与个性化的路桥产品不断涌现,为路桥工程施工的完成带来巨大的压力,也给路桥工程安全管理以及相关的防护工作提出了更高的要求。

6.2.2 路桥工程项目施工安全管理中存在的问题及问题诱因分析

1. 路桥工程项目施工安全管理中存在的问题

就路桥工程项目的分布的视角而言,路桥工程的施工地区多为崇山峻岭,环境错综复杂,桥隧工程的占比大,高墩大跨结构显著增多,地质情形极其复杂,工作条件艰苦而恶劣,难以完成施工,更加突显安全风险方面的问题。随着路网密度不断加大,立体跨线工程越来越多,要求工作人员在不中断交通环境的基础上施工,将引发质量安全风险的叠加效应,所以要予以高度重视。

从路桥工程项目管理的角度出发,建设规模和资源配置严重不均衡,依然存在约束安全管理水平提高的客观性因素。在工程管理的过程中,缺乏技术方面的储备,使施工管理不到位,分包转包现象屡见不鲜,从业团队的素质有待提升。在实施工程项目的过程中,将承受自然与社会环境以及工程管理方面的严峻挑战,新旧问题引发矛盾与冲突,从而增加了安全管理的风险,为工程项目增添了压力。我国路桥工程安全管理存在如下一些问题。

（1）安全意识淡薄。

安全是永远排在第一位的。在路桥工程项目施工安全管理中，最为重要的一点就是对安全问题的认识不够全面，不把安全当成一回事，存在侥幸心理，即安全意识淡薄。这种安全意识淡薄问题不止体现在工作人员身上，他们往往不把安全的观念落在实处，落在每一个安全守则上面，而是随意处理问题，安全规范操作进行不到位，既不对自己工作负责，也不为他人生命安全考虑。要知道，生命安全永远大于一切。其次，领导对安全问题不够重视，部分领导一味地只想要缩减工期，压缩经费，甚至完全不将工人的生命安全放在第一位，这也是存在的最大隐患。

（2）项目承包行为不规范。

随着现代技术不断发展，经济水平不断提高，我国路桥建设项目越来越多。许多民营企业或是个体看到了眼前的商机，认为承包工程有很大利润，使得现在承包工程项目的公司越来越多，也导致公司竞争变得十分激烈。有些公司为了中标，使出浑身解数，不在方案上入手，偏偏要打感情牌、关系牌，使得现在市场上的投标变得混乱。正因为如此，项目可能被层层转包，材料过差。这些人为因素干扰了我国的路桥工程建设。好的项目、好的材料可能不被人采纳，反倒是劣质的材料被用于工程，导致在路桥工程项目施工安全管理上，安全事故问题频发，严重影响了人身安全。虽然现在的路桥已经形成了一体化承包销售的特点，但是仍不乏心怀不轨之人在其中赚取暴利。

（3）不健全的安全管理制度。

现在，大部分企业已经渐渐意识到安全管理制度的重要性，纷纷建立起与其企业相关的安全管理体制。但是这些企业大多只是引进其他的安全管理制度，然后进行模仿，没有根据自身的特点进行变通，导致这种安全体制只是存在于表面以及书面，并没有真正地被重视。此外，路桥工程一般都是在户外进行，部分部门虽说进行安全检查，但是一般都只是流于表面，并没有达到实际的效果。

（4）安全设施不完善。

对于路桥工程建设，要想提高安全管理的质量水平，应充分重视安全设施的建设。在具体的施工安全管理过程中，有的缺乏安全设施，有的安全设施的质量得不到保证。比如，对于公路路面施工的安全管理，要以安全设备为基础，充分提高高速公路的施工质量。一些施工企业在缺乏项目资金的情形下，为了谋取眼前的利益与降低工程造价，在基础设备方面缩减安全资金方面的投入，致使施工安全蕴藏着很大的风险。

2. 路桥工程项目施工安全管理中存在问题的诱因分析

(1) 自然环境的影响。

自然环境的影响主要包括自然灾害、季节因素、气候因素、时间因素、水文地质条件等对路桥建设施工安全的影响。

由于路桥施工的过程全年都是在野外进行，路桥工程施工的安全性必然受到外界自然环境的影响。例如：风、雨、雪、雾等，这些自然因素都会影响施工条件，降低施工过程的安全系数；雨季施工会增加洪水引发泥石流、塌方、落石的可能性；冬季施工机械设备冻结也会对工程进程产生很大的影响。上述异常自然状况都会危及路桥施工安全，引发安全事故。

自然环境对路桥施工最重要的影响是地质条件的影响。我国多变的自然环境和复杂的地质构造，导致路桥施工中的地质工程和地质灾害问题比较突出。特别是随着路桥建设的重点正向西部地区不断地延伸，遇到崩塌、滑坡、泥石流、岩溶、地面塌陷、有害气体等不良地质现象和软土、膨胀土、岩盐等特殊岩土问题的可能性越来越大，这也使发生路桥工程施工安全事故的可能性也越来越大。

(2) 人为因素的影响。

人的因素指的是以事故的发生为基础、当事人存在相关的不安全行为，即人为地违反施工系统设计和操作规程，造成路桥建设系统的失效或不良表现。人当时的心理与生理，技术的缺失，环境均可能导致发生不安全行为的可能性。

人为主观意识将使路桥施工的顺利运行受到深层次的影响：

①部分施工机构对于安全事故问题未予以高度重视，安全管理层奉行形式主义，致使企业不能充分地贯彻执行安全管理机制，施工者需要增强安全生产的意识；

②部分施工管理者与技术人员的素质有待提高，在施工的过程中，未贯彻落实安全管理措施，同时侥幸心理严重。一些施工者缺乏责任心，且态度不端正，从而导致安全事故发生。

(3) 施工管理的影响。

人的不安全行为与物的不安全态势，是安全事故发生的表层原因。发生安全事故的根本原因是路桥施工企业在安全管理方面存在不足之处，要采取有效的安全管理手段，将人与物以及环境因素对事故发生的影响程度缩减或予以剔除。

导致事故频发的管理性因素包括:一些施工机构缺失完善的管理机制,在施工的过程中存在诸多不足之处,使安全事故存在相应的隐患;领导层不关注安全管理,安全意识薄弱,缺失有效的相关管理机构,未清晰地明确职责,未制定具有可行性的预案以及未健全应急系统;施工组织不健全,操作的规程不规范,安全的措施不匹配,也未加大投入与培训的力度,没有全面无死角地排除安全隐患;部分施工单位的安全管理方法不灵活,不能有效解决事故的发生问题。

在路桥施工的过程中,存在许多影响施工安全的因素,例如施工者粗心大意且未恰当地操作机械,或外界的环境突然发生变化,未实施有效的管理制度等。这些因素并非孤立存在,而是相互影响、相互作用,构成事故发生的条件。

(4) 外部社会环境的影响。

外部社会环境的影响主要包括政治、经济、技术、法律、管理及社会风气等,这些因素如果处理不当,都会对路桥施工安全工作产生负面影响。路桥施工不是一朝一夕可以完成的,安全生产必然受到外部环境的影响。

在路桥施工的过程中,施工企业将与社会经济和法律等因素产生相应的联系。施工经验表明,沿线居民承包的附属工程与盗窃路桥施工设备的行为将导致安全事故发生,使路桥工程的施工受到相应的影响。

6.2.3 路桥工程项目施工安全管理措施

1. 路桥施工开始前的安全管理措施

(1) 强化安全生产意识。

安全生产是各生产企业不得不考虑的问题,但是又往往被忽略或者不被重视。为避免发生事故,路桥企业在施工之前要针对施工者做好安全教育工作,增强施工者的安全意识。施工机构领导要高度重视安全,广泛开展安全培训活动,使安全生产不流于形式。

(2) 确定安全管理方案。

在路桥工程施工之前,施工机构要细致分析周边的施工环境,对可能造成安全事故的因素要提前做好预防,确定工程施工安全管理方案的每个细节,从而制定出优化的安全管理的方案。制定方案时,企业要组织相关人员召开会议,探讨安全管理规划的影响性因素,最后对安全管理方案予以明确。然后组织各个施工现场的管理者和操作工人学习、了解安全管理的相关规划。特别是现场的安全员,要充分熟悉管理的每项要求和内容。规范施工者的职责,向施工者传达落实安全管理的工作,从而避免事故发生。

(3)针对路桥施工,及时发布相关信息。

一些路桥工程是扩建或再建的既有路桥,因此要对路桥施工段的情形予以及时公布,缓解施工段交通压力,避免来往车辆出现拥堵和交通安全事故的发生。在发布路桥施工安全信息方面,施工单位可以通过多种途径进行发布,具体发布时间可以在施工单位开工前的几天时间内。以电视、网络、新闻媒体等为介质,向社会公布道路通行情形与施工信息,使通行的车辆早做相应的准备,警示车辆在行驶的过程中注意施工路面情形,有效地规避了车辆拥堵状况,缓解或解决施工路段基于安全层面的压力。

2. 路桥施工过程中的安全管理措施

对于施工现场,为避免或缩减事故发生的概率,要加强管理,对现场予以有效的监管,从而保障安全。在道路的改建和扩建中,除了要做好方案所约束的安全管理工作,还要基于施工现场划分施工区域,这样可以帮助安全管理者明确安全管理工作的重心。可将施工区域划分成以下区域,且在各区设置相应的安全标志,最大限度保障道路使用者与施工者的安全。

(1)警告区。

警告区旨在告知通过此路段者前方的道路正在施工的过程中,其不宜太短,否则将致使通过者未注意便驶入施工区域。一般情况下,基于警示区设置警示牌两个,使驶入者能够看到。同时要在醒目的地方设置警示牌,从而使过往车辆关注到。

(2)上游过渡区。

上游过渡区旨在对来往的车辆进行疏导,引导车辆及时变道,或改变行驶的路线。当车辆行至上游过渡区时,使行车速度变缓。

(3)作业区。

作业区即施工区,堆放诸多施工物资,且停靠施工车辆。在作业区中,要整齐地堆放施工物资,不可占用供车辆行驶的道路,机械遵循标准涂上橘黄色,作业区内为工程车辆提供进出口车道,在作业区与正常通行区间设置隔离性装置。

(4)下游过渡区。

允许车辆变换车道或改变行驶路径。

3. 施工现场的安全管理工作

通过上文的分析可以看出，施工现场安全事故发生的最主要的两个原因，即人的不安全行为和物的不安全状态。而这两种不安全因素存在的原因归根结底都离不开人的不安全心理和执行力度的问题。安全问题没有引起现场安全管理者及一线操作工人足够的认识，才会导致类似的安全事故屡见不鲜。所以项目负责人要加大对安全教育的投入，定期组织安全员和一线操作工人学习安全事故出现的客观原因和直接原因，并且学习如何在施工中避免这些事故出现。再者就是监管力度的问题，项目负责人要制定一套安全事故奖惩办法，对导致安全事故的行为和当事人绝不姑息，这也可以让他人引以为戒。国家安全管理部门也应该加大对施工安全管理的监督，要求存在安全隐患的单位及时整改，对一些对企业员工安全不负责的企业或领导要严肃处理。

6.3 工程安全事故处理

6.3.1 工程安全事故的概念和特点

1. 工程安全事故的概念

安全事故是指人们在进行有目的的活动过程中，发生了违背人们意愿的不幸事件，使其有目的的行动暂时或永久地停止。建设工程安全事故指在建设工程施工现场发生的安全事故，一般会造成人身伤亡或伤害，且伤害要求包括急救在内的医疗救护，或造成财产、设备等损失。建设工程重大安全事故，系指在工程施工过程中由于责任过失造成工程倒塌或废弃，由于机械设备破坏和安全设施失当造成人身伤亡或重大经济损失的事故。

2. 工程安全事故的特点

（1）严重性。

建设工程发生安全事故，其影响往往较大，会直接导致人员伤亡或财产的损失，给广大人民生命和财产带来巨大损失，重大安全事故往往会导致群死群伤或巨大财产损失。近年来，路桥安全事故死亡人数和事故起数仅次于交通业、矿山业，成为人们关注的热点问题之一。因此，对建设工程安全事故隐患决不能掉以轻心,一旦发生安全事故,其造成的损失将无法挽回。

(2)复杂性。

建设工程施工生产的特点,决定了影响建设工程安全生产的因素很多,造成工程安全事故的原因错综复杂,即使是同一类安全事故,其发生原因可能多种多样。这样,对安全事故进行分析时,就增加了判断其性质、原因(直接原因、间接原因、主要原因)等的复杂性。

(3)可变性。

许多建设工程施工中出现的安全事故隐患并不是静止的,而是有可能随着时间而不断地发展、恶化的,若不及时整改和处理,往往可能发展成为严重或重大安全事故。因此,在分析与处理工程安全事故隐患时,要重视安全事故隐患的可变性,应及时采取有效措施,进行纠正、消除,杜绝其发展恶化为安全事故的可能性。

(4)多发性。

建设工程中的安全事故,往往发生在建设工程某部位或工序或作业活动中,例如物体打击事故、触电事故、高处坠落事故、坍塌事故、起重机械事故、中毒事故等。因此,对多发性安全事故,应注意吸取教训,总结经验,采用有效预防措施,加强事前预控、事中控制和事后总结。

6.3.2 工程安全事故的分类和等级

1. 工程"五大伤害"安全事故

(1)高处坠落。

高处坠落是指在高处作业中发生坠落造成的伤亡事故。高处作业是指在坠落高度基准面2 m以上(含2 m)处进行的有可能使作业人员坠落的作业。

高处坠落的主要类型如下。

①被踩踏材料材质强度不够,突然断裂。

②高处作业移动位置时踏空、失稳。

③高处作业时,由于站位不稳或操作失误被物体碰撞坠落等。

(2)触电事故。

人体是导体,当人体接触到具有不同电位的两点时,电位差会在人体内形成电流,这种现象就是触电,因触电而发生的人身伤亡事故,即触电事故。

触电事故的主要类型有单相触电、两相触电、跨步电压触电等。

(3) 物体打击。

物体打击是指施工过程中的砖石块、工具、材料、零部件等从高空落下时对人体造成的伤害,以及弹块、锤击、滚石等对人身造成的伤害,不包括因爆炸而引起的物体打击。

物体打击的主要类型如下。

①高空作业中,工具零件、砖瓦、木块等物从高处掉落伤人。

②人为乱扔废物、杂物伤人。

③起重吊装、拆装、拆模时,物料掉落伤人。

④设备带病运行,设备中物体飞出伤人。

⑤设备运转中,违章操作,铁棍飞弹伤人等。

(4) 机械伤害。

机械伤害是指机械强大的功能作用于人体的伤害。

(5) 坍塌事故。

坍塌事故是指物体在外力和重力的作用下,超过自身极限强度的破坏成因,导致结构稳定失衡塌落而造成物体高处坠落、物体打击、挤压伤害及窒息的事故。

坍塌事故主要类型如下。

①土方工程坍塌。

②基坑支护坍塌。

③模板坍塌。

④脚手架坍塌。

⑤拆除工程坍塌。

⑥其他坍塌事故等。

2. 工程安全事故的分类

工程项目发生的伤亡事故大体分为两类:一是因工伤亡,即在生产工作中发生的伤亡;二是非因工伤亡,即与生产工作无关造成的伤亡。伤亡事故按国家标准《企业职工伤亡事故分类》(GB 6441—1986)定义,是指职工在劳动过程中发生的人身伤害和急性中毒事故,具体来说,就是在企业生产活动中涉及的区域内,在生产过程中,在生产时间内,在生产岗位上,与生产直接有关的伤亡事故、中毒事故,或者虽然不在本岗位劳动,但由于企业的设备或设施等不安全,作业环境不良以及管理不善,所发生的人身伤害和急性中毒事故。

1）按伤害程度分类

按伤害程度，伤亡事故分为轻伤、重伤及死亡三种。

（1）轻伤。

轻伤指造成劳动者肢体伤残，或某些器官功能性或器质性轻度损伤，表现为劳动能力轻度或暂时丧失的伤害；或指损失工作日低于105日的失能伤害。

（2）重伤。

重伤指造成劳动者肢体残缺或视觉、听觉等器官受到严重损伤，可引起人体长期存在功能障碍，或劳动能力有重大损失的伤害；或指相当于表定损失工作日等于和超过105日的失能伤害。中华人民共和国原劳动部颁发《关于重伤事故范围的意见（试行）》（中劳护久字[60]第56号）中规定只有下列情况之一的，均作为重伤事故处理。

①经医师诊断已成为残废或可能成为残废的。

②伤势严重，需要进行较大的手术才能挽救的。

③人体要害部位严重灼伤、烫伤，或虽非要害部位，但灼伤、烫伤占全身面积1/3以上的。

④严重骨折（胸骨、肋骨、脊椎骨、锁骨、肩胛骨、腕骨、腿骨和脚骨等受伤引起骨折）、严重脑震荡等。

⑤眼部受伤较剧烈，有失明可能的。

⑥手部伤害。包括大拇指轧断一节的；食指、中指、无名指、小指任何一只轧断两节或任何两只各轧断一节的；局部肌腱受伤甚剧，引起机能障碍，有不能自由伸屈的残废可能的。

⑦脚部伤害。包括脚趾轧断三只以上的；局部肌腱受伤甚剧，引起机能障碍，有不能行走自如的残废可能的。

⑧内部伤害，如内脏损伤，内出血或伤及腹膜等。

⑨凡不在上述范围以内的伤害，经医师诊察后，认为受伤较重，可根据实际情况参考上述各点，由企业行政会同基层工会做个别研究，提出初步意见，由当地劳动部门审查确定。

（3）死亡。

损失工作日定为6000日。损失工作日是指被伤害者失能的工作时间。其旨在估价事故在劳动力方面造成的直接损失。因此，确定某种伤害的损失工作日数为标准值，与伤害者的实际休息日无关。

死亡事故分重大伤亡事故和特大伤亡事故。

①重大伤亡事故:指一次事故死亡1～2人的事故。

②特大伤亡事故:指一次事故死亡3人以上的事故(含3人)。

2) 按产生原因分类

按产生原因,伤亡事故可分为以下19类。

①物体打击,指落物、滚石、锤击、碎裂崩块、碰伤等伤害,包括因爆炸而引起的物体打击。

②提升、车辆伤害,包括挤、压、撞、倾覆等。

③机械伤害,包括绞、碾、碰、割、戳等。

④起重伤害,指起重设备或操作过程中所引起的伤害。

⑤触电,包括雷击伤害。

⑥淹溺。

⑦灼烫。

⑧火灾。

⑨高处坠落,包括从架子、屋顶上坠落以及从平地坠入地坑等。

⑩坍塌,包括路桥物、堆置物、土石方倒塌等。

⑪冒顶片帮。

⑫透水。

⑬放炮。

⑭火药爆炸,指生产运输、储藏过程中发生的爆炸。

⑮瓦斯煤尘爆炸,包括煤粉爆炸。

⑯其他爆炸,包括锅炉爆炸,容器爆炸,化学爆炸,炉膛、钢水包爆炸等。

⑰煤与瓦斯突出。

⑱中毒和窒息,指煤气、油气、沥青、一氧化碳中毒等。

⑲其他伤害,如扭伤、跌伤、野兽咬伤等。

3. 伤亡事故等级

原建设部按程度不同把重大事故分为如下四个等级。

(1) 一级重大事故。

具备下列条件之一者为一级重大事故:

①死亡30人以上;

②直接经济损失300万元以上。

(2) 二级重大事故。

具备下列条件之一者为二级重大事故：

①死亡 10 人以上 29 人以下；

②直接经济损失 100 万元以上，不满 300 万元。

(3) 三级重大事故。

具备下列条件之一者为三级重大事故：

①死亡 3 人以上，9 人以下；

②重伤 20 人以上；

③直接经济损失 30 万元以上，不满 100 万元。

(4) 四级重大事故。

具备下列条件之一者为四级重大事故：

①死亡 2 人以下；

②重伤 3 人以上，19 人以下；

③直接经济损失 10 万元以上，不满 30 万元。

6.3.3 工程安全事故的调查处理及预防

1. 伤亡事故上报

发生伤亡事故后，负伤者或事故现场有关人员，应立即直接或逐级报告企业负责人。企业负责人接到伤亡、死亡、重大死亡事故报告后，应填写伤亡事故登记表并按规定立即向企业主管部门和企业所在地劳动部门、公安部门、人民检察院、工会等相关部门报告，企业主管部门和劳动部门接到事故报告后，立即逐级上报；死亡事故报至省、自治区、直辖市企业主管部门和劳动部门；重大死亡事故报至国务院有关主管部门、劳动部门。

重大事故发生后，事故发生单位应在 24 小时内写出报告按规定逐级上报，重大事故书面报告（初报表）应包括下列内容。

(1) 事故发生的时间、地点、工程项目、企业名称。

(2) 事故发生的简要经过、伤亡人数和直接经济损失的初步估计。

(3) 事故发生原因的初步判断。

(4) 事故发生后采取的措施及事故控制情况。

(5) 事故报告单位。

2. 工程安全事故的调查处理

1）保护现场、组织调查组

（1）迅速抢救伤员，保护事故现场。

事故发生后，现场人员应当立即采取有效措施，首先抢救伤员并排除险情，以防事故蔓延、扩大。抢救伤员时，要采取正确的救助方法，避免二次伤害。另外，要严格保护事故现场，即保证现场各种物件的位置、颜色、形状及其物理、化学性质等尽可能保持事故结束时的原来状态。确因抢救伤员或为防止事故继续扩大而必须移动现场设备、设施时，现场负责人应组织现场人员查清现场情况，做出标志和记明数据，绘出现场示意图，任何单位和个人不得以抢救伤员等名义故意破坏或者伪造事故现场。必须采取一切可能的措施，防止人为或自然因素的破坏。

清理事故现场，应在调查组无可取证并充分记录，且经有关部门同意后才能进行，任何人不得以恢复生产为借口，擅自清理现场，掩盖事故真相。

（2）组织事故调查组。

①事故调查组成员应符合下列条件：与所发生事故没有直接利害关系；具有事故调查所需要的某一方面业务的专长；满足事故调查中涉及企业管理范围的需要。

②《中华人民共和国安全生产法》明确规定了生产安全事故调查处理的原则是：实事求是、尊重科学、及时准确。

a. 对于轻伤和重伤事故，由用人单位负责人组织生产技术、安全技术和有关部门会同工会进行调查，确定事故原因和责任，提出处理意见和改进措施，并填写"职工伤亡事故登记表"。

b. 发生一般伤亡事故和重大伤亡事故，由有管辖权的安全生产监督管理部门会同同级公安机关、监察机关、工会、行业主管部门组成伤亡事故调查组进行调查。其中重大伤亡事故，省级安全生产监督管理部门认为有必要的，由其组织调查。

c. 发生特大伤亡事故，按下列规定组成伤亡事故调查组进行调查：市、州及其以下所属单位，由市、州安全生产监督管理部门、公安机关、监察机关、工会、行业主管部门等组成伤亡事故调查组进行调查；省及省以上所属单位，由省级安全生产监督管理部门、公安机关、监察机关、工会、行业主管部门等组成伤亡事故调查组进行调查；省人民政府认为需要直接调查的特大伤亡事故，由省人民政府组成伤亡事故调查组进行调查,或由省人民政府指定的本级安全生产监督管理部门、公安机关、监察机关、工会、行业主管部门等组成伤亡事故调查组进行调查。急性中毒事故调查组应有卫生行政部门人员参加。

2)现场勘察

事故发生后,调查组必须尽早到现场进行勘察,现场勘察是技术性很强的工作,涉及广泛的科技知识和实践经验,调查组对事故的现场勘察必须做到及时、全面、准确、客观。现场勘察的主要内容有以下几个方面。

(1)现场笔录。

①发生事故的时间、地点、气象等。

②现场勘察人员姓名、单位、职务。

③现场勘察起止时间、勘察过程。

④能量失散所造成的破坏情况、状态、程度等。

⑤设备损坏或异常情况及事故前后的位置。

⑥事故发生前的劳动组合、现场人员的位置和行动。

⑦散落情况。

⑧重要物证的特征、位置及检验情况等。

(2)现场拍照或摄像。

①方位拍摄,能反映事故现场在周围环境中的位置。

②全面拍摄,能反映事故现场各部分之间的联系。

③中心拍摄,反映事故现场中心情况。

④细目拍摄,提示事故直接原因的痕迹物、致害物等。

⑤人体拍摄,反映伤亡者主要受伤和造成死亡的伤害部位。

(3)现场绘制事故图。

根据事故类别和规模以及调查工作的需要应绘出下列示意图。

①建筑物平面图、剖面图。

②事故时人员位置及活动图。

③破坏物立体图或展开图。

④涉及范围图。

⑤设备或工具、器具构造简图等。

(4)事故资料和证人材料搜集。

①受害人及肇事者姓名、年龄及文化程度等。

②受害人及肇事者的工作情况及过去的事故记录。

③证人的口述材料应经本人签字认可,并考证其真实度。

3) 分析事故原因,明确责任者

通过整理并仔细阅读调查材料,确定事故的直接原因、间接原因及事故责任者,从直接原因入手,逐步深入间接原因,从而掌握事故的全部原因,通过对直接原因和间接原因的分析,确定事故中的直接责任者和领导责任者,再根据其在事故发生过程中的作用,确定主要责任者。

(1) 事故的性质。

①责任事故,是指由于人的过失造成的事故。

②非责任事故,即由于人们不能预见或不可抗力的自然条件变化所造成的事故,或是在技术改造、发明创造、科学试验活动中,由于科学技术条件的限制而发生的无法预料的事故。但是,对于能够预见并可以采取措施加以避免的伤亡事故,或没有经过认真研究解决技术问题而造成的事故,不能包括在内。

③破坏性事故,即为达到既定目的而故意制造的事故。对已确定为破坏性事故的,由公安机关认真追查破案,依法处理。

(2) 事故分析步骤。

按照事故分析流程图(见图6.1)进行分析。

(3) 事故原因。

①直接原因。根据《企业职工伤亡事故分类》(GB 6441—1986)附录A,直接导致伤亡事故发生的机械、物质和环境的不安全状态,以及人的不安全行为,是造成事故的直接原因。

②间接原因。事故中属于技术和设计上的缺陷,教育培训不够、未经培训、缺乏或不懂安全操作技术知识,劳动组织不合

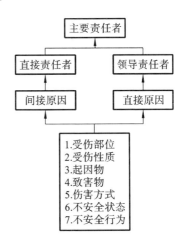

图6.1 事故分析流程图

理,对现场工作缺乏检查或指导错误,没有安全操作规程或安全操作规程不健全,没有或不认真实施事故防范措施,对事故隐患整改不力等原因,是事故的间接原因。

③主要原因。导致事故发生的主要因素,是事故的主要原因。

(4) 责任事故的责任划分。

①直接责任者。行为与事故的发生有直接因果关系的责任人。

②领导责任者。对事故发生负有领导责任的责任人。

③管理责任者。对事故发生只有管理责任的责任人。

4）提出处理意见，写出调查报告

根据对事故原因分析，对已确定的事故直接责任者和领导责任者，根据事故后果和事故责任人应负的责任提出处理意见，并贯彻落实防范措施，以防止类似事故重复发生，切实做到"四不放过"。

调查组应着重把事故的经过原因、责任分析、处理意见及事故教训等写成文字报告，经调查组全体人员签字后报批，如果内部意见有分歧，应对照政策法规及原研究，统一认识，如果个别成员仍持有不同意见，允许保留，并在签字时写明自己的意见，这种情况可上报上级有关部门处理直至报请同级人民政府裁决，但是不得超过事故处理工作的时限。

5）事故处理结案

调查组在调查工作结束后10日内，应当将调查报告报送批准组成调查组的人民政府和建设行政主管部门以及调查组其他成员部门，经组成调查组的部门同意，即结束调查工作。事故处理应当在90日内结案，特殊情况不得超过180日。事故处理结案后，应将事故资料归档保存，包括如下各项。

①职工伤亡事故登记表。

②职工死亡、重伤事故调查报告及批复。

③现场调查记录图纸照片。

④技术鉴定和试验报告。

⑤物证、人证材料。

⑥直接和间接经济损失材料。

⑦事故责任者自述材料。

⑧医疗部门对伤亡人员的诊断书。

⑨发生事故时的工艺条件、操作情况和设计资料。

⑩有关事故的通报、简报及文件。

⑪注明参加调查组的人员姓名、职务、单位。

3. 工程安全事故的预防

为了切实达到预防事故和减少事故损失，应采取以下安全技术措施。

1）改进生产工艺，实现机械化、自动化

随着科学技术的发展，企业不断改进生产工艺，加快了实现机械化、自动化的过程,促进了生产的发展,提高了安全技术水平,大大减轻了工人的劳动强度,保证了职工的安全和健康。如采取机械化的喷涂抹灰,提高工效2～4倍,不但保证了工程质量,还减轻了工人的劳动强度,保护了施工人员的安全。因此,在编制施工组织设计时,应尽量优先考虑采用机械化、自动化的生产手段,为安全生产、预防事故创造条件。

2) 设置安全装置

(1) 防护装置。防护装置是用屏保方法与手段把人体与生产活动中出现的危险部位隔离开来的设施和设备。施工活动中的危险部位主要有"四口"机具,车辆,暂设电器,高温、高压容器及原始环境中遗留下来的不安全因素等。

(2) 保险装置。保险装置是指机械设备在非正常操作和运行中能够自动控制和消除危险的设施设备。也可以说它是保障设施设备和人身安全的装置,如锅炉、压力容器的安全阀,供电设施的触电保安器,各种提升设备的断绳保险器等。

(3) 信号装置。信号装置是利用人的视、听觉反应原理制造的装置。它是应用信号指示或警告工人该做什么、该躲避什么。

信号装置可分为以下三种。

①颜色信号,如指挥起重工的红绿手旗,场内道路上的红、绿、黄灯。

②音响信号,如塔吊上的电铃指挥吹的口哨等。

③指示仪表信号,如压力表、水位表、温度计等。

(4) 危险警示标志。危险警示标志是警示工人进入施工现场应注意或必须做到的统一措施。通常它以简短的文字或明确的图形符号予以显示。如"禁止烟火! 危险! 有电!"等。各类图形通常配以红、蓝、黄、绿颜色。红色表示危险禁止,蓝色表示指令,黄色表示警告,绿色表示安全,国家发布的安全标志对保持安全生产起到了促进作用,必须按标准予以实施。

3) 预防性的机械强度试验和电气绝缘检验

(1) 预防性的机械强度试验。施工现场的机械设备,特别是自行设计组装的临时设施和各种材料、构件、部件均应进行机械强度试验,必须在满足设计和使用功能时方可投入正常使用,有些还须定期或不定期地进行试验,如施工用的钢丝绳、钢材、钢筋、机件及自行设计的吊篮架、外挂架子等,在使用前必须做承载试验,这种试验是确保施工安全的有效措施。

(2) 电气绝缘检验。电气设备的绝缘是否可靠,不仅关系到电业人员的安全问题,也关系到整个施工现场财产、人员的安全。施工现场多工种联合作业,使用电气设备的工种不断增多,更应重视电气绝缘问题。因此,要保证良好的作业环境,使机电设施、设备正常运转,不断更新老化及被损坏的电气设备和线路是必须采取的预防措施,为及时发现隐患,消除危险源,则要求在施工前、施工中、施工后均应对电气绝缘进行检验。

4) 机械设备的维修保养和有计划的检修

随着施工机械化的发展,各种先进的大、中、小型机械设备进入工地,但施工要经常变化施工地点和条件,机械设备不得不经常拆卸、安装,就机械设备本身而言,各零部件也会产生自然和人为的磨损,如果不及时地发现和处理,就会导致事故发生,轻者影响生产,重者将会机毁人亡,给企业乃至社会造成无法弥补的损失。因此,要保持设备的良好状态,提高它的使用期限和效率,有效地预防事故就必须进行经常性的维修保养。

(1) 机械设备的维修和保养。各种机械设备是根据不同的使用功能设计生产出来的,除一般的要求外,也具有特殊的要求。即要严格坚持机械设备的维护保养规则,要按照其操作过程进行保护,使用后需及时加油清洗,使其减少磨损,确保正常运转,尽量延长寿命,提高完好率和使用率。

(2) 计划检修。为了确保机械设备正常运转,对每类机械设备均应建立档案(租赁的设备由设备产权单位建档),以便及时地按每台机械设备的具体情况,进行定期的大、中、小修,在检修中要严格遵守规章制度,遵守安全技术规定,遵守先检查后使用的原则,绝不允许为了赶进度,违章指挥、违章作业,让机械设备"带病"工作。

5) 文明施工

当前开展文明安全施工活动,已纳入各级政府及主管部门对企业考核的重要指标之一。

一个施工现场如果做到整体规划有序,平面布置合理、临时设施整洁划一、原材料、构配件堆放整齐,各种防护齐全有效,各种标志醒目、施工生产管理人员遵章守纪,那么这个施工企业一定获得较大的经济效益、社会效益和环境效益。反之,将会造成不良的影响。因此,文明施工也是预防安全事故、提高企业素质的综合手段。

6) 合理使用劳动保护用品

适时地供应劳动保护用品,是在施工生产过程中预防事故、保护工人安全和健康的一种辅助手段。它虽不是主要手段,但在一定的地点、时间条件下能起到不可估量的作用。统一采购、妥善保管、正确使用防护用品也是预防事故、减轻伤害程度的不可缺少的措施之一。

7) 强化民主管理,普及安全技术知识教育

随着改革开放,大量农村富余劳动力以各种形式进入施工现场,从事他们不熟悉的工作。此类劳动力十分缺乏施工安全知识。因此,绝大多数事故发生在他们身上,据有关部门统计,一般因工伤亡事故的农民工占 80% 以上,有的企业 100% 的事故都出现在他们身上,如果能从招工审查、技术培训、施工管理、行政生活上严格加强民主管理,将事故减少 50% 以上,则许多生命将被挽救。因此这是当前以及将来预防事故的一个重要方面。

第7章 路桥工程项目环境管理

7.1 项目环境管理概述

7.1.1 项目环境管理的相关概念

1. 环境管理

所谓环境管理是指依据国家和地方的环境政策、环境法律法规和标准,按照环境与发展和谐统一的原则,坚持宏观综合决策与微观执法监督相结合,运用各种有效管理手段,调控人类的各种行为,协调经济、社会发展同环境保护之间的关系,限制人类损害环境质量的活动,以维护正常的环境秩序和环境安全,实现可持续发展的行为总体。

环境管理是针对次生环境问题的一种管理活动,解决由人类活动所造成的各类环境问题,所以环境管理的核心是对人的管理。人是各种行为的实施主体,人类的活动是产生各种环境问题的根源,环境保护工作首要是加强对人类行为的管理。环境管理涉及社会、经济、技术和资源等多个领域,内容广泛,它是政府管理和企事业单位管理的重要组成部分。

2. 项目环境管理

项目环境管理指的是环境保护机构基于国家和地方提出的相应环保制度、行业规范、技术规定等各方面的制度政策,通过环境影响评价、环境预审以及"三同时"管理体制,对所有工程项目依法管理的一项行为。项目环境管理是为了实现项目科学规划,尽可能降低能源和自然资源的消耗量,控制污染物的排放,使项目施工对自然环境所造成的负面影响降到最低,保证项目符合环境保护的各种要求。

3. 项目全过程环境管理

项目全过程环境管理指的是由项目的立项到设计、策划、实施及最终的维护环节，基于环境保护的制度与政策，在关乎自然环境、社会环境的方面，出于实现环境目标的诉求而形成的协调、规划和管理体制。

4. 环境影响评价

所谓环境影响评价，就是对计划实施中的项目在实施的过程中可能会为环境带来的影响效果进行判定与评估。具体就是环境监理部门基于法律制度的要求与项目的相关技术信息，对建设单位给予引导和帮助，使其有效落实相应的环保政策制度。

5. 竣工环保验收

竣工环保验收是指对大型的建设项目如路桥建设等项目，在竣工后交付使用前需进行环保验收，主要包括对建设项目内容的核查、各环境要素的调查和公众意见调查等。

7.1.2　项目环境管理的职能与基本手段

1. 项目环境管理的职能

环境管理的职能就是环境管理的职责与功能。这种职责与功能贯穿环境管理工作的全过程。环境管理是一种兼具科学性、艺术性和社会性的活动。其活动形式表现为通过计划、组织、协调、控制而达到既定目标的过程。因此，环境管理可分为四个基本职能：计划职能、组织职能、协调职能和监督职能。

（1）计划职能。

计划职能是环境管理的首要职能。计划职能是指对未来的环境管理目标、对策和措施进行规划和安排。也就是在开展环境管理工作或行动之前，预先拟定具体内容和步骤，它包括确定短期和长期的管理目标，以及选定实现管理目标的对策和措施。

（2）组织职能。

组织职能是指为了实现环境管理目标，对人们的环境保护活动进行合理的分工和协作，合理配备和使用各种资源，动员和协调社会各方面的力量，正确处

理人际关系以及调整社会各阶层经济利益关系。

（3）协调职能。

协调职能是指在实现管理目标的过程中,协调和处理各种横向和纵向关系及联系。从宏观上讲,环境管理就是要协调环境保护与经济建设以及社会发展之间的关系,实现国家可持续发展。从微观上讲,环境管理就是协调社会各个领域、各个部门、不同层次人们的各种需求和经济利益关系,以适应环境准则。

（4）监督职能。

监督职能是指针对环境管理活动进行监察和处理,以及对环境质量进行检查和监测。在环境管理过程中,可能会出现各种预料不到的情况,此外,各种活动要素及其相互关系也可能出现一些事先无法把握的变化,所以在执行项目计划的过程中可能会产生不同程度的偏差。这就要求通过监督和反馈加以调整,以保证环境管理最终目标的实现。

2. 项目环境管理的基本手段

环境管理的手段是指为实现环境管理目标,管理主体针对客体所采取的必需、有效的手段。

（1）法律手段。

法律手段是指政府通过立法、执法对环境保护进行规范,对社会各组成单位自身的环境行为进行监督和约束。法律手段的特点在于它的权威性、强制性。法律手段是环境管理的根本手段,是其他手段的支撑和保障。但在环境保护具体工作中,单独运用法律手段也存在一定的局限性,如法律手段对环境问题的解决需要经历一个法定的过程,可能造成环境问题的延迟解决。

（2）行政手段。

行政手段是指国家和地方政府,根据国家法规赋予的权利,以命令、指示、规定等形式直接作用于管理对象,对环境保护工作实施行政决策和管理的一种手段。行政手段通常包括制定和实施环境标准、颁布和推行环境政策等。行政手段的特点是规范性、强制性。但行政手段受行政部门和个人主观因素影响较大,有时表现出一定程度的随意性。

（3）经济手段。

经济手段是指利用经济利益的关系,使保护环境的要求体现为与经济利益密切相关的政策和措施,用经济方法促进环境保护,如利用环境税、排污许可证交易制度、环境补贴、押金制度等。但经济手段的有效实施依赖于一些条件,如市场的开放程度等。

(4) 技术手段。

技术手段是指管理者为实现环境保护目标所采取的科学技术方法,包括环境管理和环境治理的科学技术。先进的环境保护技术手段及其有效运用是保护环境、促进环境管理的保证。技术手段的有效性要依靠先进的科学技术和人才的支持。

(5) 教育手段。

教育手段是指运用各种形式开展环境保护的宣传教育,以增强大众环境意识和环境保护知识。环境教育的根本任务是提高全民族的环境意识和培养环境保护方面的专业人才。教育手段通过各种方式宣传环境保护的意义、内容和要求,激发广大民众保护环境的积极性。人们环境意识的形成和提高是一个积累的过程,这决定了环境教育具有后效性。

(6) 参与手段。

参与手段,也称为社会手段。环境是全社会人所共有的,广大民众和非政府组织等参与环境管理不仅可以增强公众对于环境保护的意识,而且促进环境管理决策的科学化、民主化。

(7) 投资手段。

环保投资是指为了治理环境污染、维持生态平衡而投入资金,用以转化为实物资产或取得环境效益。环保投资的目的是防治污染、保护和改善生态环境,获得环境、经济、社会的综合效益,着重强调的是环境效益和社会效益。

7.1.3　项目环境管理的技术方法

环境管理技术方法是环境管理的基础,是环境保护工作的重要组成部分,是环境管理在环境保护实践中的具体应用。

1. 环境管理基本程序

环境管理的一般程序可分为五个阶段,见图7.1。

(1) 明确问题。

通过分析对象,以及对对象所处环境的调查研究,分析可能产生的环境问题与所要分析的环境问题。

(2) 制定宏观环境管理的规划和计划。

根据环境保护的总体要求,制定环境保护的长远规划和中短期计划。

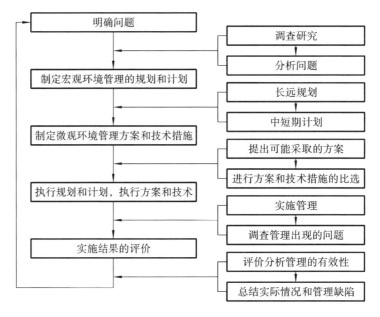

图 7.1　环境管理的基本程序

（3）制定微观环境管理方案和技术措施。

提出可能采取的环境管理方案，并比选方案和技术措施。

（4）执行规划和计划，执行方案和技术。

按照确定的环境管理规划和计划、方案和技术开展环境保护工作，研究和解决在环境管理过程中出现的问题。

（5）实施结果的评价。

评价分析环境管理的有效性，总结实际情况和环境管理的缺陷。

2. 环境管理基础方法

（1）管理预测方法。

环境管理的预测方法是根据所掌握的有关环境方面的信息和资料来推断环境质量变化以及发展趋势的一种方法。预测方法可分为定性预测、定量预测两大类。环境管理与测试运用基本预测方法进行污染源调查、环境污染预测、生态环境预测，以及由环境资源破坏和环境污染所造成的经济损失的预测等。通过环境预测，调整或指导管理者的管理，避免环境管理上的失误，能有效地把"预防为主"的环保方针落到实处。环境预测是环境决策的重要依据，是环境规划的重要前提。

(2) 管理决策方法。

环境管理决策就是通过对环境预测结果的综合分析,在众多的环境管理方案中选择最佳方案,并采取措施实施。决策的基本分析方法有多种,根据环境管理的具体任务选择合适的决策方法很重要。目前,常用的宏观环境管理决策方法有投入产出法和规划论等。在微观环境管理的决策分析中,环境经济评级、工程经济分析和管理决策分析是常用的决策分析方法。环境管理决策是环境管理的核心,科学的环境管理决策是提高社会、经济和环境三种效益的根本保证。

(3) 管理评价方法。

环境管理的评价方法是对人们的活动可能产生的环境影响进行的定量和定性的分析或评估。环境管理评价方法是预测方法、决策方法和其他相关方法的综合运用。通过环境管理的评价,可以对环境管理的实际工作的顺利开展打下基础,从而实现环境管理的目标。

3. 环境管理技术方法

环境管理技术方法是指管理者为实现环境保护目标所采取的环境工程、环境监测、环境预测、环境评价、环境决策分析等技术,是实现环境管理目标的手段。环境管理技术方法分为宏观管理技术方法和微观管理技术方法。

(1) 宏观管理技术方法(见图 7.2)。

宏观管理技术方法属于决策技术的范畴,是一类偏"软"的管理技术。它是指管理者为开展宏观管理所采用定量和定性的分析技术来实现宏观管理的目标,同时引导和规范应用各种微观管理技术方法,以达到环境保护的要求。环境宏观管理的技术方法包括环境预测技术、环境评价技术和环境决策技术。

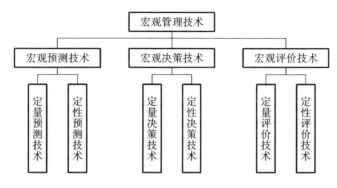

图 7.2 宏观管理技术方法

(2)微观管理技术方法(见图7.3)。

环境微观管理技术方法归属于应用技术的范畴,是一类偏"硬"的管理技术。它是指管理者运用各种具体的环境保护技术来规范各类行为的主体的活动,以达到强化内部的环境管理,实现污染防治和生态保护的目标。

按照环境保护技术的作用,微观管理技术方法分为预测技术、治理技术和监督技术三类。预测技术包括污染预测技术和生态预测技术,治理技术包括污染治理技术和生态治理技术,监督技术包括常规监测技术和自动监测技术。

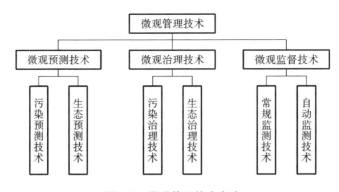

图 7.3　微观管理技术方法

7.2　路桥工程项目环境管理流程

路桥工程项目的环境管理程序见图7.4。

7.2.1　项目建议书阶段的环境管理流程

1. 流程分析

该阶段环境管理的内容和流程如下。

(1)建设单位结合路桥项目选址,对路桥项目建成运营后可能造成的环境影响进行简要说明(或环境影响初步分析)。

(2)环保部门参与现场踏勘,进一步调查和分析环境影响因素。

(3)省级环境保护部门签署意见,纳入项目建议书作为立项依据。

项目建议书阶段的管理流程见图7.5。

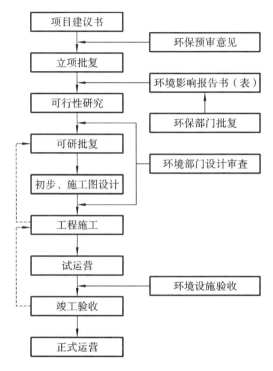

图 7.4 路桥工程项目环境管理程序

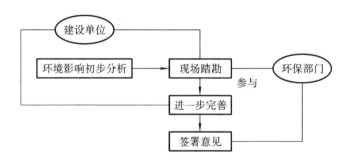

图 7.5 项目建议书阶段的管理流程

注：流程图中的长方形表示流程单元，椭圆形表示参与流程的执行单位，实线单向箭头方向表示流程的方向，无箭头实线表示参与单位对流程的执行。

2. 流程优化

项目建议书阶段作为路桥项目立项前的重要准备阶段，环境影响因素的分析对后续的环境影响评价有重要的影响。但由于项目尚未正式立项，建设单位对该阶段的环境分析流于形式，主要是套用以往项目的经验，缺乏有针对性的研究,建议从以下方面进行流程优化。

(1) 建设单位出于立项和知识结构的原因,对环境影响的初步分析不够全面、确切。应当由建设单位委托专业的路桥建设环境影响评价单位来进行环境影响初步分析。现场踏勘的人员应当由建设单位、环评单位和环保部门三方面的人员组成,环保部门人员负责对踏勘工作的监督,环评单位在听取各方意见后进一步完善分析结论。

(2) 为了保证环评部门客观、准确地进行环境影响分析,建设单位将所需经费上交各环保部门,由环保部门来支付环评单位的劳务费用。

(3) 环保部门对完成的环境影响分析报告进行审查,认为有不确切或不够详细的地方,有权要求重做。

项目建议书阶段管理流程优化见图 7.6。

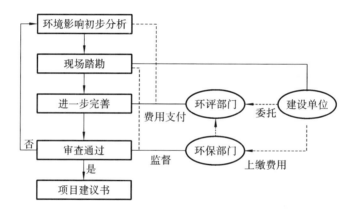

图 7.6 项目建议书阶段管理流程优化

注:虚线箭头表示流程参与单位之间的关系,如费用支付关系和委托等,实线箭头表示流程方向,无箭头实线表示参与单位对流程的执行,有相交的无箭头实线用无箭头虚线表示,本节中,以下流程图均如此表示。

7.2.2 可行性研究阶段的环境管理流程

1. 流程分析

该阶段的环境管理流程如下。

(1) 生态环境部及行业主管部门根据相关部门立项批复,督促建设单位执行环境影响报告书(表)审查制度。

(2) 建设单位征求生态环境部意见,确定作报告书或报告表。委托具备甲级环境评价证书的单位,编制环境影响报告表或评价大纲(环评实施方案)。

(3)建设单位向生态环境部申报环境影响评价大纲(环评实施方案),抄送行业主管部门。同时附立项文件及环评经费概算,生态环境部根据情况确定审查方式(组织专家评审会、专家现场考察及征求有关部门意见),提出审查意见。

(4)根据生态环境部对大纲审查的意见和要求(主要包括评价范围、选用的标准、确定的保护目标、环境要素的取舍和评价经费等)及确定的大纲内容,评价单位与建设单位签订合同,开展评价工作,编制环境影响报告。

(5)项目如有重大变动,建设单位及环境评价单位应及时向环保部门报告。

(6)建设单位将编制完成的"环境影响报告书(表)",按审批权限上报主管部门的环保机构,抄报国家环保局和项目所在地省、市环保部门。

(7)公路主管部门组织环评报告书(表)预审,将预审意见和修改确定的两套环评报告书报生态环境部审批。省级环保部门应同时向生态环境部报送审查意见。生态环境部在接到预审意见之日起一个月内批复或签署意见,逾期不批复或未签署意见,可视其上报方案已被确认。

(8)生态环境部可委托省级环保部门审查大纲或审批"环境影响报告书(表)"。

(9)生态环境部参加对环境有重大影响的项目可行性研究报告评估。

可行性研究阶段环境管理流程见图 7.7。

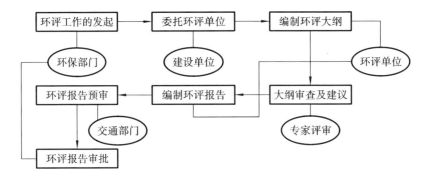

图 7.7　可行性研究阶段环境管理流程图

注:流程图中各种线条的意思,请参照图 7.6 的注释。

2. 流程优化

可行性研究阶段是我国路桥项目环境保护管理工作重点参与的阶段,我国实行环境保护评价制度已经有 20 余年的时间,目前高速公路和一级公路项目的环评执行率达到了100%。但在开展环评工作的过程中,依然存在环评报告模式化、针对性不强等问题。从流程管理的角度,建议从以下两个方面优化该阶段的环境管理流程。

(1) 执行环境影响评价的单位一般由建设单位委托,但建设单位有时为了加快项目进度,尽快进入设计、施工环节,往往对环评工作简化处理。而环评单位也顺势套用以往经验,造成环评报告质量不高,路桥项目环境影响评价不能发挥应有的作用。建议由建设单位根据环评概算,将环评资金上交环保部门,由环保部门在审批通过环评报告后,支付给环评单位,这样将有利于督促环评单位深入开展环境影响评价工作。

(2) 环评报告的评审首先由交通主管部门进行预审,预审通过后交由环保部门审批。路桥项目一般是由交通主管部门发起的,交通主管部门对环评报告的预审把关不严。建议取消预审流程,而由环保部门、交通主管部门及专家咨询人员组成评审小组,召开评审会议,环保部门根据会议结果予以审批。专家咨询人员由环保部门根据路桥环境专家数据库随机抽取,建设单位将专家咨询费用上交环保部门后,由环保部门来支付。

可行性研究阶段环境管理流程优化见图7.8。

7.2.3 设计阶段的环境管理流程

1. 流程分析

一般路桥项目按两个阶段进行设计,即初步设计和施工图设计。对于技术上复杂而又缺乏设计经验的项目,经行业主管部门确定,可以增加技术设计阶段。

(1) 初步设计必须按照规定编制环境保护篇章,具体落实环境影响报告书(表)及其审批意见所确定的各项环境保护措施和投资概算。

(2) 建设单位在设计会审前向政府环保部门报送设计文件。

(3) 特大型(重点)建设项目按审查权限由生态环境部或由生态环境部委托省级政府环保部门参加设计审查,一般建设项目由省级政府环保部门参加设计审查,必要时环保部门可单独审查环保篇章。

(4) 根据初步设计审查的审批意见,建设单位会同设计单位在施工图中落实有关环保工程的设计及其环保投资。

(5) 环保部门组织监督检查。

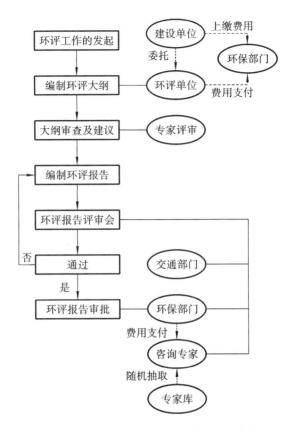

图 7.8 可行性研究阶段环境管理流程优化

注:流程图中各种线条的意思,请参照图 7.6 的注释。

(6) 建设单位报批开工报告,批准后建设项目列入年度计划,其中应包括相应环保投资。

设计阶段环境管理流程图见图 7.9。

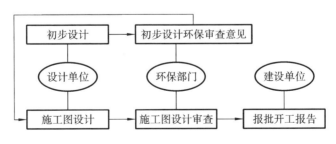

图 7.9 设计阶段环境管理流程图

注:流程图中各种线条的意思,请参照图 7.6 的注释。

2. 流程优化

路桥项目的设计阶段主要是根据环境影响评价阶段所确定的环境影响因素、影响范围等内容，做出相应的环保设施设计。目前，这一阶段的环保工作还没有深入地开展，路桥项目环保设计的好坏，完全取决于设计人员的个人环保意识。设计单位对设计图纸的审查也主要集中在技术和经济环节。对设计所包含的生态环境影响因素不够重视。这一阶段的环境管理流程可以从以下三个方面进行优化。

（1）路桥项目的环保设计应当以路桥项目环境影响评价报告为基础。而环评单位并不参与路桥项目的设计阶段。为了做出更有针对性的环保设计，不使可行性研究阶段的环保工作和设计阶段脱节，应当加强设计单位和环评单位的交流。在设计单位做初步设计前，可以由建设单位发起召开环保设计准备会，环评人员与设计人员充分交流项目前期环境影响评价的经验，并由设计人员将这些经验带入设计流程。

（2）设计单位经常忽视路桥设计对生态环境影响的审查。如今，设计市场的竞争很激烈，交通主管部门可以通过提高对路桥环保设计要求的方式，督促设计单位建立内部环保设计审查机制。

（3）路桥设计的环保部分的审查由环保部门来进行，而环保部门的人员缺乏相应的路桥工程技术知识，使审查工作不能有效地开展。建议环保部门由专家库随机抽取专家组成专家小组来执行设计文件的审查。专家组的咨询费用由建设单位上缴环保部门后由环保部门支付。

设计阶段环境管理流程优化见图 7.10。

7.2.4　施工及竣工验收阶段的环境管理流程

1. 流程分析

施工及竣工验收阶段的环境管理流程如下。

（1）建设单位会同施工单位做好环保工程设施的施工建设、资金使用情况等资料、文件的整理建档工作备查，以季报的形式将环保工程进度情况上报政府环保部门。

（2）环保部门检查环保报批手续是否完备，环保工程是否纳入施工计划及建设进度和资金落实情况，并提出意见。

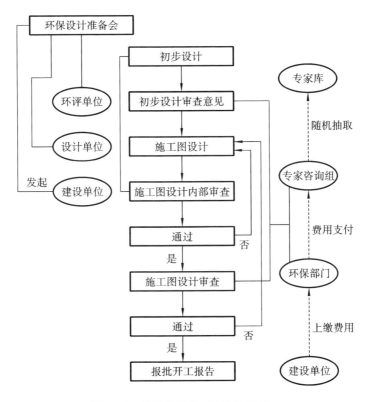

图 7.10 设计阶段环境管理流程优化

注:流程图中各种线条的意思,请参照图 7.6 的注释。

(3)建设单位与施工单位负责落实环保部门对施工阶段的环保要求以及施工过程中的环保措施,主要是保护施工现场周围的环境,防止对自然环境造成不应有的破坏,防止和减轻粉尘、噪声、振动等对周围生活居住区的污染和危害,项目竣工后,施工单位应当修整和恢复在建设过程中受到破坏的环境。

(4)建设单位向行业主管部门和政府环保部门提交试运营申请报告。

(5)经批准后,环保工程与主体工程同时投入试运营,做好试运行记录,应由当地环保监测机构进行监测。

(6)建设单位向行业主管部门和政府环保部提交环保工程验收申请报告,附试运转监测报告。

(7)省级政府环保部门组织环保工程的预验收。

(8)建设单位根据环保部门在预验收中提出的要求认真组织实施,预验收合格后,方可进行正式竣工验收,环境保护设施竣工验收,应当与主体工程竣工验收同时进行。建设单位应当自建设项目投入试运营之日起3个月内,向审批该建设项目环境影响报告书、环境影响报告表或者环境影响登记表的环境保护行政主管部门,申请该建设项目需要配套建设的环境保护设施竣工验收。

(9)特大型(重点)建设项目由生态环境部参加或委托省级政府环保部门参加正式竣工验收并办理建设项目环保工程验收合格证。验收合格后才能投入正式使用。

施工及竣工验收阶段环境管理流程图见图7.11。

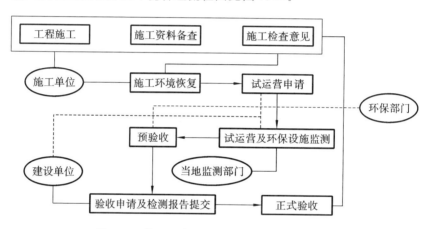

图7.11 施工及竣工验收阶段环境管理流程图

注:大方框里的流程单元表示是同时进行的,下图也如此表示。

2. 流程优化

路桥项目的工程施工阶段具有两个环境管理目标:首先,需要完成项目环境影响评价及设计阶段的环保设施的施工任务;其次,路桥施工行为本身也会对施工区域的生态环境产生不利影响,如环境污染等问题,需要对路桥施工单位的施工作业进行全程监督检查。竣工验收阶段的环保设施验收是我国"三同时"制度重点实施的阶段。需要严格把关,环保设施验收不合格的应坚决要求施工单位返工。针对以上的问题,该阶段的环境管理流程可以从以下三个方面进行优化。

(1)推广环境监理制度,现在虽然已经有一些项目开始在路桥施工中引入环境监理制度,但是对于环境监理的应用模式,如与普通工程监理的地位、职权划分等还没有统一的方法。笔者建议,普通监理单位一般是由建设单位委托,而环境监理应该由审批该项目的环保部门直接委托,代替环保部门执行施工期间的环境监理。其监理费用由建设单位上缴环保部门,再由环保部门来支付。环境监理专门针对环境设施施工及施工单位的施工行为进行监督,出现环保问题,环境监理直接向环保部门汇报。

(2)由于环境监理直接向环保部门负责,因此,环保部门只需从宏观管理的角度,偶尔到施工现场进行抽查。环境监理单位需要定时向环保部门汇报环保设施施工进度、资金使用等情况,并负责监督施工单位在施工结束后对已破坏环境的修整和恢复。

(3)环保设施的竣工验收首先是由环保部门进行预验收,环保部门针对试运营阶段的问题提出意见,在施工单位完善后,再进行正式验收。由于环保部门属于行政管理部门,出于专业上的考虑,预验收应当由环保部门委托的专家组参与,专家的咨询费用由建设单位上缴环保部门后,由环保部门支付。预验收过程中,由专家根据试运营的期间环保设施运行情况提出完善意见,施工单位完善后,申请正式验收,正式验收不合格必须返工。

施工及竣工验收阶段环境管理流程优化见图7.12。

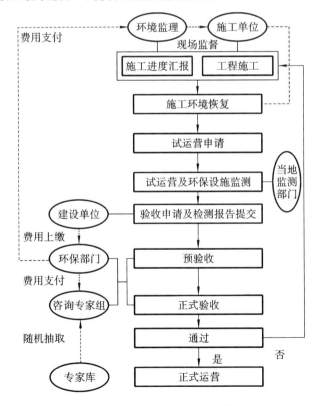

图 7.12 施工及竣工验收阶段环境管理流程优化

注:流程图中的各种线条的意思,请参照图 7.6、图 7.11 的注释。

7.3 实施项目环境管理的策略

7.3.1 建立项目环境管理和控制监理制度

1. 监理的必要性

长期以来,我国对建设项目的环境管理,实施建设项目环境影响评价和"三同时"制度,对控制新污染的产生起了积极的作用。然而当前由于各级环保行政管理部门监管力量有限,对环境工程的监理大多采取抽查的形式。随着市场经济的逐步实现,投资多元化带来了新的环境挑战,许多投资者基于资金、效益和管理等方面的因素,在项目的建设期间对环境管理方面未能引起足够重视,给环境造成了极大的污染;有些项目没有按照环境影响报告书及环境保护行政管理部门批复的要求进行设计和施工,在施工过程中没有任何环境保护的措施,只重视项目进度和成本的控制,对项目的质量控制和安全控制也比较重视,但是对环境的管理和控制比较忽视,因此有必要强制性推行实施环境保护监理制度,通过借助第三方性质的社会中介机构力量对建设项目建设过程的环境保护措施的落实情况实施全过程监理。

2. 监理的范围和对象

建设项目环境保护监理管理体制,是一个在环境保护行政主管部门的监督管理之下,由项目业主、承建商、环境监理单位直接参加的三方管理体制,采取行政执法和社会中介服务相结合的形式。在项目建设阶段,开展环境保护监理,建设单位委托有环境保护监理资质的监理单位,承担建设项目施工到环保"三同时"措施落实过程直至投产的全过程环境保护监理。环境保护监理单位定期就建设过程的环保情况进行检查总结,及时将有关情况报告环保主管部门和建设单位。

(1)拟开展的环境保护监理建设项目行业范围。

根据目前建设项目环境保护现状、项目的污染程度和环境敏感性、国家行业主管部门对环保监理工作的要求,初步确定对冶金、建材、电力(含热电)、水利、围垦、港口码头、道路、表面处理、印染、化工行业的建设项目开展环境监理工作,从重污染行业和大工程开始,先小范围搞试点,积累经验,不断营造环保监理市场氛围,强化企业的环保监理意识,待条件成熟后再逐渐推广到各个行业。

(2) 环境保护监理的区域。

环境保护监理的区域包括施工工程区域和工程影响区域。一般指各合同段承包商及其分包商的施工现场、工作场地、生活营地、施工道路、业主办公区和业主营地、附属设施等,以及上述范围内生产施工可能会对周边造成环境污染和生态破坏的区域,以及为生产营运期配套的污染治理设施安装场所、建设场地等其他环保专项设施区域。

(3) 环境保护监理内容。

环境保护监理内容包括以下几个方面。

① 生产废水和生活污水的处理措施。

② 固体废弃物处理措施。

③ 大气污染防治措施。

④ 噪声控制措施。

⑤ 水土保持措施。

⑥ 生态保护和恢复措施。

⑦ 为生产营运期配套的污染治理设施"三同时"落实情况监督。

3. 环境保护监理方式

环境保护监理人员应对施工活动的环境保护工作和为项目生产营运期配套的污染治理设施、措施"三同时"工作情况进行动态管理。工作方式以巡视和现场检查为主,并配备必要的监测仪器。

在检查中发现问题,及时以书面形式通知承包商限期处理并报告环保部门。对要求限期处理的环境问题,应按期进行复查,并将复查结果形成文字通知承包商和环保部门。

4. 拟开展的环境保护监理工作要求

建设项目环境保护监理工作应当依照法律、行政法规及有关的技术标准、设计文件和工程承包合同,对承包单位在施工期的环保措施、为生产营运配套的污染治理设施施工质量、建设工期和建设资金使用等方面,代表建设单位实施监督。

(1) 监督检查承包商的环境管理体系建立情况,并对体系运行的有效性进行评估。

(2) 在开工时,监督审核承包商编制的"项目建设环境管理计划"。监理人员认为工程施工不符合工程设计要求、施工技术标准和合同约定的,有权要求施工企业改正。

(3) 根据有关要求,对施工期环境保护措施,以及落实为项目生产营运配套的污染治理设施的"三同时"工作执行情况进行技术监督。发现污染治理设施工程设计不符合工程质量标准或者合同约定的质量要求的,应当报告建设单位要求设计单位改正。

(4) 环境保护监理工程师定期与环境监测机构沟通,及时掌握监测结果,并依此向承包商发布指令。

(5) 评价工程施工阶段的环境保护是否已经达到环保设计要求及预期目标。

(6) 定期向业主及各级环保行政主管部门提交工程阶段环境监理报告,便于各级环保行政主管部门及时监督管理和业主及时落实整改措施。

5. 工程环境保护监理流程

(1) 对于需要进行环境保护监理的建设项目,由环保主管部门在环评批复中明确提出要求,并通知建设单位必须在工程开工之前,委托具有环境保护监理资质的监理单位,进行环境保护监理。

(2) 建设单位与监理单位签订相关合同。

(3) 监理单位制订计划,征得建设单位同意后,由建设单位报送环保主管部门(建管处、监察支队)备案。

(4) 由监理单位对全过程进行监理,定期提交阶段环境保护监理报告,对重大问题及时报告。

(5) 环保主管部门根据报告,对违规建设项目进行处罚。

(6) 环保主管部门对环境保护监理单位是否客观、公正地执行监理任务进行监督检查,检查监理单位是否有转让工程监理业务现象,是否与被监理工程的承包单位以及材料、构配件和设备供应单位有隶属关系或者其他利害关系。

(7) 建设项目施工完工,试生产结束后,由监理单位编写总结报告,该总结报告通过审查是项目通过环保竣工验收的必备条件。

6. 环境保护监理机构应建立的制度

（1）设计审核制度。监理工程师负责审查项目设计稿中的"环境保护篇章"、承包商报送的施工组织设计中的环境保护内容及施工营地的设置方案，提出审核意见。对工程施工中的环保设计变更，监理人员应根据变更方案进行环境影响复核，当环境保护措施不能满足有关要求和规定时，由监理人员提出要求，提交工程总监理工程师，必要时，建议业主组织专业论证，确保变更方案满足环境保护要求。由于设计方案变更造成环境保护措施调整，需要增加环境保护投资时，应提请业主确定费用的解决途径。

（2）工作记录制度。监理工程师每天根据工作情况，进行工作记录（监理日记），重点描述现场环境保护工作的巡视检查情况、当时发现的主要环境问题、问题发生的责任单位、产生问题的主要原因、监理工程师对问题的处理意见。

（3）报告制度。工程建设期环境保护工程监理报告是工程建设中环境保护工作的一项重要内容。工程环境监理报告包括月报、季度报告、半年进度评估报告以及承包商的环境月报。工程环境监理报告应向业主报送。

（4）函件来往制度。监理工程师在现场检查过程中发现的环境问题，应通过下发监理通知单形式，通知承包商需要采取的纠正或处理措施；对承包商某些方面的规定或要求，必须通过书面形式通知。情况紧急需口头通知时，随后必须以书面函件形式予以确认。同样，承包商对环境问题处理结果的答复以及其他方面的问题，也应致函监理工程师。

（5）例会制度。建立环境例会制度，定期召开环保会议。在例会期间，承包商对近一段时间的环境保护工作进行回顾性总结，监理工程师对该月单位工程的环境保护工作进行全面评议，肯定工作中的成绩，提出存在的问题及整改要求。每次会议都应形成会议纪要。

7.3.2 建立环境管理体系，实施环境监控

随着经济的高速增长，环境问题已迫切地摆在人们面前，它严重地威胁着人类社会的健康生存和可持续发展，并日益受到全社会的普遍关注。在项目的施工过程中，项目组织也要重视自己的环境表现和环境形象，并以一套系统化的方法规范其环境管理活动，满足法律的要求和自身的环境方针，以求得生存和发展。

环境管理体系是整个管理体系的一个组成部分，包括制定、实施、实现、评审

和保持环境方针所需的组织结构、计划活动、职责、惯例、程序、过程和资源。

环境管理体系是一个系统,因此需要不断地监测和定期评审,以适应变化着的内外部因素,有效地引导项目组织的环境活动。项目组织内的每一个成员都应承担环境改进的职责。

实施环境监控时,应确定环境因素,并对环境做出评价:

(1) 项目的活动、产品和服务中包含哪些环境因素?

(2) 项目的活动、产品和服务是否产生重大的、有害的环境影响?

(3) 项目组织是否具备评价新项目环境影响的程序?

(4) 项目所处的地点有无特殊的环境要求?

(5) 对项目的活动、产品和服务的任何更改或补充,将如何作用于环境因素和与之相关的环境影响?

(6) 如果一个过程失效,将产生多大的环境影响?

(7) 可能造成环境影响的事件出现的频率是多大?

(8) 从影响、可能性、严重性和频率方面考虑,有哪些是重要环境因素?

(9) 这些重大环境影响是当地的、区域性的,还是全球性的?

在环境管理体系运行中,应根据项目的环境目标和指标,建立对实际环境表现进行测量和监测的系统,其中包括对遵循环境法律和法规的情况进行评价。还应对测量的结果做出分析,以确定哪些部分是成功的,哪些部分是需要采取纠正措施和予以改进的活动。管理者应确保这些纠正和预防措施的贯彻,并采取系统的后续措施来确保其有效性。

7.3.3 倡导绿色施工、文明施工理念

绿色施工是指工程建设中,在保证质量、安全等基本要求的前提下,通过科学管理和技术进步,最大限度地节约资源与减少对环境负面影响的施工活动,实现"四节一环保"(节能、节地、节水、节材和环境保护)。承包商是实现绿色施工的主体,绿色施工是承包商努力的方向。

绿色施工建立在可持续发展的理念上,其基本内容之一是减少施工对环境的负面影响,当然,绿色施工除封闭施工、降低噪声扰民、防止扬尘、减少环境污染、清洁运输、文明施工外,还应该减少场地干扰,尊重基地环境,结合气候施工,节约水、电、材料等资源和能源,采用环保健康的施工工艺,减少填埋废弃物的数量,以及实施科学管理、保证施工质量等,遵循可持续发展的原则。也有人对绿色施工提出了更高的要求,认为绿色施工具有"四化"的特征,即系统化、社会化、

信息化、一体化,这实质上是将施工技术提升到了一个新的高度。

需要强调的是,施工单位是实现绿色施工的主体。承包商在实施绿色施工中,不但肩负着社会的可持续发展和环境保护的责任,还肩负着带动企业自身发展的责任。实施绿色施工,有助于提高企业的管理水平;有助于企业技术创新,提高企业竞争力;有助于企业节能降耗,降低成本;有助于提升企业的社会形象,为企业的长期良性发展提供保障;也有助于企业与国际市场的顺利接轨。因此,绿色施工应该是承包商努力的方向。

其实,绿色施工的一些内容,一些承包商在工程施工实践中一直在做,所以绿色施工并不是一个全新的理念。特别是一些通过ISO14001环境管理标准认证或正在着手建立ISO14001环境管理标准的施工企业,在工程施工中有计划性地采取了一系列有效措施,以达到保护环境、节约资源、文明施工目的。

但是目前,大部分绿色施工评估体系只是在评估措施本身,而不是评估采取措施后的结果,而结果才是绿色施工最重要的方面。造成这种情况的原因是人们没有各种环境因素的定量指标,也没有保证绿色施工在材料、设备、施工工艺方面的定量指标,从而也无从建立评定结果的评价系统。要更有效地推进绿色施工的实施,能够定量评价绿色施工的效果,必须要进行绿色施工的研究。

施工造成的环境因素有噪声、扬尘、光污染、水污染等,已有各类文章对此提出了很多的控制措施,但少见对这些环境因素的深入研究,从而缺少相应的定量指标。有的文献对施工噪声做了比较详细的调查,包括对常用设备的使用调查、不同施工阶段的场界噪声调查、施工噪声的衰减测量、施工现场场界噪声24小时变化调查等,积累了一些有用的数据,也让施工企业得到了一些启发。特别是场界噪声24小时的变化情况,应该引起施工企业的关注与思考。

需要说明的是,扬尘包括厂区道路尘、市区道路尘、土壤尘和建筑材料灰尘,与路桥施工也有密切的关系。因此,路桥施工扬尘对大气的污染是明显的。路桥施工扬尘的粒径一般要比汽车尘等工业尘大,对人体健康有影响的大气中可吸入颗粒物粒径达到 $10\mu m$,可以预计可吸入颗粒物中路桥施工扬尘的贡献率比较大。

绿色施工对扬尘的控制,应该建立在整个大气环境背景的基础上。作为研究,应该针对不同的施工阶段,在场地周边及一定距离范围内采集大气样本,进行施工扬尘对大气环境影响的研究。在积累大量数据的基础上,才可以建立施工扬尘控制标准。

对其他的环境影响因素也应该在现场调查的基础上,进行有针对性的研究。

把基础数据的研究做扎实了,建立的指标控制标准才能成为有本之木。

要实现绿色施工,固体废物的减量化是关键因素之一。施工企业的目的是要实现固体废物减量化、固体废物的重复利用。首先应该对施工现场产出的固体废物情况进行调查,包括种类、数量、产生原因、可再利用程度等,为减量化和再利用提供基础资料。固体废物的调查仅仅是基础,除减量化外,关键是要研究固体废物的下游出口问题。如果出口不畅,则固体废物面临的只能是堆放或填埋。只有解决了固体废物的下游出口问题,才能减少固体废物的填埋或堆放,为绿色施工创造条件。

绿色施工还应该减少对周边环境的扰动,尊重基地环境,采用与基地相适应的基础形式。比如减少土方开挖量、减少地下水的抽取、地下支护锚索回收、避免对周边构筑物的扰动或影响等方面的研究。

绿色施工有赖于施工管理、施工工艺技术和施工机械的支持。施工管理中引进信息化技术,将大大提高工作效率。施工中工作量是动态变化的,施工资源的投入也将随之变化。绿色施工就要适应这样的变化,采用信息化技术,依靠动态参数,实施定量、动态的施工管理,以最少的资源投入完成工程,达到高效、低耗、环保的目的。

施工工艺技术的改进,也有助于绿色施工的实现。比如逆作法可以降低施工扬尘对大气环境的影响,降低基础施工阶段噪声对周边的干扰;清水饰面混凝土施工技术,表面不作抹灰、喷涂、干挂等装饰,节省资源,减少垃圾产出量;新材料如免振捣混凝土的应用,可以降低工人的劳动强度,避免噪声的产生。施工工艺技术的改进,是绿色施工不断取得进步的源泉,也是绿色施工的根本。

施工机械的改进,不但提高施工效率,而且能直接为绿色施工作出贡献。如低能耗、低噪声、环境友好型机械的开发,有利于绿色施工的开展。目前国外公司开发了一种一体化作业工程机械,可以连续地按顺序完成工程的多个或全部工序,从而减少进场的工程机械种类和数量,消除工序衔接的停闲时间,减少施工人员,从而提高工效、降低物料消耗、减少环境污染,为绿色施工提供保障。

绿色施工是可持续发展的需要,是一个系统工程,涉及各种专业和各个方面。它需要承包商、业主、政府和社会各界的参与。只有这样,才能使绿色施工不仅仅是停留在口号和概念上。

7.4 施工现场主要环境污染防治措施

7.4.1 施工现场噪声及其防治

1. 噪声源及其危害

施工现场施工过程中及构件加工过程中,存在着多种无规律的音调和使人听之生厌的噪声。施工现场路桥噪声源较多而繁乱,归纳为以下四种。

(1) 机械性噪声。

机械性噪声即由机械的撞击、摩擦、敲打、转动等而产生的噪声。如风钻、风铲、混凝土搅拌机、混凝土振动器、离心制管机、金属加工的车床及钢模板校平等产生的噪声。

(2) 空气动力性噪声。

如通风机、鼓风机、空气压缩机、铆枪、空气锤打桩机、电锤打桩机等发出的噪声。

(3) 电磁性噪声。

如发电机、变压器等发出的噪声。

(4) 爆炸性噪声。

如放炮作业过程中发出的噪声。

噪声危害是非常广泛的环境污染问题,噪声环境会干扰人的睡眠与工作,影响人的心理状态与情绪,造成人的听力损失,甚至引起许多疾病。此外,噪声也干扰人们的对话。

2. 防止噪声污染的措施

防止噪声污染的措施主要从声源、传播途径、接受者等方面进行控制或防护,具体如下。

(1) 声源控制。

从声源上降低噪声,这是防止噪声污染的最根本的措施。尽量采用低噪声设备和工艺代替高噪声设备与加工工艺,如低噪声振捣器、风机、电动空压机、电锯等。在声源处安装消声器消声,即在通风机、鼓风机、压缩机、燃气机、内燃机及各类排气装置等的进出风管的适当位置设置消声器。

(2) 传播途径的控制。

在传播途径上控制噪声的方法主要包括:吸声,利用吸声材料或由吸声结构形成的共振结构(金属或木质薄板钻孔制成的空腔体)吸收声能,降低噪声;隔声,应用隔声结构阻碍噪声向空间传播,将接收者与噪声声源分隔,隔声结构包括隔声室、隔声罩、隔声屏障、隔声墙等;消声,利用消声器阻止声音传播,允许气流通过的消声器是防治空气动力性噪声的主要装置;减振降噪,对振动引起的噪声,通过降低机械振动减小噪声,如用阻尼材料涂在振动源上,或改变振动源与其他刚性结构的连接方式等。

施工现场涉及产生强噪声的成品、半成品加工、制作作业等,应尽量放在工厂、车间完成,减少施工现场加工制作产生的噪声。尽量选用低噪声或备有消声降噪设备的施工机械。施工现场的强噪声机械,如搅拌机、电锯、电刨、砂轮机等,要设置封闭的降噪棚,以减少强噪声的扩散。

(3) 接收者的防护。

让处于噪声环境下的人员使用耳塞、耳罩等防护用品,减少人员在噪声环境中的暴露时间,以减轻噪声对人体的危害。

人为噪声的控制措施。施工现场要文明施工,建立健全控制人为噪声的管理制度。尽量减少人为的大声喧哗,增强全体施工人员防噪声扰民的自觉意识。

(4) 强噪声作业时间的控制。

若要进行城市道路建设,凡在居民稠密区进行强噪声作业的,要严格控制作业时间,晚间作业不超过 22 时,早晨作业不早于 6 时,特殊情况需连续作业(或夜间作业)的,应尽量采取降噪措施,事先做好周围群众的工作,并报工地所在地的政府有关管理部门同意后方可夜间施工。

加强施工现场的噪声监测。加强施工现场环境噪声的长期监测,采取专人监测、专人管理的原则,根据测量结果填写路桥施工场地噪声测量记录表,凡超过《建筑施工场界环境噪声排放标准》(GB 12523—2011)的,要及时对施工现场噪声超标的有关因素进行调整,达到施工噪声不扰民的目的。

7.4.2　施工现场废水及防治

废水处理的目的是把废水中所含的有害物质清理分离出来。废水处理方法包括:物理法,利用筛滤、沉淀、气浮等;化学法,利用化学反应来分离、分解污染物,或使其转化为无害物质;物理化学方法,如吸附法、反渗透法、电渗析法;生物法,利用微生物新陈代谢功能,将废水中呈溶解和胶体状态的有机污染物降解,并转化为无害物质,使水得到净化。

施工现场废水控制主要是采取如下措施。

(1) 搅拌机的废水排放控制。

凡在施工场地进行搅拌作业的,必须在搅拌机前台及运输车清洗处设置沉淀池。排放的废水要排入沉淀池内,经二次沉淀后,方可排入市政污水管线或回收用于洒水降尘。未经处理的泥浆水,严禁直接排入城市排水设施和河流。

(2) 现制水磨石作业污水的排放控制。

施工现场现制水磨石作业产生的污水,禁止随地排放。作业时严格控制污水流向,在合理位置设置沉淀池,经沉淀后方可排入市政污水管线。

(3) 食堂污水的排放控制。

施工现场临时食堂要设置简易有效的隔油池,产生的污水经下水管道排放要经过隔油池。平时加强管理,定期掏油,防止污染。

(4) 油漆油料库、化学用品、外加剂等的防渗漏控制。

施工现场要设置专用的油漆油料库及化学用品储存库等,严禁库内放置其他物资,库房地面和墙面要做防渗漏的特殊处理,储存、使用和保管要专人负责,防止油料、化学用品、外加剂等的跑、冒、滴、漏,杜绝污染水体。

(5) 禁止回填有毒有害废弃物。

禁止将有毒有害废弃物用作土方回填,以免污染地下水和环境。

(6) 工地临时厕所、化粪池应采取防渗漏措施。

城市市区施工现场的临时厕所可采用水冲式厕所,并有防蝇、灭蛆措施,防止污染水体和环境。

7.4.3 施工现场大气污染及防治措施

1. 大气污染物的分类

(1) 气体状态污染物。

气体状态污染物具有运动速度较大、扩散较快、在周围大气中分布比较均匀的特点。气体状态污染物包括分子状态污染物和蒸气状态污染物。分子状态污染物,指在常温常压下以气体分子形式分散于大气中的物质,如燃料燃烧过程中产生的二氧化硫、氮氧化物、一氧化碳等。蒸气状态污染物,指在常温常压下易挥发的物质,以蒸气状态进入大气,如机动车尾气、沥青烟中含有的碳氢化合物等。

(2) 粒子状态污染物。

粒子状态污染物又称固体颗粒污染物,是分散于大气中的微小液滴和固体颗粒,是一个复杂的非均匀体。通常根据粒子状态污染物在重力作用下的沉降特性又可分为降尘和飘尘。降尘,指在重力作用下能很快下降的固体颗粒,其粒径较大;飘尘,指可长期飘浮于大气中的固体颗粒,其粒径较小。飘尘具有胶体的性质,故又称为气溶胶,它易随呼吸进入人体肺脏,危害人体健康,故称为可吸入颗粒。施工现场的粒子状态污染物主要有锅炉、熔化炉、厨房烧煤产生的烟尘,还有建材破碎、筛分、碾磨、加料过程、装卸运输过程产生的粉尘等。

2. 施工现场大气污染的防治措施

(1) 除尘技术。

在气体中除去或收集固态或液态粒子的设备称为除尘装置。除尘装置的主要种类有机械除尘装置、洗涤式除尘装置、过滤除尘装置和电除尘装置等。建设工地的烧煤茶炉、锅炉、炉灶等应选用装有上述除尘装置的设备。施工现场其他粉尘可用遮盖、淋水等措施防治。

(2) 气态污染物治理技术。

气态污染物治理技术包括:吸收法,选用合适的吸收剂,可吸收空气中的二氧化硫、氮氧化物等;吸附法,让气体混合物与吸附性固体接触,把混合物中的某个组成成分吸留在固体表面;催化法,利用催化剂把气体中有害物质转化为无害物质;燃烧法,通过氧化作用,将废气中的可燃有害部分转化为无害物质;冷凝法,使处于气态的污染物冷凝,从气体中分离出来,该法特别适合处理高浓度的有机废气,如对沥青气体的冷凝,回收油品;生物法,利用微生物的代谢活动过程把废气中的气态污染物转化为少害甚至无害的物质,该法适用于低浓度污染物。

3. 施工现场防扬尘措施

散装水泥和其他易飞扬的细颗粒散体材料应尽量安排在库内存放,如露天存放应采用严密遮盖,运输和卸运时要防止遗撒、飞扬,以减少扬尘。

生石灰熟化时和在灰土上施工时要适当配合洒水,杜绝扬尘。

在规划市区、居民稠密区、风景游览区、疗养区及国家规定的文物保护区内施工,施工现场要制定洒水降尘制度,配备专用洒水设备及指定专人负责,在易产生扬尘的季节,施工场地采取洒水降尘。

在城区内施工,应使用商品混凝土,减少搅拌扬尘。

在城区外施工,搅拌站要搭设封闭的搅拌棚,搅拌机上设置喷淋装置(搅拌机雾化器)方可进行施工。

施工运输车辆、挖掘土方设备行驶出工地前必须做除泥除尘处理,严禁将泥土、尘土带出施工现场。

运输砂、石、水泥、土方、垃圾等易产生扬尘污染的车辆,必须封闭,严禁撒漏。

施工现场进行土方开挖时,堆积土要相对集中,存弃土时间超过一个月的,必须采取覆盖、固化或绿化等措施。对短时存放的,要采取洒水降尘等措施,并设专人负责。遇有风力四级以上的天气,停止土方施工。

7.4.4 施工现场固体废物的处理

1. 施工现场常见的固体废物及其危害

固体废物是生产和生活中产生的固态、半固态废弃物质。固体废物是一个极其复杂的废物体系。按照其化学组成可分为有机废物和无机废物;按照其对环境和人类健康的危害程度可以分为一般废物和危险废物。

施工现场常见的固体废物包括:建设渣土,如碎石、渣土、混凝土碎块、废钢铁、废碎屑等;废弃的散装建设材料,如散装水泥、石灰等;生活垃圾,如厨余废弃物、丢弃食品、废纸、生活用品、玻璃、陶瓷碎片、废电池、废旧日用品、废塑料制品、煤灰渣、废交通工具等;设备、材料等的废弃包装材料及粪便等。

固体废物对环境的危害主要表现是:侵占土地,由于固体废物的堆放,可直接破坏土地和植被;污染土壤,固体废物在堆放中,有害成分易污染土壤,并在土壤中发生积累,给作物生长带来危害,部分有害物质还能杀死土壤中的微生物,使土壤丧失腐化降解能力;污染水体,固体废物遇水浸泡、溶解后,其有害成分随地表径流或土壤渗流污染地下水和地表水,随风飘移进入水体造成污染;污染大气,以细颗粒状存在的废渣垃圾和路桥材料在堆放和运输过程中,会随风扩散,使大气中悬浮的灰尘废弃物含量提高,固体废物在焚烧等处理过程中,可能产生有害气体造成大气污染;影响环境卫生,固体废物的大量堆放,会造成蚊蝇孳生,臭味四溢,严重影响工地以及周围环境卫生,对员工和工地附近居民的健康造成危害等。

2. 施工现场固体废物处理和处置

施工现场固体废物处理的原则是采取资源化、减量化和无害化的处理，对固体废物产生的全过程进行控制，其主要处理方法如下。

（1）回收利用。

回收利用是对固体废物进行资源化、减量化的重要手段之一，如对渣土可视其情况加以利用；对废弃钢材可按需要用作金属原材料；对废电池等废弃物应分类回收、集中处理等。

（2）减量化处理。

减量化是对已经产生的固体废物进行分选、破碎、压实浓缩、脱水等减少最终处置量，降低处理成本，减少对环境的污染。在减量化处理的过程中，包括与其他处理技术相关的工艺方法，如焚烧、热解、堆肥等。

（3）焚烧技术。

焚烧用于不适合再利用且不宜直接予以填埋处置的废物，尤其是对于受到病菌、病毒污染的物品，可以用焚烧技术进行无害化处理。焚烧处理应使用符合环境要求的处理装置，注意避免对大气的二次污染。

（4）稳定和固化技术。

利用水泥、沥青等胶结材料，将松散的废物包裹起来，减小废物的毒性和移动性，使得污染减小。

（5）填埋。

填埋是固体废物处理的最终技术，是将经过无害化、减量化处理的废物残渣集中到填埋场进行处置。填埋的时候应尽量使需要处置的废物与周围的生态环境隔离，并注意废物的稳定性和长期安全性。

第8章 路桥工程造价管理基本内容

8.1 路桥工程造价管理概述

8.1.1 路桥工程造价

1. 路桥工程造价相关定义

(1) 工程造价。

工程造价通常是指工程的建造价格。根据所站角度的不同,工程造价的含义不同。

第一种含义:工程造价是指一个建设项目从立项开始到建成交付使用预期花费或实际花费的全部费用。

第二种含义:工程造价是指工程价格。即为建成一项工程,预计或实际在土地市场、设备材料市场、技术劳务市场以及承包市场等交易活动中所形成的安装工程的价格和建设工程总价格。工程造价的第二种含义是以社会主义市场经济为前提的,它以工程这种特定的商品形式作为交易对象,通过招投标、承发包或其他交易方式,在进行多次性预估的基础上,最终由市场确定价格。在这里,工程既可以是涵盖范围很大的一个建设项目,也可以是一个单项工程,甚至可以是某个分部工程。

通常把工程造价的第二种含义只认定为工程承发包价格。承发包价格是工程造价中一种重要的,也是最典型的价格形式。它是在建设市场通过招投标,由需求主体(投资者)和供给主体(承包商)共同认可的价格。鉴于安装工程价格在项目固定资产中占有 50%~70% 的份额,是工程建设中最活跃的部分;而且建设企业是建设工程的实施者,占重要的市场主体地位,因此工程承发包价格被界定为工程价格的第二种含义,很有现实意义。但是这样界定的工程造价的含义较狭窄。

工程造价的两种含义是从不同角度把握同一事物的本质。对建设工程的投资者来说，面对市场经济条件下的工程造价就是项目投资，是"购买"项目要付出的价格，同时也是投资者在作为市场供给主体"出售"项目时定价的基础。对于承包人、供应商和规划、设计等单位来说，工程造价是他们作为市场供给主体出售商品和劳务的价格总和，或特定范围的工程造价，如建筑安装工程造价。

区别工程造价的两种含义的理论意义在于：为投资者和以承包人为代表的供应商在工程建设领域的市场行为提供理论依据。当投资者提出降低工程造价时，是站在投资者的角度充当着市场需求主体的角色；当承包人提出要提高工程造价、提高利润率并获得更多的实际利润时，他是要实现一个市场供给主体的管理目标。这是市场运行机制的必然。不同的利益主体绝不能混为一谈。同时，两种含义也是对单一计划经济理论的一个否定和反思。区别两种含义的现实意义在于：为实现不同的管理目标，不断充实工程造价的管理内容，完善管理方法，更好地为实现各自的目标服务，从而有利于推动经济增长。

（2）路桥工程造价。

路桥工程造价是指路桥工程建设过程中所花费的费用，通常有两种层面的含义。

①从业主角度而言，是指路桥工程建设项目的投资费用（又称总投资额）。包括从项目立项到交付使用所需的全部费用，是业主"购买"路桥工程建筑产品（如一条道路、一座桥梁）要付出的价格，包括一线土建、安装工程、设备购置、工程设计与监理、项目管理等各项工作所花费的费用总和。

②从承包方角度而言，主要是指路桥工程施工企业的工程承包价或合同价，是承包方"出售"自己生产的建筑产品的价格总和，施工企业签订的合同价主要是指一线土建、安装工程所花费的费用，金额为业主总投资额的 60%～80%。造价的这种理解相对狭义，但建筑安装工程是路桥建设过程中最活跃的部分，因此有一定的现实意义。

2. 路桥工程造价构成

路桥工程造价由建筑安装工程费、土地使用及拆迁补偿费、工程建设其他费、预备费、建设期贷款利息等组成。

1）建筑安装工程费

（1）建筑安装工程费用内容。

①路基的特殊地基处理、土石方工程、排水工程和防护工程等路桥工程

费用。

②桥涵工程的基础、下部结构、上部结构和附属设施等建筑安装工程费用。

③隧道工程的洞口、洞身、附属设施等建筑安装工程费用。

④路面的垫层、基层、面层等建筑安装工程费用。

⑤路桥交工前的养护费用。

⑥路桥交通工程及沿线设施的建筑安装工程费用。

⑦绿化及环境保护设施的建筑安装工程费用。

⑧临时工程的临时便道、临时便桥、临时码头、临时电力、电信线路的建筑安装工程费用。

⑨交叉工程的建筑安装工程费用。

(2)建筑安装工程费用组成。

我国现行路桥工程建筑安装工程费用的具体组成见图8.1。

2)土地使用及拆迁补偿费

土地使用及拆迁补偿费包含永久占地费、临时占地费、拆迁补偿费、水土保持补偿费、其他费用。

3)工程建设其他费

工程建设其他费包括建设项目管理费、研究试验费、前期工作费、专项评价(估)费、联合试运转费、生产准备费、工程保通管理费、工程保险费、其他相关费用。

4)预备费

按我国现行规定,预备费包括基本预备费和价差预备费。

(1)基本预备费。

基本预备费是指在初步设计和概算、施工图设计和施工图预算中难以预料的工程费用。基本预备费包括如下各项。

①在进行技术设计、施工图设计和施工过程中,在批准的初步设计和概算范围内所增加的工程费用。

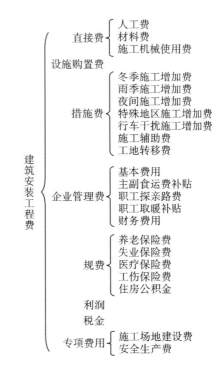

图8.1 建筑安装工程费用组成

②在设备订货时,由于规格、型号改变的价差,材料货源变更、运输距离或方式的改变以及因规格不同而代换使用等原因发生的价差。

③在项目主管部门组织竣(交)工验收时,验收委员会(或小组)为鉴定工程质量必须开挖和修复隐蔽工程的费用。

(2) 价差预备费。

价差预备费是指设计文件编制年至工程交工年期间,建筑安装工程费用的人工费、材料费、设备费、施工机械使用费、措施费、企业管理费等由于政策、价格变化可能发生上浮而预留的费用,以及外资贷款汇率变动部分的费用。

3. 路桥工程造价计价

作为建设工程这一特殊商品的价值表现形式,工程造价计价除了具有与其他一切商品价格计价的共同特点,同时又有其自身的特点和模式。

1) 计价特点

(1) 单件性计价。

建设工程都有其指定的专门用途,也就有不同的形态和结构,其结构、造型必须适应工程所在地的气候、地质、水文等自然客观条件,由此形成的实物形态千差万别。在建设这些不同的实物形态的工程时,必须采取不同的工艺、设备和路桥材料,因而所消耗物化劳动和活劳动也必定是不同的,再加上不同地区的社会发展不同,致使构成价格和费用的各种价值要素存在差异,最终导致工程造价各不相同。任何两个建设项目的工程造价不可能是完全相同的。因此,对建设工程就不能像工业产品那样,按品种、规格、质量成批量生产和计价,只能是单件性计价。也就是说,只能根据各个建设工程项目的具体设计资料和当地的实际情况单独计算工程造价。

(2) 多次性计价。

建设工程一般规模大、建设周期长、技术复杂、受建设所在地的自然条件影响大,消耗的人力、物力和财力巨大,并要考虑投入使用后的经济效益等因素,一旦决策失误,将造成不可挽回的巨大损失。为了满足建设各阶段的不同需要,适应造价控制和管理的要求,合理使用人力、物力和财力,取得最大的投资效益,必须在建设全过程进行多次计价。建设工程多次性计价过程见图8.2。

①投资估算。投资估算是指在投资前期(规划、项目建议书、可行性研究报告)阶段,进行某项工程建设所花费的全部固定资产投资的预计费用。

在项目建议书阶段编制项目建议书投资估算,作为可行性研究进行经济评

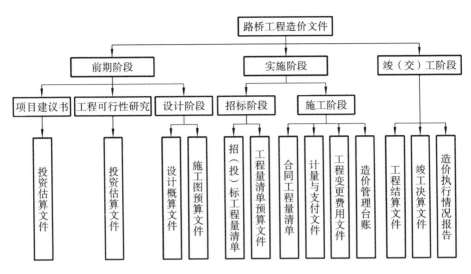

图 8.2　建设工程多次性计价过程图

价的依据。经批准后，进入可行性研究报告阶段。

在可行性研究报告阶段编制可行性研究报告投资估算，作为可行性研究进行经济评价的依据。可行性研究报告经批准后，其投资估算作为控制建设项目投资的依据。

②设计概算与修正概算。设计概算与修正概算是指在初步设计或技术设计阶段，由设计单位根据初步设计文件、概算定额、各类费用定额，建设地区的自然条件和技术经济条件等资料，预先计算、确定建设项目从筹建至竣工验收的工程造价的经济文件。

在初步设计阶段编制初步设计概算，按两阶段设计的建设项目，设计概算经批准后是确定建设项目投资的最高限额，也是签订建设项目总承包合同的依据。

在技术设计阶段编制技术设计修正概算，按三阶段设计的建设项目，修正概算经批准后是确定建设项目投资的最高限额，也是签订建设项目总承包合同的依据。

③施工图预算。由设计单位根据施工图设计的工程量和施工方案，按预算定额和各类费用定额所编制的反映工程造价的经济文件。

在施工图设计阶段编制施工图预算，施工图预算经批准后，是签订建筑安装工程承包合同、办理工程价款结算的依据，也是实行建筑安装工程造价包干的依据。实行招标的工程，其建筑安装工程费用是编制工程量清单预算的基础。

④工程量清单预算。在路桥工程施工招标、投标活动中，对采用工程量清单

计价的工程,参照编制施工图预算的造价依据和方法,按规定程序对招标工程建设所需的全部费用及其构成进行测算所确定的造价预计值。工程量清单预算是评判投标报价合理性的重要依据。工程量清单预算是招标人确定招标标底或最高投标限价的依据。

⑤投标报价。投标报价是指由投标单位根据招标文件及有关定额和招标项目所在的地区的自然、社会和经济条件及施工组织方案和投标单位自身的情况,计算完成招标工程所需各项费用的经济文件。

⑥合同工程量清单。在路桥工程发、承包活动中,发、承包双方根据合同法、招(投)标文件及有关规定,以约定的工程量清单计价方式,签订工程承发包合同时确定的工程量清单。合同工程量清单应包括拟建工程量、单价、合价及总额。

⑦工程结算。在路桥工程实施过程中或工程完工后,发、承包双方依据国家有关法律、法规,按合同约定计算确定的最终工程价款。结算方式有按月结算、竣工后一次结算、分段结算等。

⑧竣工决算。路桥工程经审定的从筹建到竣工验收、交付使用全过程中实际支出的全部工程建设费用。工程竣工决算是整个路桥工程的最终造价,是作为建设单位财务部门汇总固定资产的主要依据。

以上是建设单位在不同阶段对建设项目、施工单位对所投标段作出的预期工程造价。确定中标单位后按照合同条款的约定签订合同价,一般都根据工程量清单提供的工程量签订单价合同。在施工过程中根据工程变更和市场物价变动情况确定结算价,结算价才是建设项目分部分项工程的实际造价。全部工程竣工并通过验收合格后,建设单位在各分部分项工程的结算价的基础上编制的竣工决算才是整个建设项目的实际造价。

一个建设项目各个阶段的计价是相互衔接、由粗到细、由浅到深、由预期到实际、前者制约后者、后者修正和补充前者的发展过程。

(3)按工程构成分部组合计价。

建设工程规模大,工程结构复杂,根据建设工程单件性计价的特点,不可能简单直接地计算出整个建设工程的造价,必须将整个建设工程分解到最小的工程结构部位,直至达到对计量和计价都相对准确的程度。然后再将各部位的费用按设计确定的数量加以组合,就可确定全部工程所需要的费用。

①建设项目的分解。

a. 建设项目。建设项目又称基本建设项目,一般是指符合国家总体建设规划,能独立发挥生产功能或满足生活需要,其项目建议书经批准立项和可行性研究报告经批准的建设任务。一个建设项目按照工程特点可进一步分解,见图8.3。

图8.3 建设项目的分解图

b. 单项工程。单项工程又称工程项目。它是建设项目的组成部分,是具有独立的设计文件,在竣工后能独立发挥设计规定的生产能力或效益的工程。工程项目划分的标准,因工程专业性质的不同而有所不同。

路桥建设的单项工程一般是指独立的桥梁工程、隧道工程。这些工程一般包括与已有道路的连接线,建成后可以独立发挥交通功能。但一条路线中的桥梁或隧道在整个路线未修通前并不能发挥交通功能,也就不能作为一个单项工程。

c. 单位工程。单位工程是单项工程的组成部分。它是单项工程中具有单独设计、可以独立组织施工并可单独作为成本计算对象的部分。一条道路(即一个路桥建设项目)中一段路线作为一个单项工程,其中各个路段的路基、路面、桥梁、隧道都可作为单位工程。

d. 分部工程。分部工程是单位工程的组成部分,一般按单位工程中的主要结构、主要部位来划分。在路桥建设工程中,分部工程的确定是在工程项目界定的范围内,以工程部位、工程结构和施工工艺为依据,并考虑在工程建设实施过程中便于进行工程结算和经济核算。如按工程部位划分为路基工程、路面工程、桥涵工程等,按工程结构和施工工艺划分为土石方工程、混凝土工程、砌筑工程等。

e. 分项工程。分项工程是分部工程的组成部分,是根据分部工程划分的原则,再进一步将分部工程分成若干个分项工程。对各分项工程,每一单位消耗的活劳动和物化劳动都是不等的。因为分项工程是按照不同的施工方法、不同的工程部位、不同的材料、不同的质量要求和工作难易程度来划分的,它是概算和预算定额的基本计量单位,故也称为工程定额子目或工程细目。

在实际工作中,有了这种分部、分项工程的划分标准,在测定定额资料,制定概预算定额中的人工、材料、机械使用台班等消耗标准,编制建筑安装工程造价时,就有了一个统一的尺度。这样就可实现建设工程造价管理工作的科学化和标准化,起到规范人们从事建设工程造价管理行为的作用,并取得较好的经济效益和社会效益。

②工程造价的组合。

与以上工程组成的方式相适应,建设工程具有分部组合计价的特点。计价时,首先要对工程建设项目进行分解,然后按组成进行分项计算再组合,见图8.4。

图8.4 分部组合计价示意图

(4)计价方法的多样性。

由于项目建设各阶段所掌握的条件、资料深度不同,计算的准确度要求不同,计价方法也不同。

①投资估算一般采用估算指标法、类似工程比较法、生产能力系数法等进行编制。

②初步设计概算和修正概算一般采用概算定额法、概算指标法、类似工程预算法等进行编制。

③施工图预算一般按施工图计算工程量、按预算定额计算实物消耗、按市场价格计价、按费用定额计算各项费用及利税。

④投标报价则按清单工程量及企业定额计算实物消耗、按市场价格计价,同时考虑自身的经营状况和工程风险等因素计算而得到综合价格。

⑤施工预算则按施工图和实际情况计算工程量、按企业定额计算实物消耗、按市场价格计价,同时考虑自身的经营状况和工程风险等因素计算而得到综合价格;

⑥工程结算则依据已完成并符合合同要求的清单工程量和变更工程量,按清单价格和变更价格计算而得到综合价格。不同的计价方法适用的条件不同,在计价时应正确选择。

(5)计价依据的多样性。

建设项目工程造价的计价依据一般包括如下各项。

①人工、材料、施工机械消耗量计算依据。

②工程量的计算依据。

③工、料、机价格依据,设备价格依据。

④各种取费费率、工程建设其他费用计算依据,利润与税金计算依据,物价指数及造价指数等。

⑤国家及有关部门的政策、法律、法规及有关工程造价管理的规定等。

2) 计价模式

建设项目工程造价的计价模式是与社会经济体制相适应的。随着我国经济体制和工程造价管理体制改革的不断深入，建设项目工程造价的计价模式也发生了根本性的变化，经历了3种不同的计价模式。

(1) 政府定价计价模式。

政府定价计价模式，即定额计价模式。定额是指中央政府有关部门和各级地方政府有关部门定期颁布的工程估算指标、概算定额、预算定额、费用定额、工程量计算规则等一切工程计价的法定依据。它是政府造价主管部门根据社会平均消耗和平均成本制定的"量价合一"的工程造价计算标准，既规定了工程量的实物资源消耗数量标准，又规定了单价及各种取费费率和计算办法。

(2) 政府指导价计价模式。

政府指导价计价模式，即"定额量、指导价、竞争费"的量价分离计价模式。这里讲的"定额量"是指单位工程量的人工、材料、施工机械台班量等实物资源消耗量，按政府工程造价主管部门颁布的"基础定额"规定的消耗量标准计算。"指导价"是指人工、材料、机械台班的预算价格，按中央政府和地方政府造价主管部门定期发布的"指导价格"（又称中准价、信息价）计算。"竞争费"是指其他工程费、间接费、利润等取费费率，由中央政府或地方政府造价主管部门制定的指导性费率标准，企业可根据自身具体情况确定投标费率进行竞争。

从实际执行情况看，政府工程造价主管部门发布的工、料、机指导价（中准价），一般略高于市场实际成交价；按定额及指导价格、费率计算的工程预算造价，一般高于工程招标实际中标价。按照计划要留有余地审定概算，审定的概算是投资控制最高限额的要求，目前已被普遍使用。但在编制招标标底或投标报价时应注意，由于与市场竞争规则和《中华人民共和国招标投标法》中规定的中标条件相悖，这种计价模式还不是真正的市场经济计价模式，而是在工程招投标尚未完全成熟时，为避免低价恶性竞争和确保工程质量而采用的一种过渡模式。

(3) 工程量清单计价模式。

工程造价管理体制改革的最终目标是逐步建立以市场竞争为主的价格形成机制。其内容是：

①由政府建设行政主管部门统一制定符合国家标准、规范，并反映一定时期施工水平的人工、材料、机械等消耗量标准，实行对定额消耗量标准的宏观管理；

②制定统一的工程项目划分和工程量计算规则，为逐步实现工程量清单计价报价创造条件；

③建立信息网络系统,加强工程造价信息的收集、处理,及时发布信息;

④路桥施工企业可在基础定额的指导下,结合企业自身的技术和管理情况,制定企业定额,并在投标中结合当地要素、市场行情、自身经营情况及个别成本进行自主报价。

工程量清单计价模式是国际上通行的做法。我国《建设工程工程量清单计价规范》(GB 50500—2013)要求,在建设项目工程招投标中,招标人按照统一的项目编码、项目名称、计量单位、工程量计算规则和统一的格式,提供分部分项工程项目、措施项目、其他项目的名称及相应工程数量的明细清单,由投标人依据工程量清单自主报价。通过市场竞争形成工程价格的计价模式,即市场定价模式,是法定招标建设项目必须严格执行的计价模式。

以上3种计价模式各有特点,定额计价模式可在项目决策阶段编制投资估算时参考使用;工程量清单计价模式是通过市场竞争形成价格的模式,也是工程招投标中应推广的计价报价模式。

在国内工程建设领域,路桥工程建设采用工程量清单计价模式是比较早的。20世纪80年代后期,随着改革开放的不断深入,引入世界银行贷款等外资进行路桥工程的建设进入快速发展时期。1986年12月开始施工的"西安至三原一级公路"是国内第一个使用世界银行贷款建设的路桥项目,紧随其后的"京津塘高速公路""济青高速公路"等大量利用世界银行贷款建设的高速公路项目均采用工程量清单计价模式。在随后10多年的路桥建设过程中,在不断吸收消化国际咨询工程师联合会土木工程施工合同条件(FIDIC条件)的基础上,原交通部1999年发布《公路工程国内招标文件范本》(1999年版),于2000年1月1日起实施;2003年发布《公路工程国内招标文件范本》(2003年版),于2003年6月1日起实施;2009年发布《公路工程标准施工招标文件》(2009年版),于2009年8月1日起实施;2018年发布《公路工程标准施工招标文件》(2018年版),于2018年3月1日起实施,均采用工程量清单计价模式。

4. 路桥工程造价文件

路桥工程造价编制成果是一本完整的造价文件,各类造价文件均由封面及目录、造价编制说明及全部造价费用计算表格组成。下面以概(预)算文件表达为例来介绍。

(1) 封面及目录。

概、预算文件的封面和扉页应按《公路工程基本建设项目设计文件编制办法》(交公路发〔2007〕358号)中的规定制作,扉页的次页应有建设项目名称,编制单位,编制、复核人员姓名并加盖执业(从业)资格印章,编制日期及第几册共几册等内容。目录应按概、预算表的表号顺序编排。概算文件封面格式见图 8.5,以兰尉公路项目为例。

```
兰尉公路初步设计概算
(K12+300～K30+000)
第 1 册 共 1 册

编制：(签名并加盖执业(从业)资格印章)
复核：(签名并加盖执业(从业)资格印章)

(编制单位)
年　月
```

图 8.5　概算文件封面格式

(2) 概、预算编制说明。

概、预算编制完成后,应写出编制说明,文字力求简明扼要。应叙述的内容一般包括如下各项。

①建设项目设计资料的依据及有关文件号,如建设项目可行性研究报告批准文件号、初步设计和概算批准文件号(编修正概算及预算时),以及根据何时的测设资料及比选方案进行编制的等。

②采用的定额、费用标准,人工、材料、机械台班单价的依据或来源,补充定额及编制依据的详细说明。

③与概、预算有关的委托书、协议书、会议纪要的主要内容。

④总概、预算金额,人工、钢材、水泥、木料、沥青的总需要量情况,各设计方案的经济比较,以及编制中存在的问题。

⑤其他与概、预算有关但不能在表格中反映的事项。

(3) 概、预算表格。

路桥工程概、预算应按统一的概、预算表格计算,共 12 类 14 种,其中概、预算相同的表式,在印制表格时应分别印制。建筑安装工程费计算示例见表 8.1。

表8.1 建筑安装工程费计算示例

建设项目名称：
编制范围：　　　　　　　　　　　　　　　　　　　　　第　页　共　页　03表

序号	工程名称	单位	工程量	直接工程费			合计	其他工程费	合计	间接费/元	利润/元	税金/元	建筑安装工程费	
				人工费	材料费	机械使用费							合计/元	单价/元
1	2	3	4	5	6	7	8	9	10	11	12	13	14	15
			填表说明：本表各栏之间关系，5～7均由08表经计算转来；8＝5＋6＋7；9＝8×9的费率或(5＋7)×9的费率；10＝8＋9；11＝5×规费综合费率＋10×企业管理费综合费率；12＝(10＋11－规费)×12的费率；13＝(10＋11＋12)×综合税率；14＝10＋1＋12＋13；15＝14/4													

编制：　　　　　　　　　　　　　　　　　　　　　　　　　　　　　　　　复核：

概、预算表格是概预算文件的主要组成部分，按不同的需要将12类表格分为两组，甲组文件为各项费用计算表，乙组文件为建筑安装工程费各项基础数据计算表(只供审批使用)。甲、乙组文件应按《公路工程基本建设项目设计文件编制办法》(交公路发〔2007〕358号)的要求，随设计文件一并报送。报送乙组文件时，还应提供建筑安装工程费各项基础数据计算表的电子文档和编制补充定额的详细资料，并随同概、预算文件一并报送。

乙组文件中的建筑安装工程费计算数据表和分项工程概(预)算表应根据审批部门或建设项目业主单位的要求全部提供或仅提供其中的一种。

概、预算应按一个建设项目(如一条路线或一座独立大、中桥、隧道)进行编制。当一个编制项目需要分段或分部编制时，应根据需要分别编制，但必须汇总编制总概(预)算汇总表，增加总概(预)算汇总表和总概(预)算人工、主要材料、机械台班数量汇总表。

甲、乙组文件包括的内容如下。

甲组文件：

①编制说明；

②总概(预)算汇总表；

③总概(预)算人工、主要材料、机械台班数量汇总表；

④总概(预)算表；

⑤人工、主要材料、机械台班数量汇总表；

⑥建筑安装工程费计算表；

⑦其他直接费及间接费综合费率计算表；

⑧设备、工具、器具购置费计算表；

⑨工程建设其他费用及回收金额计算表；

⑩人工、材料、机械单价汇总表。

乙组文件：

①建筑安装工程费数据计算表；

②分项工程概(预)算表；

③材料预算单价计算表；

④自采材料料场价格计算表；

⑤机械台班单价计算表；

⑥辅助生产人工、材料、机械台班单位数量表。

8.1.2　路桥工程造价管理

1. 我国工程造价管理的变革

我国的工程造价管理是在特殊的历史条件下逐渐发展起来的，工程造价管理体制也在逐渐变革和完善。这种改革主要表现在以下几个方面。

(1)重视和加强项目决策阶段的投资估算工作，努力提高可行性研究报告投资估算的准确度，切实发挥其控制建设项目总造价的作用。

(2)进一步明确概预算工作的重要作用。概预算不仅要计算工程造价，更要能动地影响设计、优化设计，并发挥控制工程造价、促进合理使用建设资金的作用。工程设计人员要做很多方案的技术经济比较，通过优化设计来保证设计的技术经济合理性。

（3）推行工程量清单计价模式，以适应市场发展的需要和国际市场竞争的需要，逐渐与国际惯例接轨。

（4）把竞争机制引入工程造价管理体制，通过招标方式选择工程承包公司及设备材料供应单位，以促使这些单位改善经营管理，提高应变能力和竞争能力，降低工程造价。

（5）提出用"动态"方法研究和管理工程造价。研究如何体现项目投资额的时间价值，要求各地区、各部门工程造价管理机构要定期公布各种设备、材料、工资、机械台班的价格指数以及各类工程造价指数，要求尽快建立地区、部门乃至全国的工程造价管理信息系统。

（6）提出要对工程造价的估算、概算、预算、承包合同价、结算价、竣工决算实行"一体化"管理，并研究如何建立一体化的管理制度，改变过去分段管理的状况。

（7）发展壮大工程造价咨询机构，建立健全造价工程师执业资格制度。我国工程造价管理体制改革的最终目标是：建立市场形成价格的机制，实现工程造价管理市场化，形成社会化的工程造价咨询服务业，从而与国际惯例接轨。

2. 路桥工程造价管理的目标和任务

（1）路桥工程造价管理的目标。

路桥工程造价管理的目标是按照经济规律的要求，根据社会主义市场经济的发展形势，利用科学的管理方法和先进的管理手段，合理地确定路桥工程造价和有效地控制路桥工程造价，以提高投资效益和建设企业的经营效果。

（2）路桥工程造价管理的任务。

路桥工程造价管理的任务是：加强路桥工程造价的全过程动态管理，强化路桥工程造价的约束机制，维护有关各方的经济利益，规范价格行为，促进微观效益和宏观效益的统一。

3. 路桥工程造价管理的内容

1）工程造价的合理确定

所谓工程造价的合理确定，就是在工程建设各个阶段采用科学的计算方法和切合实际的计价依据，合理确定投资估算、设计概算、施工图预算、承包合同价、结算价、竣工决算价。

（1）在项目建议书阶段，按照有关规定编制投资估算，经有关部门批准，作为拟建项目列入国家中长期计划和开展前期工作的控制造价。

（2）在可行性研究报告阶段，按照有关规定编制的投资估算，经有关部门批准，即作为该项目国家计划控制造价。

（3）在初步设计阶段，按照有关规定编制的初步设计总概算，经有关部门批准，即作为控制拟建项目工程造价的最高限额。

（4）在施工图设计阶段，按规定编制施工图预算，用以核实施工图阶段造价是否超过批准的初步设计概算。经承发包双方共同确认、有关部门审查通过的预算，即作为结算工程价款的依据。

（5）对于以施工图预算为基础招标投标的工程，承包合同价也是以经济合同形式确定的建筑安装工程造价。

（6）在工程实施阶段，要按照承包方实际完成的工程量，以合同价为基础，同时考虑因物价上涨所引起的造价提高以及在设计中难以预计而在实施阶段实际发生的工程费用，合理确定结算价。

（7）在竣工验收阶段，全面汇集在工程建设过程中实际花费的全部费用，编制竣工决算，如实体现该建设工程的实际造价。

2）工程造价的有效控制

工程造价的有效控制，就是在优化建设方案、设计方案的基础上，在投资决策阶段、设计阶段、建设项目发包阶段和建设实施阶段，采用一定的方法和措施把建设工程造价控制在合理的范围和批准的造价限额以内，随时纠正发生的偏差，以保证项目管理目标的实现，从而在各个建设环节合理地使用人力、物力、财力，取得较好的投资效益和社会效益。

（1）建设工程造价控制目标的设置。

控制是为确保目标的实现而服务的。一个系统若没有目标，就不需要、也无法进行控制。目标的设置是很严肃的，应有科学的依据。

工程项目建设过程是一个周期长、数量大的生产消费过程，建设者在一定时间内占有的经验知识是有限的，不但常常受科学条件和技术条件的限制，而且也受客观过程的发展及其表现程度的限制，因而不可能在工程项目刚开始就设置一个科学、固定的造价控制目标，而只能设置一个大致的造价控制目标，这就是投资估算。随着工程建设实践、认识、再实践、再认识，投资控制目标进一步清晰、准确，这就是设计概算、施工图预算、承包合同价和工程结算价等。也就是说，建设工程造价控制目标的设置应随着工程项目建设实践的不断深入而分阶段进行。

具体来讲,投资估算应是设计方案选择和进行初步设计的建设工程造价控制的目标;设计概算应是进行技术设计和施工图设计的工程造价控制的目标;施工图预算或建安工程承包合同价则应是施工阶段控制建安工程造价的目标。造价控制的目标是一个有机联系的整体,各阶段目标相互制约、相互补充,前者控制后者,后者补充前者,共同组成工程造价控制的目标系统。

目标要既有先进性,又有实现的可能性,目标水平要能激发执行者的进取心,并充分发挥他们的工作能力。若目标水平太低,如对建设项目造价高估冒算,则对建设者缺乏激励性,建设者也没有发挥潜力的余地,目标形同虚设;若水平太高,如在建设项目立项时造价就留有缺口,建设者再努力也无法达到,则可能因此而产生灰心情绪,使工程造价控制成为一纸空文。

(2) 以设计阶段为重点的建设全过程造价控制。

工程造价控制贯穿项目建设全过程,但是必须突出重点。很显然,工程造价控制的关键在于施工前的投资决策和设计阶段,而在项目作出投资决策后,控制工程造价的关键就在于设计。据西方一些国家分析,设计费一般不足建设工程全寿命费用的 1%,但正是这不足 1% 的费用,对工程造价的影响度占 75% 以上。由此可见,设计质量对整个工程建设的效益至关重要。

长期以来,我国普遍忽视工程建设项目前期工作阶段的造价控制,而往往把控制工程造价的主要精力放在施工阶段——审核施工图预算、合理结算建安工程价款、算细账。这样做尽管也有效果,但毕竟是"亡羊补牢",事倍功半。要有效地控制建设工程造价,就要坚决把控制重点转到建设前期阶段上来。要抓住设计这个关键阶段,做到未雨绸缪,以取得事半功倍的效果。

在满足路桥建设项目设计方案应有的路桥技术等级标准及使用功能的前提下,可以运用价值工程分析方法通过对路线方案的调整、限额设计、标准化设计等措施来达到控制和降低工程造价的目的。

(3) 主动控制,以取得令人满意的结果。

一般说来,造价工程师在项目建设时的基本任务是对建设项目的建设工期、工程造价和工程质量进行有效的控制。为此,应根据业主的要求及建设的客观条件进行综合研究,实事求是地确定一套切合实际的衡量准则。只要造价控制的方案符合这套衡量准则,能取得令人满意的结果,则应该说造价控制达到了预期的目标。

长时期来,人们一直把控制理解为目标值与实际值的比较,当实际值偏离目标值时,分析其产生偏差的原因,并确定下一步的对策。显然,在工程项目建设全过程进行这样的工程造价控制当然是有用的。但问题在于,这种立足于调查—分析—决策基础上的偏离—纠偏—再偏离—再纠偏的控制方法,只能发现偏离,不能使已产生的偏离消失,不能预防可能发生的偏离,因此只能说是被动控制。自20世纪70年代初,人们将系统论和控制论研究成果用于项目管理以来,实现了将"控制"立足于事先主动地采取决策措施,以尽可能地减少甚至避免目标值与实际值偏离的转变。这是主动、积极的控制方法,因此被称为主动控制。也就是说,工程造价控制不仅要反映投资决策,反映设计、发包和施工,被动地控制工程造价,更要能动地影响投资决策,影响设计、发包和施工,主动地控制工程造价。

(4) 技术与经济相结合是控制工程造价最有效的手段。

要有效地控制工程造价,应从组织、技术、经济、合同与信息管理等多方面采取措施。从组织上采取的措施,包括明确项目组织结构,明确造价控制者及其任务,以使造价控制有专人负责,明确管理职能分工;从技术上采取措施,包括重视设计多方案选择,严格审查监督初步设计、技术设计、施工图设计、施工组织设计,深入技术领域研究节约投资的可能;从经济上采取措施,包括动态地比较造价的计划值和实际值,严格审核各项费用支出,采取对节约投资的有力奖励措施等。

应该看到,技术与经济相结合是控制工程造价最有效的手段。长期以来,在我国工程建设领域,技术与经济相分离,迫切需要以提高工程造价效益为目的,在工程建设过程中将技术与经济有机结合,通过技术比较、经济分析和效果评价,正确处理技术先进与经济合理两者之间的对立统一关系,力求在技术先进的条件下经济合理,在经济合理基础上的技术先进,把控制工程造价观念渗透到各项设计和施工技术措施之中。

工程造价的确定和控制之间,存在相互依存、相互制约的辩证关系。首先,工程造价的确定是工程造价控制的基础和载体。没有造价的确定,就没有造价的控制;没有造价的合理确定,也就没有造价的有效控制。其次,造价的控制应贯穿于工程造价确定的全过程,造价的确定过程就是造价的控制过程。只有通过逐项控制、层层控制,才能最终合理地确定工程造价。最后,确定造价和控制造价的最终目的是统一的,即合理使用建设资金,提高投资效益,遵守价格运动规律和市场运行机制,维护有关各方合理的经济利益。

8.1.3 路桥工程造价控制七算体系

1. 路桥基本建设程序与造价测算

路桥工程基本建设程序规定从项目建议书编制到工程竣工验收的各个建设阶段,各主体必须多次进行投资额的测算和控制,以满足不同建设阶段对造价控制和管理的要求。路桥基本建设程序与造价测算见图 8.6。

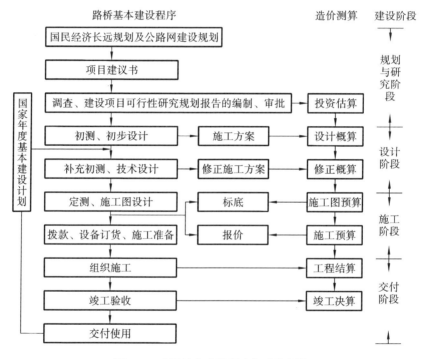

图 8.6 路桥基本建设程序与造价测算

(1) 投资估算。

投资估算是项目可行性研究阶段进行立项申请时,对工程投资额进行的首次测算。投资估算是国家审查项目时考虑国家经济实力和项目经济合理性的重要依据,并可以作为资金筹措计划的依据。

(2) 设计概算(修正概算)。

设计概算是项目进入设计阶段后,根据初步设计方案和设计图纸进行的工程投资额测算。概算经批准后是确定建设项目投资的最高限额,是签订建设项目总承包合同的重要依据。

(3)施工图预算。

施工图预算是根据施工图设计方案和设计图纸进行编制的。施工图预算经批准后是签订建筑安装工程造价承包合同的依据,是编制标底的基础。

(4)标底(报价)。

实行建筑安装工程招标的项目,一般都要编制标底(报价),标底(报价)是进行评标的重要依据,是防止串标的有效手段。

(5)施工预算。

施工预算是施工单位参加投标时需要编制的施工成本控制价依据,可以将施工预算金额根据市场情况调整得到有竞争性的投标报价。

(6)工程结算。

路桥工程结算是指按照承包合同及招标文件的规定,根据监理工程师签发的计量支付证书,定期支付工程预付款、计量支付款以及按照有关合同或协议需要支付其他费用结算的经济行为过程。

(7)竣工决算。

路桥工程竣工决算是路桥建设项目竣工验收后,由建设单位编制的反映建设项目从筹建到竣工投入使用全过程中全部实际支出费用的文件,包括工程决算和财务决算。工程决算是从工程管理角度,侧重于工程实体形成过程中的"量""价""费",是以实物量为基础,全面反映路桥工程实施全过程资源消耗的总额。而财务决算则从财务管理角度,以价值量为基础,全面反映路桥工程实施过程中的资源消耗。

按照基本建设程序,首先是建设单位、施工单位在不同阶段对建设项目做出工程的预期造价计算,确定中标单位后,按照合同条款的约定签订合同价,在施工过程中根据工程变更和市场物价变动确定工程结算价,得到建设项目各分项(分部)工程的实际造价,工程竣工并通过验收合格后,建设单位根据各分项(分部)工程的结算价编制竣工决算,确定整个建设项目的实际造价。

一个建设项目整个阶段的计价是由粗到细、由浅到深、由预期到实际的发展过程。造价计算金额是前者大于后者,呈倒金字塔趋势,工程中一般要求决算不能超过预算,预算不能超过概算,概算则不能超过估算的允许幅度,结算不能突破合同价的允许范围,合同价不能偏离报价与标底太多,而报价不能超出标底的规定幅度范围(或投标控制价),标底不允许超出概算。这样分阶段的不断细化的造价计算能有效控制造价的投资变化幅度,达到预期的投资效益。

2. 七算造价计算比较

路桥建设不同阶段的七算造价计算比较见表8.2。

表 8.2　七算造价计算比较

造价计算类型		计算阶段	计算主体	计算依据	计价意义	造价费用组成
投资估算	建议书投资估算	规划与研究阶段	建设单位	《公路工程估算指标》；《公路工程建设项目投资估算编制办法》；建设项目初步方案和现场踏勘资料	项目立项和决策的依据，控制概算和预算的尺度，是资金筹措的依据之一	从筹建至竣工验收的全部建设费用（测算）
	工程可投资估算					
工程概算	设计概算	初步设计阶段	设计单位	《公路工程概算定额》；《公路工程建设项目概算预算编制办法》；《公路工程机械台班费用定额》；设计图纸及调查资料	国家控制项目投资的最高限额，是选择最优方案的依据	从筹建至竣工验收的全部建设费用（测算）
	修正概算	技术设计阶段				
施工图预算		施工图设计阶段	设计单位	《公路工程预算定额》；《公路工程建设项目概算预算编制办法》；《公路工程机械台班费用定额》；设计图纸及调查资料	是签订建筑安装工程承包合同、编制标底的依据，是施工单位考核工程成本的重要依据	从筹建至竣工验收的全部建设费用（测算）

续表

造价计算类型	计算阶段	计算主体	计 算 依 据	计 价 意 义	造价费用组成
标底（招标控制价）	招标阶段	建设单位	招标文件,施工组织和施工方法,项目的有关调查资料(项目所在地的自然、社会、经济等情况)	评标依据,是建设单位防止投标单位间相互串标的依据	根据招标文件的工程量清单发包工程部分相应费用,主要是建筑安装工程费（测算）
报价	投标阶段	施工单位	招标文件,施工组织和施工方法,项目的有关调查资料,公司施工定额	报价是施工企业获取工程项目的重要因素	根据招标文件的工程量清单发包工程部分相应费用（测算）
施工预算	施工准备阶段	施工单位	公司施工定额,施工单位施工组织和施工方法	企业内部经营核算的重要依据	根据招标文件的工程量清单发包工程相应费用（测算）
工程结算	施工阶段	建设单位与施工企业	合同文件,结算资料（工程量清单、监理工程师签署的各类证书),结算规定（时间、内容、程序）	业主和施工方进行经济活动的过程,是双方的货币支付行为	指建设单位同施工单位之间,由于拨付各种预付款和支付已完工程而发生的结算费用(实算)
竣工决算	竣工阶段	建设单位	有关文件及设计资料,日常结算资料及施工资料,其他有关要求	确定新增固定资产总值和建设成果文件,是竣工验收与移交固定资产的依据	指建设项目完工后竣工验收阶段,由建设单位编制的建设项目从筹建至建成投产全部实际成本(实算)

8.2 路桥工程造价计价依据

8.2.1 定额概述

1. 定额的概念

定额是指在正常施工条件下,完成规定计量单位,符合国家技术标准、技术规范(包括设计、施工、验收等技术规范)和检验评定标准,并反映一定时间施工技术和工艺水平所必需的人工、材料、施工机械台班(时)、资金等消耗量的额定标准。在理解定额的概念时,应注意以下两点。

(1) 定额中的人工、材料、施工机械消耗量是指在正常施工条件下的消耗量,即对工作地点进行合理组织、合理拟定工作组成、合理拟定施工人员编制条件下的工、料、机消耗量。

(2) 定额中的人工、材料、施工机械消耗量是指在符合国家技术标准、技术规范、检验评定标准等质量要求下的工、料、机消耗量。

2. 定额的特点

(1) 科学性。

工程建设定额的科学性是由现代社会化大生产的客观要求决定的。工程建设定额的科学性包括两重含义:一重含义是指工程建设定额必须和生产力发展水平相适应,反映出工程建设中生产消耗的客观规律,否则它就难以作为国民经济中计划、调节、组织、预测、控制工程建设的可靠依据,难以实现它在管理中的作用;另一重含义,是指工程建设定额管理在理论、方法和手段上必须科学化,以适应现代科学技术和信息社会发展的需要。

工程建设定额的科学性,首先表现在用科学的态度制定定额,尊重客观实际,力排主观臆断,力求定额水平合理;其次表现在制定定额的技术方法上,利用现代科学管理的成就,形成一套系统的、完整的、在实践中行之有效的方法;最后表现在定额制定和贯彻的一体化,制定是为了提供贯彻的依据,贯彻是为了实现管理的目标,也是对定额的信息反馈。

(2) 系统性。

工程建设定额是相对独立的系统,它是由多种定额结合而成的有机的整体。

它的结构复杂,有鲜明的层次,有明确的目标。

工程建设定额的系统性是由工程建设的特点决定的。按照系统论的观点,工程建设本身就是一个庞大的实体系统,工程建设定额是为这个实体系统服务的,因而工程建设本身的多种类、多层次就决定了以它为服务对象的工程建设定额的多种类、多层次。

(3) 统一性。

工程建设定额的统一性,主要是由国家对经济发展的有计划的宏观调控职能决定的。为了使国民经济按照既定的目标发展,就需要借助于某些标准、定额、参数等,对工程建设进行规划、组织、调节、控制。而这些标准、定额、参数必须在一定范围内有统一的尺度,才能实现上述职能,才能利用它对项目的决策、设计方案、投标报价、成本控制进行比选和评价。

按定额的主编单位和执行范围的不同,定额可分为全国统一定额(如全国统一的安装工程预算定额)、行业定额(例如交通运输部、冶金地质总局、水利部、煤炭地质总局结合本专业特点而制定的专业安装工程定额)、地区定额(例如各省、自治区、直辖市编制的适于本地区的公路工程预算定额)和各企业的定额(即各企业的施工定额)。无论全国、部委,还是地区、企业的定额均有统一的程序、统一的原则、统一的要求和统一的用途。

(4) 权威性和强制性。

主管部门通过一定程序审批颁发的工程建设定额,具有很高的权威性。这种权威性在一些情况下具有经济法规性质和执行的强制性,权威性反映统一的意志和统一的要求,也反映信誉和信赖程度。强制性反映刚性约束,反映定额的严肃性。

工程建设定额的权威性和强制性的客观基础是定额的科学性。只有科学的定额才具有权威。在社会主义市场经济条件下,定额虽然反映了生产消耗的客观规律,但它涉及各有关方面的经济关系和利益关系,因此,科学的、有权威的定额并不一定得到遵循和贯彻。赋予工程建设定额以一定的强制性,就意味着在规定的范围内,对于定额的使用者和执行者来说,不论主观上愿意不愿意都必须按定额的规定执行。

应该指出的是,在社会主义市场经济条件下,对定额的权威性和强制性不应绝对化。定额的权威性虽有其客观基础,但定额毕竟是主观对客观的反映,定额的科学性会受到人们认识的局限,与此相关,定额的权威性也就会受到削弱,定额的强制性也受到了新的挑战。更为重要的是,在社会主义市场经济条件下,随着投资体制的改革和投资主体多元化格局的形成,随着企业经营机制的转移,企业都可以根据市场的变化和自身的情况,自主地调整自己的决策行为,因此,一些与经营决策有关的工程建设定额的强制性特征,自然也就弱化了。但直接与施工生产相关的定额,在企业经营机制转换和增长方式转换的要求下,其权威性和强制性还必须进一步强化。

(5) 稳定性和时效性。

任何一种工程建设定额都是一定时期技术发展和管理的反映,因而在一段时期内都表现出稳定的状况。但是工程建设定额的稳定性是相对的。任何一种工程建设定额都只能反映一定时期的生产力水平,当生产力向前发展了,定额就会与已经发展了的生产力不相适应。这样,它原有的作用就会逐步减弱以致消失,甚至产生负效应。所以,工程建设定额在具有稳定性特点的同时,也具有显著的时效性。当定额不能再起到促进生产发展的作用时,工程建设定额就要重新编制或修订了。从一段时期看,定额是稳定的;从长期看,定额是变动的。

3. 定额的作用

(1) 定额是节约社会劳动和提高生产效率的工具。

①生产性的施工定额直接作用于建筑安装工人。企业以定额作为促使工人节约社会劳动(工作时间、原材料等)和提高劳动效率、加快工作进度的手段,以增强市场竞争能力,获取更多利润。

②作为工程造价计算依据的各类定额,又促使企业加强管理,把社会劳动的消耗控制在合理的限度范围内。

③作为项目决策的定额指标,在更高层次上促使项目投资者合理、有效地利用和分配社会劳动。

(2) 定额是国家对工程建设项目进行宏观调控和管理的手段。

利用定额对工程建设进行宏观调控和管理主要表现在如下方面。

①对工程造价进行管理和调控。

②对资源配置和流向进行预测和平衡。

③对经济结构,包括企业结构和所有制结构进行合理的调控,也包括对技术结构和产品结构的调整。

(3) 定额有利于市场竞争。

定额是对市场信息的加工,又是对市场信息的传递。定额所提供的准确的信息,为市场需求主体和供给主体之间、供给主体相互之间的公平竞争,提供了有利条件。

(4) 定额是对市场行为的规范。

定额既是投资决策的依据,又是价格决策的依据。

(5) 定额有利于完善市场的信息系统。

信息是市场体系中的不可缺少的要素,其可靠性、完备性和灵敏性是市场成熟和市场效率的标志。定额管理是对大量信息的加工和传递,同时也是收集市场的反馈信息。

(6) 定额有利于推广先进的施工技术和工艺。

定额水平中包含着某些已成熟的先进施工技术和经验,工人要达到和超过定额,就必须掌握和应用这些先进技术。如果工人要大幅度超过定额水平,他的劳动就必须具有创造性。

①在工作中注意改进工具和技术操作方法,注意原材料的节约,避免原材料和能源的浪费。

②企业或主管部门为了推行施工工具和施工方法,贯彻定额也就意味着推广先进技术。

③企业或主管部门为了推行定额,往往要组织技术培训,这有利于新技术、新工艺、新材料、新经验的推广,从而大大提高全社会的劳动生产效率。

4. 定额的分类

(1) 按生产要素分类。

在施工生产中起主要作用的有三大要素,即劳动力、材料和机械。路桥工程定额建立在实物法的编制基础上,所以工、料、机三要素在路桥工程定额中是主要内容。具体见表8.3。

表8.3　定额按生产要素分类

项目	表现形式	内容解释	计量单位	相关关系
劳动定额	时间定额	生产单位数量合格产品所消耗的劳动量标准	劳动量单位/产品单位:如工日/m^3	时间定额与产量定额互为倒数
	产量定额	劳动者在单位劳动量内完成合格产品的数量	产品单位/劳动量单位:如m^3/工日	

续表

项目	表现形式	内容解释	计量单位	相关关系
材料定额	材料净消耗定额	在合理的施工条件下,生产单位合格产品所消耗的材料净用量	以材料的实物计量单位来表示:如 m,kg,t 等	材料消耗量=(1+材料损耗率)×完成单位产品的材料净用量
	必要损耗量	在施工过程中发生的自然和工艺性的损耗量		
	材料产品定额	一定规格的原材料,在合理的操作前提下,规定完成合格产品的数量	件、块、根等可以表达产品数量的单位	
	材料周转定额	周转性材料(如模板、支架的木料)在施工中合理使用的次数和用量标准	表达为一次使用量和摊销量,其单位可用实物计量单位来表示	影响因素有一次使用量、每周转使用一次材料的损耗、周转使用次数、最终回收折价
机械台班定额	时间定额	在一定的操作内容、质量和安全要求的前提下,规定完成单位数量产品或任务所需作业量(如台时、台班等)的数量标准	作业量单位/产品单位:如台班/m^3	机械台班消耗定额的时间定额与机械台班消耗定额的产量定额互为倒数
	产量定额	在一定的操作内容、质量和安全要求的前提下,规定每单位作业量(如台时、台班等)完成的产品或任务的数量标准	产品单位/作业量单位:如 m^3/台班	

续表

项目	表现形式	内容解释	计量单位	相关关系
机械台班定额	费用定额	以机械的一个台班为单位,规定其所消耗的工时、燃料及费用等数量标准,并可折算为货币形式表现的定额	金额/台班:如334.8元/台班,334.8元中包括每台班所消耗的可变和不变费用	

(2) 按使用要求分类。

在路桥基本建设活动中,工程建设工作所处的阶段不同,编制造价文件的主要依据是不同的。按定额的用途分为施工定额、预算定额、概算定额、投资估算指标等。具体见表8.4。

表8.4 定额按使用要求分类

名称	内容	适用阶段	作用	特点	定额水平
施工定额	施工企业为组织生产和加强管理在企业内部使用的一种定额	施工阶段	是施工单位组织生产、编制施工组织设计、签发任务单、计算计件工资,进行经济核算等的依据	项目划分很细,是分项最细、定额子目最多的一种定额,是工程建设中的基础性定额	平均先进定额
预算定额	计算工程造价和计算工程中劳动量、机械台班、材料使用量而使用的一种定额	施工图设计	编制施工图预算的依据,也是编制概算定额、估算指标,进行技术经济比较及分析的依据;是工程结算的依据;是合理编制标底、投标的基础	产品计量单位比施工定额大	社会平均

续表

名称	内容	适用阶段	作用	特点	定额水平
概算定额	计算和确定工程概算造价、计算劳动量、机械台班、材料需要量所使用的定额	初步设计	编制项目概算、修正概算的依据；设计方案比较的依据；主要材料需要量的计算基础	是在预算定额基础上加以综合而成的，定额中的工程项目单位都比较大	—
投资估算指标	在编制项目建议书、可行性研究报告和编制设计任务书阶段进行投资估算、计算投资需要量时使用的一种定额	项目建议书、可行性研究、设计任务书	综合指标是编制建设项目建议书投资估算的依据，主要用于在经济上研究建设项目的选择、建设的合理性、公路网布局的合理性、编制长远发展规划等。分项指标是编制可行性研究报告投资估算的依据，用于在经济上确定方案的成本，以便研究经济是否可行	综合指标按全国省区、公路等级、地质地貌区划的类型划分，它是以公里为单位编制的实物量指标。分项指标是以各项工程的人工、材料、机械使用费及施工管理指标为表现形式的指标。其项目的划分与概算十分接近	—

（3）按编制单位和执行定额的范围不同分类。

定额按编制单位和执行定额的范围不同，分为全国统一定额、地区统一定额、行业统一定额、企业定额和补充定额，见表8.5。

表8.5 定额按编制单位和执行定额的范围不同分类

名称	编制单位	适用范围	内容
全国统一定额	国家建设行政主管部门	全国范围	分为两类：一类是通用性较强的；另一类是专业性较强的，如公路工程的定额

续表

名称	编制单位	适用范围	内容
地区统一定额	省、自治区、直辖市	地区内	如建筑工程预算定额、市政工程预算定额、房屋修缮定额等结合各地区特点编制的定额
行业统一定额	各行业部门	在本行业和相同专业性质的范围内使用	是考虑到各行业部门专业工程技术特点,以及施工生产和管理水平编制的专业定额,如公路工程定额、矿井建设工程定额、铁路建设工程定额等
企业定额	企业自行编制	企业内部	如施工企业附属的加工厂、车间为了内部核算便利而编制的定额。企业定额水平一般应高于国家现行定额,以便满足生产技术发展、企业管理和市场竞争的需要
补充定额	一般由施工企业提出测定资料,与建设单位或设计部门协商议定	在指定的范围内使用,并同时报主管部门备查	是指随着设计、施工技术的发展在现行定额不能满足需要的情况下,为了补充缺项所编制的定额,经过总结和分析,往往成为补充或修订正式统一定额的基本资料

(4) 各种定额之间的关系。

从定额的分类中可以看出各种定额之间的有机联系。它们相互区别、相互交叉,相互补充、相互联系,从而形成一个与建设程序分阶段工作深度相适应、层次分明、分工有序的庞大的工程体系。工程定额体系示意图见图 8.7。

8.2.2 路桥工程施工定额

1. 路桥工程施工定额的概念及作用

(1) 施工定额的概念。

施工定额是指在合理的劳动组织和正常施工条件下,为完成单位合格产品生产所需消耗的人工、材料和机械台班的数量标准。它反映了企业的施工水平、

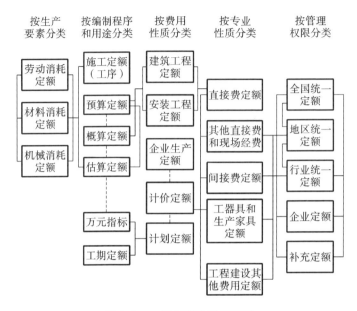

图 8.7 工程定额体系示意图

注：实线表示各类定额之间的关系；虚线表示定额的层次

装备水平和管理水平，是直接用于路桥施工管理的定额，是编制施工预算、实行内部经济核算的依据。施工定额不同于预算定额，它是制定预算定额的基础。

施工定额是以先进合理为原则的定额水平制定的。定额水平是指定额规定的劳动力、材料和机械台班的消耗标准。先进合理原则是指在合理的生产技术及组织条件下，经过努力，部分工人可以超额，多数工人可以达到的水平。

（2）施工定额的作用。

①施工定额是企业计划管理的依据。

施工定额是企业编制施工组织设计、施工作业计划的依据，施工组织设计是指导拟建工程进行施工准备和施工生产的技术经济文件，其基本任务是根据招标文件及合同协议的规定，确定出经济合理的施工方案，在人力和物力、时间和空间、技术和组织上对拟建工程做出最佳的安排。施工作业计划则是根据企业的施工计划、拟建工程施工组织设计和现场实际情况编制的，它是一个以实现企业施工计划为目的的施工队、组的具体执行计划。它综合体现了企业生产计划、施工进度计划和现场实际情况的要求，是组织和指挥生产的技术文件，也是队、组进行施工的依据。因此，施工组织设计和施工作业计划是企业计划管理中不可缺少的环节。这些计划的编制必须依据施工定额。

②施工定额是组织和指挥施工生产的有效工具。

施工任务单,是下达施工任务的技术文件,也是班、组经济核算的原始凭证。施工任务单下达给班组的工程任务,包括工程名称、工作内容、质量要求、开工和竣工日期、计划用工量、实物工程量、定额指标、计件单价和平均技术等级等内容。实际完成任务情况的记载和工资结算,包括实际开竣工日期,完成的实物工程量其用工日数,实际平均技术等级完成工程的工资额、工人工时记录和每人工资分配额等。这里可以明显看出,施工任务单上的工程计量单位、产量定额和计件单位,均需取自施工的劳动定额,工资结算也要根据劳动定额的完成情况计算。

限额领料单是施工队随任务单同时签发的领取材料的凭证,这一凭证是根据施工任务和施工的材料定额填写的。其中领料的数量,是班组为完成规定的工程任务消耗材料的最高限额,这一限额也是评价班组完成任务情况的一项重要指标。

③施工定额是编制单位工程施工预算、进行施工预算和施工图预算"两算对比"、加强企业经济核算和成本管理的依据。

施工预算是施工单位用以确定单位工程人工、机械、材料和资金需要量的计划文件,施工预算以施工定额为编制基础,既要反映设计图纸的要求,也要考虑在现有条件下可能采取的节约人工、材料和降低成本的各项具体措施。这就能够更合理地组织施工生产,有效地控制施工中人力、物力消耗,节约成本开支。

施工中人工、机械和材料的费用,是构成工程成本中直接费用的主要内容,对间接费用的开支也有着很大的影响。严格执行施工定额可以起到控制成本、降低费用开支、加强经济核算和增加赢利的作用。

④施工定额有利于先进技术的推广。

施工定额是按成熟的、先进的施工技术和施工组织设计编制的,工人要达到和超过定额,就必须掌握和运用这些先进技术;如果工人要想大幅度超过定额,他就必须进行创造性的劳动,在工作中注意改进工具和改进技术操作方法,注意原材料的节约,避免原材料和能源的浪费。施工定额中往往明确要求采用某些较先进的施工工具和施工方法,所以贯彻施工定额也就意味着推广先进技术。企业或主管部门为了推行施工定额,往往也要组织技术培训,以帮助工人能达到和超过定额。技术培训和技术表演等方式也都可以大大普及先进技术和先进操作方法。

2. 路桥工程施工定额的内容

(1) 文字说明。

①总说明。

有关定额全部并具有共同性的问题和规定,通常列入总说明中。总说明的基本内容有:定额的用途、适用范围及编制依据;定额水平;有关定额全册综合性工作内容;工程质量及安全要求;定额指标的计算方法;有关规定及说明等。有的施工定额还有分册的定额项目和工作内容,施工方法和质量安全要求,有关规定和说明等。

②章说明。

主要内容有使用范围、工作内容、定额计算方法、质量要求、施工方法、术语说明以及其他说明。

③分节说明。

主要内容有工作内容、施工方法、小组成员等。

(2) 分节定额。

①定额表。

定额表是分节定额中的核心部分和主要内容。《公路工程施工定额测定与编制规程》(JTG/T 3811—2020)中包括劳动定额、机械台班定额等。

②附注。

附注一般列在定额表的下面,主要是根据施工条件的变动,规定工人、材料、机械定额用量的增减变化,通常采用乘以系数和增减工日或台班的方法来计算。附注的作用是对定额表的补充,也是对定额使用的限制。

(3) 附录。

附录放在定额分册的最后,作为使用定额的参考和换算的依据。内容包括:名词解释,必要时附图解说明;先进经验介绍及先进工具介绍;参考资料。

8.2.3 路桥工程工、料、机预算单价的确定

1. 人工预算单价的确定

(1) 基本工资。

基本工资系指发放的生产工人的基本工资、流动施工津贴和生产工人劳动保护费。

生产工人劳动保护费系指按国家有关部门规定标准发放的劳动保护用品的购置费及修理费,徒工服装补贴,防暑降温费,在有碍身体健康环境中施工的保健费用等。

(2) 工资性补贴。

工资性补贴系指按规定标准发放的物价补贴,煤、燃气补贴,交通补贴,住房补贴,地区津贴等。

(3) 生产工人辅助工资。

生产工人辅助工资系指生产工人年有效施工天数以外非作业天数的工资,包括开会和执行必要的社会义务时间的工资,职工学习、培训期间的工资,调动工作、探亲、休假期间的工资,因气候影响停工期间的工资,女工哺乳时间的工资,病假在六个月以内的工资及产、婚、丧假期的工资。

(4) 职工福利费。

职工福利费系指按国家规定标准计提的职工福利费。

人工费以概、预算定额人工工日数乘以每工日人工费(即人工预算单价)计算,路桥工程生产工人每工日人工费(即人工单价)按式(8.1)计算。

$$人工费(元/工日)=[基本工资(元/月)+地区生活补贴(元/月)\\+工资性津贴(元/月)]\times(1+14\%)\times12月\div225(工日) \quad (8.1)$$

式(8.1)中各项说明如下。

① 基本工资:即生产工人每个月的基本工资。

② 地区生活补贴:指国家规定的边远地区生活补贴、特区补贴。

③ 工资性津贴:指物价补贴,煤、燃气补贴,以及交通费补贴、住房补贴等。

除①项不调整外,②、③项由各省、自治区、直辖市公路(交通)工程定额(造价管理)站根据当地人民政府的有关规定核定后公布执行;并抄送部公路工程定额站备案。

人工工资单价仅作为编制概、预算的依据,不作为施工企业实发工资的依据。

2. 材料预算单价的确定

1) 材料预算价格的概念

建筑安装工程费中的材料费,是由列入概、预算定额的材料、构(配)件、零件和半成品、成品的用量以及周转材料的摊销量,按工程所在地的预算价格计算的费用。材料费在整个工程直接费中占的比重很大,因此,正确、合理地确定材料预算价格是正确编制工程概、预算文件,合理确定工程造价的关键之一。

材料预算价格是指材料由其来源地或交货地,到达工地仓库或中心堆场后的出库价格。

2) 材料预算价格的分类和组成

(1) 材料预算价格的分类。

材料预算价格按编制和使用范围划分,可划分为地区材料预算价格和单项工程使用的材料预算价格。

地区材料预算价格是按地区编制的,供该地区内有关工程使用。

单项工程使用的材料预算价格是以一个工程为对象编制的,经有关部门批准后方可使用。

以上两种材料预算价格在编制原理上是一致的,基本方法相同。

(2) 材料预算价格的组成。

材料预算价格由材料原价、运杂费、场外运输损耗、采购及仓库保管费组成。计算公式见式(8.2)。

$$路桥预算价格=(材料原价+运杂费)\times(1+场外运输损耗率) \times(1+采购及保管费率)-包装品回收价值 \quad (8.2)$$

3) 材料预算价格的编制依据

①材料名称、规格、单位、单位质量的确定。

②产品出厂价格或省、市的交电、五金、化工产品价目表,及地方材料的现行出厂价资料。

③材料的来源地、货源量比例及运输方式的比例。

④铁路、公路、轮船、装卸以及运输包装费用标准。

⑤供销部门手续费收费标准。

⑥采购保管费标准。

⑦各种材料的场外运输损耗率。

⑧建设地区的运输总平面图以及施工组织设计资料。

4) 材料预算价格的确定

(1) 材料原价。

外购材料:国家或地方的工业产品,按国营工业产品出厂价格计算,并根据情况加计供销部门手续费和包装费。如供应情况、交货条件不明确,可采用当地规定的价格计算。

地方性材料:包括外购的砂、石材料等,按实际调查价格或当地主管部门规定的预算价格计算。

自采材料:砂、石、黏土等自采材料,按定额中开采单价加辅助生产现场经费计算。

在路桥工程概、预算的编制中不计列材料价差,材料价格也不作为计取各项费用的基础,因此,材料原价应按实计取。一般由各省、自治区、直辖市公路(交通)工程定额(造价管理)站通过调查,编制本地区的材料价格信息,供编制概、预算使用。

材料供销部门手续费是指某些材料不能直接向生产厂家采购、订货,需经某些物资供应部门供应的材料,应支付的手续费(包括物资承包公司的劳务费)。

材料包装费,是指为了便于运输材料和保护材料而进行包装所需的一切费用。具体计算时应注意以下两点。

①凡由生产厂家负责包装的材料其包装费已计入原价内的,不再另行计算包装费,但包装材料回收价值应予扣除,其计算公式见式(8.3)。

$$包装材料回收价值 = \frac{包装材料原价 \times 回收率 \times 回收价值率}{包装器材标准容量} \quad (8.3)$$

②采购单位自备包装品的,应按原包装品的出厂价格根据使用次数分摊计算包装费。计算公式见式(8.4)。

$$自备包装的包装费 = \frac{包装品原价 \times (1 - 回收率 \times 回收价值率) + 使用期维修费}{周转使用次数 \times 包装容器标准容量}$$

$$(8.4)$$

(2)运杂费。

运杂费系指材料自供应地点至工地仓库(施工地点存放材料的地方)的运杂费用,包括装卸费、运费,有时还应计囤存费及其他杂费(如过磅、标签、支撑加固等费用)。

材料运杂费一般占材料费的15%左右,有些地方性材料质量大、价差低,运杂费往往相当于原来价格的1~2倍,因此,运杂费直接影响到材料预算价格的确定,应合理选择运输方式,通过对材料原价及运输费的综合比较,最后确定最佳方案。为此,必须对整个运输过程和所产生的费用进行分析。

①运输流程。

一般情况下,建筑材料的运输流程可表示为图8.8。

②运输费的组成。

运输费由车船运费、调车费、驳船费、装卸费,以及附加工作费组成。

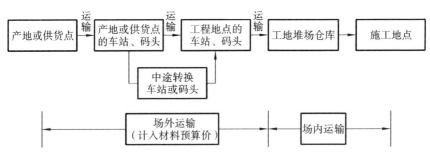

图 8.8 材料运输流程

a. 运费。

通过铁路、水路和公路运输部门运输的材料,按铁路、航运和当地交通部门规定的运价计算运费。

b. 调车费。

调车费是铁路机车在专用线或非公用装货地点取送车皮的费用。不论取送多少车皮,调车费均按往返两次(即四个单程)收费,以机车公里计算费用。

每吨货物的调车费按式(8.5)计算。

$$每吨货物调车费 = \frac{调车里程 \times 2 \times 每机车公里调车费用}{每次车皮数 \times 车厢技术装载量} \tag{8.5}$$

c. 驳船费。

驳船费是指从码头至船舶取送货物所发生的费用,按港口规定计算。水运费一般已包括了驳船费。

d. 装卸费。

装卸费是指装卸货物所发生的费用。一般应根据各地区有关部门规定的取费标准计算。

e. 附加工作费。

附加工作费是指除运费、调车费、驳船费、装卸费以外的其他发生在运输过程中的费用。如铁路、公路运输中超长物资的游车费;泡松物质的加泡费、货签费等;水路运输中的养河费、过坝费、拉纤费;运石灰、砂石材料的附加费,回程空驶费等,还包括材料运到工地仓库或堆场后的搬运、堆放费用。

f. 自办运输的运费计算。

施工单位自办的运输,30 km 以上的长途汽车运输按当地交通部门规定的统一运价计算运费;30 km 及以内的运输,当工程所在地交通不便,社会运输力量缺乏时,如边远地区和某些山岭区,允许单程在 10~30 km 的汽车运输按当地交通部门规定的统一运价加50%计算运费;10 km及以内的汽车运输以及人力场外运输,按预算定额计算运费。其中人力装卸和运输另按工费加计辅助生产现场经费。

一种材料如有两个以上的供应点,都应根据不同运距、运量、运价采用加权平均的方法计算运费。

在路桥工程预算定额中汽车运输台班已考虑工地便道的特点,定额中已计入了"工地小搬运"项目,因此平均运距中汽车运输便道里程不得乘调整系数,也不得在工地仓库或堆场之外再加场内运距或二次倒运的运距。有容器或包装的材料及长大轻泡材料,应按规定的毛重计算。

（3）场外运输损耗。

场外运输损耗,系指有些材料在到达工地仓库或堆场前在正常的运输过程中发生的损耗,这部分损耗应摊入材料单价内。

（4）采购及保管费。

材料采购及保管费,系指材料供应部门（包括工地仓库以及各级材料管理部门）在组织采购、供应和保管材料过程中,所需的各项费用及工地仓库的材料储存损耗。包括各级采购及保管人员的工资、职工福利费、办公费、差旅交通费、办公用房和仓库等固定资产使用费、工具用具使用费、劳动保护费、检验试验费以及其他零星费用。

材料的品种繁多,其采购保管费不能按每种材料在采购及保管过程中所发生的实际费用计算,因此,以材料的供应价格加运杂费及场外运输损耗的合计数为基数,乘以采购保管费率计算。材料的采购及保管费费率为2.5%。

外购的构件、成品及半成品的预算价格,其计算方法与材料相同,但设备、构件（如外购的钢桁梁、钢筋混凝土构件及加工钢材等半成品）的采购保管费率为1%。

确定材料预算价格的各种文件和规定随国家政策及市场物价的变化而经常在改变,因此,在编制和使用材料预算价格时应注意按最新文件或规定执行。

3. 施工机械台班预算单价的确定

一台机械工作一个工作班即称为一个台班。机械台班预算价格就是一个台班中,为使机械正常运转所支出和分摊的人工、材料、折旧、维修以及养路费等各项费用的总和。

施工机械台班使用费是组成建安工程费的主要费用之一,它将随着施工机械化水平的提高而增加,因此,正确、合理地确定机械台班预算单价,对控制工程成本有着重要的意义。

1)施工机械台班预算单价的组成

路桥工程施工机械台班预算价格应按交通运输部公布的《公路工程机械台班费用定额》(JTG/T 3833—2018)计算,台班单价由不变费用和可变费用组成。不变费用包括折旧费、大修理费、经常修理费、安装拆卸及辅助设施费等;可变费用包括机上人员工资、动力燃料费、养路费及车船使用税。可变费用中的人工工日数及动力燃料消耗量,应以机械台费用定额中的数值为准。台班人工费工日单价同生产工人人工费单价,工程船舶和潜水设备的工日单价按当地有关部门规定计算。动力燃料费用则按当地的动力物资的工地预算价格规定计算。养路费及车船使用税,如需缴纳时,应根据各省、自治区、直辖市及国务院有关部门的规定标准,按机械的年工作台班分摊计入台班单价中。

2)施工机械台班预算单价的计算

(1)不变费用的组成及计算。

不变费用也称为第一类费用,它是根据主管部门的规定和机械年工作台班制度确定的。它不管机械的开动情况以及施工点和条件的变化,都需要支出,是一种比较固定的经常性费用,应按全年的费用分摊到每一台班中去。不变费用是直接用金额的形式列入台班预算单价中的,使用时一般不允许进行调整。

①机械折旧费:指根据机械使用年限逐年提取的为恢复机械原值的费用。机械折旧费应按机械的预算价格,机械使用总台班、机械残值率等情况确定,如式(8.6)所示。

$$台班折旧费 = \frac{机械预算价格 \times (1-残值率)}{耐用总台班} \quad (8.6)$$

式(8.6)中:

a. 机械预算价格:由机械出厂(或到岸完税)价格和从生产厂(销售单位交货地点或口岸)运至使用单位机械管理部门验收入库的全部费用组成。即

国产机械预算价格=出厂(或销售)价格+供销部门手续费+一次性运杂费

国产运输机械预算价格=出厂(或销售)价格×(1+购置附加费率)
　　　　　　　　　　+供销部门手续费+一次性运杂费

进口机械预算价格=到岸价格+关税+增值税+外贸部门手续费
　　　　　　　　　+银行财务费+国内一次性运杂费

进口运输机械预算价格＝(到岸价格＋关税＋增值税)×(1＋购置附加费率)
　　　　　　　　　＋外贸部门手续费＋银行财务费
　　　　　　　　　＋国内一次性运杂费

国产机械的出厂(或销售)价格,主要是按照机械生产厂家询价、市场价格以及各地路桥施工企业的实购价格,经分析后合理取定的。

国产机械的供销部门手续费和一次性运杂费,按机械出厂(或销售)价格的7%计算。

进口机械的到岸价格,主要依据机械到岸价格的外币值乘以定额编制期国家公布的外汇汇率计算。

进口机械的国内一次性运杂费,按机械到岸完税价格的3%计算。

机械预算价格中有关关税、增值税、车辆购置附加费、外贸部门手续费、银行财务费,按现行国家规定计算。

b. 残值率:指施工机械报废时,其回收残余价值占机械原值的比率,一般为2%～5%。

c. 耐用总台班:指机械设备从开始投入使用至报废前所使用的总台班数。耐用总台班＝年工作台班×折旧年限。

d. 年工作台班:指机械在规定的使用期内,每年应作业的平均台班数。

表 8.6 为路桥工程主要施工机械的年工作台班。

表 8.6　路桥工程主要施工机械年工作台班

机 械 项 目	年工作台班
沥青洒布车、汽车式划线车	150
平板拖车组	160
液态沥青运输车、散装水泥运输车、混凝土搅拌运输车、混凝土输送泵车、运油汽车、加油汽车、洒水汽车、拖拉机、汽车式起重机、汽车式钻孔机、自卸汽车、拖轮	200
机动翻斗车、载货汽车	220
工程驳船	230

②大修理费:指机械设备按规定的大修间隔台班必须进行大修理,以恢复其正常功能所需的费用,见式(8.7)。

$$台班大修费 = \frac{一次大修费 \times 大修次数}{耐用总台班} \tag{8.7}$$

式(8.7)中:

$$大修次数 = \frac{使用总台班}{大修间隔台班} - 1$$

一次大修理费用指机械设备按规定的大修理范围,修理工作内容所需更换零、配件、消耗材料及机械人工费,送修运杂费等。

③经常修理费:指机械设备除大修理以外的各级保养(包括一、二、三级保养)及为排除临时故障所需的费用;为保障机械正常运转所需替换设备、随机使用工具、附具摊销和维护的费用;机械运转与日常保养所需的润滑油脂、擦拭材料(布及棉纱等)费用和机械在规定年工作台班以外的维护、保养费用等。如式(8.8)表示。

$$台班经常修理费 = \frac{\sum\left(\begin{array}{c}大修理期内各级\\保养一次费用\end{array} \times 保养次数\right) + 临时故障排除费用}{大修理间隔台班}$$

$$= \frac{\left[\begin{array}{c}替换设备及\\工具附具费用\end{array} \times (1 - 残值率)\right] + \begin{array}{c}替换设备及工具\\附具维护费用\end{array}}{替换设备及工具附具耐用台班}$$

$$+ \sum 例保辅料费$$

(8.8)

④安装拆卸及辅助设施费:指机械在施工现场进行安装、拆卸所需的人工费、材料费、机械费、试运转费以及安装所需的辅助设施费。辅助设施费包括安置机械的基础、底座及固定锚桩等费用。打桩、钻孔机械在施工中的过墩、移位等所发生的安装及拆卸费,包括在工程项目之内。稳定土厂拌设备、沥青乳化设备、黑色粒料拌和设备、混凝土搅拌站(楼)的安装、拆卸,以及拌和设备、搅拌站(楼)、大型发电机的基础、沉淀池、散热池等辅助设施和机械操作所需的轨道、工作台的设置费用等,不在此项费用内,在工程项目中另行计算。如式(8.9)所示。

$$台班安装拆卸费及辅助设施费 = \frac{机械一次安装拆卸费 \times 年平均安装拆卸次数}{年工作台班}$$

$$+ 台班辅助设施摊销费$$

(8.9)

(2)可变费用的组成及计算。

可变费用也称为第二类费用,是以每台班实物消耗指标的形式表示的。在使用时随工程所在地的人工、动力燃料、养路费及车船使用税的标准不同而不同,应根据有关的文件或规定计算确定。

①人工费:指机上人员的工资(包括基本工资、工资性津贴、地区生活补贴、

辅助工资、职工福利费),台班人工费工日单价按生产工人人工单价,随机操作人员数以机械台班费用定额中的数值为准。

②动力燃料费:指使机械启动并运转所需的煤、油、电、水、柴等动力物资。计算时其消耗量以机械台班费用定额中的数值为准,其单价按当地动力物资的工地预算价格计算。

③养路费:指自行机械行驶在公路上按交通部门规定应缴纳的用于养路的费用。该费用应根据各省、直辖市及国务院有关部门的规定,按机械的年工作台班计入台班费中。

④车船使用税:指税务部门按规定征收的车船使用税。如需缴纳,应根据各省、自治区、直辖市及国务院有关部门的规定标准,按机械的年工作台班计入台班费中。如式(8.10)所示。

$$\text{台班养路费及车船使用税} = \frac{\text{养路费}[\text{元}/(\text{吨}\cdot\text{月})]\times\text{计算吨位}(t)\times 12(\text{年工作月}) + \text{车船使用税}[\text{元}/(\text{吨}\cdot\text{年})]\times\text{计算吨位}}{\text{年工作台班}}$$

(8.10)

式(8.10)中:

计算吨位=征费计量标准×应征系数

征费计量标准:执行《关于印发〈公路汽车征费标准计量手册〉(第三册)的通知》(交公路发〔2000〕563号)的有关规定。

应征系数:执行各省、自治区、直辖市的有关规定。

表8.7为路桥工程机械台班费用定额示例。

表8.7 路桥工程机械台班费用定额示例

代号			940	941	942	943	944	947	948
费用项目		单位	空气压缩机					工业锅炉	
			机动					蒸发量	
			排气量(m³/min)					(t/h)	
			6以内	9以内	12以内	17以内	40以内	1以内	2以内
不变费用	折旧费	元	46.4	62.24	78.56	92	254.63	120.53	155.51
	大修理费	元	21.7	29.1	36.7	38.33	105	31.4	40.08
	经常修理费	元	75.73	101.56	128.08	133.77	325.5	69.08	88.18
	安拆及辅助费	元	1.28	1.43	2.15	1.9	2.86	2.25	3.61
	小计	元	145.11	194.33	245.49	266.95	689.42	224.39	289.19

续表

代 号			940	941	942	943	944	947	948
可变费用	工人	工日	1	1	1	1	1	1	1
	汽油	kg	—	—	—	—	—	—	—
	柴油	kg	45	62	73	99	226	—	—
	煤	kg	—	—	—	—	—	1.15	2.173
	电	kW·h	—	—	—	—	—	48	77
	水	t	—	—	—	—	—	7	14
	火柴	kg	—	—	—	—	—	16	21
	养路及车船税	元	—	—	—	—	—	—	—
基价		元	264.63	352.95	429.41	510.67	1225.24	493.11	776.21
序号			—	430	431	432	433	434	435	436

第 9 章 路桥工程全过程造价管理

9.1 投资决策阶段工程造价控制

9.1.1 投资决策阶段工程造价控制概述

1. 工程项目投资决策的意义

工程项目投资决策是选择和决定投资行动方案的过程。建设项目投资者按照自己的投资意图、目的,在调查、分析、研究的基础上,对投资规模、投资方向、投资的结构、投资分配以及投资设想的选择和布局等方面进行分析研究,在一定的约束条件下,对拟建项目的必要性和可行性进行技术经济论证,对不同建设方案进行技术经济分析和比较选择,最后做出是否投资的判断和决定的过程。

工程项目投资决策是投资行动的前提和准则,正确的项目投资来源于正确的项目投资的决策。项目决策的正确与否,关系到工程造价的高低及投资效果的好坏,并直接影响到建设项目的成败。因此,加强建设项目决策阶段的工程造价管理非常重要。

2. 工程项目决策阶段的工作内容

(1) 投资意向、机会研究(项目建议书)。

投资意向、机会研究为项目的投资方向和设想提出建议,根据国民经济发展长远规划和行业地区规划、经济建设方针、建设任务和技术经济政策,在一个确定的地区和部门内,利用对自然资源和市场的调查、预测,寻找最有利的投资机会,提出项目投资建议。

在此阶段,需要编制项目建议书,提出项目的大致设想,初步分析项目建设的必要性和可行性。

(2) 初步可行性研究。

项目建议书经过国家、地方计划部门批准后,对于那些投资规模较大、工艺技术复杂的大中型建设项目,在进行全面分析研究之前,往往需要先进行初步可行性研究。

初步可行性研究介于机会研究和详细可行性研究的中间阶段。其目的是对建设项目初步评估进行专题辅助研究,广泛分析、筛选方案,鉴定建设项目的选择依据和标准,确定建设项目的可行性研究。通过编制建设项目的初步可行性研究报告,判断是否有必要进行下一步的详细的可行性研究。

(3) 详细可行性研究。

详细可行性研究为建设项目决策提供技术、经济、社会及商业方面的依据,是建设项目投资决策的基础。研究的目的是对建设项目进行深入细致的技术经济论证,重点对建设项目进行财务效益、经济效益的分析评价,经过多方案比较选择最佳方案,确定建设项目的最终可行性。本阶段的最终成果为可行性研究报告。

(4) 可行性研究的内容。

建设项目的可行性研究是在对建设项目进行深入细致的技术经济论证的基础上做多方案的比较和优选,提出结论性意见和重大的措施建议,为决策部门最终决策提供科学依据。其内容包括:总论、市场预测、资源条件评价、建设规模与产品方案、厂址选择、技术方案、主要原材料燃料供应、总图布局、能源和资源节约措施、环境影响评价、劳动安全卫生与消防、组织机构与人力资源配置、项目实施进度、投资估算、融资方案、项目经济评价、社会评价、风险分析、研究结论与建议等。

(5) 可行性研究报告的编制。

①编制程序。根据我国现行的工程项目建设程序和国家颁布的相关规范文件,可行性研究报告的编制程序如下:建设单位提出项目建议书和初步可行性研究报告,各投资单位根据国家经济发展的长远规划、经济建设的方针任务和技术经济政策,结合资源情况、建设布局等条件,在广泛调查研究、收集资料、踏勘建设地点、初步分析投资效果的基础上,提出需要进行可行性研究的项目建议书和初步可行性研究报告。项目业主、承办单位委托有资质的单位进行可行性研究。咨询或设计单位进行可行性研究工作,编制完整的可行性研究报告。

②编制依据。项目建议书、初步可行性研究报告及其批复文件、国家和地方的经济和社会发展规划及行业部门发展规划、国家有关的法律法规政策、工程建设方面的标准规范定额、委托单位的委托合同、经国家统一颁布的有关项目评价

的基本参数和指标等。

③编制要求。编制单位必须具备承担可行性研究的条件,确保可行性研究报告的真实性和科学性,可行性研究报告的格式要规范化和标准化,可行性研究报告必须签证等。

(6) 可行性研究报告的审批。

根据《国务院关于投资体制改革的决定》(国发〔2004〕20号),政府对于投资项目的管理分为审批、核准、备案三种方式,对于政府投资的建设项目,继续实行审批制。对于企业不使用政府性资金建设的项目,一律不实行审批制,区别不同情况实行核准制和备案制。对于以投资补助、转贷和贷款贴息方式使用政府投资资金的企业投资项目,应该在项目核准或备案后向政府有关部门提交资金申请报告,政府有关部门只对是否给予资金支持进行批复,不再对是否允许项目投资建设提出意见。

在可行性研究的各个阶段,基础资料的详细程度、占有程度、研究深度及可靠程度要求不同,决定了各阶段的工作内容和投资估算精度也不同,见表9.1。

表9.1 可行性研究各阶段的工作内容和投资估算精度

工作阶段	投资机会研究	初步可行性研究	详细可行性研究
工作性质	项目设想	项目初选	项目拟定
工作内容及成果	鉴别投资方向,寻找投资机会,提出项目建议,为初步选择项目提供依据	对项目进行专门研究,编制初步可行性研究报告,确定是否有必要进行详细的可行性研究,进一步判断建设项目的生命力	对项目进行深入细致的技术经济论证,编制可行性研究报告,提出结论性意见,作为项目投资决策的重要依据
投资估算精度	±30%	±20%	±10%
费用占投资总额的百分比/%	0.2~1.0	0.25~1.25	0.8~3.0(根据项目的大小)
所需时间/月	1~3	4~6	8~12(或更长)

3. 工程项目决策阶段影响工程造价的主要因素

1) 工程项目的规模

建设项目规模大小的合理确定,就是要合理选择拟建项目的生产规模,解决"生产多少"的问题。每一个建设项目都存在着一个合理规模的选择问题。生产规模过小,资源得不到有效配置,单位产品成本较高,经济效益低下;生产规模过大,超过了项目产品市场的需求量,则会导致开工不足、产品积压或降价销售,项目经济效益也会低下。因此,项目规模的选择关系着项目的成败,决定着工程造价合理与否。在确定项目规模时,不仅要考虑项目内部各因素之间的数量匹配、能力协调,还要使所有生产力因素共同形成的经济实体(项目)在规模上大小适应。这样可以合理确定和有效控制工程造价,提高项目的经济效益。但同时也须注意,规模扩大所产生的效益不是无限的,它受到技术进步、管理水平、项目经济技术环境等多种因素的制约。超过一定限度,规模效益将不再出现,甚至可能出现单位成本递增和收益递减的现象。建设项目规模合理化的主要制约因素如下。

(1) 市场因素。

①市场需求状况是确定建设项目生产规模的前提。一般情况下,项目的生产规模应以市场预测的需求量为限,并根据项目产品市场的长期发展趋势做相应调整。

②原材料市场、资金市场、劳动力市场等对建设项目规模的选择起着不同程度的制约作用。建设项目规模过大可能导致原材料等各种需求市场的供应紧张和价格上扬,造成建设项目所需资金的筹措困难和资金的成本上升等。建设项目规模过小也可能导致建设项目达不到预期的产品需求量,发挥不了投资的效益,会造成重复投资的可能,造成浪费。

③市场价格预测是制定营销策略的重要依据和影响产品竞争力的主要因素。市场价格预测应综合考虑影响预期价格变动的各种因素,对市场价格做出合理的预测。

④市场风险分析是确定建设项目规模的重要依据。市场风险分析是指对未来某些重大不确定因素发生的可能性及其对建设项目可能造成的损失进行的分析,并提出风险规避措施。

(2) 技术管理因素。

先进的生产技术及技术装备是建设项目规模效益赖以存在的基础,而相应的管理技术水平则是实现规模效益的保证。若与经济规模生产相适应的先进技术及其装备的来源没有保障,或获取技术的成本过高,或管理水平跟不上,则不仅预期的规模效益难以实现,还会给项目的生存和发展带来危机,导致项目投资效益低下,工程施工支出浪费严重。

(3) 环境因素。

项目的建设、生产和经营离不开一定的社会、经济环境,项目规模确定中需考虑的主要因素有政策因素、燃料动力供应、协作及土地条件、运输及通信条件。其中,政策因素包括产业政策、投资政策、技术经济政策,以及国家、地区及行业经济发展规划等。特别是为了取得较好的规模效益,国家对部分行业的新建项目规模做了下限规定,选择项目规模时,应予以遵照执行。

2) 建设标准水平的确定

建设标准是指包括建设规模、占地面积、工艺装备、路桥标准、配套工程、劳动定员等方面的标准或指标。建设标准是编制、评估、审批建设项目可行性研究、设计任务书和初步设计的重要依据,是有关部门监督检查的客观尺度。建设标准水平高低,应发扬艰苦奋斗、勤俭节约的精神,贯彻执行国家的经济方针和技术经济政策,从我国的经济建设方针水平出发,区别不同地区、不同规模、不同等级、不同功能来合理地确定。标准水平过高,会脱离国情和财力、物力的承受能力,增加造价,甚至浪费投资;标准水平过低,会妨碍技术进步,影响国民经济发展和人民生活水平的改善。根据我国目前的情况,大多建设项目以采用中等适用标准为好。对于少数引进国外先进技术和设备的项目、少数有特殊要求的项目以及高新技术项目,标准可适当高些。路桥标准目前应坚持适用、经济、安全和朴实的原则。建设规模大小应按照规模经济效益的原则来确立,使资源和生产力得到合理的配置,确保资源的综合利用,充分发挥规模效益,促进经济由粗放型向集约型转变。真正克服过去那种各自为政、规模过小、同类产品生产的企业过多,重复建设,不顾经济规模和规模效益,浪费资源和人力、财力的现象。为此,国务院于1994年首次公布了第一批固定资产投资项目的经济规模标准,确定了22个产品的建设规模,如电解铝新建项目规模要在10万吨以上;炼油新建项目规模要在500万吨以上;录像机机芯新建和扩建项目规模要在60万台以上等。

3) 建设地区及建设地点的选择

(1) 建设地区的选择。

建设地区选择得合理与否,在很大程度上决定着拟建项目的命运,影响着工程造价的高低、建设工期的长短和建设质量的好坏,还影响到项目建成后的经营状况。因此,建设地区的选择要充分考虑各种因素的制约,具体要考虑以下因素。

①要符合国民经济发展战略规划、国家工业布局总体规划和地区经济发展规划的要求。

②要根据项目的特点和需要,充分考虑原材料条件、能源条件、水源条件、各地区对项目产品需求及运输条件等。

③要综合考虑气象、地质和水文等建厂的自然条件。

④要充分考虑劳动力来源、生活环境、协作、施工力量和风俗文化等社会环境因素的影响。

因此,在综合考虑上述因素的基础上,建设地区的选择要遵循靠近原料、燃料提供地和产品消费地的原则。满足这一要求,在项目建成投产后,可以避免原料、燃料和产品的长期远途运输,减少费用,降低产品的生产成本,并且缩短流通时间,加快流动资金的周转速度。但这一原则并不是意味着项目安排在距原料、燃料提供地和产品消费地的等距离范围内,而是根据项目的技术经济特点和要求,具体对待。

(2) 建设地点的选择。

建设地点的选择是一项极为复杂的技术经济综合性很强的系统工程,它不仅涉及项目建设条件、产品生产要素、生态环境和未来产品销售等重要问题,受社会、政治、经济、国防等多种因素的制约,而且还直接影响到项目建设投资、建设速度和施工条件,以及未来企业的经营管理及所在地点的城乡建设规划和发展。因此,必须从国民经济和社会发展的全局出发,运用系统观点和方法分析决策。

①选择建设地点的要求。节约土地、少占耕地、降低土地补偿费用。项目的建设应尽可能节约土地,尽量把厂址放在荒地和不可耕种的地点,避免大量占用耕地,节省土地的补偿费用。应尽量选在工程、水文地质条件较好的地段,土壤耐压力应满足拟建路桥的要求,严禁选在断层、熔岩、流沙层与有用矿床上以及洪水淹没区、已采矿坑塌陷区、滑坡区。项目的地下水位应尽可能低于地下路桥物的基准面。项目土地面积与外形能满足路桥与各种构筑物的需要,并适合按科学的工艺流程布置路桥及其构筑物。路桥地形力求平坦而略有坡度(一般以5%~10%为宜),以减少平整土地的土方工程量,节约投资,又便于地面排水。应便于供电、供热和其他协作条件的取得。应尽量减少对环境的污染。对于噪

声大的项目,厂址应选在距离居民集中地区较远的地方,同时,要设置一定宽度的绿化带,以减弱噪声的干扰。上述条件能否满足,不仅关系到建设工程造价的高低和建设期限,对项目投产后的运营状况也有很大影响。因此,在确定项目地址时,也应进行方案的技术经济分析、比较,选择最佳地址。

②建设地点选择时的费用分析。在进行地址多方案技术经济分析时,除比较上述地质条件外,还应从两方面进行分析。a.项目投资费用。包括土地征购费、拆迁补偿费、土石方工程费、运输设施费、排水及污水处理设施费、动力设施费、生活设施费、临时设施费和建材运输费等。b.项目投产后生产经营费用比较。包括原材料、燃料运入及产品运出费用,给水、排水、污水处理费用,动力供应费用等。

③建设地点方案的技术经济论证。在选择建设项目的地点时,要通过实地调查和基础资料的收集,拟定备选方案,并对各种方案进行技术经济论证,确定最佳地址的方案选择。

4) 生产工艺方案的确定

工艺流程是从原料(精矿)到产品(金属制品)的全部工序的生产过程。在可行性研究阶段就得确定工艺方案或工艺流程。随后的各项设计都是围绕工艺流程而展开的,所以选定的工艺流程是否合理,直接关系到企业建成后的经济效益。工艺先进适用、经济合理是选择工艺流程的基本标准。所选定的工艺流程必须在确保产品符合国家要求的同时,力求技术先进适用、经济合理,最大限度地提高金属回收率、劳动生产率和设备利用率,最大限度地保护环境卫生、生态平衡,防止"三废"(废水、废气、废渣)污染,缩短生产流程、强化生产过程、节约基建投资和降低生产成本,为企业谋求最大的经济效益。

(1) 先进适用性。

先进适用性是评定工艺的最基本的标准。先进与适用,是对立统一的。保证工艺的先进性是首先要满足的,它能够带来产品质量、生产成本的优势。但是不能单独强调先进而忽视适用,还要考察工艺是否符合我国的国情和国力,是否符合我国的技术发展政策。就引进先进的工艺技术来讲,世界上最先进的工艺,往往由于其对原材料要求过高,国内设备不配套或技术不容易掌握等原因而不适合我国的实际需要。因此,一般来说,引进的工艺和技术既要比国内现有的工艺先进,又要注意在我国的适用性,并不是越先进越好。有的引进项目,可以在主要工艺上采用先进技术,而其他部分则采用适用技术。总之,要根据国情和建设项目的经济效益,综合考虑先进与适用的关系。对于拟采用的工艺,除了必须保证能用指定的原材料按时生产出符合数量、质量要求的产品,还要考虑与企业的生产和销售条件(原有设备能否配套,技术和管理水平、市场需求、原材料种类等)是否相适应,特别要考虑到原有设备能否利用,技术和管理水平能否跟上等。

(2)经济合理性。

经济合理是指所用的工艺应能以尽可能小的消耗获得最大的经济效果,要求综合考虑所用工艺所能产生的经济效益和国家的经济承受能力。在可行性研究中,常提出多种工艺方案,各方案的投资数量、能源消耗量、动力需要和各项技术经济指标不尽相同,产品质量和产品成本也不一样,经济效果定有好坏。要对各方案进行比较、分析,综合评价出最合理的工艺。力求少投入、多产出,谋求最佳经济效益和社会效益,从而推荐出价值系数最大的工艺。经济合理还应结合国情,从实际出发。一般来说,自动化程度高的工艺,一般能产出质量好的产品,人工耗费也少,但需要较大投资,在我国资金缺乏、劳动力多、工资低的情况下,不一定经济合理。特别是中小型企业中,可能还是采用自动化程度稍低又能生产优质产品的工艺更为经济合理。能源紧张地区,可取低能耗工艺。

5)主要设备的选用

设备的选用要根据工艺要求和技术经济比较来确定,并应注意以下几点。

(1)尽量选用国产设备。

目前有不少先进设备国内确实不能生产,根据需要可向国外引进。为了节省外汇和促进国内机械制造业的发展,选用设备时,要注意以下几点。①凡国内能够制造或进口一些技术资料能仿制的设备就不引进。②只引进关键设备就能由国内配套使用的,就不必成套引进。③已引进设备并根据引进设备或资料能仿制的,一般就不再重复引进。

总之,要立足国内,尽量选用国产设备。当然,必须要引进的,还得向国外采购真正先进的设备。

(2)要注意进口设备之间以及国内外设备之间的衔接配套问题。

一个项目从国外引进设备时,为了考虑各供应厂家的设备特长和价格等问题,可能分别向几家制造厂购买。这时,就必须注意各厂所供设备之间技术、效率等方面的衔接配套问题。为了避免各厂所供设备不能配套衔接,引进时最好采用总承包的方式。还有一些项目,一部分为进口国外设备,另一部分由国内制造。这时,也必须注意国内外设备之间的衔接配套问题。

(3)要注意进口设备与原有国产设备、厂房之间的配套问题。

主要应注意本厂原有国产设备的质量、性能与引进设备是否配套,以免因国内外设备能力不平衡而影响生产。有的项目利用原有厂房安装引进设备,就应把原有厂房的结构、面积、高度以及原有设备的情况了解清楚，以免设备到厂后安装不下或互不适应而造成浪费。

（4）要注意进口设备与原材料、备品备件及维修能力之间的配套问题。

应尽量避免引进的设备所用主要原料需要进口。如果必须从国外引进，应安排国内有关厂家尽快研制这种原料。在备品备件供应方面，随机引进的备品备件数量往往有限，有些备件在厂家输出技术或设备之后不久就被淘汰。因此，采用进口设备还必须同时组织国内研制所需备品备件，以保证设备长期发挥作用。另外，对于进口的设备，还必须懂得如何操作和维修，否则不能发挥设备的先进性。在外商派人调试安装时，可培训国内技术人员及时学会操作，必要时也可派人出国培训。

9.1.2　可行性研究

1. 可行性研究的概念与作用

（1）可行性研究的概念。

建设项目可行性研究是工程项目建设前期管理的重要阶段，它是指在项目决策时，通过对项目有关的工程、技术、经济等各方面进行调查、研究、分析，对各种可能的建设方案和技术方案进行比较论证，并对项目建成后的经济效益进行预测和评价的一种科学分析方法。其任务是考察项目技术上的先进性和适用性，经济上的盈利性和合理性，建设的可能性和可行性。其结论为投资者的最终决策提供直接的依据。

目前，无论是发达国家还是发展中国家，都把可行性研究视为重要环节，投资者为了排除盲目性，减少风险，在竞争中取得最大利润，宁肯在投资前花费一定的代价，也要进行投资项目的可行性研究，以提高投资获利的可靠程度。

（2）可行性研究的作用。

①作为项目评估的依据。

②作为向银行申请贷款的依据。目前世界银行等国际金融组织、国家开发银行、中国建设银行、中国工商银行、中国投资银行等，都要根据可行性研究报告，对申请贷款的项目进行全面、细致的分析与评估，确认建设项目经济效益好，具有偿还能力，不会承担很大风险，才给予贷款。

③作为与建设项目有关部门商谈合同和协议的依据。一个建设项目，在设备材料、协作件、燃料、供电、供水、运输、通信等很多方面都需要与有关部门协

商,在签订合同或协议时都应以可行性研究为依据。对于技术引进和进口设备项目,国家规定必须在可行性研究报告批准后才能与外商正式签约。

④作为项目编制初步设计的基础。可行性研究重在研究,对产品方案、建设规模、厂区位置、生产工艺、主要设备选型、工艺流程等都做了比较和论证,确定了原则,推荐了最佳建设方案。可行性研究和设计任务书批准后,进入项目的投资实施时期,初步设计必须以此为依据,一般不另作重大方案的比较和论证。

⑤作为拟采用新技术、新设备研制计划的依据。建设项目采用新技术、新设备必须慎重,经过可行性研究证明,新技术、新设备确实可行时,方可列入研制计划进行研制。

⑥作为建设项目补充地形、地质工作和普通工业性试验的依据。可行性研究需要大量的基础资料,当资料不完整或深度不够,不能满足下一步工作需要时,则应根据可行性研究提出的要求进行地形、地质和工业性试验等补充。

⑦作为修改基本建设远景规划的依据。

⑧作为环保部门审查建设项目对环境影响的依据。我国基本建设环境保护法规定,编制可行性研究报告时,必须对环境影响作出评价,审批可行性研究报告时,同时审批环境保护方案。

2. 可行性研究的基本工作步骤

(1) 签订委托协议。

当项目建议书经审定批准后,即可开展可行性研究工作。可行性研究,一般采取有关部门、建设单位向设计或咨询单位进行委托的方式,就项目可行性研究工作的范围、内容、重点、深度要求、完成时间、经费预算和质量要求等交换意见,并签订委托协议,据以开展可行性研究各阶段的工作。

(2) 组建研究小组,制订研究计划。

承担可行性研究工作的单位首先要掌握项目建议书和有关项目背景材料,了解委托者或上级的意图和要求,明确研究内容,在此基础上组建可行性研究工作小组(项目组或课题组),项目组根据设计院(或咨询公司)下达的书面任务书、研究工作范围和要求,制订项目工作计划和安排实施进度。

(3) 市场调查与预测。

这一阶段的主要任务是通过调查研究进一步明确项目建设的必要性和现实性,为下一步工作提供资料。项目组首先要查阅、收集与项目建设、生产运营等各方面所必需的信息资料和数据,拟定调查提纲,然后开展实地踏勘和抽样调查,必要时进行专题调查、试验和研究,最后整理所收集的资料。为确定项目产品方案和生产规模,选定生产工艺和设备类型等提供确切的技术经济资料。

(4) 方案设计和优选。

根据项目建议书的要求,结合市场调查与预测,在收集到一定的资料和数据的基础上,建立几种可供选择的技术方案和建设方案,结合实际条件进行反复的方案比较论证,并会同委托单位明确选择方案的重大原则问题和优选标准,从若干方案中择出较优方案,研究论证项目在技术上的可行性,进一步明确产品方案、生产规模、工艺流程等建设方案,为下一步工作做好准备。

(5) 经济分析和评价。

在研究论证了项目建设的必要性和可能性以及技术的可行性之后,选定与本项目有关的经济评价基础数据和定额标准、参数,对所选定的最佳建设总体方案进行详细的财务预测、财务效益分析和国民经济评价。从测算项目投资、生产成本和销售利润入手,进行盈利性分析、费用效益分析和不确定性分析,研究论证项目在财务上的盈利性和经济上的合理性,进一步提出资金筹集建议和制订项目实施总进度计划。

(6) 编制可行性研究报告。

在对项目进行详细的技术经济分析论证之后,编制可行性研究报告初稿,选择一个项目建设方案和实施计划,提出结论性意见和重大措施建议,为最终决策提供科学依据。

(7) 与委托单位交换意见。

可行性研究报告初稿形成后,与委托单位交换意见,修改完善,形成正式的可行性研究报告。

3. 可行性研究中市场调查方法与预测方法

(1) 市场调查方法。

①间接搜集信息法。

间接搜集信息法是指调研人员通过各种媒体(互联网、报刊、统计年鉴、电视、广播、咨询公司的公益性信息等)对信息资料进行搜集、分析、研究和利用的活动。间接搜集信息法一般包括查找、购买、交换、接收等具体的手段。

间接搜集信息法的特点是获取资料速度快、费用省,能举一反三,并能对直接调查方法起弥补修正作用。缺点是针对性较差、深度不够、准确性不高,需要采用适当的方法进行二次处理和验证。

②直接调查法。

直接调查法是将所拟调查的事项,以当面或电话或书面的形式向被调查者进行询问,以获得所需资料信息的调查方法。常用的直接调查法一般包括访问调查法、通信调查法、会议调查法、观察法、实验法等。进行市场调查时应根据项目具体情况选用适当方法。

直接调查法的优点是调查结果针对性强,信息准确。缺点是调查成本高,调查结果易受工作人员水平及被调查人员本身素质的影响。

(2) 市场预测方法。

①定性预测。

定性预测是根据掌握的信息资料,凭借专家个人和群体的经验、知识,运用一定的方法,对市场未来的趋势、规律、状态做出主观的判断和描述。

②定量预测。

定量预测是依据市场历史和现在的统计数据资料,选择或建立合适的数学模型,分析研究其发展变化规律并对未来作出预测。

预测方法按预测的时间跨度不同,可分为短期预测方法和中、长期预测方法。

在进行市场预测时,应根据项目产品特点以及项目不同决策阶段对市场预测的不同深度要求,选用相应的预测方法。

4. 可行性研究报告的编制

(1) 可行性研究报告的编制依据。

对工程项目编制可行性研究报告的主要依据如下。

①国家经济发展的长期规划,部门、地区发展规划,经济建设的方针、任务、产业政策和投资政策。

②批准的项目建议书和委托单位的要求。

③对于大中型骨干建设项目,必须具有国家批准的资源报告、国土开发整治规划、区域规划、工业基地规划。交通运输项目,要有相关的江河流域规划与路网规划。

④有关的自然、地理、气象、水文、地质、经济、社会、环保等基础资料。

⑤有关行业的工程技术和经济方面的规范、标准、定额资料,以及国家正式颁发的技术法规和技术标准。

⑥国家颁发的评价方法与参数,如国家基准收益率、行业基准收益率、外汇

影子汇率、价格换算参数等。

（2）可行性研究报告的编制要求。

①预见性。可行性研究报告不仅要对历史、现状资料进行研究和分析，更重要的是应对未来的市场需求、投资效益进行预测和估算。

②客观公正性。可行性研究报告必须坚持实事求是，在调查研究的基础上，按照客观规律进行论证和评价。

③可靠性。可行性研究报告应认真研究确定项目的技术经济措施，以保证项目的可靠性，同时也应否定不可行的项目或方案，以避免投资损失。

④科学性。可行性研究报告必须应用现代科学技术手段进行市场预测，运用科学的评价指标体系和方法分析评价项目的财务效益、经济效益和社会影响，为项目决策提供科学依据。

（3）可行性研究报告的主要内容。

①总论。总论主要说明项目提出的背景、研究工作的依据和范围，以及可行性研究的主要结论、存在的问题和建议。

②市场调查与预测。市场分析包括市场调查和市场预测，是可行性研究的重要环节，其内容包括市场现状调查、产品供需预测、价格预测、竞争力分析、市场风险分析。

③建设方案。建设方案主要包括建设规模与产品方案，工艺技术和主要设备方案，场址选择方案，主要原材料、辅助材料、燃料供应方案，总图运输和土建方案，公用工程方案，节能、节水措施，环境保护治理措施方案，安全、职业卫生措施和消防设施方案，项目的组织机构与人力资源配置方案等。

④投资估算。在确定项目建设方案工程量的基础上估算项目的建设投资，分别估算路桥工程费、设备购置费、安装工程费、工程建设其他费用、基本预备费、涨价预备费，还要估算建设期利息和流动资金。

⑤融资方案。在投资估算确定融资额的基础上，研究分析项目的融资主体，资金来源的渠道和方式，资金结构及融资成本，融资风险等。结合融资方案的财务分析，比较、选择和确定融资方案。

⑥财务分析。详细估算营业收入和成本费用，预测现金流量；编制现金流量表等财务报表，计算相关指标；进行财务盈利能力、偿债能力分析以及财务生存能力分析，评价项目的财务可行性。

⑦经济分析。对于财务现金流量不能全面、真实地反映其经济价值的项目，应进行经济分析。包括外汇影子价格及评价参数选取、效益费用范围与数值调

整、国民经济评价报表、国民经济评价指标、国民经济评价结论等内容。

⑧经济影响分析。对于行业、区域经济及宏观经济影响较大的项目,还应从行业影响、区域经济发展、产业布局及结构调整、区域财政收支、收入分配以及是否可能导致垄断等角度进行分析。对于涉及国家经济安全的项目,还应从产业技术安全、资源供应安全、资本控制安全、产业成长安全、市场环境安全等角度进行分析。

⑨资源利用分析。对于高耗能、耗水、大量消耗自然资源的项目,如石油和天然气开采、石油加工、发电等项目,应分析能源、水资源和自然资源利用效率;一般项目也应进行节能、节水、节地、节材分析;所有项目都要提出降低资源消耗的措施。

⑩土地利用及移民搬迁安置方案分析。对于新增建设用地的项目,应分析项目用地情况,提出节约用地措施。涉及搬迁和移民的项目,还应分析搬迁方案和移民安置方案的合理性。

⑪社会评价和社会影响分析。对于涉及社会公共利益的项目,如农村扶贫项目,要在社会调查的基础上,分析拟建项目的社会影响,分析主要利益相关者的需求,分析对项目的支持和接受程度,分析项目的社会风险,提出需要防范和解决社会问题的方案。

⑫敏感性分析和盈亏平衡分析。进行敏感性分析,计算敏感度系数和临界点,找出敏感因素及其对项目效益的影响程度;进行盈亏平衡分析,计算盈亏平衡点,粗略预测项目适应市场变化的能力。

⑬风险分析。对项目主要风险因素进行识别,采用定性和定量分析方法估计风险程度,研究提出防范和降低风险的对策措施。

⑭结论与建议。应归纳总结,说明所推荐方案的优点,并指出可能存在的主要问题和可能遇到的主要风险,作出项目是否可行的明确结论,并对项目下一步工作和项目实施中需要解决的问题提出建议。

9.1.3　路桥建设项目投资估算

1. 投资估算概述

1)投资估算的概念

投资估算是指在项目投资决策过程中,依据现有的资料和特定的方法,对建设项目的投资数额进行的估计。它是建设项目前期编制项目建议书和可行性研究报告的重要组成部分,是项目决策的重要依据之一。按照现行项目建议书和可行性研究报告审批的要求,其中的投资估算一经批准即作为建设项目投资的最高限额,一般情况下不得随意突破,因此投资估算的准确与否不仅影响到项目可行性研究的工作质量和经济评价结果,而且也直接关系到下一阶段设计概算和施工图预算的编制及建设项目投资决策阶段的造价管理和控制。

2) 投资估算的阶段划分

(1) 投资机会研究及项目建议书阶段的投资估算。

这个阶段主要是选择有利的投资机会,明确投资方向,提出概略的项目投资建议,并编制项目建议书。投资估算的误差率在±30%左右。

(2) 初步可行性研究阶段的投资估算。

这个阶段介于投资机会研究和详细可行性研究之间,主要是进行项目的经济效益评价,判断项目的可行性,做出初步投资评价。投资估算的误差率在±20%左右。

(3) 详细可行性研究阶段(也称最终可行性研究阶段)的投资估算。

这个阶段主要是评价选择拟建项目的最佳投资方案,对项目的可行性提出结论性意见。投资估算的误差率在±10%左右。

3) 投资估算的作用

(1) 项目建议书阶段的投资估算,是项目主管部门审批项目建议书的依据之一,并对项目的规划、规模起参考作用。

(2) 项目可行性研究阶段的投资估算,是项目投资决策的重要依据,也是研究、分析、计算项目投资经济效果的重要条件。

(3) 项目投资估算对工程设计概算起控制作用,当可行性研究报告被批准之后,设计概算就不得突破批准的投资估算额,并应控制在投资估算额以内。

(4) 项目投资估算可作为项目资金筹措及制订建设贷款计划的依据,建设单位可根据批准的项目投资估算额,进行资金筹措和向银行申请贷款。

(5) 项目投资估算是核算建设工程项目投资需要额和编制建设投资计划的重要依据。

(6) 合理准确的投资估算是进行工程造价管理改革,实现工程造价事前管理和主动控制的前提条件。

4) 投资估算编制的内容及要求

(1) 投资估算编制的内容。

建设项目投资估算的编制内容包括建设投资、建设期利息和流动资金。

①建设投资。建设投资是指在项目筹建与建设期间所花费的全部建设费

用,包括建筑安装工程费、设备及工器具购置费、工程建设其他费用、基本预备费和涨价预备费。

②建设期利息。建设期利息是指债务资金在建设期内发生并应计入固定资产原值的利息,包括借款(或债券)利息以及手续费、承诺费、管理费等其他融资费用。

③流动资金。流动资金是指项目投产后,为进行正常生产运营,用于购买原材料、燃料、支付工资及其他经营费用等所需的周转资金。对于生产性建设项目总投资,因为要考虑到正常投产运营前的投资,所以用铺底流动资金。铺底流动资金是项目建成后,在试运转阶段用于购买原材料、燃料、支付工资及其他经营费用等所需的周转资金,在项目决策阶段,这部分资金要落实。铺底流动资金一般按流动资金的30%计算。

(2) 投资估算编制的要求。

①投资估算的范围应与项目建设方案所涉及的范围、所确定的各项工程内容相一致。

②投资估算的工程内容和费用要构成齐全,计算合理,不提高或者降低估算标准,不重复计算或者漏项少算。

③投资估算应做到方法科学、基础资料完整、依据充分。

④投资估算选用的指标与具体工程质检存在标准或条件差异时,应进行必要的换算或者调整。

⑤投资估算的准确度应能满足项目决策阶段在不同阶段的要求。

5) 投资估算编制的依据

(1) 项目建议书。

(2) 项目建设规模、产品方案。

(3) 可行性研究报告或工程设计方案,包括文字说明或图纸。

(4) 投资估算指标或概算指标、概算定额。

(5) 设计参数指标。

(6) 当地材料、设备预算价格及供应情况;原材料、燃料、动力价格及供应情况。

(7) 已建同类项目投资资料。

(8) 当地历年历季人工、材料、机械设备调价及价格实际上涨情况。

(9) 现场条件,如地形地质条件、供水供电条件、交通运输条件等。

(10) 其他条件及有关规定,如取费标准、银行贷款利率等。

2. 建设投资估算

1）建设投资中静态投资部分的估算

建设投资由工程费用（路桥工程费、设备购置费、安装工程费）、工程建设其他费用和预备费（基本预备费和涨价预备费）组成，把建设投资中不涉及时间变化因素的部分，即除涨价预备费外的部分称为静态投资部分。在项目的不同前期研究阶段，允许采用详简不同、深度不同的估算方法。常用的估算方法有资金周转率法、生产能力指数法、系数估算法、单元组合法、指标估算法等。估算时，应按建设项目的性质、内容、范围、技术资料和数据的具体情况，有针对性地选用较为适宜的方法。

（1）资金周转率法。

该法是从资金周转率的定义推算出投资额的一种方法。

当资金周转率为已知时，则有式（9.1）。

$$C = \frac{Q \times P}{T} \quad (9.1)$$

式中：C——拟建项目投资；

Q——产品年产量；

P——产品单价；

T——资金周转率，$T = \frac{年销售总额}{总投资}$。

该法概念简单明了，方便易行，但误差较大，不同性质的工厂或生产不同产品的车间，资金周转率都不同，要提高投资估算的精确度，必须做好相关的基础工作。

（2）生产能力指数法。

这种方法起源于国外对化工厂投资的统计分析，据统计，生产能力不同的两个装置，它们的初始投资与两个装置生产能力之比的指数幂成正比。计算公式见式（9.2）。

$$C_2 = C_1 \left(\frac{Q_2}{Q_1}\right)^n \times f \quad (9.2)$$

式中：C_2——拟建项目或装置的投资额；

C_1——已建同类型项目或装置的投资额；

Q_2——拟建项目的生产能力；

Q_1——已建同类型项目或装置的生产能力；

n——生产能力指数;

f——不同时期、不同地点的定额、单价、费用变更等的综合调整系数。

该法中生产能力指数 n 是一个关键因素。不同行业、性质、工艺流程、建设水平、生产率水平的项目,应取不同的指数值。选取 n 值的原则是:若已建类似项目的规模和拟建项目的规模相差不大,生产规模的比值在 0.5～2 之间,则指数 n 的取值近似为1;若已建类似项目的规模和拟建项目的规模相差不大于50倍,且拟建项目规模的扩大仅靠增大设备规模来达到,则 n 取值在 0.6～0.7 之间;若拟建项目规模的扩大靠增加相同规格设备的数量达到,则 n 取值在 0.8～0.9 之间。

采用生产能力指数法,计算简单、速度快;但要求类似工程的资料可靠,条件基本相同,否则误差就会增大。在我国,生产能力指数法在项目建议书阶段较为适宜。

(3) 系数估算法。

系数估算法又称因子估算法,它是以拟建项目的主体工程费用或主体设备费用为基数,以其他工程费用占主体工程费用的百分比为系数来估算项目总投资的,其方法比较简单,但精度也较低,一般适用于项目建议书阶段。系数估算法的种类很多,这里介绍一种工艺设备投资系数法。

工艺设备投资系数法是以拟建项目中投资比重较大,并与生产能力直接相关的工艺设备的投资为基数,根据已建同类型项目的有关统计资料,计算出拟建项目的各专业工程(总图、土建、采暖、给排水、管道、电气、自控等)占工艺设备投资的百分比,据以求出各专业的投资,然后把各部分投资费用相加,即项目的总费用。计算公式见式(9.3)。

$$C = E(f_0 + f_1 + f_2 + \cdots) + I = E\sum_{i=0}^{n} f_i + I \tag{9.3}$$

式中:C——工程项目全部费用;

E——工艺设备费用;

f_i——各专业工程费用占工艺设备费用百分比,简称投资比重系数;

I——其他费用。

(4) 单元组合法。

单元组合法是根据拟建项目的特点,按工艺流程将其划分为若干个系统,先估算各系统的投资,然后把各系统的投资综合起来,再考虑其他特殊工程和其他费用,即项目建设的总投资。

(5) 指标估算法。

这种方法是把建设项目划分为建筑安装工程、设备及工器具购置费及其他基本建设费等费用项目或单位工程,再根据各种具体的投资估算指标或概算指标,进行建筑安装工程及设备购置费用的估算,在此基础上,可汇总成每一单项工程的投资,另外再估算工程建设其他费用及预备费,即求得项目的建设投资。

目前,我国有些地区、部门已编制了相应各类建设项目的投资估算指标,并且绝大多数已审批通过,其颁布执行为建设项目的投资估算提供了一定的条件。有些地区尚未编制各类项目的投资估算指标,可利用概算指标进行投资估算,但在估算时要注意,若所套用的指标与具体工程之间的标准或条件有差异,则应进行必要的换算或调整。

指标估算法精度较高,可用于可行性研究阶段的投资估算。

① 运用建设项目综合指标估算项目投资额:

项目投资额=项目生产能力×建设项目综合指标×物价浮动指数

② 运用单项工程指数估算单项工程投资额:

单项工程投资额=路桥面积×单项工程指标×物价浮动指数

2) 涨价预备费、建设期贷款利息的估算

(1) 涨价预备费。

涨价预备费是指针对建设项目在建设期间内由于材料、人工、设备等价格可能发生变化引起工程造价变化,而事先预留的费用,亦称为价格变动不可预见费。涨价预备费包括人工、设备、材料、施工机械的价差费,建筑安装工程费及工程建设其他费用调整,利率、汇率调整等增加的费用。

涨价预备费是根据国家规定的投资综合价格指数,以估算年份价格水平的投资额为基数,采用复利方法计算。计算公式见式(9.4)。

$$\mathrm{PE} = \sum_{t=1}^{n} I_t [(1+f)^m (1+f)^{0.5} (1+f)^{t-1} - 1] \tag{9.4}$$

式中:PE——涨价预备费;

n——建设期年份数;

I_t——建设期中第 t 年的投资计划额,包括工程费用、工程建设其他费用及基本预备费,即第 t 年的静态投资;

f——年均投资价格上涨率;

m——建设前期年限(从编制估算到开工建设,单位:年)。

(2)建设期贷款利息。

建设期贷款利息包括向国内银行和其他非银行金融机构贷款、出口信贷、外国政府贷款、国际商业银行贷款以及在境内外发行的债券等在建设期间内应偿还的贷款利息。建设期贷款利息按复利计算。

当贷款是一次贷出且利率固定时,利息的计算公式见式(9.5)。

$$q = p(1+i)^n - p \tag{9.5}$$

式中:q——建设期末的利息;

p——一次性贷款金额;

i——年利率;

n——贷款期限。

当总贷款分年均衡发放时,建设期利息的计算可按当年借款在年中支用考虑,即当年贷款按半年计息,上年贷款按全年计息,利息的计算公式见式(9.6)。

$$q_j = \left(P_{j-1} + \frac{1}{2}A_j\right) \times i \tag{9.6}$$

式中:q_j——建设期第 j 年应计利息;

P_{j-1}——建设期第$(j-1)$年末贷款累计金额与利息累计金额之和;

A_j——建设期第 j 年贷款金额;

i——年利率。

3. 流动资金估算

这里流动资金等于项目投产运营后所需全部流动资产扣除流动负债后的余额。其中,流动资产主要考虑应收与预付账款、现金和存货;流动负债主要考虑应付与预收款。由此看出,这里所指的流动资金的概念,实际上就是财务中的营运资金。

流动资金估算一般采用分项详细估算法,但项目决策分析与评价的初期阶段或者小型项目可采用扩大指标估算法。

1)分项详细估算法

分项详细估算法就是对构成流动资金的各项流动资产与流动负债分别进行估算。计算公式如下。

流动资金=流动资产-流动负债

流动资产=应收账款+预付账款+存货+现金

流动负债=应付账款+预收账款

流动资金本年增加额＝本年流动资金－上年流动资金

流动资金估算的具体步骤：首先计算各类流动资产和流动负债的年周转次数，然后再分别估算占用资金额。

(1) 周转次数的计算。

周转次数是指流动资金在一年内循环的次数。

$$年周转次数＝360÷最低周转天数$$

各类流动资产和流动负债的最低周转天数，可参照同类企业的平均周转天数并结合项目特点确定，或按部门（行业）规定计算。

(2) 应收账款估算。

应收账款是指企业对外赊销商品、提供劳务尚未收回的资金。

$$应收账款＝年经营成本÷应收账款周转次数$$

(3) 预付账款估算。

预付账款指企业为购买各类材料、半成品或服务所预先支付的款项。

$$预付账款＝外购商品或服务年费用金额÷预付款张周转次数$$

(4) 存货估算。

存货指企业为销售或生产耗用而储备的各种物资，主要有原材料、辅助材料、燃料、低值易耗品、维修备件、包装物、商品、在产品、自制半成品和产成品等。

$$存货＝外购原材料、燃料＋其他材料＋在产品＋产成品$$

$$外购原材料、燃料＝年外购原材料、燃料费用÷分项周转次数$$

$$其他材料＝年其他材料费用÷其他材料周转次数$$

$$在产品＝（年外购原材料、燃料＋年工资及福利费＋年修理费$$
$$＋年其他制造费用）÷在产品周转次数$$

$$产成品＝（年经营成本－年其他营业费用）÷产成品周转次数$$

其中，其他制造费用是指由制造费用中扣除生产单位管理人员工资及福利费、折旧费、修理费后的其余部分。其他营业费用是指由营业费用扣除工资及福利费、折旧费、修理费后的其余部分。

(5) 现金估算。

现金指企业生产运营活动中停留于货币形态的那部分资金，包括企业库存现金和银行存款。

$$现金＝（年工资及福利费＋年其他费用）÷现金周转次数$$

$$年其他费用＝制造费用＋管理费用＋营业费用－（以上三项费用中$$
$$所含的工资及福利费、折旧费、摊销费、修理费）$$

（6）流动负债估算。

流动负债估算指在一年或者超过一年的一个营业周期内，需要偿还的各种债务，包括短期借款、应付票据、应付账款、预收账款、应付工资、应付福利费、应付股利、应交税金、其他暂收应付款、预提费用和一年内到期的长期借款等。在可行性研究中，流动负债的估算可以只考虑应付账款和预收账款两项。

应付账款＝外购原材料、燃料动力费及其他材料年费用÷应付账款周转次数

预收账款＝预收的营业收入年金额÷预收账款周转次数

2）扩大指标估算法

扩大指标估算法是一种简化的流动资金估算方法，一般可参照同类企业流动资金占建设投资、经营成本、销售收入的比例，或者单位产量占流动资金的比例估算。该方法简单易行，但准确度不高，适用于项目建议书阶段的投资估算。

4. 投资估算的审查

为了保证项目投资估算的完整性和准确性，确保投资估算的质量，防止低估少算与高估冒算，必须认真进行投资估算的审查。审查的内容主要有以下几个方面。

（1）审查投资估算的编制方法。

投资估算的方法有很多，各种方法均有各自不同的适用范围和精确度。审查时一定要先看采用的投资估算编制方法是否符合拟建工程的情况。

（2）审查投资估算所采用的各种资料。

编制投资估算时需采取各种基础资料，在审查时应重点审查各种资料的时效性、准确性和适用范围。由于地区、价格、时间、定额和指标水平的差异，投资估算数额往往有较大的偏差。因此，一定要使采用的各种资料适合拟建工程的实际情况。

（3）审查投资估算的内容。

根据选定的投资估算方法，审查其投资估算的内容，具体包括以下几个方面。

①审查费用项目和规定要求与实际情况是否相符，有无漏项和重项现象。

②审查依据已建项目资料或投资估算指标编制估算时，是否考虑了地区差价因素和局部结构不同的调整因素。

③审查是否考虑了物价变动、汇率变动对投资额的影响，以及波动幅度的确定是否合理。

④审查建设项目采取环境保护措施和"三废"处理方法所需的投资是否合理。

9.1.4 路桥建设项目财务评价

1. 财务评价的内容

1）建设项目财务评价的概念

财务评价也称财务分析，是在国家现行财税制度和价格体系的前提下，从微观投资主体即项目角度出发，计算项目范围内的财务效益和费用，计算财务评价指标，对项目的经济合理性、财务可行性及抗风险能力作出全面的分析与评价，为项目决策提供主要依据。作为市场经济微观主体的企业进行投资时，一般都要进行项目财务评价，与它相对应的是建设项目经济评价中的另一个层次，即国民经济评价。国民经济评价是一种宏观层次的评价，一般只适用于某些在国民经济中有重要作用和影响的大中型重点建设项目，以及特殊行业和交通运输、水利设施等基础性或公益性建设项目。

根据《关于建设项目经济评价工作的若干规定》（第三版），财务评价的内容应根据项目的性质和目标确定。对于经营性项目，财务评价应通过编制财务分析报表，计算财务指标，分析项目的盈利能力、偿债能力和财务生存能力，判断项目的财务可接受性，明确项目对财务主体及投资者的价值贡献，为项目决策提供依据；对于非经营性项目，财务分析应主要分析项目的财务生存能力。

2）建设项目财务评价的程序

财务评价是在项目市场研究、生产条件及技术研究的基础上进行的，财务评价可分为融资前分析和融资后分析，一般宜先进行融资前分析，在融资前分析结论满足要求的情况下，初步设定融资方案，再进行融资后分析。其程序见图9.1。

3）建设项目财务数据的测算

在工程项目进行财务分析和评价之前，必须先进行财务基础数据的测算。它是在项目可行性研究的基础上，按照项目经济评价的要求，调查、收集和预算一系列的财务数据，如总投资、总成本、销售收入、税金和利润，并编制各种财务基础数据估算表。

（1）总成本费用估算。

总成本费用是指在一定时期内因生产和销售产品发生的全部费用。

总成本费用构成见图9.2，其中可变成本是指产品成本中随产品产量发生

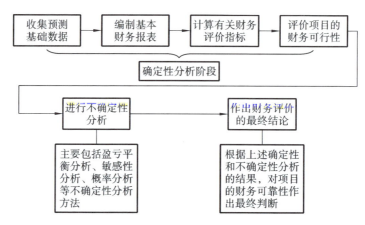

图 9.1　财务评价的基本程序

变动的费用。固定成本是在一定生产规模中不随产品产量发生变动的费用。经营成本是项目评价所特有的概念，用于项目财务评价的现金流量分析，它是总成本费用扣除固定资产折旧费、无形资产摊销费、利息支出后的成本费用。

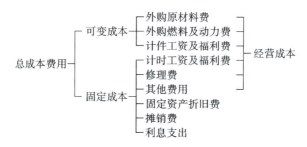

图 9.2　总成本费用构成

①外购原材料、燃料、动力费。

外购原材料、燃料、动力费是指构成产品实体的原材料及有助于产品形成的材料、直接用于生产的燃料及动力费用。

$$外购原材料、燃料、动力费 = \sum (某种材料、燃料、动力消耗量 \times 某种原材料、燃料、动力单价)$$

②工资总额。

$$工资总额 = 企业定员人数 \times 年平均工资$$

③职工福利费。

$$职工福利费 = 工资总额 \times 规定的比例$$

企业按工资总额的 14% 估算。

④固定资产折旧费。

固定资产折旧是指固定资产在使用过程中,由于逐渐磨损而转移到生产成本中去的价值。固定资产折旧费是产品成本的组成部分,也是偿还投资贷款的资金来源。

固定资产折旧的计算可采用直线折旧法和加速折旧法,在项目可行性研究中,一般采用直线折旧法,公式如下:

$$年折旧率=(1-预计净残值率)\times 100\%/折旧年限$$

$$年折旧额=固定资产原值\times 年折旧率$$

固定资产原值是指固定资产投资中形成固定资产的部分,不包括无形资产、递延资产等。

⑤修理费。

$$年修理费=年折旧费\times 一定的百分比$$

该百分比可参照同类项目的经验数据加以确定。

⑥摊销费。

摊销费是指无形资产等的一次性投入费用在有效使用期限内平均分摊。摊销费一般采用直线法计算,不留残值。

⑦利息支出。

利息支出包括生产期中建设投资借款还款利息和流动资金借款还款利息。

a. 等额还本付息。这种方法是指在还款期内,每年偿付的本金利息之和是相等的,但每年支付的本金数和利息数均不相等,见式(9.7)。

$$A=I\times i\times (1+i)^n\div [(1+i)^n-1] \quad (9.7)$$

式中:A——每年还本付息额;

I——还款年年初的本息和;

i——年利率;

n——预定的还款期。

其中:

$$每年支付利息=年初本金累计\times 年利率$$

$$每年偿还本金=A-每年支付利息$$

$$年初本金累计=A-本年以前各年偿还的本金累计$$

b. 等额还本、利息照付。这种方法是指在还款期内每年等额偿还本金,而利息按年初借款余额和利息率的乘积计算,利息不等,而且每年偿还的本利和不等。计算步骤如下:

首先计算建设期末的累计借款本金和未付的资本化利息之和；

其次计算在指定的偿还期内，每年应偿还的本金 A；

再次计算每年应付的利息额，年应付利息＝年初借款余额×年利率；

最后计算每年的还本付息额总额，年还本付息总额＝A＋年应付利息。

此方法每年偿还的本金是等额的，计算简单，但项目投产初期还本付息的压力大。因此，此法适用于投产初期效益好，有充足现金流的项目。

c. 流动资金借款还本付息估算。流动资金借款的还本付息方式与建设投资不同，流动资金借款在生产经营期内只计算每年所支付的利息，本金通常是在项目寿命期最后一年一次性支付的。利息的计算公式如下：

$$年流动资金借款利息＝流动资金借款额×年利率$$

⑧其他费用。

其他费用是指除上述费用之外的，应计入生产总成本费用的其他所有费用。包括其他制造费用、其他管理费用和其他营业费用三部分。通过上述估算可编制总成本费用估算表，表格形式见表9.2。

表9.2 总成本费用估算表（单位：万元）

序号	项目	合计	计算期					
			1	2	3	4	...	n
1	外购原材料							
2	外购燃料及动力费							
3	工资及福利费							
4	修理费							
5	其他费用							
6	经营成本(1＋2＋3＋4＋5)							
7	折旧费							
8	摊销费							
9	利息支出							
10	总成本费用合计(6＋7＋8＋9)							
10.1	固定成本							
10.2	可变成本							

(2) 销售收入、税金、利润的估算。

①销售收入的估算。

假定年生产量即年销售量,不考虑库存,产品销售价格一般采用出厂价,公式如下:

$$销售收入 = 销售量 \times 销售单价$$

②销售税金及附加的估算。

销售税金及附加指的是价内税,即在产品销售价格中已经包括了该项税,消费者在购买商品时就交了税,它的计征依据是项目的销售收入,公式如下:

$$销售税金及附加 = 销售收入 \times 销售税金及附加费率$$

③利润总额和利润分配估算。

a. 利润总额估算。利润总额通常称为税前利润,是企业在一定时期内生产经营的最终成果,集中反映企业生产的经济效益。利润总额的估算公式如下:

$$利润总额 = 产品销售(营业)收入 - 营业税金及附加 - 总成本费用$$

根据利润总额可计算所得税和净利润,在此基础上可进行净利润的分配。在工程项目的经济分析中,利润总额是计算一些静态指标的基础数据。

b. 税后利润及其分配估算。税后利润是利润总额扣除企业所得税后的余额,税后利润可在企业、投资者、职工之间分配。

(a) 企业所得税。

根据税法的规定,企业取得利润后,应先向国家缴纳所得税,即凡在我国境内实行独立经营核算的各类企业或者组织者,其来源于我国境内和境外的生产、经营所得和其他所得,均应依法缴纳企业所得税。

$$企业所得税 = 应纳税所得额 \times 税率$$

其中:

$$应纳税所得额 = 收入总额 - 准予扣除项目金额$$

准予扣除项目金额是指与纳税取得收入有关的成本、费用、税金和损失。如企业发生年度亏损的,可以用下一纳税年度的所得弥补;下一纳税年度的所得不足以弥补的,可以逐年延续弥补,但是延续弥补期最长不得超过5年。

企业所得税税率一般为33%。

(b) 税后利润的分配。

税后利润是利润总额扣除所得税后的差额,即净利润,计算公式如下:

$$税后利润 = 利润总额 - 所得税$$

在工程项目的经济分析中,一般视税后利润为可供分配的净利润,可按照下列先后顺序分配。

（a）提取盈余公积金和公益金。

先按可供分配利润的10%提取法定盈余公积金，随后按可供分配利润的5%提取公益金，然后提取任意公积金，按可供分配利润的一定比例（由董事会决定）提取。

（b）应付利润。

应付利润是向投资者分配的利润，如何分配由董事会决定。

（c）未分配利润。

未分配利润是向投资者分配完利润后剩余的利润，该利润可用来归还建设投资借款。

4）财务评价中基本报表的编制

财务评价的基本报表有项目投资财务现金流量表、项目资本金现金流量表、投资各方财务现金流量表、利润和利润分配表、资产负债表、财务计划现金流量表。

（1）现金流量表的编制。

建设项目的现金流量系统将项目计算期内各年的现金流入与流出按照各自发生的时点顺序排列，表达为具有确定时间概念的现金流量系统。现金流量表就是对建设项目现金流量系统的表格式反映，用以计算各项静态和动态评价指标，进行项目财务盈利分析。按投资计算基础的不同，现金流量表可分为项目投资财务现金流量表和项目资本金现金流量表。

①项目投资财务现金流量表。

项目投资财务现金流量表不分资金来源，是从项目投资总获利能力的角度出发，考察项目方案设计的合理性，以动态分析（折现现金流量分析）为主，静态分析（非折现现金流量分析）为辅。表中数字按照"年末习惯法"填写，即表中的所有数据均认为是所对应年的年末值，报表格式见表9.3。

表9.3 项目投资财务现金流量表（单位：万元）

序号	项 目	合计	计 算 期					
			1	2	3	4	…	n
1	现金流入							
1.1	产品销售收入							
1.2	补贴收入							

续表

序号	项目	合计	计算期					
			1	2	3	4	…	n
1.3	固定资产余值回收							
1.4	流动资金回收							
2	现金流出							
2.1	建设投资							
2.2	流动资金							
2.3	经营成本							
2.4	销售税金及附加							
2.5	维持运营投资							
3	所得税前净现金流量							
4	累计所得税前净现金流量							
5	调整所得税							
6	所得税后净现金流量							
7	累计所得税后净现金流量							

计算指标：

项目投资财务内部收益率(%)(所得税前)；

项目投资财务内部收益率(%)(所得税后)；

项目投资财务净现值(所得税前)；

项目投资财务净现值(所得税后)；

项目投资回收期(年)(所得税前)；

项目投资回收期(年)(所得税后)。

②项目资本金现金流量表。

项目资本金现金流量表是站在项目投资主体角度考察项目的现金流入流出情况的报表,报表格式见表9.4。

表9.4 项目资本金现金流量表(单位：万元)

序号	项目	合计	计算期					
			1	2	3	4	…	n
1	现金流入							
1.1	产品销售收入							

续表

序号	项 目	合计	计 算 期					
			1	2	3	4	…	n
1.2	补贴收入							
1.3	固定资产余值回收							
1.4	流动资金回收							
2	现金流出							
2.1	项目资本金							
2.2	经营成本							
2.3	销售税金及附加							
2.4	借款本金偿还							
2.4.1	长期借款本金偿还							
2.4.2	流动资金借款本金偿还							
2.5	借款利息支付							
2.5.1	长期借款利息支付							
2.5.2	流动资金借款利息支付							
2.6	所得税							

计算指标：

项目投资财务内部收益率(％)(所得税前)；

项目投资财务内部收益率(％)(所得税后)；

项目投资财务净现值(所得税前)；

项目投资财务净现值(所得税后)；

项目投资回收期(年)(所得税前)；

项目投资回收期(年)(所得税后)。

从项目投资主体角度看,借款是现金流入,但又同时将借款用于投资则构成同一时点相同数额的现金流出,二者相抵,对净现金流量的计算无影响。因此,表中投资只计自有资金。另一方面,现金流入又是因项目全部投资所获得,故应将借款本金的偿还及利息支付计入现金流量。

(2)利润和利润分配表的编制。

利润和利润分配表反映项目计算期内各年的利润总额、所得税及税后利润的分配情况。利润和利润分配表的编制以利润总额的计算过程为基础,报表格式见表9.5。

表 9.5 利润与利润分配表(单位:万元)

序号	项目	合计	计算期					
			1	2	3	4	...	n
1	销售收入							
2	销售税金及附加							
3	总成本费用							
4	补贴收入							
5	利润总额							
6	弥补以前年度亏损							
7	应纳税所得额							
8	所得税							
9	净利润							
10	期初未分配利润							
11	可供分配的利润							
12	提取法定盈余公积金							
13	可供投资者分配的利润							
14	应付优先股股利							
15	提取任意盈余公积金							
16	应付普通股股利							
17	各投资方利润分配							
18	未分配利润							
19	息税前利润							
20	息税折旧摊销前利润							

(3) 投资各方财务现金流量表的编制。

对于某些项目,为了考察投资各方的具体收益,还应从投资各方实际收入和支出的角度,确定其现金流入和现金流出,分别编制投资各方现金流量表,见表 9.6。其中,现金流入是指出资方因该项目的实施将实际获得的各种收入;现金流出是指出资方因该项目的实施将实际投入的各种支出。

表 9.6　投资各方财务现金流量表(单位:万元)

序号	项　目	合计	计　算　期					
			1	2	3	4	…	n
1	现金流入							
1.1	实分利润							
1.2	资产处置收益分配							
1.3	租赁费收入							
1.4	技术转让或使用收入							
1.5	其他现金流入							
2	现金流出							
2.1	实缴资本							
2.2	租赁资产支出							
2.3	其他现金流出							
3	净现金流量(1−2)							

计算指标:投资各方财务内部收益率(%)。

(4) 资产负债表的编制。

该表用以考察项目资产、负债、所有者权益的结构是否合理,进行清偿能力分析,报表格式见表 9.7。表中的"资产＝负债＋所有者权益"。

表 9.7　资产负债表(单位:万元)

序号	项　目	合计	计　算　期					
			1	2	3	4	…	n
1	资产							
1.1	流动资产总额							
1.1.1	货币资金							
1.1.2	应收账款							
1.1.3	预付账款							
1.1.4	存货							
1.1.5	其他							
1.2	在建工程							
1.3	固定资产净值							

续表

序号	项 目	合计	计 算 期					
			1	2	3	4	…	n
1.4	无形及其他资产价值							
2	负债及所有者权益(2.4＋2.5)							
2.1	流动负债总额							
2.1.1	短期借款							
2.1.2	应付账款							
2.1.3	预收账款							
2.1.4	其他							
2.2	建设投资借款							
2.3	流动资金借款							
2.4	负债小计(2.1＋2.2＋2.3)							
2.5	所有者权益							
2.5.1	资本金							
2.5.2	资本公积金							
2.5.3	累计盈余公积金							
2.5.4	累计未分配利润							

计算指标:资产负债率(%)。

(5) 财务计划现金流量表的编制。

财务计划现金流量表是国际上通用的财务报表,用以反映计算期内各年的投资活动、融资活动和经营活动所产生的现金流入、现金流出和净现金流量,分析项目是否有足够的净现金流量维持正常运营,是表示财务状况的重要财务报表。报表格式见表9.8。

表9.8 财务计划现金流量表(单位:万元)

序号	项 目	合计	计 算 期					
			1	2	3	4	…	n
1	经营活动净现金流量							
1.1	现金流入							
1.1.1	营业收入							
1.1.2	增值税销项税额							

续表

序号	项 目	合计	计 算 期					
			1	2	3	4	...	n
1.1.3	补贴收入							
1.1.4	其他流入							
1.2	现金流出							
1.2.1	经营成本							
1.2.2	增值税进项税额							
1.2.3	营业税金及附加							
1.2.4	增值税							
1.2.5	所得税							
1.2.6	其他流出							
2	投资活动净现金流量							
2.1	现金流入							
2.2	现金流出							
2.2.1	建设投资							
2.2.2	维持运营投资							
2.2.3	流动资金							
2.2.4	其他流出							
3	筹资活动净现金流量							
3.1	现金流入							
3.1.1	项目资本金投入							
3.1.2	建设投资借款							
3.1.3	流动资金借款							
3.1.4	债券							
3.1.5	短期借款							
3.1.6	其他流入							
3.2	现金流出							
3.2.1	各种利息支出							
3.2.2	偿还债务本金							
3.2.3	应付利润(股利分配)							

续表

序号	项 目	合计	计 算 期					
			1	2	3	4	...	n
3.2.4	其他流出							
4	净现金流量(1+2+3)							
5	累计盈余资金							

2. 建设项目财务评价的指标

1）财务评价指标体系

建设工程经济效果可采用不同的指标来表达，任何一种评价指标都是从一定的角度、某一个侧面反映项目的经济效果，总会带有一定的局限性。因此，需建立一整套指标体系来全面、真实、客观地反映建设工程的经济效果。常用财务评价指标体系见图9.3。

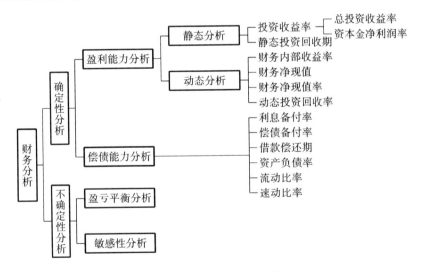

图9.3 常用财务评价指标体系

静态分析指标的最大特点是不考虑时间因素，计算简便，所以在对方案进行粗略评价或对短期投资项目进行评价时，以及对于逐年收益大致相等的项目，静态评价指标是可采用的。动态分析指标强调利用复利方法计算资金时间价值，它将不同时间内资金的流入和流出，换算成同一时点的价值，从而为不同方案的经济比较提供了可比基础，并能反映方案在未来时期的发展变化情况。

总之,在项目财务评价时,应根据评价深度要求,可获得资料的多少以及评价方案本身所处的条件,选用多个不同的评价指标,这些指标有主有次,从不同侧面反映评价方案的财务评价效果。

2) 财务评价指标的计算

(1) 净现值(NPV)。

净现值是指按设定的折现率,将项目寿命期内每年发生的现金流量折现到建设期初的现值之和,它是对项目进行动态评价的最重要指标之一,其表达式见式(9.8)。

$$\mathrm{NPV} = \sum_{t=0}^{n}(\mathrm{CI}-\mathrm{CO})_t(1+i_c)^{-t} \tag{9.8}$$

式中:NPV——净现值;

$(\mathrm{CI}-\mathrm{CO})_t$——第 t 年的净现金流量(应注意"+""-"号),CI 为现金流入量,CO 为现金流出量;

i_c——基准收益率;

n——投资方案计算期。

对单一项目方案而言,若 NPV≥0,则项目应予以接受;若 NPV<0,则项目应予以拒绝。多方案比选时,净现值越大的方案相对越优。

(2) 净现值率(NPVR)。

在多方案比较时,如果几个方案的 NPV 值都大于零但投资规模相差较大,可以进一步用净现值率(NPVR)作为净现值的辅助指标,净现值率是项目净现值与项目投资总额现值之比,其经济含义是单位投资现值所能带来的净现值,其计算公式见式(9.9)。

$$\mathrm{NPVR} = \frac{\mathrm{NPV}}{I_P}, \quad I_P = \sum_{t=0}^{m} I_t(P/F, i_c, t) \tag{9.9}$$

式中:I_P——投资现值;

I_t——第 t 年投资额;

P/F——投资现值为 0 点的值;

i_c——基准收益率;

m——建设期年数。

对于单一项目而言,净现值率的判别准则与净现值一样;对多方案评价,净现值率越大越好。

(3) 内部收益率(IRR)。

内部收益率是反映项目获利能力常用的重要的动态指标。它是指项目在计算期内各年净现金流量现值累计等于零时的折现率。其表达式见式(9.10)。

$$\sum_{t=0}^{n}(CI-CO)_t(1+IRR)^{-t}=0 \quad (9.10)$$

内部收益率是反映项目实际收益率的一个动态指标,该指标越大越好,一般情况下,内部收益率大于等于基准收益率时,项目可行。

内部收益率是可通过现金流量表中的净现金流量计算的,用试差法求得。当 IRR$\geqslant i_c$ 时,表明项目获利能力超过或等于基准收益率或设定的收益率的获利水平,即该项目是可以接受的。

内部收益率的计算过程如下。

①首先根据经验确定一个初始折现率 i_0。

②根据投资方案的现金流量计算净现值 NPV(i_0)。

③若 NPV(i_0)=0,则 IRR=i_0;若 NPV(i_0)>0,则继续增大 i_0;若 NPV(i_0)<0,则继续减小 i_0。

④重复步骤③,直到找到两个折现率 i_1 和 i_2,满足 NPV(i_1)>0,NPV(i_2)<0,其中 i_2-i_1 一般为 2%~5%。

⑤利用线性插值公式近似计算内部收益率 IRR。其近似计算公式见式(9.11)。

$$IRR = i_1 + \frac{NPV_1}{NPV_1+|NPV_2|}(i_2-i_1) \quad (9.11)$$

判别准则:设基准收益率为 i_c,若 IRR$\geqslant i_c$,则 NPV$\geqslant 0$,投资方案在经济上可以接受;若 IRR<i_c,则 NPV<0,投资方案在经济上应予以拒绝。

(4) 净年值(NAV)。

净年值通常称为年值,是指将方案计算期内的净现金流量,通过基准收益率折算成其等值的各年年末等额支付序列。计算公式见式(9.12)。

$$NAV = NPV(A/P,i_c,n) = \sum_{t=0}^{n}(CI-CO)_t(1+i_c)^{-t}(A/P,i_c,n)$$

$$(9.12)$$

($A/P,i_c,n$)>0,NAV 与 NPV 总是同为正或同为负,故 NAV 与 NPV 在评价同一项目时的结论总是一致的,其评价准则是:NAV$\geqslant 0$,则投资方案在经济上可以接受;NAV<0,则投资方案在经济上应予以拒绝。

(5) 静态投资回收期(P_t)。

从项目投资开始(第 0 年)算起,用投产后项目净收益回收全部投资所需的时间,称为投资回收期,一般以年为单位计。如果从投产年或达产年算起,应予以注明。投资回收期反映了方案的增值能力和方案运行中的风险,因而是常用的评价指标。一般认为,投资回收期越短,其实施方案的增值能力越强,运行风险越小。

所谓静态投资回收期是指不考虑资金的时间价值因素的回收期。因静态投资回收期不考虑资金的时间价值,所以项目投资的回收过程就是方案现金流的算术累加过程,累计净现金流为"0"时所对应的年份即投资回收期。其计算公式可表示为式(9.13)。

$$\sum_{t=0}^{P_t}(CI-CO)_t = 0 \qquad (9.13)$$

式中:CI——现金流入量;

CO——现金流出量;

$(CI-CO)_t$——第 t 年的净现金流量。

如果投产或达产后的年净收益相等,或用年平均净收益计算,则投资回收期的表达式转化为式(9.14)。

$$P_t = \frac{TI}{A} \qquad (9.14)$$

式中:TI——项目总投资;

A——每年的净收益,即 $A=(CI-CO)_t$。

实际上投产或达产后的年净收益不可能都是等额数值,因此,投资回收期亦可根据全部投资财务现金流量表中累计净现金流量计算求得,表中累计净现金流量等于零或出现正值的年份,即项目投资回收的终止年份。其计算公式为式(9.15)。

$$P_t = T - 1 + \frac{第(T-1)年累计净现金流量的绝对值}{第\ T\ 年净现金流量} \qquad (9.15)$$

式中:T——累计净现金流量出现正值的年份。

设基准投资回收期为 P_c,则判别准则为:若 $P_t \leqslant P_c$,则项目可以接受;若 $P_t > P_c$,则项目应予以拒绝。

静态投资回收期的优点主要是概念清晰,简单易用,在技术进步较快时能反映项目的风险大小。缺点是舍弃了回收期以后的收入与支出数据,不能全面反映项目在寿命期内的真实效益,难以对不同方案的比较做出正确判断,所以使用该指标时应与其他指标相配合。

(6)动态投资回收期(P_t')。

动态投资回收期是将投资方案各年的净现金流量按基准收益率折成现值之

后,再来计算投资回收期,这是它与静态投资回收期的根本区别。动态投资回收期就是累计现值等于零时的年份。

动态投资回收期的表达式为式(9.16)。

$$\sum_{t=0}^{P'_t} (CI-CO)_t(1+i_c)^{-t} = 0 \tag{9.16}$$

式中:P'_t——动态投资回收期;

i_c——基准收益率。

在实际应用中,可根据项目现金流量表用下列近似公式计算,见式(9.17)。

$$P'_t = (累计净现金流量现值出现正值的年数-1) \\ + \frac{上一年累计净现金流量现值的绝对值}{出现正值年份净现金流量的现值} \tag{9.17}$$

动态投资回收期具有静态投资回收期的优点和缺点,但资金具有时间价值的事实,因此,动态投资回收期比静态投资回收期应用范围更广,在经济效果评价中应用非常普遍。

(7)投资收益率。

①总投资收益率(ROI)。

总投资收益率是指项目达到设计能力后正常年份的年息税前利润或营运期内年平均息税前利润(EBIT)与项目总投资(TI)的比率,它考察项目总投资的盈利水平。其表达式为式(9.18)。

$$ROI = \frac{EBIT}{TI} \times 100\% \tag{9.18}$$

式中:EBIT——项目达到设计生产能力后正常年份的年息税前利润或运营期内年平均息税前利润,息税前利润=利润总额+计入总成本费用的利息费用;

TI——项目总投资。

总投资收益率高于同行业的收益率参考值,表明用总投资收益率表示的盈利能力满足要求。

②项目资本金净利润率(ROE)。

项目资本金净利润率是指项目达到设计能力后正常年份的年净利润或运营期内平均净利润(NP)与项目资本金(EC)的比率。其表达式见式(9.19)。

$$ROE = \frac{NP}{EC} \times 100\% \tag{9.19}$$

项目资本金净利润率高于同行业的净利润率参考值,表明用项目资本金净利润率表示的盈利能力满足要求。

(8) 资产负债率。

资产负债率是反映项目各年所面临的财务风险程度及偿债能力的指标,其表达式见式(9.20)。

$$资产负债率 = \frac{负债总额}{资产总额} \times 100\% \quad (9.20)$$

作为提供贷款的机构,可以接受100%以下(包括100%)的资产负债率,资产负债率大于100%,表明企业已资不抵债,已达到破产底线。

(9) 流动比率。

流动比率是反映项目各年偿付流动负债能力的指标,其表达式见式(9.21)。

$$流动比率 = \frac{流动资产总额}{流动负债总额} \times 100\% \quad (9.21)$$

计算出的流动比率越高,单位流动负债将有更多的流动资产作保障,短期偿债能力就越强。但是在不导致流动资产利用效率低下的情况下,流动比率保证在200%较好。

(10) 速动比率。

速动比率是反映项目快速偿付流动负债能力的指标,其表达式见式(9.22)。

$$速动比率 = \frac{(流动资产总额 - 存货)}{流动负债总额} \times 100\% \quad (9.22)$$

速动比率越高,短期偿债能力越强,同时速动比率过高也会影响资产利用效率,进而影响企业经济效益,因此速动比率保证在接近100%较好。

(11) 利息备付率(ICR)。

利息备付率是指项目在借款偿还期内,各年可用于支付利息的息税前利润(EBIT)与当期应付利息(PI)费用的比值,其表达式见式(9.23)。

$$ICR = \frac{EBIT}{PI} \quad (9.23)$$

式中:PI——计入总成本费用的全部利息。

利息备付率应当按年计算。利息备付率表示项目的利润偿付利息的保障程度。对于正常运营的企业,利息备付率应当大于1,否则,表示付息能力保障程度不足。

(12) 偿债备付率(DSCR)。

偿债备付率是指项目在借款偿还期内,各年可用于还本付息资金(EBITDA $-T_{AX}$)与当期应还本付息金额(PD)的比值,其表达式见式(9.24)。

$$DSCR = \frac{EBITDA - T_{AX}}{PD} \quad (9.24)$$

式中：EBITDA——息税前利润加折旧和摊销；

T_{AX}——企业所得税；

PD——应还本付息金额，包括还本金额和计入总成本费用的全部利息。融资租赁费用可视同借款偿还。运营期内的短期借款本息也应纳入计算。

如果项目在运行期内有维持运营的投资，可用于还本付息的资金应扣除维持运营的投资。

偿债备付率应分年计算，偿债备付率越高，表明可用于还本付息的资金保障程度越高。偿债备付率应大于1，并结合债权人的要求确定。

（13）借款偿还期。

借款偿还期是指在国家财政规定及项目具体财务条件下，以项目投产后可用于还款的资金来偿还建设投资借款本金和建设期利息（不包括已用自有资金支付的建设期利息）所需要的时间。可按式（9.25）估算。

$$\sum_{t=1}^{P_d} R_t - I_d = 0 \tag{9.25}$$

式中：I_d——建设投资借款本金和建设期利息（不包括已用自有资金支付的部分）之和；

P_d——建设投资借款偿还期（从借款开始年计算，当从投产年算起时，应予以注明）；

R_t——第 t 年可用于还款的资金，包括净利润、折旧、摊销及其他还款资金。

在实际工作中，借款偿还期可用式（9.26）估算。

$$P_d = (借款偿还后出现盈余的年份数 - 1) + \frac{当年应偿还借款额}{当年可用于还款的收益额}$$

$$(9.26)$$

计算出借款偿还期后，要与贷款机构要求的还款期限进行对比，满足贷款机构提出的要求期限时，即认为项目是有清偿能力的，否则，认为项目没有清偿能力。从清偿能力角度考虑，没有清偿能力的项目则认为是不可行的。

财务评价所采用的数据，大部分来自估算和预测，有一定程度的不确定性。为了分析不确定性因素对项目经济评价指标的影响，需进行不确定性分析，以估计项目可能承担的风险，确定项目在经济上的可靠性。不确定分析包括盈亏平衡分析、敏感分析和概率分析，盈亏平衡分析只适用于财务评价，敏感性分析和概率分析可同时用于财务评价和国民经济评价。这里主要阐述盈亏平衡分析。

①盈亏平衡分析原理。

盈亏平衡分析(又称保本点分析)是在一定的市场和生产能力条件下,通过研究拟建项目的产量、成本、利润三者之间的关系,找出项目的利润等于零(即收入等于成本)时,在产量、销售收入、销售价格、生产能力利用率、单位可变成本等方面的临界值——盈亏平衡点(BEP),分析项目对不确定因素变动的适应能力和抗风险能力。

盈亏平衡分析是一种静态分析方法,既没有考虑资金的时间价值,又是在一定的假设条件下进行的分析。但其分析计算较为简便,因而在实际工作中经常被采用。

盈亏平衡分析按照成本及收入与产量(销售量)之间的关系可分为线性盈亏平衡分析和非线性盈亏平衡分析。

线性盈亏平衡分析只在下述前提条件下才能适用:

a. 单价与销售量无关;

b. 可变成本与产量成正比,固定成本与产量无关;

c. 产品不积压。

②盈亏平衡点的确定和表达方式。

盈亏平衡分析就是要找出盈亏平衡点,确定线性盈亏平衡点的方法有图解法和代数法。

a. 图解法。

图解法就是将销售收入、固定成本、可变成本随产量(销售量)变化的关系画出来,生成盈亏平衡图,在图上找出盈亏平衡点。

盈亏平衡图是以产量(销售量)为横坐标,以销售收入和产品总成本费用(包括固定成本和可变成本)为纵坐标绘制的销售收入曲线和总成本费用曲线。两条曲线的交点即盈亏平衡点。与盈亏平衡点对应的横坐标,即以产量(销售量)表示的盈亏平衡点。在盈亏平衡点的右方为盈利区,在盈亏平衡点的左方为亏损区。随着销售收入或总成本费用的变化,盈亏平衡点将随之上下移动,见图9.4。

b. 代数法。

代数法是依据销售收入的函数和总成本费用的函数[见式(9.27)和式(9.28)],用数学方法求出盈亏平衡点。

$$V = P(1-t)Q \tag{9.27}$$

$$C = F + C_V Q \tag{9.28}$$

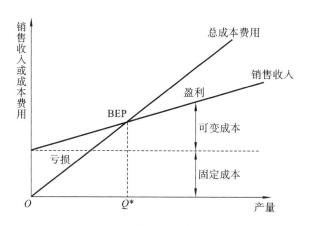

图 9.4　线性盈亏平衡分析图

式(9.27)和式(9.28)中：V——项目总收益；

P——产品销售单价；

t——销售税率；

C——项目总成本；

F——固定成本；

C_V——单位产品变动成本；

Q——产量或销售量。

令 $V=C$ 即可分别求出盈亏平衡产量、盈亏平衡价格、盈亏平衡单位产品可变成本、盈亏平衡生产能力利用率，它们的表达式分别见式(9.29)～式(9.32)。

盈亏平衡产量：
$$Q^* = \frac{F}{P(1-t)-C_V} \tag{9.29}$$

盈亏平衡价格：
$$P^* = \frac{F+C_V Q_c}{(1-t)Q_c} \tag{9.30}$$

盈亏平衡单位产品可变成本：
$$V^* = P(1-t) - \frac{F}{Q_c} \tag{9.31}$$

盈亏平衡生产能力利用率：
$$\alpha^* = \frac{Q^*}{Q_c} \times 100\% \tag{9.32}$$

式(9.29)～式(9.32)中：Q_c——设计生产能力。

盈亏平衡产量表示项目的保本产量，盈亏平衡产量越低，项目保本越容易，则项目风险越低；盈亏平衡价格表示项目可接受的最低价格，该价格仅能收回成本,该价格水平越低,表示单位产品成本越低,项目的抗风险能力就越强;盈亏平衡单位产品可变成本表示单位产品可变成本的最高上限,实际单位产品可变成本低于 V^* 时,项目盈利。因此, V^* 越大,项目的抗风险能力越强。

9.2 设计阶段工程造价控制

9.2.1 设计阶段工程造价控制概述

1. 工程设计

工程设计是指在可行性研究批准以后,工程项目开始施工之前,根据已批准的设计任务书,为具体实现拟建项目的技术、经济要求,拟定路桥施工所需的规划、图样、数据等技术文件的工作。工程设计是建设项目由计划变为现实的具有决定意义的工作阶段。设计文件是路桥施工的依据。拟建工程项目在建设过程中能否保证进度、质量和节约投资,在很大程度上取决于设计质量的优劣。工程建成以后,能否获得满意的经济效果,除项目决策以外,设计工作起着决定性的作用。设计工作的重要原则之一是保证设计的整体性,为此,设计工作必须按一定的程序分阶段进行(见图 9.5)。

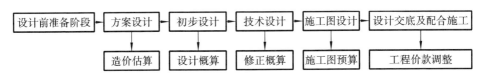

图 9.5 工程设计的步骤及每个步骤的造价管理

从图 9.6 中可以看出,设计阶段对投资的影响为 75%～95%。很明显,控制工程造价的关键是在设计阶段,在设计一开始就应该将控制投资的思想植根于设计人员的头脑中,以保证选择恰当的设计标准和合理的功能水平。

2. 设计阶段造价管理的主要工作内容

(1) 设计准备阶段。

设计人员与造价咨询人员密切合作,通过对项目建议书和可行性研究报告内容的分析,了解业主方对设计的总体思路和项目利益相关者的不同要求,充分了解和掌握各种有关的外部条件和客观情况,并且要考虑工程已具备的各项使用要求。

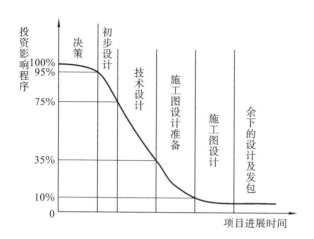

图 9.6 工程建设过程各个阶段对投资的影响

（2）方案设计阶段。

在初步方案设计阶段，设计单位或者个人和造价咨询人员通过考虑工程与周围环境之间的关系，对工程的主要内容的安排进行布局设想。在这个过程中，设计单位或个人要考虑到项目利益相关者对建设项目的不同要求，妥善解决建设项目工程和周围环境的相容性和协调性问题。工程造价人员应做出各专业详尽的建设工程造价估算书。

（3）初步设计阶段。

初步设计阶段是设计阶段中的一个关键性阶段，也是整个设计构思基本形成的阶段。初步设计阶段主要应明确拟建工程和规定期限内进行建设的技术可行性和经济合理性，规定主要技术方案、工程总造价和主要技术经济指标。

（4）技术设计阶段。

技术设计阶段是初步设计的具体化，也是各种技术问题的定案阶段。技术设计的详细程度应能满足确定设计方案中重大技术问题和有关实验、设备选择等方面的要求，应能保证在建设项目采购过程中确定建设项目材料采购清单。

（5）施工图设计阶段。

施工图设计阶段是设计工作和施工工作的桥梁，具体包括建设项目各部分工程的详图和零部件、结构件明细表，以及验收标准和验收方法等。施工图设计的深度应能满足设备材料的选择与确定、非标准设备的设计与加工制作、施工图预算的编制，以及路桥工程施工和安装的要求。

（6）设计交底和配合施工。

施工图发出后，根据现场需要，设计单位应派人到施工现场与建设单位、施

工单位等共同会审施工图,进行技术交底,介绍设计意图和技术要求,修改不符合实际和有错误的图纸,参加试运转和竣工验收,解决试运转过程中的各种技术问题,并检验设计的正误和完善程度。对于大、中型工业项目和大型复杂的民用建设工程项目,应派现场设计代表积极配合现场施工并参加隐蔽工程验收。

3. 设计阶段影响工程造价的主要因素

(1) 总平面设计。总平面设计是否合理对于整个设计方案的经济合理性有重大影响。合理的总平面设计可以极大地减少路桥工程量,节约建设用地,节省建设投资,降低工程造价和项目运行后的使用成本,加快建设进度,并可以为企业创造良好的生产组织、经营条件和生产环境,还可以为城市建设和工业区创造完美的路桥艺术形体。总平面设计中影响工程造价的因素有占地面积、功能分区、运输方式的选择。

(2) 工艺设计。一般来说,先进的技术方案所需投资较大,其劳动生产率较高、产品质量好。因此,选择工艺技术方案时,应认真进行经济分析,考虑我国国情和企业的经济与技术实力,以提高投资的经济效益和企业投产后的运营效益为前提,积极稳妥地采用先进的技术方案和成熟的新技术、新工艺,确定先进适度、经济合理、切实可行的工艺技术方案。

(3) 路桥设计。路桥设计部分,要在考虑施工过程的合理组织和施工条件的基础上,决定工程的立体平面设计和结构方案的工艺要求。根据路桥物和构筑物及公用辅助设施的设计标准,给出路桥工艺方案、暖气通风、给水排水等问题的简要说明。在路桥设计阶段影响工程造价的主要因素有:平面形状、流通空间、层高和净高、路桥物层数、柱网布置、路桥物的体积与面积、路桥结构。

4. 设计阶段工程造价管理的程序

(1) 设计准备阶段造价管理。

设计人员根据主管部门和业主对项目设计的要求,了解和掌握建设项目有关信息,包括项目所在地的地形、气候、地质、水文、自然环境等自然条件;所在地的规划条件和政策性规定;所在地的交通、水、电、气、通信等基础设施状况;拟建项目设备条件、投资估算额和资金来源等情况。收集必要的设计基础资料,为编制设计文件做充分准备。

(2) 方案设计阶段造价管理。

在收集项目有关设计资料的基础上,设计人员对拟建项目的主要布局的安排有个大概的设想,然后考虑拟建项目与周边路桥物、周边环境之间的关系,在方案设计阶段,设计人员要与业主、本地区规划等有关部门充分交换意见,最后使方案设计取得本地区规划等有关部门的同意,与周围环境协调一致。对于不太复杂的项目,这一阶段可以省略,设计准备后可直接进行初步设计。

(3) 初步设计阶段造价管理。

初步设计阶段造价管理是设计过程中的一个关键性阶段,也是整个设计构思基本形成的阶段。通过初步设计可以进一步明确拟建工程在指定地点和规定期限内进行建设的技术可行性和经济合理性;规定主要技术方案、工程总造价和主要技术经济指标,以利于在项目建设和使用过程中有效地利用人力、物力和财力。工业项目初步设计包括总平面设计、工艺设计和路桥设计三部分。在初步设计阶段应编制设计总概算。

(4) 技术设计阶段造价管理。

技术设计阶段造价管理是对技术上复杂而又缺乏设计经验的项目,为了进一步解决某些具体技术问题,或确定某些技术方案而进行的设计。其内容包括特殊工艺流程方面的试验、制作和确定;新型设备的试验、制作和确定;大型路桥物、构筑物某些关键部位的试验、制作和确定;修正总概算等。经批准的技术设计和修正总概算,是进行施工图设计的依据。

(5) 施工图设计阶段造价管理。

施工图设计是根据批准的初步设计或扩大初步设计文件,绘制出完整、详细的路桥、安装的图纸。它包括建设项目的各部分工程的详图和零件、部件、结构件明细表,以及验收标准、方法等。施工图设计要求为:满足非标准设备的设计与加工制作;满足施工图预算的编制;满足路桥工程施工的相关规定。

(6) 设计交底和配合施工阶段造价管理。

在施工过程中,需进行技术交底、介绍设计意图和技术要求时,设计人员要积极配合,修改不符合实际和有错误的图纸。根据施工需要,设计人员要经常到施工现场,解释设计图纸中不清晰的内容,与投资方、施工人员一起解决施工过程中的疑难问题,参加试运转和竣工验收,解决试运转过程中的各种技术问题,并检验设计的正确和完善程度。

5. 设计阶段工程造价管理的措施和方法

1) 推行标准设计

标准设计是指按照国家规定的现行标准规范,对各种路桥、结构和构配件等编制的具有重复作用性质的整套技术文件,经主管部门审查、批准后颁发的全国、部门或地方通用的设计。推广标准设计,能加快设计速度,节约设计费用;可进行机械化、工厂化生产,提高劳动生产率,缩短建设周期;有利于节约建设材料,降低工程造价。

(1) 标准设计的特点。

标准设计主要具有以下特点。

①以图形表示为主,对操作要求和使用方法作文字说明。

②具有设计、施工、经济标准各项要求的综合性。

③设计人员选用后可直接用于工程建设,具有产品标准的作用。

④对地域、环境的适应性要求强,地方性标准较多。

⑤除特殊情况可做少量修改外,一般情况下,设计人员不得自行修改标准设计。

(2) 标准设计的分类。

标准设计的种类很多,有整条道路或整条桥梁的标准设计,有某个单项工程的标准设计,有辅助工程的标准设计,有某些构筑物的标准设计,也有某些部位的构配件或零部件的标准设计。标准设计按管理权限和适用范围分为以下几类。

①国家标准,是指对全国工程建设具有重要作用的、跨行业、跨地区的并且可在全国范围内统一使用的设计。这种设计由编制部门提出送审文件,报国家发展和改革委员会审批颁发。

②部颁标准,是指可以在全国各有关专业范围内统一使用的设计。这种设计由各专业主管部、总局审批颁发。

③省(自治区、直辖市)标准,简称"地方标准",是指可以在本地区范围内统一使用的标准设计。这种设计由省(自治区、直辖市)审批颁发。

④设计单位自行制定的标准,是指在本单位范围内需要统一,在本单位内部使用的设计技术原则、设计技术规定,由设计单位批准执行,并报上一级主管部门备案。

(3) 标准设计的阶段划分。

标准设计一般分为初步设计和施工图设计两个阶段。初步设计阶段主要是确定设计原则和技术条件,提出在技术经济上合理的设计方案。施工图设计阶段是根据批准的初步设计,提出符合生产、施工要求的施工图。

(4) 标准设计的一般范围。

①重复建造的路桥类型及生产能力相同的企业、单独的房屋和构筑物,都应

采用标准设计或通用设计。

②对不同用途和要求的路桥物,按照统一的路桥模数、路桥标准、设计规范和技术规定等进行设计。

③当整个房屋或构筑物不能定型化时,应把其中重复出现的部分,如房屋的路桥单元、节间和主要的结构点构造,在配件标准化的基础上定型化。

④路桥物和构筑物的柱网、层高及其他构件尺寸的统一化。

⑤路桥物采用的构配件应力求统一化,在基本满足使用要求和修建条件的情况下,尽可能地具有通用互换性。

(5) 采用标准设计的意义和作用。

标准设计是在经过大量调查研究,反复总结生产、建设实践经验和吸收科研成果的基础上制定出来的,因此,在建设项目中积极采用标准设计具有以下意义和作用。

①加快提供设计图纸的速度、缩短设计周期、节约设计费用。

②可使工艺定型,易使生产均衡,易提高工人技术水平和劳动生产率并节约材料,有益于较大幅度降低建设投资。

③可加快施工准备和定制预制构件等项工作,并能使施工速度大大加快,既有利于保证工程质量,又能降低建筑安装工程费。

④按通用性条件编制、按规定程序审批,可供大量重复使用,做到既经济又优质。

⑤贯彻执行国家的技术经济政策,密切结合自然条件和技术发展水平,合理利用资源和材料设备,考虑施工、生产、使用和维修的要求,便于工业化生产。

2) 应用价值工程

(1) 价值工程的含义。

价值工程(value engineering,VE)又称为价值分析(value analysis,VA),是一门新兴的管理技术,是降低成本、提高经济效益的有效方法。20 世纪 40 年代,价值工程起源于美国,麦尔斯(L. D. Miles)是其创始人。1961 年美国价值工程协会成立,麦尔斯当选为该协会第一任会长。第二次世界大战之后,由于原材料供应短缺,采购工作常常碰到难题。经过实际工作中孜孜不倦的探索,麦尔斯发现有一些相对不太短缺的材料可以很好地替代短缺材料的功能。后来,麦尔斯逐渐总结出一套解决采购问题的行之有效的方法,并且把这种方法的思想及应用推广到其他领域,例如,将技术与经济价值结合起来研究生产和管理的其他问题,这就是早期的价值工程。1955 年这一方法传入日本后与全面质量管理相结合,进一步发扬光大,成为一套更加成熟的价值分析方法。麦尔斯发表的专著《价值分析的方法》使价值工程很快在世界范围内产生巨大影响。

这里价值工程中"工程"的含义是指为实现提高价值的目标所进行的一系列分析研究的活动。"价值"是一个相对的概念,是指作为某种产品(或作业)所具有的功能与获得该功能的全部费用的比值。它不是对象的使用价值,也不是对象的交换价值,而是对象的比较价值,是作为评价事物有效程度的一种尺度。

价值工程可以表示为一个数学公式,见式(9.33)。

$$V = F/C \tag{9.33}$$

式中:V——价值系数;

F——功能系数;

C——成本系数。

价值工程的三个基本要素包括价值、功能和寿命周期成本。

(2) 价值工程的特点。

①价值工程的目标是以最低的寿命周期成本,使产品具备它所必须具备的功能。产品的寿命周期成本由生产成本和使用及维护成本组成。产品生产成本是指发生在生产企业内部的成本,也是用户购买产品的费用,包括产品的科研、实验、设计、试制、生产、销售等费用及税金等。产品使用及维护成本是指用户在使用过程中支付的各种费用的总和,它包括使用过程中的能耗费用、维修费用、人工费用、管理费用等,有时还包括报废拆除所需费用(扣除残值)。

②价值工程的核心是对产品进行功能分析。

③价值工程将产品价值、功能和成本作为一个整体,同时来考虑。

④价值工程强调不断改革和创新。

⑤价值工程要求将功能定量化。

⑥价值工程是以集体的智慧开展的有计划、有组织的管理活动。

(3) 价值工程的意义。

在工程寿命周期的各个阶段都可以实施价值工程,但在设计阶段实施价值工程的意义更加重大,不仅可以保证各专业的设计符合国家和用户的要求,而且可以解决各专业设计的协调问题,得到全局合理优良的方案,具体意义如下。

①可以使路桥产品的功能更合理。工程设计实质上是对路桥产品的功能进行设计,而价值工程的核心,是对产品进行功能分析。实施价值工程可以使设计人员更准确地了解路桥产品之间的比重,使设计更合理。

②可以有效地控制目标成本。工程设计决定路桥产品的目标成本,目标成本是否合理,直接影响产品的经济效益。目标成本的确定主要取决于有关信息情报的完全程度。通过价值工程,在设计阶段收集和掌握先进技术和大量信息,追求更高的价值目标,设计出优秀的产品。

③可以通过投资效益,节约社会资源。路桥工程成本的70%~90%取决于设计阶段。当设计方案确定或设计图纸完成后,其结构、施工方案、材料等也限制在一定条件内了。设计水平的高低,直接影响投资效益。同时,工程设计本身就是一种创造性的活动。而价值工程作为有组织的创新活动,强调创新,鼓励创造出更多更好的设计方案。通过应用价值工程,在工程设计阶段就可以发挥设计人员的创新精神,设计出物美价廉的路桥产品,提高投资效益。

(4)提高价值的途径。

①在提高产品功能的同时,又降低产品成本,这是提高价值最为理想的途径。

②在产品成本不变的条件下,通过提高产品的功能,提高利用资源的成果或效用。

③在保持产品功能不变的前提下,通过降低成本达到提高价值的目的。

④较大幅度提高产品功能,较少提高产品成本。

⑤在产品功能略有下降、产品成本大幅度降低的情况下,也可达到提高产品价值的目的。

(5)价值工程的工作程序。

价值工程是一项有组织的系统活动,其思维过程和工作过程都遵循着一定的程序,详细内容见表9.9。

表9.9 价值工程的实施程序

决策的一般程序	价值工程实施程序		价值工程提问
	基本步骤	详细步骤	
系统分析	选择对象	(1)选择对象 (2)收集情报	(1)价值工程的对象是什么?
	功能分析	(1)功能定义 (2)功能整理 (3)功能成本分析 (4)功能评价	(1)它的功能是什么? (2)它的成本是多少? (3)它的价值如何?

续表

决策的一般程序	价值工程实施程序		价值工程提问
	基本步骤	详细步骤	
系统综合	制定改进方案	(1) 方案创造	(1) 有无其他的方法实现同样的功能？
系统评价决策		(2) 方案评价	(2) 新方案的成本是多少？
		(3) 试验证明	(3) 新方案能满足要求吗？
		(4) 提案	

从思维过程来讲，人们总结了进行价值工程活动的思维方法和逻辑步骤，把它归纳成为提出并回答七个问题的过程。通过逐步深入的一系列问题的回答，找出解决问题的最佳方案。结合系统工程方法论来看，提出和回答前四个问题的过程就相当于系统分析；提出和回答第五个问题的过程就相当于系统综合；提出和回答第六、七个问题的过程就相当于系统评价决策。

从工作过程来讲，价值工程活动的过程可划分为选择对象、功能分析和制定改进方案三大基本步骤，并进一步划分成十个详细步骤。为保证开展价值工程活动的质量和效果，这十个步骤所包含的内容一般不应省略。

(6) 应用价值工程对项目设计进行技术经济比较。

在设计过程中，监理工程师应用价值工程法进行项目全寿命费用分析时，不仅要考虑一次性投资，还要考虑到项目使用后的经常维修和管理费用。监理工程师对设计的经济性要全面考虑、权衡分析。与限额设计相对应的是过分设计（安全系数过大的设计），这种保守设计对设计的经济性考虑得不多。在设计中应用价值工程法，既可提高项目功能，又可降低项目投资。通过对设计的多方案技术经济比较和价值工程进行分析，或在保证项目功能不变情况下降低项目投资；或在项目投资不变的情况下提高工程功能，因而最终降低建设项目投资；或在工程主要功能不变、次要功能略有下降情况下，使项目投资大幅度降低；或在项目投资略有上升情况下，使工程功能大幅度提高。

(7) 价值分析在设计阶段投资控制中的运用。

在项目设计中组织价值分析小组，从分析功能入手，设计项目的多种方案，选出最优方案，这种价值分析极为有效。

①项目设计阶段开展价值分析最有效，因为成本降低的潜力是在设计阶段。

②路桥产品具有固定性的特点，工程项目从设计到施工是一次性的单件生产，特别是耗资巨大的项目，应开展价值分析，可以大量节约投资。

③影响项目总费用的部门多,进行任何一项工程的价值分析,都需要组织各有关方面参加,发挥集体的智慧才能取得更好的成效。

④项目设计是决定路桥物的使用性质、路桥标准、平面和空间布局的工作。路桥物的寿命周期长,使用期间费用大,所以在进行价值分析时,应按整个寿命周期来计算全部费用,既要求降低一次性投资,又要求在使用过程中节约经常性费用。

3) 限额设计

(1) 限额设计的基本原理。

限额设计就是按照批准的可行性研究投资估算控制初步设计,按照批准的初步设计总概算控制施工图设计,同时各专业在保证达到使用功能的前提下,按分配的投资限额控制设计,并严格控制设计的不合理变更,保证不突破总投资限额的工程设计过程。限额设计的基本原理是通过合理确定设计标准、设计规模和设计原则,合理确定概预算基础资料,层层设计限额,来实现投资限额的控制和管理。限额设计不是一味地考虑节约投资,也不是简单地裁减投资,而应该是设计质量的管理目标。

限额设计绝对不是限制设计人员的设计思想,而是要让设计人员把设计与经济二者统一结合起来,即监理工程师要求设计人员在设计过程中必须考虑经济性。监理工程师在设计进展过程中及各阶段设计完成时,要主动地对已完成的图纸内容进行估价,并与相应的概算、修正概算和预算进行比较对照,若发现超投资情况,要找出其中原因,并向业主提出建议,在业主授权后,指示设计人员修改设计,使投资降低到投资额内。必须指出的是,未经业主同意,监理工程师无权提高设计标准和设计要求。图9.7为限额设计的流程图。

(2) 实现投资纵向控制。

限额设计必须贯穿设计的各个阶段,实现投资纵向控制。

①建设项目从可行性研究开始,便要建立限额设计的观念,合理并准确地确定投资估算。它是核定项目总投资额的依据。获得批准后的投资估算,就是下一阶段进行限额设计、控制投资的重要依据。

②初步设计应该按核准后的投资估算限额,通过多个方案的设计比较、优选来实现。初步设计应严格按照施工规划和施工组织设计,按照合同文件要求进行,并要切实、合理地选定费用指标和经济指标,正确地确定设计概算。经审核批准后的设计概算限额,便是下一步施工详图设计控制投资的依据。

③施工图设计是设计单位的最终产品,必须严格按初步设计确定的原则、范

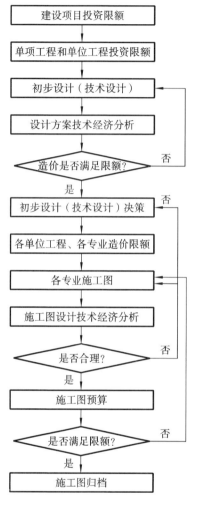

图 9.7 限额设计的流程图

围、内容和投资额进行设计,即按设计概算限额进行施工图设计。但由于初步设计受外部条件如工程地质、设备、材料供应、价格变化及横向协作关系的影响,加上人们主观认识的局限性,施工图设计及其以后的实际施工往往存在局部变更和修改,合理的变更和修改是正常的,关键是要进行核算和调整,以控制施工图设计不突破设计概算限额。对于涉及建设规模、设计方案等的重大变更,则必须重新编制或修改初步设计文件和初步设计概算,并以批准修改的初步设计概算作为施工图设计的投资控制额。

④加强设计变更的管理工作,对于确实可能发生的变更,应尽量提前实现。如在设计阶段变更,只需改图纸,其他费用尚未发生,损失有限;如果在采购阶段变更,则不仅要修改图纸,设备材料还必须重新采购;若在施工中变更,除上述费用外,已施工的工程还须拆除,势必造成重大变更损失。为此,要建立相应的设计管理制度,尽可能把设计变更控制在设计阶段,对影响工程造价的重大设计变更,更要用先算后变的办法。

(3)实现投资横向控制。

实行限额设计有利于健全和加强设计单位对建设单位及设计单位内部的经济责任制,实现限额设计的横向控制。

①明确设计单位内部各专业科室对限额设计的责任,建立各专业投资分配考核制。

②设计开始前按估算、概算和预算不同阶段将工程投资按专业分配,分段考核。下一阶段指标不得突破上一阶段指标。某一专业突破控制投资指标时,应

首先分析突破原因,用修改设计的方法解决,在本阶段处理,责任落实到个人,建立限额设计的奖惩机制。

9.2.2　设计方案的评价和比较

1. 设计招标

1) 设计招标的概念

工程设计招标是指招标单位就拟建工程的设计任务发布招标公告,以吸引众多设计单位参加竞争,经招标单位审查符合投标资格的设计单位按照招标文件的要求,在规定的时间内填报投标文件,招标单位择优确定中标设计单位来完成工程设计任务的活动。设计招标的目的是鼓励竞争,促使设计单位改进管理,促使设计人员设计出采用先进技术、降低工程造价、缩短工期、提高经济效益的施工图纸。

2) 设计招标的类型及条件

(1) 实行路桥方案设计招标的路桥工程项目应当具备的条件。

①政府投资的项目具有经过审批机关同意的项目建议书或可行性研究报告批复,企业(含外资、合资)投资的项目具有经核准或备案的项目确认书。

②具有规划管理部门确定的项目建设地点、规划控制条件和用地红线图。

③有符合要求的地形图,有条件提供建设场地的工程地质、水文地质初勘资料,水、电、燃气、供热、环保、通信、市政道路和交通等方面的基础资料。

④有充分体现招标人意愿的设计任务书。

(2) 实行概念方案设计招标的路桥工程项目应当具备的条件。

①具有经过审批机关同意的项目建议书批复或招标人已取得土地使用证。

②具有规划管理部门确定的项目建设地点、规划控制条件和用地红线图。

③项目处于可行性研究阶段,需要更多构思方案比选的,招标人可以根据招标项目的特点和条件提出申请,经批准的以及其他不宜进行方案设计招标的项目。

④特、大型公共路桥工程和有一定社会影响力的路桥工程为选择优质的方案和优良的设计单位,招标人可以对投标人采取资格预审和进行概念方案设计,经初步评审后比选出三家以上合格候选人再进行方案设计招标。

3) 设计招标的方式及流程

(1) 设计招标的方式。

设计招标的方式有公开招标和邀请招标两种。实行公开招标的,招标人应当发布招标公告。实行邀请招标的,招标人应当向三个以上设计单位发出招标邀请书。

(2) 设计招标的流程。

①招标单位编制招标文件。

②招标单位发布招标公告。

③招标单位对投标单位进行资格审查。主要审查单位性质和隶属关系,工程设计等级和证书号,单位成立时间和近期承担的主要工程设计情况,技术力量和装备水平以及社会信誉等。

④招标单位向合格设计单位发售或发送招标文件。

⑤招标单位组织投标单位勘察工程现场,解决招标文件中的问题。

⑥投标单位编制投标文件并按规定时间、地点密封报送。投标文件内容一般应包括:方案设计综合说明书,方案设计内容和图纸,建设工期,主要施工技术和施工组织方案,工程投资估算和经济分析,设计进度和设计费用。

⑦招标单位当众开标,组织评标,确定中标单位,发出中标通知书。确定中标的依据是设计方案优劣,投入产出经济效益好坏,设计进度快慢,设计资历和社会信誉等。

⑧招标单位与中标单位签订合同。招标单位和中标单位应当自中标通知书发出之日起 30 日内签订书面设计合同。

4) 设计招标文件的编制

设计招标文件编制的质量是关系到设计招标成败的极为关键的问题。它是设计招标过程中极为重要的工作,其重要性体现在三个方面:一是设计招标文件规定了招标设计的内容、范围和深度;二是设计招标文件是提供给投标方的具有法律效力的投标依据;三是设计招标文件是签订设计合同的重要内容。

设计招标文件应公正地处理好招标投标双方的利益,合理地分担经济风险以提高投标方的积极性。招标文件应详细地说明工程设计内容,设计范围和深度,设计进度要求,以及设计文件的审查方式。一般来说,设计的范围越广,深度越深,越有利于评标定标时把握尺度,量化指标,比较优劣。但过度的要求可能会造成投标方过多的人力、物力、财力的投入,增加其经济风险而降低其投标的积极性。因此,确定适度的设计范围和深度是实际招标文件编制中一个十分重要的技术问题。

5) 评标标准问题

设计招标没有标底,因此评标标准在设计招标中具有十分重要的意义,评标标准是否科学合理,是否能客观地衡量设计方案质量的优劣,是设计招标成败的关键。

(1) 先进性标准:体现设计技术水平,反映本行业或地区的先进水平。在坚持先进性原则的同时应注意所选择的先进技术是成功的、成熟可靠的。

(2) 适应性标准:在既定条件下,技术运用恰当,设计方案最能体现项目特点,以及与当地市场资源、技术水平、技术政策等的适应性。

(3) 系统性标准:在评价方案优劣的指标中,应该且必须遵循系统工程的观点,从整体上去判断设计方案的优劣。

(4) 效益标准:评标标准一定要体现效益原则,即技术先进、经济合理。

在确定评标标准的同时,还必须考虑评标标准的可操作性问题,即上述那些抽象、原则性的标准,怎样转化为可量化的、具有可操作性的评价体系。

2. 设计方案竞选

设计方案竞选是指由组织竞选活动的单位通过报刊、信息网络或其他媒体发布方案竞选公告,吸引设计单位参加方案竞选;参加竞选的设计单位按照竞选文件和国家有关规定,做好方案设计和编制有关文件,经具有相应资质的注册路桥师签字,并加盖单位法定代表人或法定代表人委托的代理人的印鉴,在规定的时间内,密封送达组织竞选单位;组织竞选单位邀请有关专家组成评定小组,采用科学的方法,按照适用、经济、美观的原则,以及技术先进、结构合理、满足路桥节能及环境等要求,综合评定设计方案优劣,择优确定中选方案,最后签订设计合同等一系列活动。

1) 设计方案竞选的组织

有相应资格的建设单位或其委托的有相应工程设计资格的中介机构代理有权按照法定程序组织方案设计竞选活动,有权选择竞选方式和确定参加竞选的单位,主持评选工作,公正确定中选者。参加竞选的设计单位在规定期限内向竞选主办单位提交参赛设计方案。

2) 设计方案竞选方式和文件内容

(1) 设计方案竞选方式。

可采用公开竞选,即组织竞选活动的单位通过报刊、广播、电视或其他方式发布竞选公告,也可采用邀请竞选,由竞选组织单位直接向有承担该项工程设计能力的三个及以上设计单位发出设计方案竞选邀请书。

(2) 设计方案竞选文件的内容。

①工程综合说明,包括工程名称、地址、竞选项目、占地范围、路桥面积。

②经批准的项目建议书或设计任务书及其他文件的复印件。

③项目说明书。

④合同的重要条件和要求。

⑤提供设计基础资料的内容、方式和期限。

⑥踏勘现场及竞选文件答疑的时间和地点。

⑦文件评定要求及评定原则。

⑧截止日期和评定时间。

⑨其他需要说明的问题。

竞选文件一经发出,组织竞选活动的单位不得擅自变更其内容或附件条件,确需变更和补充的,应在截止日期7天前通知所有参加竞选的单位。

3)设计方案竞选的评定

竞选主办单位聘请专家组成评审委员会,一般7~11人,其中技术专家人数应占2/3以上,参加竞选的单位和方案设计者不得进入评审委员会。评审委员会当众宣布评定方法,启封各参加竞选单位的文件和补充文件,公布其主要内容。

评定须按是否能满足设计要求,是否符合规划管理的有关规定,是否技术先进、功能全面、结构合理、安全适用、满足路桥节能及环境要求、经济实用、美观的原则,综合设计方案优劣、设计进度快慢以及设计单位和注册路桥师的资历信誉等因素考虑,提出评价意见和候选名单,最后由建设单位负责人作出评选决策。确定中选单位后,应于7天内发出中选通知书,同时抄送各个中选单位。中选通知书发出30天内,建设单位与中选单位应依据有关规定签订工程设计承发包合同。中选单位使用未中选单位的方案成果时,须征得该单位的同意,并实行有偿转让,转让费由中选单位承担。设计竞选的第一名往往是设计任务的承担者,但有时也以优胜者的竞赛方案作为确定设计方案的基础,再以一定的方式委托设计商签订设计合同,由此可见设计竞选和设计招标的区别。

9.2.3 设计概算的编制与审查

1. 设计概算的含义

设计概算是设计文件的重要组成部分,是在投资估算的控制下由设计单位根据初步设计(或扩大初步设计)图纸及说明、概算定额、各项费用定额或取费标准、设备、人工、材料、机械预算价格等资料,编制和确定的建设项目从筹建至竣工交付使用所需全部费用的文件。采用两阶段设计的建设项目,初步设计阶段必须编制设计概算;采用三阶段设计的,技术设计阶段必须编制修正概算。

2. 设计概算的作用

(1) 设计概算是编制建设项目投资计划、确定和控制建设项目投资的依据。国家规定,编制年度固定资产投资计划,确定计划投资总额及其构成数额,要以批准的初步设计概算为依据,没有批准的初步设计及其概算的建设工程不能列入年度固定资产投资计划。

经批准的建设项目设计总概算的投资额,是该工程建设投资的最高限额。在工程建设过程中,年度固定资产投资计划安排,银行拨款或贷款、施工图设计及其预算、竣工决算等,未经按规定的程序批准,都不能突破这一限额,以确保国家固定资产投资计划的严格执行和有效控制。

(2) 设计概算是签订建设工程合同和贷款合同的依据,而且总承包合同不得超过设计总概算的投资额。

设计概算是银行拨款或签订贷款合同的最高限额,建设项目的全部拨款或贷款以及各单项工程的拨款或贷款的累计总额,不能超过设计概算。如果项目的投资计划所列投资额或拨款与贷款突破设计概算,必须查明原因后由建设单位报请上级主管部门调整或追加设计概算总投资额。凡未批准之前,银行对其超支部分拒不拨付。

(3) 设计概算是控制施工图设计和施工图预算的依据。经批准的设计概算是建设项目投资的最高限额,设计单位必须按照批准的初步设计和总概算进行施工图设计,施工图预算不得突破设计概算。如确需突破总概算,应按规定程序报经审批。

(4) 设计概算是衡量设计方案技术、经济合理性和选择最佳设计方案的依据。设计概算是设计方案技术、经济合理性的综合反映,据此可以用来对不同的设计方案进行技术与经济合理性的比较,以便选择最佳的设计方案。

(5) 设计概算是工程造价管理及编制招标标底和投标报价的依据。设计总概算一经批准,就作为工程造价管理的最高限额,并据此对工程造价进行严格的控制。以初步设计进行招投标的工程,招标单位编制标底是以设计概算造价为依据的,并以此作为评标定标的依据。承包单位为了在投标竞争中取胜,也以设计概算为依据,编制出合适的投标报价。

(6) 设计概算是考核建设项目投资效果的依据。通过设计概算与竣工决算对比,可以分析和考核投资效果的好坏,同时还可以验证设计概算的准确性,有利于加强设计概算管理和建设项目的造价管理工作。

3. 设计概算的编制原则

为提高建设项目设计概算编制质量,科学合理确定建设项目投资,设计概算编制应坚持以下原则。

(1) 严格执行国家的建设方针和经济政策。设计概算是一项重要的技术经济工作,要严格按照党和国家的方针、政策办事,坚决执行勤俭节约的方针,严格执行规定的设计标准。

(2) 要完整、准确地反映设计内容。编制设计概算时,要认真了解设计意图,根据设计文件、图纸准确计算工程量,避免重算和漏算。设计修改后,要及时修正概算。

(3) 要坚持结合拟建工程的实际,反映工程所在地当时价格水平。为提高设计概算的准确性,要实事求是地对工程所在地的建设条件,可能影响造价的各种因素进行认真的调查研究,在此基础上正确使用定额、指标、费率和价格等各项编制依据。按照现行工程造价的构成,根据有关部门发布的价格信息及价格调整指数,考虑建设期的价格变化因素,使概算尽可能地反映设计内容、施工条件和实际价格。

4. 设计概算的编制依据

(1) 初步设计图表资料和文字说明。根据设计图纸上所表示的结构形式和尺寸计算的工程数量,以及它反映的设计、施工的基本内容是编制设计概算的基础资料,是决定建设工程造价高低的主要因素。

(2) 施工方案。根据原交通部颁发的《公路工程基本建设项目设计文件编制办法》(交公路发〔2007〕358号)的规定,编制施工方案,应提出兴建工程项目年和季度的概略工程进度安排,以及临时工程和临时用地的需要数量,而这些都是与计价有关的主要因素,对设计概算有极其重要的影响。

(3) 路桥工程概算定额。概算定额是编制设计概算的基础资料,是国家统一制定颁发的具有指令性的指标。在编制设计概算时,无论是划分项目、确定计量单位,还是计算工程量,都必须以概算定额作为标准和依据,才能做到不重不漏,符合规定。

(4) 补充定额。一些新技术、新工艺、新材料在工程建设中的使用,可能使现行的概算定额缺项。当定额缺项时,应以概算定额的编制原则和方法编制补充概算定额,作为编制设计概算的依据。

(5) 人工、材料、施工机械台班预算价格。人工、材料、施工机械台班预算价格是按建设工程所在地的实际价格确定的,是计算直接费的基础资料。其工资标准和材料的供应价格,应以当地公路(交通)工程定额(造价管理)站发布的价格信息为依据。

(6) 其他直接费、现场经费、间接费等各项取费标准。这些取费标准是交通运输部及各省、自治区、直辖市的交通主管部门,根据国家有关基本建设的方针政策以及路桥建设的工程施工和生产管理的具体情况,制定的以费率形式表现的费用标准,是计算除直接费以外的各种费用的依据,也是国家加强设计概算管理的工具之一,在工程造价管理中有着重要的作用。

(7) 设计概算编制办法及其计算表格。它是交通运输部统一颁发的编制设计概算文件的重要依据,是规范人们编制设计概算行为的准则。按统一的计算表格编制设计概算,可使设计概算的编制工作更加科学化和规范化。

(8) 工程量计算规则。路桥工程概算定额中的章、节文字说明,对编制设计概算时,如何选用定额及计算计价工程量做了明确而具体的规定,是必须严格遵守的重要规则。

(9) 国家颁发的建设征用土地补偿标准,工程勘察设计收费标准,以及其他应计入建设项目投资中的费用项目的标准等,也是编制设计概算的依据。

(10) 可行性研究报告投资估算文件,是控制设计概算的依据,国家要求在批准的投资估算允许幅度范围之内做好限额设计,不断提高设计概算的编制质量。

(11) 国家有关的路桥建设工程的方针、政策以及工程造价管理的有关规定,也是编制设计概算的重要依据。

5. 设计概算的编制程序

(1) 熟悉设计图纸资料,了解设计意图。对设计说明书及各类工程的设计图纸资料,要深入熟悉和研究,掌握和了解设计意图。当一些工程的施工有特殊要求时,要事先研究妥善的解决办法。当有新结构、新材料、新设备、新工艺而又无定额可适用时,则可按编制定额的原则和方法,编制补充定额。

(2) 整理外业调查资料,根据现场条件,提出合理的施工组织方案。

(3) 核对主要工程量,按照概算定额的要求,正确计取计价工程量。

(4) 按编制工程造价的有关规定及工程的实际情况，计算和填写人工、材料、施工机械台班预算价格的各种计算表和汇总表以及其他直接费、现场经费、间接费综合费率计算表。

(5) 根据计取的工程量套用概算定额，编制分项工程概算表及建筑安装工程费计算表。

(6) 编制设备、工具、器具购置费计算表和工程建设其他费用计算表。

(7) 编制汇总工程概算表和分段汇总表，以及人工、主要材料、机械台班数量汇总表。

(8) 写出编制说明，经复核、审核后装订成册。

6. 设计概算的编制方法

设计概算是由建筑安装工程费、设备、工具、器具购置费和工程建设其他费用这三部分费用以及预留费用组成，其中第一部分建筑安装工程费以概算定额为依据，采用工、料、机分析的方法进行编制，常称为实物法。现就设计概算的编制方法扼要叙述如下。

1) 建筑安装工程费的编制

首先是在"分项工程概算表"中按建设工程所在地实际价格计算和累计汇总得到工、料、机费用，即直接费，然后再分别计入其他直接费、现场经费、间接费、计划利润和税金等以费率计算的各项费用，汇总后得到建筑安装工程费。

(1) 确定工、料、机价格和其他直接费、现场经费、间接费综合费率。

在编制分项工程概算表之前，先要计算出人工、材料、施工机械台班的预算价格和其他直接费、现场经费、间接费综合费率等基础数据资料。

①人工费单价。按部、省、自治区、直辖市公路（交通）工程定额（造价管理）站发布的价格信息资料，结合建设工程的实际情况取定，并注意是否需要增计地区生活补贴等人工费用内容。

②材料预算价格。材料的规格品种多，而影响价格的因素又是多方面的，在计算时要注意以下有关事项，做到合理可靠。

a. 按经济合理、方便运输的原则，确定材料的供应地点和运输方式，并计算出平均运距及比重。

b. 确定材料的供应价格。编制概算定额时，对某些材料不分品种和规格进行了综合，如水泥是不分标号的，因此在编制概算时应取其综合价格作为该种材料的供应价格。如可按425号水泥的价格，或325号、425号、525号等价格的算术平均值作为水泥的综合价格。

c. 凡施工单位自采加工的砂石材料,应按"自采材料料场价格计算表"的要求,根据相关定额进行计算确定。

d. 最后通过"材料预算单价计算表"计算出各种材料的预算价格。

③按选用的施工机械种类通过"机械台班单价计算表"计算其价格。

④编制"人工、材料、机械单价汇总表"。

⑤根据建设工程的实际情况,合理确定其他直接费、现场经费、间接费的各项费率标准,并进行综合,编制"其他直接费、现场经费、间接费的综合费率计算表",以此作为计算其费用的依据。

⑥编制"辅助生产工、料、机械台班单位数量表",该表是对自采加工材料和自办运输工作根据预算定额计算的工、料、机械台班数量的汇总,作为计算建设项目人工、材料、机械台班总需要量的依据之一。

(2) 编制"分项工程概算表"和"建筑安装工程费用计算表"。

应按照"概算项目表"规定的项目序列要求,从路基土方开始到房屋为止,逐项分析计算,并按"目""节"的内容进行汇总。

①根据计取的工程量、采用的施工方法及选用的概算定额,将有关的各种资料分别摘录于计算表内,其中人工、材料、机械台班的预算价格,其他直接费、现场经费、间接费的综合费率则分别从上述相关的计算表上节录转到"分项工程概算表"内。

其中,分项工程概算表内的"定额表号"是按概算定额的章节来编写的,从左到右,第一位数为章次号,第 2～3 位数为项目号,第 4～6 位数为子目号。如 109008 表示第一章路基工程第 9 个项目推土机推土的第 8 个子目每增运 10 m 的定额号,109008×2,系表示推土机增运的距离为 20 m,故定额相应乘以 2 的系数,当然其工程数量乘以 2 亦是可行的。也有使用"章的编号-节的编号-子目的编号"的,如以上的定额号也可表示为"1-9-8"。

②在完成分项工程概算表的各项数字的计算并累计后,将其转录到建筑安装工程费计算表内,再分别计算计划利润和税金,然后逐项汇总并计算出单价。这样,建筑安装工程费就全部计算完成。

上述各种计算表详见交通运输部颁布的《公路工程建设项目概算预算编制办法》(JTG 3830—2018)。

2) 设备、工具、器具购置费的编制

这是设计概算的第二部分费用,除办公和生活用家具购置费可按规定的费额计算外,需要购置的机械设备,由于路桥工程的实际情况不同,差异大,尚无统一的规定标准,应根据建设主管部门或建设单位认定的数量,按市场价格计算,并应计列运杂费和采购保管费,当设备来源不明时,可按设备供应价的7%计算运杂费。

3) 工程建设其他费用的编制

这是设计概算的第三部分费用,包括征地补偿费、建设单位管理费、研究试验费、勘察设计费、固定资产投资方向调节税、建设期贷款利息等多项费用。应以整理的外业调查资料和国家规定的有关标准为依据,在"工程建设其他费用及回收金额建设表"中逐项罗列公式进行计算。除工程建设其他费外的一些费用,如建筑安装工程费中的绿化工程补助费,以及预留费、大型专用机械设备购置费等,也要利用该表来完成其计算。

4) 总概算的编制

总概算是根据所编制的建设工程项目的建筑安装工程费,设备、工具、器具购置费,工程建设其他费用等概算文件资料,按照概算项目表组成的内容和如下方法来进行编制的,实际上只是一个节录和汇总的工作环节。

(1) 按工程或费用名称,依次将单位、工程数量、概算金额分别摘取填入"总概算表"的相应的各栏内。

(2) 按"目"、"项",第一、二、三部分及其合计,概算总金额,路桥基本造价,依次求出各项工程或费用的小计、合计及总计。

(3) 计算技术经济指标和各项费用的比例。以各项工程的概算金额分别除以相应的工程数量,所得的商即技术经济指标,也就是各项工程的分部工程单价;而以概算总金额分别去除各项概算金额,即相应的各项费用所占的比例。

(4) 将建设项目需要的人工、主要材料、机械台班数量,按工程项目分别进行汇总,即完成"人工、材料、机械台班数量汇总表"。凡规定可计列场外运输操作损耗的材料要计入其相应损耗数量。

(5) 当一个建设项目按分段编制概算时,应将各分段的工程数量、概算总金额,以及人工、主要材料、机械台班数量,分别编制成汇总表,即完成"总概算汇总表"和"总概算人工、材料、机械台班数量汇总表"。

5) 写出编制说明

当工程概算汇总完成之后,应如实、全面地说明编制过程中的有关情况,以利决策机关了解掌握,从而作出正确的决策。同时,工程建成后,这些资料就成为宝贵的工程概算的历史资料,如果没有必要的说明,就无法进行造价资料的积累。所以,应十分认真地做好概算编制说明的编写工作。设计概算的编制说明,应着重说明以下有关内容。

(1) 采用的各种计价依据,要说明颁发的机关、文号、日期或来源等。因为有些规定是经常变动的,编制人员因没有及时掌握这方面的信息,而使用了作废的规定,详细说明就是为了便于在审查时发现此类错误。材料的供应价格,各地公路(交通)工程定额(造价管理)站按年或季发布价格信息,如不说明其来源,也无法使审核或使用者了解所采用的计价依据的可靠性。

(2) 按路基、路面、桥梁涵洞、交叉工程、隧道、其他工程及沿线设施、临时工程、管理、养护及服务房屋的顺序,分别说明其工程量计算时采用的资料的依据,以及采用的施工方法,如土石方施工的机械化程度、路面混合料的拌和方式、桥梁的预制安装方法等。

(3) 施工总体部署和必须采用的施工技术安全措施,以及计划工期等。

(4) 对前期的工程估算文件批复意见的执行情况的说明。

(5) 概算与估算的对比资料的说明,以利了解设计阶段对造价的控制情况。

7. 设计概算的审查

1) 设计概算审查的内容

(1) 对设计概算编制依据的审查。

①审查编制依据的合法性。设计概算采用的编制依据必须经过国家和授权机关的批准,符合概算编制的有关规定。同时,不得擅自提高概算定额、指标或费用标准。

②审查编制依据的时效性。设计概算文件所使用的各类依据,如定额、指标、价格、取费标准等,都应根据国家有关部门的规定进行审查。

③审查编制依据的适用范围。各主管部门规定的各类专业定额及其取费标准,仅适用于该部门的专业工程;各地区规定的各种定额及其取费标准,只适用于该地区范围内,特别是地区的材料预算价格应按工程所在地区的具体规定执行。

(2) 对设计概算编制深度的审查。

①审查编制说明。审查设计概算的编制方法、深度和编制依据等重大原则性问题。

②审查设计概算编制的完整性。对一般大中型项目的设计概算,审查是否具有完整的编制说明和三级设计概算文件(总概算、综合概算、单位工程概算),

是否达到规定的深度。

③审查设计概算的编制。具体包括：设计概算编制范围和内容是否与批准的工程项目范围相一致；各项费用应列的项目是否符合法律法规及工程建设标准；是否存在多列或遗漏的取费项目等。

(3) 对设计概算主要内容的审查。

①概算编制是否符合法律、法规及相关规定。

②概算所编制工程项目的建设规模和建设标准、配套工程等是否符合批准的可行性研究报告或立项批文。对总概算投资超过批准投资估算10%的，应进行技术经济论证，需重新上报进行审批。

③概算所采用的编制方法、计价依据和程序是否符合相关规定。

④概算工程量是否准确。应将工程量较大、造价较高、对整体造价影响较大的项目作为审查重点。

⑤概算中主要材料用量的正确性和材料价格是否符合工程所在地的价格水平，材料价差调整是否符合相关规定等。

⑥概算中设备规格、数量、配置是否符合设计要求，设备原价和运杂费是否正确；非标准设备原价的计价方法是否符合规定；进口设备的各项费用的组成及其计算程序、方法是否符合规定。

⑦概算中各项费用的计取程序和取费标准是否符合国家或地方有关部门的规定。

⑧总概算文件的内容是否完整地包括了工程项目从筹建至竣工投产的全部费用组成。

⑨综合概算、总概算的编制内容、方法是否符合国家相关规定和设计文件的要求。

⑩概算中工程建设其他费用中的费率和计取标准是否符合国家、行业有关规定。

⑪概算项目是否符合国家对于环境治理的要求和相关规定。

⑫概算中技术经济指标的计算方法和程序是否正确。

2) 设计概算审查的方法

采用适当方法对设计概算进行审查，是确保审查质量、提高审查效率的关键。常用的审查方法有以下五种。

(1) 对比分析法。

通过对比分析建设规模、建设标准、概算编制内容和编制方法、人材机单价等,发现设计概算存在的主要问题和偏差。

(2) 主要问题复核法。

对审查中发现的主要问题及有较大偏差的设计进行复核,对重要、关键设备和生产装置或投资较大的项目进行复查。

(3) 查询核实法。

对一些关键设备和设施、重要装置,以及图纸不全、难以核算的较大投资进行多方查询核对,逐项落实。

(4) 分类整理法。

对审查中发现的问题和偏差,对照单项工程、单位工程的顺序目录分类整理,汇总核增或核减的项目及金额,最后汇总审核后的总投资及增减投资额。

(5) 联合会审法。

在设计单位自审、承包单位初审、咨询单位评审、邀请专家预审、审批部门复审等层层把关后,由有关单位和专家共同审核。

3) 设计概算审查的步骤

设计概算审查是一项复杂而细致的技术经济工作,审查人员既应懂得有关专业技术知识,又应具有熟练编制概算的能力,一般情况下可按如下步骤进行。

(1) 设计概算审查的准备。

设计概算审查的准备工作包括:了解设计概算的内容组成、编制依据和方法;了解建设规模、设计能力和工艺流程;熟悉设计图纸和说明书,掌握概算费用的构成和有关技术经济指标;明确概算各种表格的内涵;收集概算定额、概算指标、取费标准等有关规定的文件资料等。

(2) 进行概算审查。

根据审查的主要内容,分别对设计概算的编制依据、单位工程设计概算、综合概算、总概算进行逐级审查。

(3) 进行技术经济对比分析。

利用规定的概算定额或指标及有关技术经济指标与设计概算进行分析对比,根据设计和概算列明的工程性质、结构类型、建设条件、费用构成、投资比例、占地面积、生产规模、设备数量、造价指标、劳动定员等与国内外同类型工程规模进行对比分析,从大的方面找出和同类型工程的距离,为审查提供线索。

(4) 研究、定案、调整概算。

对概算审查中出现的问题,要在对比分析、找出差距的基础上深入现场,进行实际调查研究。了解设计是否经济合理,概算编制依据是否符合现行规定和施工现场实际情况,有无扩大规模、多估投资或预留缺口等情况,并及时核实概算投资。对于当地没有同类型的项目而不能进行对比分析时,可向国内同类型企业进行调查,收集资料,作为审查的参考。针对会审决定的定案问题应及时调整概算,并经原批准单位下发文件。

(5) 积累资料。

对已建成项目的实际造价和有关数据,以及技术经济资料等进行收集整理,编制成册,为修订概算和今后审查同类工程概算提供参考依据。

9.2.4 施工图预算的编制与审查

1. 施工图预算的概念

施工图预算,是在施工图设计阶段,设计部门根据施工图设计文件、施工组织设计、现行预算定额、有关取费标准,及人工、材料、机械台班预算单价等资料编制的工程造价文件。施工图预算是确定工程造价、进行工程款调拨和实行财务监督管理的基础。

2. 施工图预算的作用

(1) 施工图预算是施工图设计文件的组成部分,是考核施工图设计经济合理性的依据。施工图设计应控制在批准的初步设计及其概算范围之内。如果施工图预算突破相应概算,应分析原因,对施工图中不合理部分进行修改,对其合理部分应在总概算投资范围内调整解决。

(2) 以施工图设计进行施工招标的工程,施工图预算经审定后是编制工程标底的依据,也是企业投标报价的基础。

(3) 施工图预算不仅可作为路桥施工企业投标时报价的参考,亦可作为加强施工企业经营管理、搞好经济核算、控制工程成本的依据。其主要表现在:①编制经营计划或施工财务计划;②进行施工前的一切准备工作;③与施工预算进行"两算"对比;④考核经营效果;⑤实行企业内部各种形式的经济责任制等。

(4) 对于不宜实行招标的工程,施工图预算经审定后可作为确定工程造价、签订建筑安装工程合同、办理工程结算的依据。

(5) 施工图预算是编制或调整固定资产投资计划的依据。

3. 施工图预算的编制依据

(1) 已批准的施工图设计及其说明书。

(2) 现行与本工程相一致的预算定额(或单位估价表)。

(3)《公路工程建设项目概算预算编制办法》(JTG 3830—2018)、工程所在地交通厅(局)的有关补充规定、地方政府公布的关于基本建设其他各项费用的取费标准等。

(4) 工程所在地人工预算单价的计算资料。

(5) 工程所在地材料预算价格计算资料(如供应价格、供应情况、运输情况、运价、运距、运输工具等)。

(6)《公路工程机械台班费用定额》(JTG/T 3833—2018)及有关部门公布的其他与机械有关的费用取费标准(如养路费、车船使用税等)。

(7) 重要的施工组织设计或方案。

(8) 工程量计算规则。

(9) 有关的工具书及手册。

4. 施工图预算的编制程序

1) 收集资料

收集资料是指收集与编制施工图预算有关的资料,如:会审通过的施工图设计资料,初步设计概算,修正概算(如果有),施工组织设计,现行与本工程相一致的预算定额、各类费用取费标准,人工、材料、机械价格资料,主管部门对该预算编制的意见书或会议记录,施工地区的水文、地质情况资料。

2) 熟悉施工图设计资料

全面熟悉施工图设计资料、了解设计意图、掌握工程全貌是准确、迅速地编制施工图预算的关键,一般可按以下顺序进行。

(1) 清理图纸。

由设计单位提供的施工图设计资料一般都附有全套图纸的目录,根据该目录检查和核对图纸是否齐全,并装订成册,以免在使用过程中丢失。

(2) 阅读图纸。

为了准确地划分计算项目并正确地套用定额和正确地计算工程数量,在阅读图纸时,应注意各种图纸与图纸之间、图纸与说明之间有无矛盾和错误,各分项工程(或结构构件)的构造、尺寸和规定的材料、品种、规格以及它们相互间的关系是否明确,拟划分的计算项目内容与相应定额的工程内容是否一致;新材料、新工艺、新结构采用的情况是否需要补充定额等,都应在阅读图纸时记录下来,与设计部门取得联系,共同研究解决。

3) 熟悉施工组织设计

施工组织设计是指导拟建工程施工准备、正式施工各现场空间布置的技术文件,同时施工组织设计亦是设计文件的组成部分之一。根据施工组织设计提供的施工现场平面布置、料场、堆场、仓库位置、资源供应及运输方式、施工进度计划、施工方案等资料才能准确地计算人工、材料、机械台班单价以及工程数量,正确地选用相应的定额项目,从而确定反映客观实际的工程造价。

4) 了解施工现场情况

了解施工现场情况,主要包括:了解施工现场的工程地质和水文地质情况;现场内需拆除和清理的构造物或构筑物情况;水、电、路情况;施工现场的平面位置、各种材料、生活资源的供应等情况。这些资料对于准确、完整地编制施工图预算有着重要的作用。

5) 计算工程量

工程量的计算是编制施工图预算的重要环节之一。

(1) 工程量计算规则。

工程量的计算是一项既简单、又繁杂,并且十分关键的工作。简单是指计算时所需的数学运算简单,如加、减、乘、除;繁杂是指所有项目应无一遗漏地包括进去。由于路桥实体的多样性和预算定额条件的相对固定性,为了在各种条件下保证定额的正确性,各专业、各分部分项工程都视定额制定条件的不同,对其相应项目的工程量计算作了具体规定,称为工程量计算规则。在计算工程量时,必须严格按工程量计算规则执行。

①工程量单位的确定。工程量是以自然计量单位或物理计量单位来表示各分项工程或结构构件的数量。自然计量单位是指以物体自身为计量单位表示工程完成的数量,如块、个、件、套等。物理计量单位是指物体的物理属性,一般以公制为计量单位,表示完成的工程数量,如 m^2、m^3 等。在计算工程数量时,为了使计算出的项目能直接使用相应的定额项目,因此,在选取工程计量单位时,应与定额项目的计量单位相一致。

②项目的划分及系数的采用。在工程量计算时,工程量项目的划分应与定额项目的划分相一致,即各个项目所包含的工作内容、施工方法、工艺要求应与定额中该项目的要求相同或符合定额说明中所规定的范围,不允许重算、多算或

漏算、少算工程数量,应严格按计算规则采用工程量系数。

（2）工程量计算的一般方法。

①计算工程量的方法。

所谓工程量计算的方法,是指计算工程量时的先后顺序,一般有以下几种：

a. 按施工的先后顺序计算；

b. 按定额手册上所列的定额项目的先后顺序计算；

c. 同一张图纸的各个构件或部位,按先上后下、先左后右、先横后直的顺序计算；

d. 按图纸的编号顺序或构件、配件的编号顺序计算。

以上各种方法是就一般情况提出的,在实际工作中,应视具体情况灵活运用。一般可选用其中一种方法进行计算,再选另一两种方法进行复核。

②工程量计算中的注意事项。

a. 工程量是按每一分部分项工程,根据设计图纸进行计算的,因此首先应熟悉施工图纸了解工程内容,严格按预算定额规定和工程量计算规则以施工图纸尺寸为依据进行计算,不能任意加大或缩小构件尺寸。

b. 每一项计算必须部位清楚,说明(名称)准确,统一格式,计算正确,单位明确。一般采用表格进行计算,计算完后应编号装订成册,以便复核。表9.10为工程量计算表的一种格式。

表9.10 工程量计算表

单位工程名称：					
序号	分部分项工程名称	图部号位	单位	计算或说明	计算结果

c. 数字要准确。工程量数据应计算正确且按定额的规定保留小数位数。

d. 工程量的单位应与定额单位相一致,以减少返工或换算的工作时间。

e. 为了在计算中不遗漏或重算项目,应按照事先拟定的计算顺序逐项计算。

f. 为了减少重复劳动,提高编制预算工作的效率,应尽量利用设计图纸资料提供的工程数量。

g. 工程量计算完毕后应认真复核,准确无误后才能用于编制施工图预算。

（3）工程量汇总。

工程量计算完后,应根据预算定额项目的划分情况,对工程量进行合并、汇总,最后列出预算工程数量一览表。

6) 明确预算项目划分

路桥工程概、预算的编制必须严格按预算项目表的序列及内容进行,当实际出现的工程和费用项目与项目表的内容不完全相符时,"一、二、三部分"和"项"的序号应保留不变,"目""节"可随需要增减,并按项目表的顺序以实际出现的"目""节"依次排列,不保留缺少的"目""节"的序号。如第二部分,设备、工具、器具购置费在该项工程中不发生,第三部分工程建设其他费用仍为第三部分。同样,路线工程第一部分第五项为隧道工程,第六项为其他工程及沿线设施,若路线中无隧道工程项目,但其序号仍保留,其他工程及沿线设施仍为第六项。但当"目""节"发生这种情况时,可依次递补改变序号。路线建设项目中的互通式立体交叉、辅道、支线,如工程规模较大,也可按概、预算表单独编制建筑安装工程,然后将其概、预算建安工程总金额列入路线的总概、预算表中相应的项目内。

概、预算应按一个建设项目(如一条路线或一座独立大、中桥)进行编制。当一个建设项目需要分段或分部编制时,应根据需要分别编制,但必须汇总编制"总概(预)算汇总表"。

7) 编制预算文件

预算文件的编制包括各种费用的计算、填表及说明。

5. 施工图预算文件的编制

1) 预算文件的组成

预算文件是设计文件的组成部分,应按《公路工程基本建设项目设计文件编制办法》(交公路发〔2007〕358号)关于设计文件报送份数,随设计文件一并报送。

预算文件由封面、目录、编制说明及全部预算计算表格组成。

(1) 封面及目录。

预算文件的封面和扉页应按《公路工程基本建设项目设计文件编制办法》(交公路发〔2007〕358号)中的规定制作,扉页的次页应有建设项目名称,编制单位、编制、复核人员姓名并加盖资格印章,编制日期及第几册共几册等内容。目录应按预算表的表号顺序编排。

(2) 预算编制说明。

预算编制完成后,应写出编制说明,文字力求简明扼要。应叙述的内容一般包括如下各项。

①建设项目设计资料的依据及有关文号,如建设项目可行性研究报告批准文号、初步设计和概算批准文号(编修正概算及预算时),以及根据何时的测设资料及比选方案进行编制的等等。

②采用的定额、费用标准,人工、材料、机械台班单价的依据或来源,补充定额及编制依据的详细说明。

③与概、预算有关的委托书、协议书、会谈纪要的主要内容(或将抄件附后)。

④总概、预算金额;人工、钢材、水泥、木料、沥青的总需要量情况,各设计方案的经济比较,以及编制中存在的问题。

⑤其他与概、预算有关但不能在表格中反映的事项。

(3) 预算表格。

路桥工程概、预算应按统一的概、预算表格计算,其中概、预算相同的表式,在印制表格时,应将概算表与预算表分别印制。

(4) 甲组文件与乙组文件。

概、预算文件按不同的需要分为两组:甲组文件为各项费用计算表;乙组文件为建筑安装工程费各项基础数据计算表,只供审批使用。乙组文件表式征得省、自治区、直辖市交通厅(局)同意后,结合实际情况允许变动或增加某些计算过渡表式。

2) 预算文件之间的关系及计算顺序

路桥工程建设项目施工图预算应以《公路工程预算定额(上、下册)》(JTG/T 3832—2018)为依据进行编制;其中材料预算单价、机械台班预算单价及各项费用的计算都应通过规定的表格反映。

各种表格的计算顺序和相互关系见图9.8。

(1) 计算工、料、机预算价格。

人工预算单价,应根据工程所在地工资区类别、基本工资、工资性质的补贴、生产工人辅助工资、职工福利费等资料,按《公路工程建设项目概算预算编制办法》(JTG 3830—2018)的标准及规定计算,并在"编制说明"中加以说明。

材料预算单价的计算分为自采材料及外购材料。自采材料先编制"自采材料料场价格计算表",再编制"材料预算单价计算表";外购材料仅编制"材料预算单价计算表"。自采材料、自办运输的材料还应编制"辅助生产工、料、机单位数量表"。

机械台班单价的计算应根据《公路工程机械台班费用定额》(JTG/T 3833—2018)进行,并填入"机械台班单价计算表"。

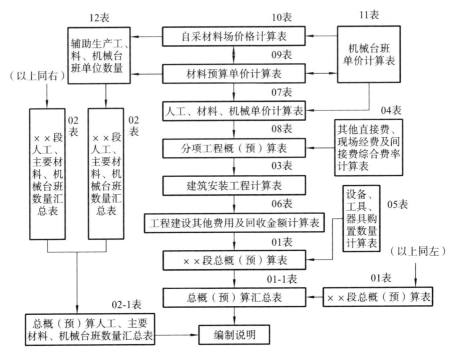

图 9.8 各种表格的计算顺序和相互关系

(2)计算综合费率。

根据工程所在地的地理位置、气候条件、工程特征、施工企业等级等资料按《公路工程建设项目概算预算编制办法》(JTG 3830—2018)及工程所在地交通厅(局)的规定、取费办法、费率标准查出"冬季施工增加费""雨季施工增加费""夜间施工增加费""高原地区施工增加费""行车干扰工程施工增加费""流动施工津贴""施工辅助费"等其他直接费综合费率以及"临时设施费""现场管理费基本费用""主副食运费补贴""职工探亲路费""职工取暖补贴""工地转移费"等现场经费综合费率,再查出"企业管理费""财务费用"等间接费综合费率,编制表格。

(3)编制分项工程预算表。

根据工程量汇总表、《公路工程预算定额(上、下册)》(JTG/T 3832—2018)、人工、材料、机械台班单价计算结果,其他直接费、现场经费及间接费综合费率计算表及施工组织设计,编制"分项工程预算表"。其填表方法如下。

"编制范围"栏:填入本预算的编制范围。

"工程名称"栏:根据"预算项目表"、填入"节"的工程名称,或根据工程实际情况填入分项工程名称。

"工程项目"栏:填入预算定额中套用的该分项工程"定额节"的名称。

"工程细目"栏:填入预算定额中套用的"定额子目"的名称或说明。

"定额单位"栏:填入所查定额项目的单位。

"工程数量"栏:填入换算成定额单位后的该分项工程的工程数量。

"定额表号"栏:填入所套用定额的代号。其表示方式为:章-节-子目。如第一章、第一节、第一个子目的定额为:路基工程、伐树挖根、除草、清除表土、人工伐树及挖根,其代号表示 1-1-1。

"编号"栏:按顺序填写。

"工、料、机名称"栏:按所套用的定额填入"人工""材料""机械名称""基价",再填入"直接费""其他直接费""现场经费""间接费""直接工程费与间接费合计"等费用名称。

"单位"栏:按所套用定额子目的工、料、机械单位填写,各项费用的单位均为"元"。

"单价"栏:按已计算出的人工、材料、机械台班预算单价填入相应位置。

"定额"栏:按所套用定额子目的工、料、机定额指标填写。

"数量"栏:用"定额"栏的数据乘以"工程数量"栏的数据,分别填入本栏;若"定额"栏为金额则乘以"工程数量"栏后,应分别填入"金额"栏。

"金额"栏:用本项目"数量"栏的数据分别乘以相应的单价,填入本栏。

"合计数量"栏:以本表"工程名称"栏所包括的分项工程为单位,将各个分项工程的各种工、料、机数量分别合计后,填入本栏。

"合计金额"栏:以本表"工程名称"栏所包括的分项工程为单位,将各个分项工程的工、料、机费用及其他费用分别汇总后,填入本栏。

"人工费"栏:以本表"工程名称"栏所包括的分项工程为单位,将各个分项工程的人工金额填入本栏。

"材料费"栏:以本表"工程名称"栏所包括的分项工程为单位,将各个分项工程的各种材料费金额合计后,填入本栏。

"机械使用费"栏:以本表"工程名称"栏所包括的分项工程为单位,将各个分项工程的各种机械费金额合计后,填入本栏。

"直接工程费"栏:将属于本表"工程名称"栏所包括的各个分项工程的"直接费"的合计金额加上各个分项工程的"其他直接费""现场金额"合计金额后,填入本栏。

"定额直接工程费"栏:将属于本表"工程名称"栏所包括的各个分项工程的"定额基价"的合计金额加上各个分项工程的"其他直接费""现场经费"合计金额后,填入本栏。

(4)编制工、料、机单价汇总表。

根据已计算的人工预算单价、材料预算单价、机械台班预算单价及"分项工程预算表"中材料、机械的使用情况编制人工、材料、机械单价汇总表。

(5)利用"分项工程预算表"编制"建筑安装工程费计算表"。

在"分项工程预算表"编制完成后,即可编制"建筑安装工程费计算表"。其填表方法如下。

"建设项目名称"栏:填入本预算所承担的基本建设项目的名称。

"编制范围"栏:填入本预算的编制范围。

"序号"栏:按顺序填写。

"工程名称"栏:按"分项工程预算表"的"工程名称"栏填写。

"单位"栏:按"预算项目表"中该"节"的单位填写或工程实际情况填写。

"工程量"栏:将属于本"工程名称"栏所包括的各个分项工程的工程数量按所要求的单位合计后的数量填入。

"定额基价"栏:将"分项工程预算表"中"基价合计金额"栏的数据填入。

"人工费"栏:将"分项工程预算表"中的"人工费"栏的数据填入。

"材料费"栏:将"分项工程预算表"中的"材料费"栏的数据填入。

"机械费"栏:将"分项工程预算表"中的"机械费"栏的数据填入。

"直接费合计"栏:将"分项工程预算表"中"直接费"栏的数据合计后填入。

"其他直接费"栏:将"分项工程预算表"中的"其他直接费合计金额"栏的数据填入。

"现场经费"栏:将"分项工程预算表"中的"现场经费合计金额"栏的数据填入。

"直接工程费合计"栏:将"分项工程预算表"中的"直接工程费合计"栏的数据填入。

"定额直接工程费"栏:将"分项工程预算表"中的"定额直接工程费"的数据填入。

"间接费"栏:将"分项工程预算表"中"间接费合计金额"栏的数据填入。

"施工技术装备费"栏:用本表"定额直接工程费"栏的数据加"间接费"的数据后乘以施工技术装备费率,将所得数据填入本栏。

"计划利润"栏:用本表"定额直接工程费"栏的数据加"间接费"栏的数据后乘以计划利润率,将所得数据填入本栏。

"税金"栏:用本表"直接工程费合计"栏的数据加上"间接费"栏的数据,再加"计划利润"栏的数据后乘以综合税率,将所得数据填入本栏。

"建安工程费合计"栏:将本表"直接工程费合计"栏、"间接费"栏、"施工技术装备费"栏、"计划利润"栏、"税金"栏等五栏数据合计后填入本栏。

"建安工程费单价"栏:将本表"建安工程费合计"栏的数据除以"工程量"栏的数据后填入本栏。

(6) 根据"分项工程预算表"编制"人工、主要材料、机械台班数量汇总表"。

"人工、主要材料、机械台班数量汇总表"的填表方法如下。

"建设项目名称"栏及"编制范围"栏:填写内容同"建筑安装工程费计算表"。

"序号"栏:按顺序填写。

"规格名称"栏:根据"分项工程预算表"的工、料、机的名称及规格或型号填写本表。

"单位"栏:根据"分项工程预算表"中所对应的工、料、机的单位填写。

"分项统计"栏:根据本预算包括的工程内容情况,按"预算项目表"中"项"的划分分别填入相应名称,路线工程分别有路基、路面、桥梁涵洞、交叉工程、隧道、其他工程及沿线设施、临时工程、管理养护及房屋、其他工程等工程项目;独立桥梁工程分别有引道工程、基础、下部构造、上部构造、沿线设施、调治及其他工程、临时工程等项目;然后再根据各工程项目所包括的工程内容,从"分项工程预算表"中分别汇总工、料、机的数量,填入本工程项目栏中相应位置。

"场外运输损耗率"栏:根据所对应的材料名称从《公路工程建设项目概算预算编制办法》(JTG 3830—2018)附录内"材料场外运输操作损耗率表(%)"中查出相应损耗率,填入本栏。

"场外运输损耗数量"栏:用本表"分项统计"栏的合计数量乘以"场外运输损耗率",将所得数据填入本栏。

"总数量"栏:将本表"分项统计"栏的合计数据与"场外运输损耗数量"栏的数据合计后填入本栏。

(7) 编制"工程建设其他费用及回收金额计算表"。

根据测设调查资料及工程所在地地方人民政府关于土地、青苗及其他设施的征购、补偿安置费用标准,以及"建筑安装工程费计算表"资料、《公路工程建设项目概算预算编制办法》(JTG 3830—2018)的规定,编制"工程建设其他费用及回收金额计算表"。其填表方法如下。

"建设项目名称"及"编制范围"栏：填写内容同"建筑安装工程费计算表"。

"序号"栏：根据"预算项目表"中"第三部分工程建设其他费用"的"项""目"的代号填写。

"费用名称及回收金额项目"栏：根据工程建设其他费用的划分及调查资料填入相应费用名称，最后填入需计算回收金额的材料名称。

"说明及计算式"栏：填入各项费用及回收金额的计算式或简要说明。

"金额"栏：将说明及计算式栏的计算结果填入本栏。

(8) 编制"设备、工具、器具购置费计算表"。

根据设计部门、建设单位，以及上级有关部门列出的计划购置清单，编制"设备、工具、器具购置费计算表"。

(9) 编制"总预算表"。

根据"概、预算项目表""建筑安装工程费计算表""分项工程预算表""设备、工具、器具购置费计算表""工程建设其他费用及回收金额计算表"，以及《公路工程建设项目概算预算编制办法》(JTG 3830—2018)编制"总预算表"。其填表方法如下。

"建设项目名称"及"编制范围"填写方法同"建筑安装工程费计算表"。

"项"栏：根据"概、预算项目表""项"的代号及规定填写。

"目"栏：根据"概、预算项目表""目"的代号及规定填写。

"节"栏：根据"概、预算项目表""节"的代号及规定填写。

"工程或费用名称"栏：根据"项""目""节"所对应的工程或费用名称以及实际工程项目填写，但各工程或费用的名称及内容应与其他各表工程或费用的名称及内容相一致。

"单位"栏：根据"概、预算项目表"的单位及实际情况填写。

"数量"栏：根据设计资料及所对应的单位填写。

"预算金额"栏：根据"建安工程费计算表""设备、工具、器具购置费计算表""工程建设其他费用及回收金额计算表"的数据填写，其中第一部分建筑安装工程中各"节"的"预算金额"应将各"分项工程预算表"中的"直接工程费与间接费合计金额"栏的数据填入，各"目"的"预算金额"为本"目"下各"节"的"预算金额"的合计，"项"的"预算金额"为本"项"下各"目"的"预算金额"的合计。

"技术经济指标"栏：用本表"预算金额"栏的数据除以"数量"栏的数据后填入本栏。

"各项费用比例(%)"栏:用本表的预算总金额除以各"第一、二、三部分工程或费用""项""预留费用""工程造价增长预留费""预备费""大型专用机械设备购置费""固定资产投资方向调节税""建设期贷款利息"等费用的"预算金额"栏的数据,取百分数后填入本栏各项费用所对应的位置。

(10) 编制"全预算人工、主要材料、机械台班数量汇总表"及"总预算汇总表"。

预算应按一个建设项目(如一条路线或一座独立大、中桥)进行编制。当一个建设项目需分段或分部编制时,应根据需要分别编制,但必须汇总编制"全预算人工、主要材料、机械台班数量汇总表"以及"总预算汇总表"。不需汇总的项目,不编汇总表。

"全预算人工、主要材料、机械台班数量汇总表"填写方法如下。

"建设项目名称"栏:同"建筑安装工程费计算表"的填写。

"规格名称"栏:按"人工、主要材料、机械台班数量汇总表"填写。

"单位"栏:按"人工、主要材料、机械台班数量汇总表"填写。

"编制范围"栏:逐栏填入需汇总的各个预算"编制范围"栏的内容,并在各栏下再填入该预算相应的"人工、主要材料、机械台班数量汇总表"中的"总数量"栏的数据。

"总预算汇总表"填写方法如下。

"建设项目名称"栏:填写内容同"建筑安装工程费计算表"。

"项次"栏:按顺序填入"总预算表"中除"节"以外的其他代号。

"工程或费用名称"栏:填入"项次"栏所对应的"总预算表"中的"工程或费用名称"栏的内容。

"单位"栏:填入"工程或费用名称"栏所对应的"总预算表"中的"单位"栏的内容。

"总数量"栏:将"总预算表"中相应项次"数量"栏的数据合计后填入本栏。

"预算总金额"栏:将各个"总预算表"中的"预算金额"栏的数据分别填入本栏下的各个分栏,再将这些数据合计后填入本栏下的"合计"栏。

"技术经济指标"栏:将本表"预算总金额合计"栏的数据除以"总数量"栏的数据后填入本栏。

"各项费用比重(%)"栏:将本表"项"的"预算总金额"合计除本表最终的"预算总金额"后填入本栏。

(11) 写编制说明、编写目录及设计封面。

预算表格编制完成后应写出编制说明,按预算文件的装订顺序编写目录,并按封面格式的规定设计制作封面，最后装订成册，作为设计文件的组成部分之一装入设计文件中。

6. 施工图预算的审核

1）施工图预算审查的意义

施工图预算编制完成之后，需要认真进行审查。加强施工图预算的审查，对于提高施工图预算的准确性，正确贯彻党和国家的有关方针政策，降低工程建设成本具有重要的现实意义。

（1）有利于控制工程造价，克服和防止预算超概算。

（2）有利于加强固定资产投资管理，节约建设资金。

（3）有利于施工承包合同价的合理确定和控制。

（4）有利于积累和分析各项技术经济指标，不断提高设计水平。

2）施工图预算审查的内容

（1）工程量的计算。工程量的计算是编制施工图预算的基础性工作之一，对施工图预算的审查，应首先从审查工程量开始。

（2）定额的使用。应重点审查定额子目的套用是否正确。同时，对于补充的定额子目，要对其各项指标消耗量的合理性进行审查，并按程序进行报批，及时补充到定额中。

（3）设备、材料及人工、机械价格的确定。设备材料及人工、机械价格受时间、资金和市场行情等因素的影响较大，且在工程总造价中所占比例较高，因此，应作为施工图预算审查的重点。

（4）相关费用的选取和确定。审查各项费用的选取是否符合国家和地方有关规定，审查费用的计算和计取基数是否正确、合理。

3）施工图预算审查的方法

（1）全面审查法。全面审查法又称逐项审查法，是指按预算定额顺序或施工的先后顺序，逐一进行全部审查。其优点是全面、细致，审查的质量高；缺点是工作量大，审查时间较长。

（2）标准预算审查法。标准预算审查法是指对于利用标准图纸或通用图纸施工的工程，先集中力量编制标准预算，然后以此为标准对施工图预算进行审查。其优点是审查时间较短，审查效果好；缺点是应用范围较小。

（3）分组计算审查法。分组计算审查法是指将相邻且有一定内在联系的项目编为一组，审查某个分量，并利用不同量之间的相互关系判断其他几个分项工程量的准确性。其优点是可加快工程量审查的速度;缺点是审查的精度较差。

(4)对比审查法。对比审查法是指用已完工程的预结算或虽未建成但已审查修正的工程预结算对比审查拟建类似工程施工图预算。其优点是审查速度快,但同时需要具有较为丰富的相关工程数据库作为开展工作的基础。

(5)筛选审查法。筛选审查法也属于一种对比方法,即对数据加以汇集、优选、归纳,建立基本值,并以基本值为准进行筛选,对于未被筛下去的,即不在基本值范围内的数据进行较为详尽的审查。其优点是便于掌握,审查速度较快;缺点是有局限性,较适用于住宅工程或不具备全面审查条件的工程项目。

(6)重点抽查法。重点抽查法是指抓住工程预算中的重点环节和部分进行审查。其优点是重点突出,审查时间较短,审查效果较好;不足之处是对审查人员的专业素质要求较高,在审查人员经验不足或了解情况不够的情况下,极易造成判断失误,严重影响审查结论的准确性。

(7)利用手册审查法。利用手册审查法是指将工程常用的构配件事先整理成预算手册,按手册对照审查。

(8)分解对比审查法。分解对比审查法是将一个单位工程按直接费和间接费进行分解,然后将直接费按工种和分部工程进行分解,分别与审定的标准预结算进行对比分析。

4)施工图预算审查的步骤

(1)做好审查前的准备工作。

①熟悉施工图纸。施工图纸是编制预算分项工程数量的重要依据,必须全面熟悉了解。首先要核对所有的图纸,清点无误后,依次识读;其次要参加技术交底,解决图纸中的疑难问题,直至完全掌握图纸。

②了解预算包括的范围。根据预算编制说明,了解预算包括的工程内容。

③弄清编制预算采用的单位工程估价表。任何单位估价表或预算定额都有一定的适用范围。根据工程性质,收集、熟悉相应的单价、定额资料,特别是市场材料单价和取费标准等。

(2)选择合适的审查方法,按相应内容审查。工程规模、繁简程度不同,施工企业情况也不同,所编工程预算的繁简程度和质量也不同,因此需针对情况选择相应的审查方法进行审核。

(3)综合整理审查资料,编制调整预算。经过审查,如发现有差错,需要进行增加或核减的,经与编制单位逐项核实,统一意见后,修正原施工图预算,汇总增加或核减量。

7. 针对改扩建路桥工程的施工图预算编制与审核

与建筑工程不同,路桥工程一旦涉及隧道、桥涵、立交桥、服务区、停车区等建设,预算编制均会受到一定程度的影响。因此,在编制预算的过程中,工程预算编制部门应充分考虑路桥工程造价控制的方法、要求,有针对性地对各个类目进行优化、细化,以保证造价控制过程中具有可靠的数值参考。路桥工程若顺应行政管理部门要求,划分为多个标段并由多个单位共同设计、参与建设,需确保各个单位设备、材料、依据、计取标准的统一,且预算条目要细化至"类目";定额的基础资料应纳入路桥工程造价文件中,同时要摒弃采用"单价乘以数量"的预算编制方法,通过"补充定额"方式编制;预算中,"项、节、目"等内容应该和概算保持一致。施工图预算是施工图设计文件的主要组成部分,施工图预算应控制在批复的设计概算范围之内。因此,施工图预算既不能多计,也不能少计或者漏计。

目前,随着我国经济的快速发展及高速公路里程的不断增加,高速公路改扩建的项目也越来越多,合理编制高速公路改扩建工程造价对整个项目工程投资起到至关重要的作用。因此,务必要对高速公路改扩建工程施工图预算编制的要点进行分析,从而避免在编制高速公路改扩建工程施工图预算时漏计相关费用,这也有益于合理确定项目的投资。

下文以开阳高速公路改扩建工程为例,简述改扩建路桥工程施工图预算编制与审核。

沈阳至海口国家高速公路水口至白沙段(简称为"开阳高速公路")是国家高速公路网规划"2纵"G15沈阳至海口国家高速公路的一段,同时也是广东省"十纵五横两环"高速公路骨架中第五条横线的一段。开阳高速公路全长125.2 km;全线采取双向四车道高速公路标准设计,设计速度120 km/h,路基宽度28 m,于2003年9月建成通车。

随着经济发展及交通量增长,开展开阳高速的改扩建工作非常必要且十分迫切。

开阳高速公路A1标起点桩号K3157+144.600(国家高速公路网桩号,开阳高速养护起点),连接佛开高速改扩建终点,路线沿开阳原路线途经开平市水口镇、月山镇、翠山湖管委会、沙塘镇、塘口镇及恩平市沙湖镇、君堂镇、圣堂镇、良西镇,于恩城街道办与A2标段相接,终点桩号K3214+952.251(国家高速公路网桩号)。路线全长57.808 km。

本项目改扩建采用设计速度为120 km/h的双向八车道高速公路标准建设,路基由28 m拓宽至42 m,汽车荷载等级为公路-Ⅰ级;其余技术指标按部颁《公路工程技术标准》(JTG B01—2014)。

本项目造价人员在进行施工图预算编制时,对改扩建工程预算编制的各要点作了详细的分析,包括路线设计、路基、路面、桥梁、涵洞、管网工程、环境保护与景观设计等方面,然后依据《公路工程建设项目概算预算编制办法》(JTG 3830—2018)、《公路工程概算定额(上、下册)》(JTG/T 3831—2018)、《公路工程预算定额(上、下册)》(JTG/T 3832—2018)、《公路工程机械台班费用定额》(JTG/T 3833—2018)、《公路工程营业税改征增值税计价依据调整方案》(交办公路〔2016〕66号)进行编制,采用的编制办法、费率正确,定额选用基本合适,材料单价基本合理,工程量录入基本准确。

广东省交通运输厅结合咨询单位对本项目施工图预算进行审查,核定了建筑安装工程费、土地使用及拆迁补偿费、工程建设其他费和预备费,核定了施工图设计预算,经与项目批复概算对比,核定预算仍然控制在概算范围内,最终工程造价以竣工决算为准。

9.3 招投标阶段工程造价控制

9.3.1 招投标阶段工程造价控制概述

1. 工程项目招标投标的概念

招标投标是商品经济中的一种竞争方式,通常适用于大宗交易。其特点是由唯一的买主(或卖主)设定标的,招请若干个卖主(或买主)通过报价进行竞争,从中选择优胜者与之达成交易协议,随后按协议实现标的。工程建设项目招标投标是国际上广泛采用的业主择优选择工程承包商或材料设备供应商的主要交易方式。招标的目的是为计划兴建的工程项目选择适当的承包商或材料设备供应商,将全部工程或其中某一部分工作委托这个(些)承包商或材料设备供应商负责完成。承包商或材料设备供应商则通过投标竞争,决定自己的生产任务和销售对象,也就是使产品得到社会的承认,从而完成生产计划并实现盈利。因此,承包商或材料设备供应商必须具备一定的条件,才有可能在投标竞争中获

胜,为业主所选中。这些条件主要是一定的技术、经济实力和管理经验,足以胜任承包的任务、效率高、价格合理及信誉良好。工程建设项目招标投标制是在市场经济条件下产生的,因而必然受竞争机制、供求机制、价格机制的制约。招标投标意在鼓励竞争,防止垄断。

2. 工程项目招标投标的原则

1) 公开原则

(1) 建设工程招标投标的信息公开。通过建立和完善建设工程项目报建登记制度,及时向社会发布建设工程招标投标信息,让有资格的投标者都能享受到同等的信息,便于进行投标决策。

(2) 建设工程招标投标的条件公开。什么情况下可以组织招标,什么机构有资格组织招标,什么样的单位有资格参加投标等,必须向社会公开,便于社会监督。

(3) 建设工程招标投标的程序公开。工程建设项目的招标投标应当经过哪些环节、步骤,在每一环节、每一步骤有什么具体要求和时间限制,凡是适宜公开的,均应当予以公开;在建设工程招标投标的全过程中,招标单位的主要招标活动程序、投标单位的主要投标活动程序和招标投标管理机构的主要监管程序,必须公开。

(4) 建设工程招标投标的结果公开。哪些单位参加了投标,最后哪个单位中了标,应当予以公开。

2) 公平原则

公平原则是指所有当事人和中介机构在建设工程招标投标活动中,享有均等的机会,具有同等的权利,履行相应的义务,任何一方都不受歧视。它主要体现在如下方面。

(1) 工程建设项目,凡符合法定条件的,都一样进入市场通过招标投标进行交易,市场主体不仅包括承包人,而且包括发包人,发包人进入市场的条件是一样的。

(2) 在建设工程招标投标活动中,所有合格的投标人进入市场的条件和竞争机会都是一样的,招标人对投标人不得区别对待,厚此薄彼。

(3) 建设工程招标投标涉及的各方主体,都负有与其享有的权利相适应的义务,因事情变迁(不可抗力)等原因造成各方权利、义务关系不均衡的,都可以而且应当依法予以调整或解除。

(4) 当事人和中介机构对建设工程招标投标中自己有过错的损害，根据过错大小承担责任，对各方均无过错的损害则根据实际情况分担责任。

3）公正原则

公正原则是指在建设工程招标投标活动中，按照同一标准实事求是地对待所有的当事人和中介机构，如招标人按照统一的招标文件示范文本公正地表述招标条件和要求，按照事先经建设工程招标投标管理机构审查认定的评标定标办法，对投标文件进行公正评价，择优确定中标人等。

4）诚实信用原则

诚实信用原则简称诚信原则，是指在建设工程招标投标活动中，当事人和有关中介机构应当以诚相待、讲求信义、实事求是，做到言行一致、遵守诺言、履行合约，不得见利忘义、投机取巧、弄虚作假、隐瞒欺诈、以次充好、掺杂使假、坑蒙拐骗，损害国家、集体和其他人的合法权益。诚信原则是建设工程招标投标活动中的重要道德规范，也是法律上的要求。诚信原则要求当事人和中介机构在进行招标投标活动时，必须具备诚实无欺、善意守信的内心状态，不得滥用权力损害他人，要在自己获得利益的同时充分尊重社会公德和国家的、社会的、他人的利益，自觉维护市场经济的正常秩序。

3. 工程项目招标的条件

工程项目招标必须符合主管部门规定的条件。这些条件分为招标人即建设单位应具备的和招标的工程项目应具备的两个方面。

1）建设单位招标应当具备的条件

(1) 招标单位是法人或依法成立的其他组织。

(2) 有与招标工程相适应的经济、技术、管理人员。

(3) 有组织招标文件的能力。

(4) 有审查投标单位资质的能力。

(5) 有组织开标、评标、定标的能力。

不具备(2)和(5)项条件的，须委托具有相应资质的咨询、监理等单位代理招标。上述五条中，前两条是对招标单位资格的规定，后三条则是对招标人能力的要求。

2）招标的工程项目应当具备的条件

(1) 概算已经批准。

(2) 建设项目已经正式列入国家、部门或地方的年度固定资产投资计划。

(3) 建设用地的征用工作已经完成。

(4) 有能够满足施工需要的施工图纸及技术资料。

(5) 建设资金和主要建筑材料、设备的来源已经落实。

(6) 已经建设项目所在地规划部门批准,施工现场"三通一平"已经完成或一并列入施工招标范围。当然,对于不同性质的工程项目,招标的条件可有所不同或有所偏重。

4. 工程项目招标的分类

1) 按建设工程项目的建设程序分类

(1) 工程项目开发招标。这种招标是建设单位(业主)邀请工程咨询单位对建设项目进行可行性研究,其"标的物"是可行性研究报告。中标的工程咨询单位必须对自己提供的研究成果认真负责,可行性研究报告应得到建设单位认可。

(2) 工程项目勘察设计招标。工程勘察设计招标是指招标单位就拟建工程的勘察和设计任务发布通告,以法定方式吸引勘察单位或设计单位参加竞争,经招标单位审查获得投标资格的勘察、设计单位,按照招标文件的要求,在规定的时间内向招标单位填报投标书,招标单位从中择优确定中标单位完成工程勘察或设计任务。

(3) 工程项目施工招标。工程施工招标是针对工程施工阶段的全部工作开展的招标,根据工程施工范围大小及专业不同,可分为全部工程招标、单项工程招标和专业工程招标等。

2) 按工程承包的范围分类

(1) 项目总承包招标。这种招标可分为两种类型:一种是工程项目实施阶段的全过程招标,另一种是工程项目全过程招标。前者是在设计任务书已经审完,从项目勘察、设计到交付使用进行一次性招标;后者是从项目的可行性研究到交付使用进行一次性招标,业主提供项目投资和使用要求及竣工、交付使用期限,其可行性研究、勘察设计、材料和设备采购、施工安装、职工培训、生产准备和试生产、交付使用都由一个总承包人负责承包,即所谓的"交钥匙工程"。

(2) 专项工程承包招标。这种招标是指在工程承包招标中,对其中某项比较复杂,或专业性强,施工和制作要求特殊的单项工程,可以单独进行招标,称为专项工程承包招标。

3) 按行业、部门、专业分类

按行业部门分类,招标可分为土木工程招标、勘察设计招标、货物设备采购招标、机电设备安装工程招标、生产工艺技术转让招标、咨询服务(工程咨询)招标。土木工程包括铁路、公路、隧道、桥梁、堤坝、电站、码头、飞机场、厂房、剧院、旅馆、医院、商店、学校、住宅等。货物采购包括建筑材料和大型成套设备等。咨询服务包括项目开发性研究、可行性研究、工程监理等。我国财政部经世界银行同意,专门为世界银行贷款项目的招标采购制定了有关方面的标准文本,包括货物采购国内竞争性招标文件范本、土建工程国内竞争性招标文件范本、资格预审文件范本、货物采购国际竞争性招标文件范本、土建工程国际竞争性招标文件范本、生产工艺技术转让招标文件范本、咨询服务合同协议范本、大型复杂工厂与设备的供货和安装监督招标文件范本、总包合同(交钥匙工程)招标文件范本,以便利用世界银行贷款来支持和帮助我国的国民经济建设。

4) 按工程建设项目构成分类

按工程建设项目的构成,建设工程招标分为全部工程招标、单项工程招标、单位工程招标、分部工程招标、分项工程招标。

5) 按工程是否具有涉外因素分类

按工程是否具有涉外因素,建设工程招标分为国内工程招标和国际工程招标。国内工程招标,是指对本国没有涉外因素的建设工程进行的招标。国际工程招标,是指对有不同国家或国际组织参与的建设工程进行的招标。国际工程招标,包括本国的国际工程(习惯上称涉外工程)招标和国外的国际工程招标两个部分。国内工程招标和国际工程招标的基本原则是一致的,但在具体做法上有差异。随着社会经济的发展和国际工程交往的增多,国内工程招标和国际工程招标在做法上的区别已越来越小。

5. 工程项目招标的范围

工程建设招标可以是全过程招标,其工作内容包括可行性研究、勘察设计、物资供应、建筑安装施工,乃至使用后的维修;也可以是阶段性建设任务的招标,如勘察设计、项目施工;可以是整个项目发包,也可以是单项工程发包;在施工阶段,还可以依承包内容的不同,分为包工包料、包工部分包料、包工不包料。进行工程招标,业主必须根据工程项目的特点,结合自身的管理能力,确定工程的招标范围。

1)《中华人民共和国招标投标法》规定必须招标的范围

根据《中华人民共和国招标投标法》的规定,在中华人民共和国境内进行的下列工程项目必须进行招标。

(1) 大型基础设施、公用事业等关系社会公共利益、公众安全的项目。

(2) 全部或者部分使用国有资金或者国家融资的项目。

(3) 使用国际组织或者外国政府贷款、援助资金的项目。

2) 可以不进行招标的范围

按照《中华人民共和国招标投标法》的规定,属于下列情形之一的,经县级以上地方人民政府建设行政主管部门批准,可以不进行招标。

(1) 涉及国家安全、国家秘密的工程。

(2) 抢险救灾工程。

(3) 利用扶贫资金实行以工代赈、需要使用农民工等特殊情况。

(4) 建筑造型有特殊要求的设计。

(5) 采用特定专利技术、专有技术进行设计或施工。

(6) 停建或者缓建后恢复建设的单位工程,且承包人未发生变更的。

(7) 施工企业自建自用的工程,且施工企业资质等级符合工程要求的。

(8) 在建工程追加的附属小型工程或者主体加层工程,且承包人未发生变更的。

(9) 法律、法规、规章规定的其他情形。

6. 开标、评标与定标

投标截止日期以后,业主应在投标的有效期内开标、评标和授予合同。投标有效期是指从投标截止之日起到公布中标之日为止的一段时间。有效期的长短根据工程的大小、繁简而定。按照国际惯例,一般为90～120天,我国在施工招标管理办法中规定10～30天,投标有效期是要保证招标单位有足够的时间对全部投标进行比较和评价,如世界银行贷款项目需考虑报世界银行审查和报送上级部门批准的时间。

1) 开标

开标是指招标人将所有投标人的投标文件启封揭晓。《中华人民共和国招标投标法》规定,开标应当在招标通告中约定的地点、招标文件确定的提交投标文件截止时间的同一时间公开进行。开标由招标人主持,邀请所有投标人参加。开标一般应按照下列程序进行。

(1) 主持人宣布开标会议开始,介绍参加开标会议的单位、人员名单及工程项目的有关情况。

(2) 请投标单位代表确认投标文件的密封性。

(3) 宣布公证、唱标、记录人员名单和招标文件规定的评标原则、定标办法。

(4) 宣读投标单位的名称、投标报价、工期、质量目标、主要材料用量、投标担保或保函,以及投标文件的修改、撤回等情况,并做当场记录。

(5) 与会的投标单位法定代表人或者其代理人在记录上签字,确认开标结果。

(6) 宣布开标会议结束,进入评标阶段。投标单位法定代表人或授权代表未参加开标会议的视为自动弃权。投标文件有下列情形之一的将视为无效。

①投标文件未按照招标文件的要求予以密封的。

②投标文件中的投标函未加盖投标人的企业及企业法定代表人印章的,或者企业法定代表人委托代理人没有合法、有效的委托书(原件)及委托代理人印章的。

③投标文件的关键内容字迹模糊、无法辨认的。

④投标人未按照招标文件的要求提供投标保函或者投标保证金的。

⑤组成联合体投标的,投标文件未附联合体各方共同投标协议的。

⑥逾期送达。对未按规定送达的投标书,应视为废标,原封退回。但对于因非投标者的过失(因邮政、战争、罢工等原因),而在开标之前未送达的,投标单位可考虑接受该迟到的投标书。

2) 评标

开标后进入评标阶段,即采用统一的标准和方法,对符合要求的投标进行评比,来确定每项投标对招标人的价值,最后达到选定最佳中标人的目的。

(1) 评标机构。

《中华人民共和国招标投标法》规定,评标由招标人依法组建的评标委员会负责。依法必须招标的项目,评标委员会由招标人的代表和有关技术、经济等方面的专家组成,成员人数为 5 人以上的单数,其中技术、经济等方面的专家不得少于成员总数的 2/3。

技术、经济等专家应当从事相关领域工作满 8 年且具有高级职称或具有同等专业水平,由招标人从国务院有关部门或省(自治区、直辖市)人民政府有关部门提供的专家名册或者招标代理机构的专家库内的相关专业的专家名单中确定;一般招标项目可以采取随机抽取方式,特殊招标项目可以由招标人直接确定。与投标人有利害关系的人不得进入相关项目的评标委员会,已经进入的应当更换。评标委员会成员的名单在中标结果确定前应当保密。

(2) 评标的保密性与独立性。

按照我国招标投标法,招标人应当采取必要措施,保证评标在严格保密的情况下进行。所谓评标的严格保密,是指评标在封闭状态下进行,评标委员会在评标过程中有关检查、评审和授标的建议等情况均不得向投标人或与该程序无关的人员透露。招标文件中对评标的标准和方法进行了规定,列明了价格因素和价格因素之外的评标因素及其量化计算方法,因此,所谓评标保密,并不是在这些标准和方法之外另搞一套标准和方法进行评审和比较,而是这个评审过程是招标人及其评标委员会的独立活动,有权对整个过程保密,以免投标人及其他有关人员知晓其中的某些意见、看法或决定,而想方设法干扰评标活动的进行,也可以制止评标委员会成员对外泄漏和沟通有关情况,造成评标不公。

(3) 投标文件的澄清和说明。

评标时,评标委员会可以要求投标人对投标文件中含义不明确的内容做必要的澄清或者说明,如投标文件有关内容前后不一致、明显打字(书写)错误或纯属计算上的错误等,评标委员会应通知投标人做出澄清或说明,以确认其正确的内容。澄清的要求和投标人的答复均应采用书面形式,且投标人的答复必须经法定代表人或授权代表人签字,作为投标文件的组成部分。询标一般由受委托的中介机构来完成,通常包括审标、提出书面询标报告、质询与解答、提交书面询标经济分析报告等环节。提交的书面询标经济分析报告将作为评标委员会进行评标的参考,有利于评标委员会在较短的时间内完成对投标文件的审查、评审和比较。

(4) 评标原则和程序。

在建设工程中,评标应遵循以下原则。

①平等竞争,机会均等。制定评标定标办法要对各投标人一视同仁,在评标定标的实际操作和决策过程中,要用一个标准衡量,保证投标人能平等地参加竞争。对投标人来说,在评标定标办法中不存在对某一方有利或不利的条款,大家在定标结果正式出来之前,中标的机会是均等的,不允许针对某一特定的投标人在某一方面的优势或弱势而在评标定标具体条款中带有倾向性。

②客观公正,科学合理。对投标文件的评价、比较和分析,要客观公正,不以主观好恶为标准,不带成见,真正在投标文件的响应性、技术性、经济性等方面评出客观的差别和优劣。采用的评标定标方法,对评审指标的设置和评分标准的具体划分,都要在充分考虑招标项目的具体特点和招标人的合理意愿的基础上,尽量避免和减少人为因素,做到科学合理。

③实事求是,择优定标。对投标文件的评审,要从实际出发,实事求是。评标定标活动既要全面,又要有重点,不能泛泛进行。任何一个招标项目都有自己

的具体内容和特点,招标人作为合同的一方主体,对合同的签订和履行负有其他任何单位和个人都无法替代的责任,所以,在其他条件同等的情况下,应该允许招标人选择更符合招标工程特点和自己招标意愿的投标人中标。《中华人民共和国招标投标法》规定,中标人的投标应当符合下列条件之一。

a. 能够最大限度地满足招标文件中规定的各项综合评价标准。

b. 能够满足招标文件的实质性要求,并经评审的投标价格最低;但是投标价格低于成本的除外。

关于评标程序,一般分为初步评审和详细评审两个阶段,具体如下。

①初步评审。初步评审包括对投标文件的符合性评审、技术性评审和商务性评审。符合性评审包括商务符合性评审和技术符合性鉴定。投标文件应实质性响应招标文件的所有条款、条件,无显著差异和保留。所谓显著差异和保留,包括以下情况:对工程的范围、质量及使用性能产生实质性影响;对合同中规定的招标单位的权利及投标单位的责任造成实质性限制;纠正这种差异或保留,将会对其他实质性响应的投标单位的竞争地位产生不公正的影响。技术性评审主要包括对投标人所报的方案或组织设计、关键工序、进度计划、人员和机械设备的配备,技术能力,质量控制措施,临时设施的布置和临时用地情况,施工现场周围环境污染的保护措施等进行评估。商务性评审指对确定为实质上响应招标文件要求的投标文件进行投标报价评估,包括对投标报价进行校核,审查全部报价数据是否有计算上或累计上的算术错误,分析报价构成的合理性。发现报价数据上有算术错误,修改的原则是:当用数字表示的数额与用文字表示的数额不一致时,以文字数额为准;当单价与工程量的乘积与合价之间不一致时,通常以标出的单价为准,除非评标组织认为有明显的小数点错位,此时应以标出的合价为准,并修改单价。按上述原则调整投标书中的投标报价,经投标人确认同意后,对投标人起约束作用。如果投标人不接受修正后的投标报价,则其投标将被拒绝。

②详细评审。经过初步评审合格的投标文件,评标委员会应当根据招标文件确定的评标标准和方法,对其技术部分和商务部分做进一步评审、比较。

3) 定标和签订合同

评标结束后,评标小组应写出评标报告,提出中标单位的建议,交业主或其主管部门审核。评标报告一般由下列内容组成。

(1) 招标情况,主要包括工程说明、招标过程等。

(2) 开标情况,主要有开标时间、地点、参加开标会议人员、唱标情况等。

(3) 评标情况,主要包括评标委员会的组成及评标委员会人员名单、评标工作的依据及评标内容等。

(4) 推荐意见。

(5) 附件,主要包括评标委员会人员名单;投标单位资格审查情况表;投标文件符合情况鉴定表;投标报价评比表;投标文件质询澄清的问题等。评标报告批准后,招标单位应立即向中标单位发出中标函。中标单位接受中标通知后,一般应在15天、30天内签订合同,并提供履约保证。签订合同后,建设单位一般应在7天内通知未中标者,并退回投标保函,未中标者在收到投标保函后应迅速退回招标文件。若对第一中标者未达成签订合同的协议,可考虑与第二中标者谈判签订合同,若缺乏有效的竞争和其他正当理由,建设单位有权拒绝所有的投标,并对投标者造成的影响不负任何责任,也无义务向投标者说明原因。拒标的原因一般是所有投标的主要项目均未达到招标文件的要求,经建设主管部门批准后方能拒绝所有的投标。一旦拒绝所有的投标,建设单位应立即研究废标的原因,考虑是否对技术规程(规范)和项目本身进行修改,然后考虑重新招标。

7. 工程项目招投标的方式

(1) 公开招标。

公开招标又称无限竞争招标,是由招标单位通过报刊、广播、电视、无线网络等方式发布招标广告,有意的承包商均可参加资格审查或者资格后审,合格的承包商可购买招标文件,参加投标的招标方式。

公开招标的优点是投标的承包商多,范围广、竞争激烈,业主有较大的选择余地,有利于降低工程造价,提高工程质量,缩短工期;缺点是由于承包商多,招标工作量大,组织工作复杂,需要投入较多的人力物力,招标过程长。具体参见图9.9。

公开招标方式主要适用于政府投资项目或投资额度大,工艺、结构复杂的较大型工程建设项目。

(2) 邀请招标。

邀请招标又称有限竞争招标。这种方式不发布广告,业主根据自己的经验和所掌握的信息资料,向有承担该项工程施工能力的3个以上(含3个)的承包商发出招标邀请书,收到邀请书的承包商才有资格参与投标。

邀请招标的优点是目标集中,招标的组织工作较容易,工作量小;缺点是由于参加的投标单位少,竞争性较差,业主的选择性余地小。具体参见图9.10。

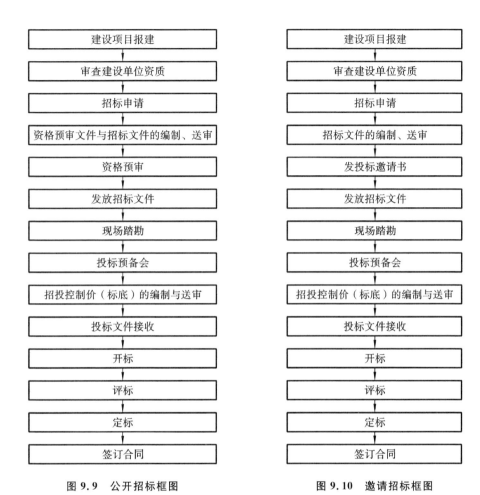

图 9.9　公开招标框图　　　　图 9.10　邀请招标框图

无论是公开招标还是邀请招标,都必须按规定的招标程序完成,一般是事先制定统一的招标文件,投标均按照招标文件的规定进行。

9.3.2　招标标底的编制

1. 工程招标标底的概念与作用

1) 标底的概念

标底是建筑安装工程造价的表现形式之一,它是指由招标单位自行编制或委托具有编制标底资格和能力的中介机构代理编制,并按规定报经审定的招标工程的预期价格。

标底的组成内容主要包括如下各项。

(1) 标底的综合编制说明。

(2) 标底价格审定书、标底价格计算书、带有价格的工程量清单、现场因素、各种施工措施费的测算明细,以及采用固定价格工程的风险系数测算明细等。

(3) 主要材料用量。

(4) 标底附件,如各项交底纪要,各种材料及设备的价格来源,现场的地质、水文、交通、供水供电等地上情况的有关资料,编制标底价格所依据的施工方案或施工组织设计等。

2) 标底的作用

(1) 能够使招标单位预先明确自己在拟建工程上应承担的财务义务。

(2) 给上级主管部门提供核实建设规模的依据。

(3) 衡量投标单位标价的准绳,只有有了标底,才能正确判断投标者所投报价的合理性、可靠性。

(4) 是评标的重要尺度,只有制定了科学的标底,才能在定标时作出正确的抉择,否则评标就是盲目的,因此招标工作中必须以严肃认真的态度和科学的方法来编制标底。

2. 编制标底的主要程序

当招标文件中的商务条款已经确定,应根据招标项目的具体情况,在恰当时候组织标底编制。工程项目标底的编制程序如下。

(1) 确定标底的编制单位。标底由招标单位自行编制或委托经建设行政主管部门批准具有编制标底资格和能力的中介机构代理编制。

(2) 提供以下资料,以便进行标底计算:

①全套施工图纸及现场地质、水文、地上情况的有关资料;

②招标文件;

③领取标底价格计算书、报审的有关表格。

(3) 参加交底会及现场勘察。标底编审人员均应参加施工图交底、施工方案交底以及现场勘察、招标预备会,便于标底的编审工作。

(4) 编制标底。编制人员应严格按照国家的有关政策、规定,科学公正地编制标底价格。

3. 编制标底的原则

(1) 根据国家公布的统一工程项目划分、统一计量单位、统一计算规则以及施工图纸、招标文件,并参照国家制定的基础定额和国家、行业、地方规定的技术标准规范,以及要素市场价格确定工程量和编制标底。

(2) 按工程项目类别计价。

(3) 标底作为建设单位的期望价格,应力求与市场的实际变化相吻合,要有利于竞争和保证工程质量。

(4) 标底应由成本、利润、税金等组成,应控制在批准总概算(或修正概算)及投资包干的限额内。

(5) 标底应考虑人工、材料、设备、机械台班等价格变化因素,还应包括不可预见费(特殊情况)、预算包干费、措施费(赶工措施费、施工技术措施费)、现场因素费用、保险,以及采用固定价格的工程的风险金等。工程要求优良的还应增加相应的费用。

(6) 一个工程只能编制一个标底。

(7) 标底编制完成后,应密封报送招标管理机构审定。审定后必须及时妥善封存,直至开标时,所有接触过标底价格的人员均负有保密责任,不得泄露。

4. 编制标底的主要依据

根据《公路工程国内招标文件范本》(交公路发〔2003〕94号)中规定,标底的编制依据主要包括如下各项。

(1) 招标文件的商务条款。

(2) 工程施工图纸、工程量计算规则。

(3) 施工现场地质、水文、地上情况的有关资料。

(4) 施工方案或施工组织设计。

(5) 现行工程预算定额、工期定额、工程项目计价类别以及取费标准、国家或地方有关价格调整文件规定等。

(6) 招标时工程材料及设备的市场价格。

5. 标底的编制方法

当前,我国建设工程施工招标标底主要采用综合单价法和工料单价法来编制。

1) 综合单价法

综合单价法编制标底,是根据工程项目的划分,以完成各分项工程的所有费用除以相应工程量得到的综合单价来确定工程标底的一种方法。每一分项工程中的综合单价,应包括人工费、材料费、机械费、其他直接费、现场经费、间接费、施工措施费(如果未单独列出分项工程另行计费)、利润、税金,以及采用固定价格的风险金等全部费用。综合单价确定后,再与各分项工程量相乘汇总,即可得到标底价格。

路桥工程中较为广泛地采用综合单价法编制标底。在具体编制时,根据工程量清单中确定的分项工程细目,一般分项工程细目的综合单价以完成该分项工程细目规定的工程内容所需的全部费用(含利润、税金)除以相应工程量计算得到。将各章费用汇总得到标底价。

例如灌注桩分项工程,清单单位以桩长计,确定每米桩长的综合单价。当孔径一定时,根据该项目的特点,可确定其综合单价。在具体确定单价时,应考虑成孔是否需要护壁、护筒,是否水下施工,施工措施和施工条件如何等。然后计算:完成造孔的综合费用;完成混凝土浇筑、养护的综合费用;临时工程费;施工措施费;其他分摊费用。再根据施工的风险情况确定风险费,根据企业管理水平及市场竞争情况确定预期利润水平,根据国家现行税收政策规定计算税金等。最后将所有费用汇总得到完成该种灌注桩的总费用。用总费用除以灌注桩总长度,得到灌注桩综合单价。

2）工料单价法

工料单价法,是根据施工图纸及技术说明,按照预算定额规定的分部分项工程子目逐项计算出工料消耗量,再套用工料单价确定直接费,然后按规定的费用定额确定其他直接费、现场经费、间接费、计划利润和税金,并适当地考虑一定的不可预见费,汇总后即得到工程预算,也就是标底的基础。

工料单价法在实施中,也可以采用工程概算定额,对分项工程子目作适当的归并和综合,使标底价格的计算有所简化。采用概算定额编制标底,通常适用于技术设计阶段即进行招标的工程。在施工图阶段招标,也可按施工图计算工程量,按预算定额和单价计算直接费,既可提高计算结果的准确性,又可减少工作量,节省人力和时间。

运用工料单价法编制招标工程的标底大多是在工程概算定额或预算定额基础上作出的,但它不完全等同于工程概算或施工图预算。编制一个合理、可靠的标底还必须在此基础上考虑以下因素。

(1)标底必须适应目标工期的要求,对提前工期因素有所反映。应将目标工期对照工期定额或常规工期,按提前天数给出必要的赶工费和奖励,并列入标底。

（2）标底必须适应招标方的质量要求，对高于国家验收规范的质量因素有所反映。应按国家相关的施工验收规范来检查验收。但招标方往往还要提出要达到高于国家验收规范的质量要求，为此，施工单上要付出比合格水平更多的费用。据某些地区测算，建筑产品从合格到优良，其人工和材料的消耗要使成本相应增加3‰~5‰，因此，标底的计算应体现优质优价。

（3）标底必须适应建筑材料采购渠道和市场价格的变化，并结合招标中对调价问题的考虑来确定材料价格。

（4）标底必须合理考虑本招标工程的自然地理条件和招标工程范围等因素。特殊地下工程及"三通一平"等招标工程范围内的费用应正确地计入标底价格。由于自然条件导致的施工不利因素也应考虑计入标底价格。

6. 标底的审查

工程施工招标的标底价格应在投标截止日期后、开标之前按规定报招标管理机构审查，招标管理机构在规定时间内完成标底的审定工作，未经审查的标底一律无效。

1）标底审查的依据

标底报送招标管理机构审查时的审查依据包括如下各项。

（1）工程施工图纸。

（2）施工方案或施工组织设计。

（3）有单价与合价的工程量清单。

（4）标底计算书、标底汇总表。

（5）标底审定书。

（6）采用固定价格的工程风险系数测算明细。

（7）现场因素、各种施工措施测算明细。

（8）主要材料用量、设备清单等。

2）标底审定的内容

（1）采用综合单价法编制的标底价格，主要审查以下内容。

①标底计价内容：承包范围、招标文件规定的计价方法及招标文件的其他有关条款。

②工程量清单单价组成分析，人工、材料、机械台班计取的价格，直接费、其他直接费、有关文件规定的调价、间接费、现场经费、预算包干费、利润、税金、采用固定价格的工程测算的在施工周期价格波动风险系数、不可预见费（特殊情

况)以及主要材料数量等。

③设备市场供应价格、措施费(赶工措施费、施工技术措施费)、现场因素费用等。

(2) 采用工料单价法编制的标底价格,主要审查以下内容。

①标底计价内容:承包范围、招标文件规定的计价方法及招标文件的其他有关条款。

②预算内容:工程量清单单价、补充定额单价、直接费、其他直接费、有关文件规定的调价、间接费、现场经费、预算包干费、利润、税金、设备费,以及主要材料数量等。

③预算外费用:材料、设备的市场供应价格,措施费(赶工措施费、施工技术措施费)、现场因素费用、不可预见费(特殊情况)、材料设备差价、对于采用固定价格的工程测算的在施工周期价格波动风险系数等。

3) 标底的审定时间

标底的审定时间一般在投标截止日后,开标之前。结构不太复杂的中小型工程 7 天以内,结构复杂的大型工程 14 天以内。

编制人员应在保密的环境中编制标底,完成之后应将其密封送审。标底审定完后应及时封存,直至开标。

9.3.3 投标报价的编制

1. 投标报价的程序

承包商通过资格预审,购买到全套招标文件之后,即可根据工程性质、大小,组织一个经验丰富、有较强决策力的班组进行投标报价。工程承包合同有固定总价合同、单价合同、成本加酬金合同等几种主要形式,不同合同形式的计算报价是有差别的。路桥工程中常用单价合同,其投标报价的主要程序为:

(1) 研究招标文件;

(2) 现场考察;

(3) 复核工程量;

(4) 编制施工规划;

(5) 计算工、料、机单价;

(6) 计算间接费率;

(7) 计算各清单项目单价的合计价;

(8) 考虑上级企业管理费、风险费,预计利润;

(9) 确定投标价格。

2. 投标报价的计算依据

投标报价的依据主要有:

(1) 设计文件;

(2) 工程量清单;

(3) 选用的工、料、机消耗定额;

(4) 合同条件,尤其是有关工期、支付条件、外汇比例的规定;

(5) 有关法规;

(6) 拟采用的施工方案、施工组织设计、进度计划;

(7) 施工规范和施工说明书;

(8) 建筑材料、设备的价格及运费;

(9) 劳务工资标准;

(10) 施工现场道路交通、用水用电情况;

(11) 当地生活物资价格水平。

此外,还应考虑各种有关间接费用。

3. 投标报价应考虑的方面

根据《公路工程国内招标文件范本》(交公路发〔2003〕94号)规定,在编制投标报价时应考虑如下方面。

(1) 工程量清单应与投标须知、合同条款、技术规范及图纸等文件结合起来查阅与理解。

(2) 工程量清单中所列工程数量是估算的或设计的预计数量,仅作为投标的共同基础,不能作为最终结算与支付的依据。实际支付应按实际完成的工程量,由承包人按技术规范规定的计量方法,以监理工程师认可的尺寸、断面计量,按工程量清单的单价和总额价计算支付金额;或者根据具体情况,按合同条款的规定,由监理工程师确定的单价或总额价计算支付额。

(3) 除非合同另有规定,工程量清单中有标价的单价和总额价均已包括了为实施和完成合同工程所需的劳务、材料、机械、质检(自检)、安装、缺陷修复、管理、保险(工程一切险和第三方责任险除外)、税费、利润等费用,以及合同明示或暗示的所有责任、义务和一般风险。

(4) 工程一切险的投保金额为工程量清单第 100 章(不含工程一切险及第三方责任险的保险费)至第 900 章的合计金额。工程量清单第 100 章内列有上述保险费的支付细目,投标人根据保险费率计算出保险费,填入工程量清单。除上述工程一切险及第三方责任险以外,所投其他保险的保险费均由承包人承担并支付,不在报价中单列。

(5) 工程量清单中合同工程的每一个细目,都需填入单价;有些细目数量虽未标出而要求填入总额价者,投标人亦应按要求将总额价填入。对于没有填入单价或总额价的细目,其费用应视为已包括在工程量清单的其他单价或总额价中,承包人必须按监理工程师指令完成工程量清单中未填入单价或总额价的工程细目,但不能得到结算与支付。

(6) 符合合同条款规定的全部费用,应认为已被计入有标价的工程量清单所列各细目之中,未列细目不予计量的工作,其费用应视为已分摊在合同工程的有关细目的单价或总额价之中。

(7) 工程量清单各章是按技术规范相应章次编号的,因此工程量清单中各章的工程细目的范围与计量等应与技术规范相应章节的范围、计量与支付条款结合起来理解或解释。

(8) 对于符合要求的投标文件,在签订合同协议书前,如发现工程量清单中有计算方面的算术差错,按投标须知规定修正。

(9) 工程量清单中所列工程量的变动,丝毫不会降低或影响合同条款的效力,也不免除承包人按规定的标准进行施工和修复缺陷的责任。

(10) 承包人对用于本合同工程的各类装备的提供、运输、维护、拆卸、拼装等支付的费用,已包括在工程量清单的单价与总额价之中。

(11) 在工程量清单中标明的暂定金额,除合同另有规定外,应由监理工程师按合同条款的规定,结合工程具体情况,报经业主批准后指令全部或部分地使用,或者根本不予动用。

工程量清单中的暂定金额一般分为计日工、专项暂定金额与一定百分率的不可预见因素的预备金三种,都是可能发生也可能不发生的、招标时难以确定的金额,均按合同通用条款规定办理。投标价中包括此三项暂定金额是表明承包人对此有合同义务。不可预见费,含工程地质与自然条件的意外费和价格意外费,视具体项目情况应不超过 10%;专项暂定金额控制在 2% 左右。

(12) 计量方法。

① 用于支付已完工程的计量方法,应符合技术规范中相应章节的"计量与

支付"条款的规定。

② 图纸中所列的工程数量表及数量汇总表仅是提供资料,不是工程量清单的外延。当图纸与工程量清单所列数量不一致时,以工程量清单所列数量作为报价的依据。

(13) 工程量清单中各项金额均以人民币(元)结算。

4. 投标报价的编制方法

投标报价的编制方法与标底编制方法相似,可利用综合单价法和工料单价法编制。但计算投标报价之前,应充分熟悉招标文件和施工图纸,了解设计意图、工程全貌,同时还要了解并掌握工程现场情况,并对招标单位提供的工程量清单进行审核。作为投标报价,投标人必须根据自己的技术水平、管理水平、施工机械装备以及针对该工程项目编制的施工组织设计等情况确定基础标价,在此基础上考虑市场竞争、预期利润水平、投标策略等确定最终报价。

(1) 工料单价法计算投标报价。

根据已审定的工程量,按照定额的或市场的单价,逐项计算每个项目的合价,分别填入招标单位提供的工程量清单内,计算出全部工程直接费。再根据企业自定的各项费率及法定税率,依次计算出间接费、计划利润及税金,得出工程总造价。对整个计算过程,要反复进行审核,以保证据以报价的基础和工程总造价正确无误。

(2) 综合单价法计算报价。

填入工程量清单中的单价,应包括人工费、材料费、机械费、其他直接费、现场经费、间接费、施工技术装备费、利润、税金,以及风险金等全部费用。将全部单价汇总后,即得出工程总造价。

5. 投标报价技巧

报价技巧,是指在投标报价中采用一定的手法或技巧使业主可以接受,而中标后又能获得更多的利润。常用的报价技巧主要如下。

(1) 根据招标项目的不同特点采用不同报价。投标报价时,要分析招标项目的特点,按照工程项目的不同特点、类别、施工条件等来选择报价策略。

① 对施工条件差、专业要求高的技术密集型工程;总价低的小工程,以及自己不愿做、又不方便不投标的工程;特殊的工程,如港口码头、地下开挖工程等;工期要求急的工程;投标对手少的工程;支付条件不理想的工程等可考虑高

报价。

②对施工条件好、工作简单、工程量大而一般公司都可以做的工程;本公司目前急于打入某一市场、某一地区,或在该地区面临工程结束,机械设备等无工地转移时;本公司在附近有工程,而本项目又可利用该工程的设备、劳务,或有条件短期内突击完成的工程;投标对手多,竞争激烈的工程;非急需工程;支付条件好的工程等可考虑低报价。

(2)不平衡报价法。该方法是指一个工程项目总报价基本确定后,通过调整内部各个项目的报价,使其不提高总价、不影响中标,又能在结算时得到更理想的经济效益的方法。一般可以考虑在以下几方面采用不平衡报价。

①能够较早支付的项目(如开办费、基础工程、土石方开挖、桩基等)可适当提高单价,这样能较早得到多的支付,可以减少企业流动资金贷款利息的支出。

②预计今后工程量可能增加的项目,单价适当提高,这样在不影响投标总价的情况下,结算时可得到更多的支付;同时将工程量可能减少的项目单价降低,工程结算时损失不大,两者相减,就会多出一部分利润。

上述两种情况要统筹考虑,即对于工程量有错误的早期工程,如果实际工程量可能小于工程量表中的数量,则不能盲目抬高单价,要具体分析后再定。

③设计图纸不明确,估计修改后工程量要增加的,可以提高单价;而工程内容解说不清楚的,则可适当降低一些单价,待澄清后可再要求提价。

④暂定项目,又叫任意项目或选择项目,对这类项目要具体分析。因为这类项目要在开工后再由业主研究决定是否实施,以及由哪家承包商实施。则其中可能要由自己做的项目,单价可高些,不一定由自己做的项目则应低些。

采用不平衡报价一定要建立在对工程量表中工程量仔细核对分析的基础上,特别是对低报单价的项目,如工程量执行时增多将造成承包商的重大损失;不平衡报价过多和过于明显,可能会引起业主反对,甚至导致废标。

(3)计日工单价的报价。如果是单纯报计日工单价,而且不计入总价中,可以报高些,以便在业主额外用工或使用施工机械时可多盈利。但如果计日工单价要计入总报价,则需具体分析是否报高价,以免抬高总报价,同时应考虑到,如果计日工单价过高,则可能业主会少用或不用承包商的计日工。总之,要分析业主在开工后可能使用的计日工数量,再来确定报价方针。

(4)可供选择的项目的报价。有些工程项目的分项工程,业主可能要求按某一方案报价,而后再提供几种可供选择方案的比较报价。投标时应对当地习惯采用的方案情况进行调查,对于将来有可能被选择使用的方案应适当提高报价;对于不太可能选择的方案,可将价格有意抬高得更多一些,以阻挠业主选用。但是,所谓"可供选择项目"并非由承包商任意选择,而是业主才有权进行选择。因此,虽然适当提高了可供选择项目的报价,并不意味着肯定可以取得较好的利润;只是提供了一种可能性,一旦业主今后选用,承包商即可得到额外加价的利益。

(5) 暂定工程量的报价。暂定工程量有三种。第一种是业主规定了暂定工程量的分项内容和暂定总价款,并规定所有投标人都必须在总报价中加入这笔固定金额,但由于分项工程量不准确,允许将来按投标人所报单价和实际完成的工程量付款。第二种是业主列出了暂定工程量的项目和数量,但并没有限制这些工程量的估价总价款,要求投标人既列出单价,也应按暂定项目的数量计算总价,当将来结算付款时可按实际完成的工程量和所报单价支付。第三种是只有暂定工程的一笔固定总金额,将来这笔金额做什么用,由业主确定。第一种情况,暂定总价款是固定的,对各投标人的总报价水平竞争力没有任何影响,因此,投标时应对暂定工程量的单价适当提高,这样既不会因今后工程量变更而吃亏,也不会削弱投标报价的竞争力。第二种情况,投标人必须慎重考虑。如果单价定得高了,同其他工程量计价一样,将会增大总报价,影响投标报价的竞争力;如果单价定得低了,将来这类工程量增加将会影响收益。一般来说,这类工程量可以采用正常价格。如果承包商估计今后实际工程量肯定会增大,则可适当提高单价,使将来可增加额外收益。第三种情况对投标竞争没有意义,按招标文件要求将规定的暂定款列入总报价即可。

(6) 多方案报价法。对于一些招标文件,如果发现工程范围不很明确,条款不清楚或很不公正,或技术规范要求过于苛刻,则要在充分估计投标风险的基础上,按多方案报价法处理。即按原招标文件报一个价,然后再提出,如某条款做某些变动,报价可降低多少,可报出一个较低的价。这样可以降低总价,吸引业主。

(7) 增加建议方案。有时招标文件中规定,可以提一个建议方案,即可以修改原设计方案,提出投标者的方案。投标者这时应抓住机会,组织一批有经验的设计和施工工程师,对原招标文件的设计和施工方案仔细研究,提出更为合理的方案以吸引业主,促成自己的方案中标。这种新建议方案应当可以降低总造价或是缩短工期,或使工程运用更为合理。但要注意对原招标方案一定也要报价。建议方案不要写得太具体,要保留方案的技术关键,防止业主将此方案交给其他承包商。同时要强调的是,建议方案一定要比较成熟,有很好的操作性。

(8) 突然降价法。采用这种方法时,要在准备投标报价的过程中考虑好降价的幅度。在临近截标前,先根据情报与分析判断,再做最后决策。如果中标,因为开标只降总价,在签订合同后可采用不平衡报价调整工程量表内的各项单价或合价,以期取得更高效益。

(9) 分包商报价的采用。当某些工程专业性较强,需分包给其他专业施工公司,或业主指定分包的工程,在投标前应先取得分包商的报价,并加入总承包商的一定的管理费,作为投标总价的一个组成部分一并列入报价单中。应当注意,分包商在投标前可能同意接受总承包商压低其报价的要求,但等到总承包商得标后,他们常以种种理由要求提高分包价格,这将使总承包商处于十分被动的地位。解决的办法是:总承包商在投标前找两三家分包商分别报价,而后选择其中一家信誉较好、实力较强和报价合理的分包商签订协议,同意该分包商作为本分包工程的唯一合作者,并将分包商的姓名列到投标文件中,但要求该分包商相应地提交投标保函。如果该分包商认为这家总承包商确实有可能得标,他也许愿意接受这一条件。这种把分包商的利益同投标人捆在一起的做法,不但可以防止分包商事后反悔和涨价,还可能迫使分包商报出较合理的价格,以便共同争取得标。

(10) 无利润算标。缺乏竞争优势的承包商,在不得已的情况下,只好在算标中根本不考虑利润去夺标。这种办法一般是处于以下条件时采用:①有可能在得标后,将大部分工程分包给索价较低的一些分包商;②对于分期建设的项目,先以低价获得首期工程,而后赢得机会创造第二期工程中的竞争优势,并在以后的实施中赚得利润;③较长时期内,承包商没有在建的工程项目,如果再不得标,就难以维持生存。因此,虽然本工程无利可图,只要能维持公司的日常运转,就可争取中标。

9.3.4 合同价款的确定与合同签订

1. 建设项目合同价款的确定

招投标等工作主要是围绕合同价款展开的,建设项目合同价款是发包人和承包人在协议中约定,发包人用以支付承包人按照合同约定完成承包范围内全部工程并承担质量保修责任的价款,是工程合同中双方当事人最关心的核心条款,是由发包人、承包人依据中标通知书中的中标价格在协议书内的约定。合同价款在协议书内约定后,任何一方不能擅自更改。根据《中华人民共和国民法典》及住房和城乡建设部有关规定,依据招标文件、投标文件,双方在签订合同时,按计价方式的不同,工程合同价可以采用三种方式:固定合同价、可调合同价和成本加酬金合同价。

1)固定合同价

固定合同价是指在约定的风险范围内价款固定,不再调整的合同价。双方须在专用条款内约定合同价款包含的风险范围、风险费用的计算方法和承包风险范围以外对合同价款影响的调整方法,在约定的风险范围内合同价款不再调整。固定合同价可分为固定总价合同和固定单价合同两种方式。

(1)固定总价合同。

固定总价合同的价格计算是以图纸、规定及规范等为依据,工程任务和内容明确,业主的要求和条件清楚,合同总价一次包死,固定不变,即不再因为工程量的增减和市场环境的变化而更改,无特定情况不做变化。

采用这种合同,承包商承担了全部的工程量和价格的风险,在合同执行过程中,承发包双方均不能以工程量、设备和材料价格、工资等变动为理由,提出对合同总价调整的要求。所以,作为合同总价计算依据的图纸、规定及规范需对工程做出详尽的描述,承包方在报价时应对一切费用的价格变动因素以及不可预见因素做出充分的估计,并将其包含在合同价格之中。在合同双方都无法预测的风险条件下和可能有工程变更的情况下,承包方承担了较大的风险,业主的风险较小。

固定总价合同一般适用于如下情况。

①招标时的设计深度已达到施工图设计要求,工程设计图纸完整齐全,项目、范围及工程量计算依据确切,合同履行过程中不会出现较大的设计变更,承包方依据的报价工程量与实际完成的工程量不会有较大的差异。

②规模较小,技术不太复杂的中小型工程。承包方一般在报价时可以合理地预见实施过程中可能遇到的各种风险。

③合同工期较短,一般为一年之内的工程。

(2)固定单价合同。

固定单价合同分为估算工程量单价合同与纯单价合同。

①估算工程量单价合同。

估算工程量单价合同是以工程量清单和工程单价表为基础和依据来计算合同价格的,亦可称为计量估价合同。估算工程量单价合同通常是由发包方提出工程量清单,列出分部分项工程量,由承包方以此为基础填报相应单价,累计计算后得出合同价格。但最后的工程结算价应按照实际完成的工程量来计算,即按合同中的分部分项工程单价和实际工程量,计算得出工程结算和支付的工程总价格。

采用这种合同时,要求实际完成的工程量与原估计的工程量不能有实质性的变更。因为承包方给出的单价是以相应的工程量为基础的,如果工程量大幅度增减可能影响工程成本。不过在实践中往往很难确定工程量究竟有多大范围的变更才算实质性变更,这是采用这种合同计价方式需要考虑的一个问题。有些固定单价合同规定,如果实际工程量与报价表中的工程量相差超过±10%,则允许承包方调整合同价。此外,也有些固定单价合同在材料价格变动较大时允许承包方调整单价。

采用估算工程量单价合同时,工程量是统一计算出来的,承包方只要经过复核后填上适当的单价,承担风险较小;发包方也只需审核单价是否合理即可,对双方都较为方便。由于具有这些特点,估算工程量单价合同是比较常见的一种合同计价方式。估算工程量单价合同大多用于工期长、技术复杂、实施过程中可能会发生各种不可预见因素较多的建设工程。在施工图不完整或当准备招标的工程项目内容、技术经济指标一时尚不能明确时,往往要采用这种合同计价方式。这样在不能精确地计算出工程量的条件下,可以避免使发包或承包的任何一方承担过大的风险。

②纯单价合同。

采用这种计价方式的合同时,发包方只向承包方给出发包工程的有关分部分项工程以及工程范围,不对工程量做任何规定。即在招标文件中仅给出工程内各个分部分项工程一览表、工程范围和必要的说明,而不必提供实物工程量。承包方在投标时只需要对这类给定范围的分部分项工程做出报价即可,合同实施过程中按实际完成的工程量进行结算。

这种合同计价方式主要适用于没有施工图,或工程量不明却急需开工的紧迫工程,例如设计单位来不及提供正式施工图纸,或虽有施工图但由于某些原因不能比较准确地计算工程量时。当然,对于纯单价合同来说,发包方必须对工程范围的划分做出明确的规定,以使承包方能够合理地确定工程单价。

2)可调合同价

可调合同价是指合同总价或者单价,在合同实施期内根据合同约定的办法调整,即在合同的实施过程中可以按照约定,随资源价格等因素的变化而调整的价格。

(1) 可调合同总价。

可调总价合同的总价一般也是以设计图纸及规定、规范为基础,在报价及签约时,按招标文件的要求和当时的物价来计算。但合同总价是一个相对固定的价格,在合同执行过程中,由于通货膨胀而使所用的工料成本增加,可对合同总价进行相应的调整。可调总价合同只是在合同条款中增加调价条款,如果出现通货膨胀这一不可预见的费用因素,合同总价就可按约定的调价条款做相应调整。

可调总价合同列出的有关调价的特别规定,往往是在合同专用条款中列明,调价必须按照这些特定的调价条款进行。这种合同与固定总价合同的不同之处在于,它对合同实施中出现的风险做了分摊,发包方承担了通货膨胀的风险,而承包方承担合同实施中实物工程量、成本和工期因素等其他风险。

可调总价合同适用于工程内容和技术经济指标规定很明确的项目,由于合同中列有调价条款,工期在一年以上的工程项目较适于采用这种合同计价方式。

(2) 可调合同单价。

合同单价的可调,一般是在工程招标文件中规定、在合同中签订的单价,根据合同约定的条款,如在工程实施过程中物价发生变化等,可做调整。有的工程在招标或签约时,因某些不确定因素而在合同中暂定某些分部分项工程的单价,在工程结算时,再根据实际情况和合同约定对合同单价进行调整,确定实际结算单价。

3) 成本加酬金合同价

成本加酬金合同是将工程项目的实际投资划分成直接成本费和承包方完成工作后应得酬金两部分。工程实施过程中发生的直接成本费由发包方实报实销,再按合同约定的方式另外支付给承包方相应报酬。

这种合同计价方式主要适用于工程内容及技术经济指标尚未全面确定,投标报价的依据尚不充分的情况下,发包方因工期要求紧迫,必须发包的工程;或者发包方与承包方之间有着高度的信任,承包方在某些方面具有独特的技术、特长或经验。由于在签订合同时,发包方提供不出可供承包方准确报价所必需的资料,报价缺乏依据,因此,在合同内只能商定酬金的计算方法。成本加酬金合同广泛地适用于工作范围很难确定的工程和在设计完成之前就开始施工的工程。

以这种计价方式签订的工程承包合同,有两个明显缺点:一是发包方对工程总价不能实施有效的控制;二是承包方对降低成本也不太感兴趣。因此,采用这种合同计价方式,其条款必须非常严格。

按照酬金的计算方式不同,成本加酬金合同又分为以下几种形式。

(1) 成本加固定百分比酬金确定的合同价。

采用这种合同计价方式,承包方的实际成本实报实销,同时按照实际成本的固定百分比付给承包方一笔酬金。工程的合同总价表达式为式(9.34)。

$$C = C_d + C_d \times P \tag{9.34}$$

式中:C——合同总价;

C_d——实际发生的成本;

P——双方事先商定的酬金固定百分比。

采用这种合同计价方式,工程总价及付给承包方的酬金随工程成本而水涨船高,这不利于鼓励承包方降低成本,正是由于存在这种弊病,这种合同计价方式很少被采用。

(2) 成本加固定金额酬金确定的合同价。

采用这种合同计价方式与成本加固定百分比酬金合同相似。其不同之处仅在于在成本上所增加的费用是一笔固定金额的酬金。酬金一般按估算工程成本的一定百分比确定,数额是固定不变的。计算表达式为式(9.35)。

$$C = C_d + F \tag{9.35}$$

式中:F——双方约定的酬金具体数额。

这种计价方式的合同虽然也不能鼓励承包商关心和降低成本,但从尽快获得全部酬金、减少管理投入出发,会有利于缩短工期。

采用上述两种合同计价方式时,为了避免承包方企图获得更多的酬金而对工程成本不加控制,往往在承包合同中规定一些补充条款,以鼓励承包方节约工程费用的开支,降低成本。

(3) 成本加奖罚确定的合同价。

采用成本加奖罚合同时,在签订合同时双方事先约定该工程的预期成本(或称目标成本)和固定酬金,以及实际发生的成本与预期成本比较后的奖罚计算办法。在合同实施后,根据工程实际成本的发生情况,确定奖罚的额度,当实际成本低于预期成本时,承包方除可获得实际成本补偿和酬金外,还可根据成本降低额得到一笔奖金;当实际成本大于预期成本时,承包方仅可得到实际成本补偿和酬金,并视实际成本高出预期成本的情况,被处以一笔罚金。成本加奖罚合同的计算表达式为式(9.36)。

$$\left.\begin{array}{l} C = C_d + F(C_d = C_0) \\ C = C_d + F + \Delta F(C_d < C_0) \\ C = C_d + F - \Delta F(C_d > C_0) \end{array}\right\} \tag{9.36}$$

式中:C_0——签订合同时双方约定的预期成本;

ΔF——奖罚金额(可以以百分数约定,也可以以绝对数约定,而且奖与罚可以是不同计算标准)。

这种合同计价方式可以促使承包方关心和降低成本,缩短工期,而且目标成本可以随着设计的进展而加以调整,所以承发包双方都不会承担太大的风险,故这种合同计价方式应用较多。

(4) 最高限额成本加固定最大酬金。

在这种计价方式的合同中,首先要确定最高限额成本、报价成本和最低成本,当实际成本没有超过最低成本时,承包方花费的成本费用及应得酬金等都可得到发包方的支付,并与发包方分享节约额;如果实际工程成本在最低成本和报价成本之间,承包方只有成本和酬金可以得到支付;如果实际工程成本在报价成本与最高限额成本之间,则只有全部成本可以得到支付;实际工程成本超过最高限额成本,则超过部分,发包方不予支付。

这种合同计价方式有利于控制工程投资,并能鼓励承包方最大限度地降低工程成本。

2. 施工合同的签订

1) 施工合同格式的选择

合同是双方对招标成果的认可,是招标之后、开工之前双方签订的工程施工、付款和结算的凭证。合同的形式应在招标文件中确定,投标人应在投标文件中做出响应。目前的路桥工程施工合同格式一般采用如下几种方式。

(1) 参考FIDIC合同格式订立的合同。

FIDIC合同是国际通用的规范合同文本。它一般用于大型的国家投资项目和世界银行贷款项目。采用这种合同格式,可以有效避免工程竣工结算时的经济纠纷;但其使用条件较严格,因而在一般中小型项目中较少采用。

(2)《建设工程施工合同(示范文本)》(GF—2017—0201)。

按照国家工商管理部门、住房和城乡建设部推荐的《建设工程施工合同(示范文本)》(GF—2017—0201)格式订立的合同是比较规范的,也是公开招标的中小型工程项目采用最多的一种合同格式。该合同格式由四部分组成:协议书、通用条款、专用条款和附件。"协议书"明确了双方最主要的权利义务,经当事人签字盖章,具有最高的法律效力;"通用条款"具有通用性,基本适用于各类路桥施工和设备安装;"专用条款"是对"通用条款"必要的修改与补充,其与"通用条款"相对应,多为空格形式,需双方协商完成,更好地针对工程的实际情况,体现了双方的统一意志;"附件"对双方的某项义务以确定格式予以明确,便于实际工作中的执行与管理。整个示范文本合同是招标文件的延续,故一些项目在招标文件中就拟定了补充条款内容以表明招标人的意向;投标人若对此有异议,可在招标答疑会上提出,并在投标函中提出施工单位能接受的补充条款;双方对补充条款再有异议时可在询标时得到最终统一。

(3) 自由格式合同。

自由格式合同是由建设单位和施工单位协商订立的合同,它一般适用于通过邀请招标或议标发包而定的工程项目,这种合同是一种非正规的合同形式,往往会由于一方(主要是建设单位)对路桥工程复杂性、特殊性等方面考虑不周,从而使其在工程实施阶段陷于被动。

2) 施工合同签订过程中的注意事项

(1) 关于合同文件部分。

招投标过程中形成的补遗、修改、书面答疑、各种协议等均应作为合同文件的组成部分。特别应注意作为付款和结算依据的工程量和价格清单,应根据评标阶段做出的修正稿重新整理、审定,并且应标明按完成的工程量测算付款和按总价付款的内容。

(2) 关于合同条款的约定。

在编制合同条款时,应注重有关风险和责任的约定,将项目管理的理念融入合同条款中,尽量将风险量化,责任明确,公正地维护双方的利益。其中主要重视以下几类条款。

①程序性条款。目的在于规范工程价款结算依据的形成,预防不必要的纠纷。程序性条款贯穿合同行为的始终。包括信息往来程序、计量程序、工程变更程序、索赔处理程序、价款支付程序、争议处理程序等。编写时注意明确具体步骤,约定时间期限。

②有关工程计量的条款。注重计算方法的约定,应严格确定计量内容(一般按净值计量),加强隐蔽工程计量的约定。计量方法一般按工程部位和工程特性确定,以便于核定工程量及便于计算工程价款为原则。

③有关工程计价的条款。应特别注意价格调整条款,如对未标明价格或无

单独标价的工程,是采用重新报价方法,还是采用定额及取费方法,或者协商解决,在合同中应约定相应的计价方法。对于工程量变化的价格调整,应约定费用调整公式;对工程延期的价格调整、材料价格上涨等因素造成的价格调整,是采用补偿方式,还是变更合同价,应在合同中约定。

④有关双方职责的条款。为进一步划清双方责任,量化风险,应对双方的职责进行恰当的描述。对那些未来很可能发生并影响工作、增加合同价款及延误工期的事件和情况加以明确,防止索赔、争议的发生。

⑤工程变更的条款。适当规定工程变更和增减总量的限额及时间期限。如在 FIDIC 合同条款中规定,单位工程的增减量超过原工程量 15% 应相应调整该项的综合单价。

⑥索赔条款。明确索赔程序、索赔的支付、争端解决方式等。

3. 不同计价模式对合同价和合同签订的影响

采用不同的计价模式会直接影响到合同价的形成方式,从而最终影响合同的签订和实施。采用工程量清单的计价方法能确定更为合理的合同价,并且便于合同的实施。

首先,工程量清单计价的合同价的形成方式使工程造价更接近工程实际价值。因为确定合同价的两个重要因素——投标报价和标底价都以实物法编制,采用的消耗量、价格、费率都是市场波动值,因此使合同价能更好地反映工程的性质和特点,更接近市场价值。其次,易于对工程造价进行动态控制。在定额计价模式下,无论合同采用固定价还是可调价格,无论工程量变化多大,无论施工工期多长,双方只要约定采用国家定额、国家造价管理部门调整的材料指导价和颁布的价格调整系数,便适用于合同内、外项目的结算。在工程量清单计价模式下,工程量由招标人提供,报价人的竞争性报价是基于工程量清单上所列量值,招标人为避免由于对图纸理解不同而引起的问题,一般不要求报价人对工程量提出意见或做出判断。但是工程量变化会改变施工组织、改变施工现场情况,从而引起施工成本、利润率、管理费率变化,因此带来项目单价的变化。新的计价模式能实现真正意义上的工程造价动态控制。

在合同条款的约定上,应加强双方的风险和责任意识。在定额计价模式下,由于计价方法单一,承发包双方对有关风险和责任意识不强;工程量清单计价模式下,招投标双方对合同价的确定共同承担责任。招标人提供工程量,承担工程量变更或计算错误的责任,投标单位只对自己所报的成本、单价负责。工程量结算时，根据实际完成的工程量，按约定的办法调整，双方对工程情况的理解以不同的方式体现在合同价中，招标方以工程量清单表现，投标方体现在报价中。另外，一般工程项目造价已通过清单报价明确下来，在日后的施工过程中，施工企业为获取最大利益，会利用工程变更和索赔手段追求额外的利润。因此双方对合同管理的意识会大大加强，合同条款的约定会更加周密。

工程量清单计价模式赋予造价控制工作新的内容和新的侧重点。工程量清单成为报价的统一基础，使获得竞争性投标报价得到有力保证，无标底合理低价中标评标方式使评选的中标价更为合理，合同条款更注重风险的合理分摊，更注重对造价的动态控制，更注重对价格调整及工程变更、索赔等方面的约定。

9.4 施工阶段工程造价控制

9.4.1 施工阶段工程造价控制概述

1. 施工阶段工程造价控制的概念及程序

施工阶段的工程造价控制一般是指在建设项目已完成施工图设计，并完成招标阶段工作和签订工程承包合同以后的投资控制的工作。施工阶段投资控制的基本原理是把计划投资额作为投资控制的目标值，在工程施工过程中定期地进行投资实际值与目标值的比较，通过比较分析找出实际支出额与投资控制目标值之间的偏差，然后分析产生偏差的原因，并采取有效措施加以控制，以保证投资控制目标的实现。

2. 施工阶段影响工程造价的因素

建设项目施工阶段影响工程造价的因素主要有以下 10 个。

（1）工程变更与合同价调整。

当工程的实际施工情况与招标投标时的工程情况相比发生变化时，就意味着发生了工程变更。工程变更的主要原因包括：设计变更，工程量的变更，有关技术标准、规范、技术文件的变更，施工时间的变更，施工工艺或施工次序的变更及合同条件的变更。其中设计变更是由于路桥工程项目施工图在技术交底会议上或现场施工中出现的因设计人员构思不周，或某些条件限制，或建设单位、施工单位的某些合理化建议,经过三方(设计、建设、施工单位)同意,而对原设计图纸的某些部位或内容所进行的局部修改。设计变更由工程项目原设计单位编制并出具"设计变更通知书"。设计变更会导致原预算书中某些分部分项工程量的增多或减少,所有相关的原合同文件都要进行全面的审查和修改,合同价要进行调整,所以会引起工程造价的增加或减少。

(2) 工程索赔。

当合同一方违约或第三方原因使另一方蒙受损失,就会发生工程索赔。发生工程索赔后,工程造价必然受到严重的影响。

(3) 工期。

工期与工程造价有着对立统一的关系,加快工期需要增加投入,而延缓工期则会导致管理费的提高。

(4) 工程质量。

工程质量与工程造价也有着对立统一的关系,工程质量有较高的要求,则应做财务上的准备,较多地增加投入。而工程质量降低,则意味着故障成本的提高。

(5) 人力及材料、机械设备等资源的市场供求规律的影响。

供求规律是商品供给和需求变化的规律。供求规律要求社会总劳动应按社会需求分配于国民经济各部门,如果这一规律不能实现,就会产生供求不平衡,从而影响价格。

(6) 材料代用。

材料代用是指设计图中所采用的某种材料规格、型号或品牌不能适应工程质量要求,或难以订货采购,或没有库存且一时很难订货,工艺上又不允许等待,经施工单位提出,设计驻现场代表同意用相近材料代用,并签发代用材料通知单所引起的材料用量或价格的增减。

(7) 定额或单位估价表版次变化。

它是指项目承包时合同中所注明使用定额或单位估价表,在项目竣工时又颁发了新的版本,且颁发文件允许按新版本结算的工程项目。

(8) 应计取费用标准(定额)变化。

它是指项目竣工时人工工日单价、施工机械台班单价的调增,以及其他直接费费率、现场经费费率、间接费费率等,主管部门发布了新的标准。

(9) 不可预见工程内容出现。

例如,原施工图预算按场地钻探定额子目列计费用,当开工钻探时发现场地下有枯井回填腐殖土和墓坑多处,这部分土方处理,应增列相应子目工程和费用。

(10) 其他涉及工程造价调整的有关因素。

3. 施工阶段工程造价控制的任务

施工阶段是实现建设工程价值的主要阶段,也是资金投入最大的阶段。在实践中往往把施工阶段作为工程造价控制的重要阶段。在施工阶段工程造价控制的主要任务是通过工程付款控制、工程变更费用控制、预防并处理好费用索赔、挖掘节约工程造价潜力来实现实际发生费用不超过计划投资。施工阶段工程造价控制的工作内容包括组织、技术、经济、合同等几个方面。

1) 在组织工作方面

(1) 在项目管理班子中落实从工程造价控制角度进行施工跟踪的人员分工、任务分工和职能分工等。

(2) 编制本阶段工程造价的工作计划和详细的工作流程图。

2) 在技术工作方面

(1) 对设计变更进行技术系统比较,严格控制设计变更。

(2) 继续寻找通过设计挖掘节约造价的可能性。

(3) 审核承包人编制的施工组织设计,对主要施工方案进行技术经济分析。

3) 在经济工作方面

(1) 编制资金使用计划,确定、分解工程造价控制目标。

(2) 对工程项目造价控制目标进行风险分析,并确定防范性对策。

(3) 进行工程计量。

(4) 复核工程付款账单,签发付款证书。

(5) 在施工过程中进行工程造价跟踪控制,定期进行造价实际支出值与计划目标的比较。发现偏差并分析产生偏差的原因,采取纠偏措施。

(6) 协商确定工程变更的价款。

(7) 审核竣工结算。

(8) 对工程施工过程中的造价支出做好分析与预测,经常或定期向业主提交项目造价控制方案及其存在的问题。

4) 在合同工作方面

(1) 做好工程施工记录,保存各种文件和图纸,特别是注意有实际变更情况的图纸等,为可能发生的索赔提供依据。

(2) 参与索赔事宜。

(3) 参与合同修改、补充工作,着重考虑它对造价控制的影响。

9.4.2 工程变更和工程索赔

1. 工程变更

工程变更是合同实施过程中由发包人提出或由承包人提出,经发包人批准的对合同工程的工作内容、工程数量、质量要求、施工顺序与时间、施工条件、施工工艺或其他特征及合同条件等的改变。工程变更指令发出后,应当迅速落实指令,全面修改相关的各种文件。承包人也应当抓紧落实,如果承包人不能全面落实变更指令,则扩大的损失应当由承包人承担。

1) 工程变更的范围

根据《建设工程施工合同(示范文本)》(GF—2017—0201)的规定,工程变更的范围和内容包括以下几点。

(1) 增加或减少合同中任何工作,或追加额外的工作。

(2) 取消合同中任何工作,但转由他人实施的工作除外。

(3) 改变合同中任何工作的质量标准或其他特性。

(4) 改变工程的基线、标高、位置和尺寸。

(5) 改变工程的时间安排或实施顺序。

2) 工程变更的程序

(1) 发包人的指令变更。

①发包人直接发布变更指令。发生合同约定的变更情形时,发包人应在合同规定的期限内向承包人发出书面变更指示。变更指示应说明变更的目的、范围、内容以及变更的工程量及其进度和技术要求,并附有关图纸和文件。承包人收到变更指示后,应按变更指示进行变更工作。发包人在发出变更指示前,可以要求承包人提交一份关于变更工作的实施方案,发包人同意该方案后再向承包人发出变更指示。

②发包人根据承包人的建议发布变更指令。承包人收到发包人按合同约定发出的图纸和文件后,经检查认为其中存在变更情形的,可向发包人提出书面变更建议,但承包人不得仅仅为了施工便利而要求对工程进行设计变更。承包人的变更建议应阐明要求变更的依据,并附必要的图纸和说明。发包人收到承包人的书面建议后,确认存在变更情形的,应在合同规定的期限内做出变更指示。

发包人不同意作为变更情形的,应书面答复承包人。

（2）承包人的合理化建议导致的变更。

承包人对发包人提供的图纸、技术要求以及其他方面提出的合理化建议,均应以书面形式提交给发包人。合理化建议被发包人采纳并构成变更的,发包人应向承包人发出变更指示。发包人同意采用承包人的合理化建议,发生费用和获得收益的分担或分享,由发包人和承包人在合同条款中另行约定。

3）工程变更的价款调整方法

（1）分部分项工程费的调整。

工程变更引起分部分项工程项目发生变化的,应按照下列规定调整。

①已标价工程量清单中有适用于变更工程项目的,且工程变更导致的该清单项目的工程数量变化不足15％时,采用该项目的单价。直接采用适用的项目单价的前提是其采用的材料、施工工艺和方法相同,也不因此增加关键线路上工程的施工时间。

②已标价工程量清单中没有适用,但有类似于变更工程项目的可在合理范围内参照类似项目的单价或总价调整。采用类似的项目单价的前提是其采用的材料、施工工艺和方法基本相似,不增加关键线路上工程的施工时间,可仅就其变更后的差异部分,参考类似的项目单价由承发包双方协商新的项目单价。

③已标价工程量清单中没有适用也没有类似于变更工程项目的,由承包人根据变更工程资料、计量规则和计价办法、工程造价管理机构发布的信息（参考）价格和承包人报价浮动率,提出变更工程项目的单价或总价,报发包人确认后调整。承包人报价浮动率可按式(9.37)和式(9.38)计算。

实行招标的工程：

$$承包人报价浮动率 L=(1-中标价/招标控制价)\times 100\% \quad (9.37)$$

不实行招标的工程：

$$承包人报价浮动率 L=(1-报价值/施工图预算)\times 100\% \quad (9.38)$$

式(9.37)和式(9.38)中的中标价、招标控制价或报价值和施工图预算,均不含安全文明施工费。

④已标价工程量清单中没有适用也没有类似于变更工程项目,且工程造价管理机构发布的信息（参考）价格缺价的,由承包人根据变更工程资料、计量规则、计价办法和通过市场调查等有合法依据的市场价格提出变更工程项目的单价或总价,报发包人确认后调整。

（2）措施项目费的调整。

工程变更引起措施项目发生变化的,承包人提出调整措施项目费的,应事先将拟实施的方案提交发包人确认,并详细说明与原方案措施项目相比的变化情况。拟实施的方案经发包、承包双方确认后执行,并应按照下列规定调整措施项目费。

①安全文明施工费,按照实际发生变化的措施项目调整,不得浮动。

②采用单价计算的措施项目费,按照实际发生变化的措施项目按前述分部分项工程费的调整方法确定单价。

③按总价(或系数)计算的措施项目费,除安全文明施工费外,按照实际发生变化的措施项目调整,但应考虑承包人报价浮动因素,即按照实际调整金额乘以按照式(9.37)或式(9.38)得出的承包人报价浮动率 L 计算。

如果承包人未事先将拟实施的方案提交给发包人确认,则视为工程变更不引起措施项目费的调整或承包人放弃调整措施项目费的权利。

(3)承包人报价偏差的调整。

如果工程变更项目出现承包人在工程量清单中填报的综合单价与发包人招标控制价或施工图预算相应清单项目的综合单价的偏差超过15%,工程变更项目的综合单价可由发承包双方协商调整。具体的调整方法,由双方当事人在合同专用条款中约定。

(4)删减工程或工作的补偿。

如果发包人提出的工程变更,因承包人原因删减了合同中的某项原定工作或工程,致使承包人发生的费用或(和)得到的收益不能被包括在其他已支付或应支付的项目中,也未被包含在任何替代的工作或工程中,则承包人有权提出并得到合理的费用及利润补偿。

2. 工程索赔

1)工程索赔程序

(1)工程索赔程序根据我国《建设工程施工合同(示范文本)》(GF—2017—0201)规定如下。承包商提出和解决的索赔程序见图9.11。

①索赔事件发生后28天内,施工企业向工程师发出索赔意向通知书。

②发出索赔意向通知28天内,向工程师提出补偿经济损失和(或)延长工期的索赔报告及相关材料。索赔报告包括三部分内容:报告标题、事实与理由、损失计算与要求赔款金额及工期。

③工程师收到施工企业送交的索赔报告和有关资料后,28天内给予答复,或要求施工企业进一步补充索赔理由和证据。

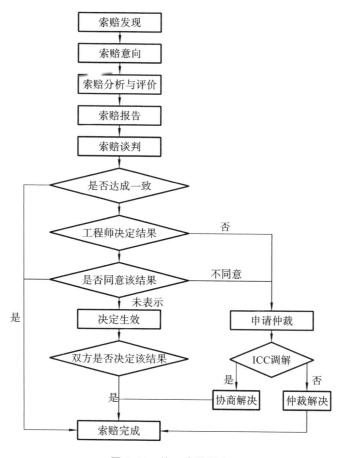

图 9.11 施工索赔程序

④工程师收到施工企业送交的索赔报告和有关资料后,28 天内未给予答复或未对施工企业作进一步要求,视为该项索赔已经认可。

⑤当该项索赔事件持续进行时,施工企业应当阶段性向工程师发出索赔意向通知书。在索赔事件终了 28 天内,向工程师送交索赔的有关资料和最终索赔报告。

(2) 工程索赔处理的工作步骤。

①索赔的内部处理。在索赔事件发生后,承包人应抓住索赔机会,迅速做出反应。承包人应在索赔事件发生后的 28 天内向工程师递交索赔意向通知,声明将对此事件提出索赔,同时收集证据编制索赔报告。这一阶段涉及许多具体的复杂的工作,主要包括如下内容。

a. 事件的调查,即寻找索赔机会。通过对合同实施的跟踪、分析、诊断,发现了索赔机会,则应对它进行详细的调查和跟踪,以了解事件经过、前因后果,掌握事件详细情况。承包人在进行索赔管理中,常遇到可能会产生索赔机会的主要情形有:发包人起草的合同有缺陷或错误,监理工程师通过解释合同的方式予以纠正,由此引起的额外工程费用;发包人未能及时将必要的施工条件如现场、进场道路和相应设施提供给承包人;发包人未及时交付工程所需设计资料及图纸;发包人在规定支付期限到期后28天之内,未能向承包人支付监理工程师签发的任何证书规定的应付款项;非承包人的原因引起的设计错误或变更;发包人干扰或拒绝任何监理工程师对合理合法证书的签发和批准;发包人单方擅自更换监理工程师;发包人增加工程量、提高质量标准;发包人指令终止工程;发包人增加对工程的特殊要求;发包人擅自改变施工顺序或施工进度;发包人未及时批准图纸或验收工程;承包人因执行工程师的指令而引起的额外工程费用和工期的拖延;工程师要求承包人提供的文件资料超出了合同规定的份数;工程师提供的测量基准数据有误,引起承包人在施工放样中出现误差;承包商因为执行工程师所提供的设计和技术规范而引起的对他人知识产权的侵犯而导致的索赔;工程师要求承包人修复因不可抗力引起的工程破坏或非承包人原因引致的工程缺陷,由此导致的工期和费用的损失;工程师要求承包人进行以地质勘探为目的的钻孔;工程师要求承包人为其他独立承包人提供设备和服务;工程师要求承包人提供合同中未规定的试样、试件或试验;设计阶段非承包人的设计中引用的勘察、测量结果,或合同中的技术规范、图纸、工程量清单提供的气象、水文、地质地貌与现场实际情况有出入;有关合同文件的组成问题引起的争议,如合同补遗文件、会谈纪要、往来信函等,因未在合同中写明是否有效而引起双方的争执等。

b. 损害事件原因分析。即分析这些损害事件是由谁引起的,它的责任应由谁来承担。一般只有非承包人责任的损害事件才有可能提出索赔。在实际工作中,损害事件的责任常常是多方面的,故必须进行责任分解,划分责任范围,按责任大小承担损失。

c. 提出索赔根据,即索赔理由。主要指合同文件,必须按合同判明这些索赔事件是否违反合同,是否在合同规定的赔偿范围之内。只有符合合同规定的索赔要求才有合法性,才能成立。

d. 损失调查,即索赔事件的影响分析。它主要表现为工期的延长和费用的增加。如果索赔事件不造成损失,则无索赔可言。损失调查的重点是收集、分析、对比实际和计划的施工进度,工程成本和费用方面的资料,在此基础上计算索赔值。

e. 收集证据。索赔事件发生,承包人就应抓紧收集证据,并在索赔事件持续期间一直保持有完整的当时记录。同样,这也是索赔要求有效的前提条件。如果在索赔报告中提不出证明其索赔理由、索赔事件的影响、索赔值的计算等方面的详细资料,索赔要求是不能成立的。在实际工程中,许多索赔要求都因没有或缺少书面证据而得不到合理的解决。所以承包商必须对这个问题有足够的重视。通常,承包人应按工程师的要求做好并保持当时记录,并接受工程师的审查。常见的索赔证据有:国家的法律、政府的相关法规、法令、文件、技术规范,包括《中华人民共和国民法典》《中华人民共和国仲裁法》《中华人民共和国公路法》等国家颁布的法律,《建设工程勘察设计管理条例》(国务院令第 293 号)等国务院颁发的行政法规,以及其他相关的部门规章和地方性法规;具有法律效力的专业资料;完整的工程项目资料,主要是所有合同文件(合同文本及附件、招投标文件、图纸原件、经过修改后的图纸、图纸修改指令、合同规定的组成合同的其他文件、发包人认可的原工程实施计划等)、来往信函(发包人的变更指令、各种认可信件、通知、对承包人问题的答复信件等)、各种会议纪要(在合同实施过程中,发包人、监理工程师以及各承包人之间会定期或不定期地举行会议,以研究工程进展情况,沟通并解决问题,做出的决议)、施工进度计划和实际的施工进度安排、与发包人及其代表人物的谈话资料、施工现场的工程文件(施工记录、施工备忘录、施工日志、检查日记、监理工程师填写的施工记录等)、工程照片、气候报告、工程检查验收报告和各种技术鉴定报告、建筑材料的相关凭据(包括采购、订货、运输、进场、检验、使用等方面的凭据)、各种报表(包括施工人员计划表、人工日报表、材料和设备表等)、各种会计核算资料(工资薪金单据、索款单据、工资报表、各种收付款原始凭证、总分类账单、管理费用报表、工程成本报表等)、工程中停电停水以及道路开通和封闭的记录和证明、由监理工程师或者发包人代表签证、官方的物价工资指数及中央银行的外汇比价等相关的公布资料。

f. 起草索赔报告。索赔报告是上述各项工作的结果和总括。它表达了承包商的索赔要求和支持这个要求的详细依据。它是索赔要求能否获得有利和合理解决的关键。

②索赔报告递交。索赔意向通知提交后的 28 天内,或工程师可能同意的其他合理时间内,承包人应递送正式的索赔报告。索赔报告的内容应包括:事件发生的原因,对其权益影响的证据资料,索赔的依据,此项索赔要求补偿的款项和工期展延天数的详细计算等有关材料。如果索赔事件的影响持续存在,28 天内还不能算出索赔额和工期展延天数,承包人应按工程师合理要求的时间间隔(一

般为 28 天),定期陆续报出每一个时间段内的索赔证据资料和索赔要求。在该项索赔事件的影响结束后的 28 天内,报出最终详细报告,提出索赔论证资料和累计索赔额。

③工程师审核索赔报告。

a. 工程师审核承包人的索赔申请。接到承包人的索赔意向通知后,工程师应建立自己的索赔档案,密切关注事件的影响,检查承包商的同期记录时,随时就记录内容提出他的意见不同之处或他希望应予以增加的记录项目。在接到正式索赔报告以后,认真研究承包商报送的索赔资料,首先在不确认责任归属的情况下,客观分析事件发生的原因,重温合同的有关条款,研究承包商的索赔证据,并检查他的同期记录;其次通过对事件的分析,工程师再依据合同条款划清责任界限,必要时还可以要求承包人进一步提供补充资料,尤其是对承包人与业主或工程师都负有一定责任的事件影响,更应划出各方应该承担合同责任的比例;最后再审查承包人提出的索赔补偿要求,剔除其中的不合理部分,拟定自己计算的合理索赔款额和工期延展天数。

工程师收到承包人递交的索赔报告和有关资料后,应在 28 天内给予答复,或要求承包人进一步补充索赔理由和证据,如果在 28 天内既未予以答复,也未对承包人作进一步要求,则视为承包人提出的该项索赔要求已经认可。

b. 索赔成立的条件。工程师判定承包人索赔成立的条件为:与合同相对照,事件已造成了承包人施工成本的额外支出,或直接工期损失;造成费用增加或工期损失的原因,按合同约定不属于承包人的行为责任或风险责任;承包人按合同规定的程序提交了索赔意向通知和索赔报告。上述三个条件没有先后主次之分,当同时具备时并经工程师认定索赔成立后,才按一定程序处理。

④工程师与承包人协商补偿。工程师核查后初步确定应予以补偿的额度,往往与承包人的索赔报告中要求的额度不一致,甚至差额较大。主要原因大多为对承担事件损害责任的界限划分不一致,索赔证据不足,索赔计算不正确等,工程师与承包人协商并要求承包人进一步补充证据等资料,核算应给予承包商的补偿数值。

⑤工程师索赔处理决定。在经过认真分析研究,与承包人、业主广泛讨论后,工程师应该向业主和承包人提出自己的索赔处理决定。工程师在"索赔处理决定"中应该简明地叙述索赔事项、理由和建议给予补偿的金额及(或)延长的工期,"索赔评价报告"则是作为该决定的附件提供的。它根据工程师所掌握的实际情况详细叙述索赔的事实依据、合同及法律依据,论述承包人索赔的合理方面

及不合理方面,详细计算应给予的补偿。"索赔评价报告"是工程师站在公正的立场上独立编制的,工程师在拟就"索赔处理决定"时,应该考虑到发出"索赔处理决定"之后可能出现的情况,承包人会有什么意见;如果承包人对"索赔处理决定"有异议,将采取什么对策。因此,工程师在"索赔处理决定"和"索赔评价报告"中可能需要有意保留某些情况,防止一开始就把所有情况告诉承包人而可能带来的被动局面。通常,工程师自己处理决定不是终局性的,对业主和承包人都不具有强制性的约束力。在收到工程师的"索赔处理决定"后,无论业主还是承包人,如果认为该处理决定不公正,都可以在合同规定的时间内提请工程师重新考虑,工程师不得无理拒绝这种要求。一般来说,对工程师的处理决定,业主不满意的情况很少,而承包商不满意的情况较多。承包商如果持有异议,他应该提供进一步的证明材料,向工程师进一步表明为什么其决定是不合理的,有时甚至需要重新提交索赔申请报告,对原报告做一些修正、补充或做一些让步,如果工程师仍然坚持原来的决定,或承包人对工程师的新决定仍不满意,可以按合同中的仲裁条款提交仲裁机构仲裁或按合同争议解决。

⑥业主审查索赔处理。当工程师确定的索赔额超过其权限范围时,必须报请业主批准。业主首先根据事件发生的原因、责任范围、合同条款审核承包商的索赔申请和工程师的处理报告,再依据工程建设的目的、投资控制、竣工投产日期要求以及针对承包人在施工中的缺陷或违反合同规定等的有关情况,决定是否批准工程师的处理意见。例如,承包商某项索赔理由成立,工程师根据相应条款规定,既同意给予一定的费用补偿,也批准展延相应的工期。但业主权衡了施工的实际情况和外部条件的要求后,可能不同意延展工期,而宁可给承包人增加费用补偿额,要求他采取赶工措施,按期或提前完工,这样的决定只有业主才有权做出。索赔报告经业主批准后,工程师即可签发有关证书。

⑦承包人是否接受最终索赔处理。承包人接受最终的索赔处理决定,索赔事件的处理即告结束。如果承包人不同意,就会导致合同争议。通过协商双方达到互谅互让的解决方案,是处理争议的最理想方式,如达不成谅解,承包商有权提交仲裁或诉讼解决。

2)工程量清单计价与施工合同索赔

在工程量清单计价方式下,有关承包商索赔的内容和风险也有新的变化,这必然迫使承包商要在工程索赔机会分析和管理策略上加以改进或创新,以适应造价改革后的合同管理新要求,进而提高企业的经济效益和综合竞争力。

在传统的招标方式中,"低价中标、高价索赔"的现象屡见不鲜,其中,设计变更、现场签证、技术措施费用及价格是索赔的主要内容。对工程量清单计价的合同结构,其单项工程的综合单价不因施工难易程度、施工技术措施差异、取费等变化而调整,从而减少了承包人的索赔。

但是,若发包人提供的清单工程量与实际差异较大,承包人的索赔也将大大增加。

(1) 工程量的错误使承包人不仅会通过不平衡报价获取超额利润,而且还会提出施工索赔。

(2) 工程量的错误还将增加变更工程的处理难度。由于承包人采用了不平衡报价,当合同发生设计变更而引起工程量清单中工程量的增减时,发包人不得不与承包人协商确定新的单价,对变更工程进行计价。

工程量清单是确定合同价款、计算工程变更价款、追加合同价款、支付工程进度款、竣工结算和处理索赔的依据。准确、全面和规范的工程量清单既有利于工程费用的管理,也有利于发包人对工程系统目标的控制。

3) 工程量清单计价方式的索赔机会分析

(1) 事件分析。

一般地,索赔机会分析的对象主要是已发生的(或将来可能发生的)干扰事件。如事件调查、事件原因分析、影响结果分析以及索赔值的计算等都需针对具体的干扰事件。干扰事件直接影响的是承包商的施工计划,可能造成施工方案、施工进度、人工、材料、机械的使用和各种费用支出的变化,最终表现为工程工期的延长和消耗费用的增加。所以,干扰事件对承包商施工过程的影响情况,是索赔值计算的前提和基础。

作为承包商,可以提出工程索赔的干扰事件必须具备两个基本条件。一是干扰事件的客观存在。对于干扰事件的发生及经过必须要有详细的具有法律证明效力的书面材料,不能提供出相关证据或证据不足的干扰事件都是无法提出索赔或得不到索赔的。二是干扰事件非承包商责任。即干扰事件的发生不是由承包商原因引起的,承包商对此没有任何责任。对在工程中因承包商自身管理不善、施工技术和组织失误以及施工能力不足等原因所造成的损失,应由承包商自身承担。所以在干扰事件的影响分析中应将双方各自应承担的责任区分开来。另外,对于由第三方原因(不可抗力事件等)引起的额外损失,一般由业主承担。

(2) 合同分析。

合同分析即对合同文件进行全面详细的分析研究,切实理解合同双方的权利及义务,预测合同履行过程中的风险,分析进行工程索赔的可能性,从而采取有效的索赔管理策略。施工合同是承包商进行工程索赔的重要依据,合同中对于有关索赔的一些规定,必须引起承包商的高度重视。包括合同价格的调整条件和方法、工程变更的补偿条件和计算方法及业主的合作责任等。如某合同规定:"业主有权调整合同内容,但增加或减少的工程量不超过合同金额的15%时,承包商无权要求任何补偿。"在上述范围中,尽管干扰事件存在,非承包商责任,承包商的损失也存在,但却不能提出索赔,因为它们是合同规定的承包商应承担的风险。

另外,对于施工合同的分析方法还可以从合同分解和合同总体两大方面进行考虑:一方面是通过由粗及细的结构分解对合同内容进行全面剖析;另一方面是通过由分到总的统筹规划对合同内容进行系统研究。

(3) 工程量清单分析。

根据工程量清单计价规范,工程量清单主要由分部分项工程量清单、措施项目清单和其他项目清单三部分组成。对承包商而言,分部分项工程量清单一般为不可调整的清单。在招投标阶段,对于招标人提供的工程数量,投标人在给定的期限内有质疑的权利;在施工阶段,业主承担数量风险,承包商承担价格风险。措施项目清单在招投标阶段是可由承包商调整的,但规定施工阶段一般不允许调整;其他项目清单由招标人和投标人两部分组成,在招投标阶段由双方分别填写,在施工阶段超出限定之外的变更部分可以进行调整。

对工程承包商来说,索赔的机会分析应该从投标报价阶段就开始,重点分析招标文件中的有关规定。包括哪些项目可能调整、哪些可以调整以及在多大范围内给予调整,还有对于合同履行中风险责任的认定等。

另外,在《建设工程工程量清单计价规范》(GB 50500—2013)中,对有关索赔的内容也作了相关规定。因此,作为承包商一方面应熟悉当前工程量清单计价规范的内容以及相关的法律法规,另一方面也要重点分析具体工程的招标文件和施工合同条款,并尽可能地对施工过程中的索赔机会做出充分估测。

4) 索赔依据

为了达到成功索赔的目的,承包商得进行大量的索赔论证工作和合同论证工作,以大量证据来证明索赔的合理性。可以作为索赔依据的主要资料如下。

①政策法规文件。

②招标文件、合同文件及附件。

③施工合同协议书及附属文件。

④往来的书面文件。

⑤会议记录。

⑥批准的施工进度计划和实际进度记录。

⑦施工现场工程文件。

⑧检查验收报告和技术鉴定报告。

⑨工程财务记录文件。

⑩现场气象记录。

⑪市场行情资料。

国际惯例中索赔依据与上述内容大同小异,已经形成如下索赔依据标准体系。

原始依据:指构成合同的原始文件。合同的原始文件是承包商投标报价的基础,承包商在投标书中对合同涉及费用的内容进行的详细计算分析,是施工索赔的主要依据,同时承包商提出施工索赔时,必须明确说明所依据的具体合同条款。

后续合约:一般是工程师在施工过程中根据具体情况发布的一些书面或口头指示。承包商必须执行工程师的指示,同时也有权获得执行该指示而发生的额外费用。

施工记录:包括施工技术记录,工程财务记录,现场气象环境变化记录等。

索赔的额度计算依据:如工料分析,工程计划网络图等。

5) 索赔分析及其计算

根据对《建设工程施工合同(示范文本)》(GF—2017—0201)合同条款的分析,可将索赔分为工期索赔、费用索赔。

(1) 工期索赔分析及其计算。

根据《建设工程施工合同(示范文本)》(GF—2017—0201),承包商只能进行工期索赔的情况如下。

①发包人供应材料设备延误或不合格。

当发包人供应材料、设备不及时或者到货材料、设备不合格时,承包商可就延误的工期进行索赔。

②不可抗力。

当发生不可抗力事件时,承包商与业主遵照风险共担的原则,进行风险分配。虽然承包商就自身损失不能向业主索赔,但承包商可就延误的工期进行索赔。

③竣工时间延长。

承包商面临非自身原因致使工程和分项工程的竣工受到或将要受到延误时,承包商可就此提出工期索赔。

工期索赔的计算的方法主要是网络分析法。当采用单项索赔时,若延误事件是关键工作,则工期补偿＝延误事件延误的时间;当延误事件是非关键工作时,若延误时间＝总时差,不给予补偿,若延误时间＞总时差,工期补偿＝延误时间－总时差。

若按一揽子索赔,工期补偿＝"计划＋补偿"工期－计划工期。

式中,"计划＋补偿"工期是指仅考虑业主方责任及不可抗力影响的网络计算工期,计划工期是指承包商的初始网络计算工期。

索赔计算可以分为单项索赔和总体索赔。单项索赔是针对分部分项工程而进行的索赔,而总体索赔是针对多个分部分项工程进行的索赔。总体索赔时情况比较复杂,各方面因素影响较多,承包商采用总体索赔时不易解决索赔纠纷。因而承包商常采用单项索赔的方式来进行索赔。

网络分析方法有合理的计算依据和计算过程,利用网络分析法进行工期索赔能较精确地计算索赔值,因而其工期索赔常为业主和监理工程师所接受。但是在工程实践过程中,我国大多数施工企业只是在投标和工程开工时编制较为正规的网络计划,而当工程实施时,却没有具体贯彻,大多数时候只是作为供政府建设主管部门检查的形象标志,在发生工期干扰时,不加以调整和认真分析。施工企业一向习惯于用"横道图"实施计划,虽然横道图有直观、易懂等优点,但它不能反映各工种、各施工工序之间的复杂的逻辑关系,当发生工期干扰事件进行索赔时,往往因证据不足或缺乏说服力而不能为业主和监理工程师所接受。

我国的路桥施工企业长期以来对于网络计划的忽视,其原因是复杂的,但其根本原因在于施工管理人员的技术理论水平较低,难于掌握复杂的网络计划技术,同时,多年的现场管理的涣散,也使得比较严格的网络计划难以具体执行。

对于我国路桥施工企业而言,要成功地实现工期索赔,首先就得提高施工人员的技术理论水平,要掌握好网络计划技术,其次是要在网络计划的执行过程中对变化了的情况及时进行调整,只有这样才能为工期索赔提供合理的依据。

(2) 费用索赔分析。

根据《建设工程施工合同(示范文本)》(GF—2017—0201)中的一些条款,承包商只能进行费用索赔情况如下。

①适用标准、规范。

双方在专用条款内约定适用国家标准、规范的名称,国内没有相应标准、规范的,由发包人按专用条款的约定的时间向承包人提供施工技术要求,发包人要求使用国外标准、规范的,应负责提供中文译本。当业主提供错误的标准、规范给承包商造成损失时,承包商可提出费用索赔。

②保密措施。

发包人对工程有保密要求的,应在专用条款中提出保密要求,保密措施费用由发包人承担。当承包人按业主要求对工程进行保密时,可提出相应的费用补偿要求。

③发包人不按约定支付工程预付款和进度款。

当发包人不按约定支付工程预付款和进度款时,承包商有权提出费用索赔,索赔费用应包含利息。

④合同价格调整。

清单计价合同为单价合同,当发生以下四种情况时,承包商有权向业主提出费用索赔:

a. 法律、行政法规和国家有关政策变化影响合同价款;

b. 工程造价管理部门公布的价格调整;

c. 一周内非承包人原因停水、停电、停气造成的停工累计超过8个小时;

d. 双方约定的其他因素。

⑤工程师行为。

当工程师检查影响施工正常进行,检查为合格时;工程师不正确纠正或其他非承包人原因造成的返工修改。

(3)工期和费用索赔分析。

大多数情况下承包商发生的损失都可以同时进行费用和工期的索赔,工期索赔的目的是避免业主要求承包商赶工而带来损失,从某种意义上说工期索赔的目的仍然是费用索赔。承包商可同时进行工期和费用索赔的内容见表9.11。

表9.11 工期和费用索赔的内容和条款

内 容	索赔项
工程师指令错误	T+C
工程师未按合同约定履行义务	T+C
因发包人原因而延期开工	T+C

续表

内　　容	索赔项
因发包人原因而暂停施工	T+C
因发包人原因工程质量达不到约定条件	T+C
工程为合格，而工程师要求重新检验	T+C
因设计原因试车达不到验收要求，发包人负责修改设计；因设备制造原因试车达不到验收要求，设备为发包人采购	T+C
因发包人原因导致安全事故	T+C
工程施工发现地下障碍和文物，承包商采取了保护措施	T+C

9.4.3　造价控制的对策和措施

1. 施工准备阶段控制对策

（1）做好造价结构分解。

首先，能够把工程造价做好结构分解，理论上能够满足准确计算工程造价的要求，可以根据分解的构成单元来计算工程量。根据工程造价经验数据，针对偏离预算的指标进行分析、核查，并提交分析报告。做好造价分解并纠偏不仅能够增加预算结果的准确性，同时也为后期的施工阶段可能会出现的变更提供了依据。

（2）提出进行工程预算核对。

施工单位所作的施工预算与标底往往存在差异。其原因很多，可能由于造价工作人员对定额子目理解不同造成预算价格偏差，也可能由于图纸设计深度不够造成预算量、价差异。这时提出工程预算核对，主要是对出现的差异情况进行比对分析。

差异比对分析主要以中标价为主要依据，分解成本结构，施工方检查项目预算的分项工程量和对应的价格，为项目各阶段的施工结算奠定了基础。

2. 调整施工阶段的技术措施

（1）对主要的施工技术方案进行经济分析，同时需要检查施工方案及施工组织设计，尽量合理化各类施工组织措施。

（2）优化施工组织，根据工期妥善安排施工进度，合理配置施工队伍，同时避免浪费不必要的赶工费。

（3）科学地制定资金的使用计划，预测资金未来的使用情况。结合对施工进度和质量的预测来判断工程项目的资金使用走向，降低盲目的、不必要的消耗，尽量控制造价。同时充分利用目前的现金流，有效控制项目施工阶段的成本。

（4）施工阶段成本分析可以采用编制时间-成本累计曲线的方法，对工程项目进行实时动态控制。同时可以应用施工进度计划中常用网络计划来分析各项工作的时间参数（ES、LS），并获得施工阶段表达进度计划的甘特图。按计划分时间段分别作出成本支出预算。通过这种方式，在施工过程中可以达到动态控制成本并及时纠偏的效果。

3. 调整施工阶段的组织措施

（1）严格制定施工阶段中造价控制的工作流程。

（2）配备高素质、高质量、复合型造价工程师。造价工程师是造价控制中主要的决策者，高水平的造价工程师应当能够结合施工本身的特点更好地解读及掌握经济技术措施，进而控制造价。

（3）明确岗位职责及分工，落实工作责任，同时建立监督小组。

（4）建立施工阶段工程量计量及支付的三级责任制，施工过程中出现的设计变更和签证应当由监督小组签字确认，完成后依次到造价工程师进行费用合计的核准，最后再到总监理工程师签字确认。

4. 调整施工阶段的经济措施

（1）对施工阶段造价进行实时动态分析及预测，同时定期编制造价控制中存在问题的分析说明。

（2）分阶段掌握成本控制项目的完成和清算工作，重点抓好以下几个方面。

①检查合同条款。

先检查已完工程项目是否符合合同要求。其次，应根据合同约定的收费标准、结算方法、主要材料价格、计价定额等，仔细研究并弄清结算要求并对项目的竣工结算进行审查。

②隐蔽工程验收核查。

在审查和完成竣工结算时，应完成隐蔽项目的施工记录并检查签证。所有隐藏的项目必须接受至少两人的签证并验收通过。工程量必须与竣工图一致，并且相应的程序应在进入结算阶段之前完成。

③避免累积计算误差。

在项目结算中,项目工程量和资金数额巨大,期间往往存在计算误差。计算应谨慎进行,防止由于误差累积而导致计算过度或计算不足。

④注意取费的计算。

建设工程施工过程中,建安工程取费应当按照合同规定或项目施工阶段建安工程费用定额,同时注意按要求调整价差,最后核实计算程序。应当按照合同规定的施工安全费用定额等有关规定执行工程安全费计算标准。须注意各项工程费用的计算基数,有些计算是基于人工费来计算的,例如安装工程的间接费等。

9.4.4 竣工结算的编制

1. 工程价款的结算

1) 工程价款的结算方式

(1) 按月结算。

实行旬末或月中预支、月终结算、竣工后清算的方法。跨年度竣工的工程,在年终进行工程盘点,办理年度结算。我国现行建筑安装工程价款结算中,相当一部分实行按月结算。

(2) 竣工后一次结算。

建设项目或单项工程全部建筑安装工程建设期在12个月以内,或者工程承包合同价值在100万元以下的,可以实行工程价款每月月中预支,竣工后一次结算。

(3) 分段结算。

分段结算即当年开工,当年不能竣工的单项工程或单位工程按照工程形象进度,划分不同阶段进行结算。分段结算可以按月预支工程款。分段的划分标准,由各部门、自治区、直辖市、计划单列市规定。对于以上三种主要结算方式的收支确认,财政部在《企业会计准则第15号——建造合同》(财会〔2006〕3号)中做了如下规定。实行旬末或月中预支、月终结算、竣工后清算办法的工程合同,应分期确认合同价款收入的实现,即各月份终了,与发包单位进行已完工程价款结算时,确认为承包合同已完工部分的工程收入实现,本期收入额为月终结算的已完工程价款金额。实行合同完成后一次结算工程价款办法的工程合同,应于合同完成,施工企业与发包单位进行工程合同价款结算时,确认为收入实现,实现的收入额为承发包双方结算的合同价款总额。实行按工程形象进度划分不同阶段、分段结算工程价款办法的工程合同,应按合同规定的形象进度分次确认已完阶段工程收益实现,即应于完成合同规定的工程形象进度或工程阶段,与发包单位进行工程价款结算时,确认为工程收入的实现。

(4) 目标结款方式。

目标结款方式即在工程合同中,将承包工程的内容分解成不同的控制界面,以业主验收控制界面作为支付工程价款的前提条件。也就是说,将合同中的工程内容分解成不同的验收单元,当承包人完成单元工程内容并经业主(或其委托人)验收后,业主支付构成单元工程内容的工程价款。在目标结款方式下,承包人要想获得工程价款,就必须按照合同约定的质量标准完成界面内的工程内容;要想尽早获得工程价款,承包人必须充分发挥自己组织实施的能力,在保证质量的前提下,加快施工进度。这意味着承包人拖延工期时,业主推迟付款,增加承包人的财务费用、运营成本,降低承包人的收益,客观上使承包人因延迟工期而遭受损失。同样,当承包人积极组织施工,提前完成控制界面内的工程内容时,承包人可提前获得工程价款,增加承包收益,客观上承包人因提前工期而增加了有效利润。同时,因承包人在界面内质量达不到合同约定的标准而业主不予验收,承包人也会因此遭受损失。可见,目标结款方式实质上是运用合同手段、财务手段对工程的完成进行主动控制。目标结款方式中,对控制界面的设定应明确描述,便于量化和质量控制,同时要适应项目资金的供应周期和支付频率。

(5) 结算双方约定的其他结算方式。

施工企业在采用按月结算工程价款方式时,要先取得各月实际完成的工程数量,并按照工程预算定额中的工程直接费预算单价、间接费用定额和合同中采用利税率,计算出已完工程造价。实际完成的工程数量,由施工单位根据有关资料计算,并编制"已完工程月报表",将各个发包单位的本月已完工程造价汇总反映。再根据"已完工程月报表"编制"工程价款结算账单",与"已完工程月报表"一起,分送发包单位和经办银行,据此办理结算。施工企业在采用分段结算工程价款方式时,要在合同中规定工程部位完工的月份,根据已完工程部位的工程数量计算已完工程造价,按发包单位编制"已完工程月报表"和"工程价款结算账单"。对于工期较短、能在年度内竣工的单项工程或小型建设项目,可在工程竣工后编制"工程价款结算账单",按合同中的工程造价一次结算。"工程价款结算账单"是办理工程价款结算的依据。"工程价款结算账单"中所列应收工程款应与随同附送的"已完工程月报表"中的工程造价相符,"工程价款结算账单"除列明应收工程款外,还应列明应扣预收工程款、预收备料款、发包单位供给材料价款等应扣款项,算出本月实收工程款。为了保证工程按期收尾竣工,工程在施工期间,不论工期长短,其结算工程款,一般不得超过承包工程价值的95%,结算双方可以在5%的幅度内协商确定尾款比例,并在工程承包合同中订明。施工企业已向发包单位出具履约保函或有其他保证的,可以不留工程尾款。"已完工程月报表"和"工程价款结算账单"的格式见表9.12和表9.13。

表9.12 已完工程月报表

发包单位名称:							年 月 日
单项工程和单位工程名称	合同造价/万元	建筑面积/m²	开、竣工日期		实际完成数量		备注
			开工日期	竣工日期	上月(期)止已完工程累计	本月(期)止已完工程累计	
施工企业:				编制日期:		年 月 日	

表9.13 工程价款结算账单(单位:万元)

发包单位名称:							年 月 日
单项工程和单位工程名称	合同造价/万元	建筑面积/m²	开、竣工日期		实际完成数量		备注
			开工日期	竣工日期	上月(期)止已完工程累计	本月(期)止已完工程累计	
施工企业:				编制日期:		年 月 日	

2)工程结算的编制

(1)工程结算编制要求。

①工程结算一般经过发包人或有关单位验收合格且点交后方可进行。

②工程结算应以施工发承包合同为基础,按合同约定的工程价款调整方式

对原合同价款进行调整。

③工程结算应核查设计变更、工程洽商等工程资料的合法性、有效性、真实性和完整性。对有异议的工程实体项目,应视现场条件和实际需要核查隐蔽工程。

④建设项目由多个单项工程或单位工程构成的,应按建设项目划分标准的规定,将各单项工程或单位工程竣工结算汇总,编制相应的工程结算书,并撰写编制说明。

⑤实行分阶段结算的工程,应将各阶段工程结算汇总,编制工程结算书,并撰写编制说明。

⑥实行专业分包结算的工程,应将各专业分包结算汇总在相应的单位工程或单项工程结算内,并撰写编制说明。

⑦工程结算编制应采用书面形式,有电子文本要求的应一并报送与书面形式内容一致的电子版本。

⑧工程结算应严格按工程结算编制程序进行编制,做到程序化、规范化,结算资料必须完整。

(2) 工程结算编制依据。

①国家有关法律、法规、规章制度和相关的司法解释。

②国务院建设行政主管部门及各省(自治区、直辖市)和有关部门发布的工程造价计价标准、计价办法、有关规定及相关解释。

③施工发承包合同、专业分包合同及补充合同,有关材料、设备采购合同。

④招标投标文件,包括招标答疑文件、投标承诺、中标报价书及其组成内容。

⑤工程竣工图或施工图、施工图会审记录,经批准的施工组织设计,以及设计变更、工程洽商和相关会议纪要。

⑥经批准的开、竣工报告或停、复工报告。

⑦建设工程工程量清单计价规范或工程预算定额、费用定额及价格信息、调价规定等。

⑧工程预算书。

⑨影响工程造价的相关资料。

⑩结算编制委托合同。

(3) 工程结算编制内容。

①工程结算采用工程量清单计价的应包括:工程项目的所有分部分项工程量,以及实施工程项目采用的措施项目工程量;为完成所有工程量并按规定计算

的人工费、材料费和设备费、机械费、间接费、利润和税金;分部分项和措施项目以外的其他项目所需计算的各项费用。

②工程结算采用定额计价的应包括:套用定额的分部分项工程量、措施项目工程量和其他项目,以及为完成所有工程量和其他项目并按规定计算的人工费、材料费和设备费、机械费、规费、利润和税金。

③采用工程量清单或定额计价的工程结算还应包括:设计变更和工程变更费用、索赔费用、合同约定的其他费用。

(4)工程结算编制方法。

①工程结算的编制应区分施工发承包合同类型,采用相应的编制方法。采用总价合同的,应在合同价基础上对设计变更、工程洽商及工程索赔等合同约定可以调整的内容进行调整;采用单价合同的,应计算或核定竣工图或施工图以内的各个分部分项工程量,依据合同约定的方式确定分部分项工程项目价格,并对设计变更、工程洽商、施工措施及工程索赔等内容进行调整;采用成本加酬金合同的,应依据合同约定的方法计算各个分部分项工程,以及设计变更、工程洽商、施工措施等内容的工程成本,并计算酬金及有关税费。

②工程结算中涉及工程单价调整时,应当遵循以下原则:合同中已有适用于变更工程、新增工程单价的,按已有的单价结算;合同中有类似变更工程、新增工程单价的,可以参照类似单价作为结算依据;合同中没有适用或类似变更工程、新增工程单价的,结算编制受托人可商洽承包人或发包人提出适当的价格,经对方确认后作为结算依据。

③工程结算编制中涉及的工程单价应按合同要求分别采用综合单价或工料单价。工程量清单计价的工程项目应采用综合单价;定额计价的工程项目可采用工料单价。把分部分项工程单价综合成全费用单价,其内容包括人工费、材料费、施工机具使用费、企业管理费、利润、规费和税金,经综合计算后生成,各分项工程量乘以综合单价的合价汇总后,生成工程结算价。把分部分项工程量乘以单价形成人工费、材料费、施工机具使用费,加上按规定标准计算的企业管理费,汇总后另计算规费、利润、税金,生成工程结算价。

(5)工程结算编制程序。

①工程结算应按准备、编制和定稿三个工作阶段进行,并实行编制人、校对人和审核人分别署名、盖章确认的内部审核制度。

②结算编制准备阶段。收集与工程结算编制相关的原始资料;熟悉工程结算资料内容,进行分类、归纳、整理;召集相关单位或部门的有关人员参加工程结算预备会议,对结算内容和结算资料进行核对与充实完善;收集建设期内影响合

同价格的法律和政策性文件。

③结算编制阶段。根据竣工图、施工图及施工组织设计进行现场踏勘,对需要调整的工程项目进行观察、对照、必要的现场实测和计算,做好书面或影像记录;按既定的工程量计算规则计算需调整的分部分项、施工措施或其他项目工程量;按招标投标文件、施工发承包合同规定的计价原则和计价办法对分部分项、施工措施或其他项目进行计价;对于工程量清单或定额缺项,以及采用新材料、新设备、新工艺的,应根据施工过程中的合理消耗和市场价格,编制综合单价或单位估价分析表;工程索赔应按合同约定的索赔处理原则、程序和计算方法,提出索赔费用,经发包人确认后作为结算依据;汇总计算工程费用,包括编制分部分项工程费、施工措施项目费、其他项目费、零星工作项目费或直接费、间接费、利润和税金等表格,初步确定工程结算价格;编写编制说明;计算主要技术经济指标;提交结算编制的初步成果文件待校对、审核。

④结算编制定稿阶段。由结算编制受托人单位的部门负责人对初步成果文件进行检查、校对;由结算编制受托人单位的主管负责人审核批准;在合同约定的期限内,向委托人提交经编制人、校对人、审核人和受托人单位盖章确认的正式的结算编制文件。

2. 竣工结算的编制

竣工结算是指一个单位工程或单项工程完工,经业主及工程质量监督部门验收合格,在交付使用前由施工单位根据合同价格和实际发生的增加或减少费用的变化等情况进行编制,并经业主或其委托方签认的,以表达该项工程最终造价为主要内容,作为结算工程价款依据的经济文件。

竣工结算是路桥工程项目中的一项重要经济活动。正确、合理、及时地办理竣工结算,对于贯彻国家的方针、政策、财经制度,加强建设资金管理,合理确定、筹措和控制建设资金,高速、优质完成建设任务,具有十分重要的意义。

1) 一般规定

(1) 工程完工后,发承包双方必须在合同约定时间内办理工程竣工结算。

(2) 工程竣工结算应由承包人或受其委托具有相应资质的工程造价咨询人编制,并应由发包人或受其委托具有相应资质的工程造价咨询人核对。实行总承包的工程,由总承包人对竣工结算的编制负总责。

(3) 当发承包双方或一方对工程造价咨询人出具的竣工结算文件有异议时,可向工程造价管理机构投诉,申请对其进行执业质量鉴定。

(4)工程造价管理机构对投诉的竣工结算文件进行质量鉴定,宜按《建设工程工程量清单计价规范》(GB 50500—2013)的相关规定进行。

(5)《公路工程竣(交)工验收办法实施细则》(交公路发〔2010〕65号)第13条规定,公路工程竣工验收应具备以下条件:通车试运营2年以上;交工验收提出的工程质量缺陷等遗留问题已全部处理完毕,并经项目法人验收合格;工程决算编制完成,竣工决算已经审计,并经交通运输主管部门或其授权单位认定;竣工文件已完成"公路工程项目文件归档范围"的全部内容;档案、环保等单项验收合格,土地使用手续已办理;各参建单位完成工作总结报告;质量监督机构对工程质量检测鉴定合格,并形成工程质量鉴定报告。由于竣工结算是反映工程造价计价规定执行情况的最终文件,竣工结算办理完毕,发包人应将竣工结算文件报送工程所在地或有该工程管辖权的行业管理部门的工程造价管理机构备案。竣工结算文件应作为工程竣工验收备案、交付使用的必备文件。

2)编制与复核

(1)工程竣工结算应根据下列依据编制和复核。

①《建设工程工程量清单计价规范》(GB 50500—2013)。

②工程合同。

③发承包双方实施过程中已确认的工程量及其结算的合同价款。

④发承包双方实施过程中已确认调整后追加(减)的合同价款。

⑤建设工程设计文件及相关资料。

⑥投标文件。

⑦其他依据。

(2)分部分项工程和措施项目中的单价项目应依据发承包双方确认的工程量与已标价工程量清单的综合单价计算;发生调整的,应以发承包双方确认调整的综合单价计算。

(3)措施项目中的总价项目应依据已标价工程量清单的项目和金额计算;发生调整的,应以发承包双方确认调整的金额计算,其中安全文明施工费应按照国家或省级、行业建设主管部门的规定计算。施工过程中,国家或省级、行业建设主管部门对安全文明施工费进行了调整的,措施项目费和安全文明施工费应作相应调整。

(4)办理竣工结算时,其他项目费的计算应按以下要求进行计价。

①计日工的费用应按发包人实际签证确认的数量和合同约定的相应项目综合单价计算。

②当暂估价中的材料、工程设备是招标采购的,其单价按中标价在综合单价中调整。当暂估价中的材料、设备为非招标采购的,其单价按发承包双方最终确认的单价在综合单价中调整。当暂估价中的专业工程是招标发包的,其专业工程费按中标价计算。当暂估价中的专业工程为非招标发包的,其专业工程费按发承包双方与分包人最终确认的金额计算。

③总承包服务费应依据已标价工程量清单金额计算,发承包双方依据合同约定对总承包服务进行了调整的,应按调整后的金额计算。

④索赔事件产生的费用在办理竣工结算时应在其他项目费中反映。索赔费用的金额应依据发承包双方确认的索赔事项和金额计算。

⑤现场签证发生的费用在办理竣工结算时应在其他项目费中反映。现场签证费用金额依据发承包双方签证资料确认的金额计算。

⑥合同价款中的暂列金额在用于各项价款调整、索赔与现场签证后,若有余额,则余额归发包人;若出现差额,则由发包人补足并反映在相应的工程价款中。

(5) 规费和税金应按国家或省级、行业建设主管部门对规费和税金的计取标准计算。规费中的工程排污费应按工程所在地环境保护部门规定的标准缴纳后按实列入。

(6) 竣工结算与合同工程实施过程中的工程计量及其价款结算、进度款支付、合同价款调整等具有内在联系,所以,发承包双方在合同工程实施过程中已经确认的工程计量结果和合同价款,在竣工结算办理中应直接进入结算,从而简化结算流程。

3) 竣工结算

竣工结算的编制与核对是工程造价计价中发包人、承包人双方应共同完成的重要工作。按照交易的一般原则,任何交易结束后都应做到钱、货两清,工程建设也不例外。工程施工的发承包活动作为期货交易行为,当工程竣工验收合格后,承包人将工程移交给发包人时,发包人、承包人双方应将工程价款结算清楚,即竣工结算办理完毕。

(1) 合同工程完工后,承包人应在经发承包双方确认的合同工程期中价款结算的基础上汇总编制完成竣工结算文件,应在提交竣工验收申请的同时向发包人提交竣工结算文件。承包人未在合同约定的时间内提交竣工结算文件,经发包人催告后 14 天内仍未提交或没有明确答复的,发包人有权根据已有资料编制竣工结算文件,作为办理竣工结算和支付结算款的依据,承包人应予以认可。因承包人无正当理由在约定时间内未递交竣工结算书,造成工程结算价款延期支付的,责任由承包人承担。

(2)发包人应在收到承包人提交的竣工结算文件后的28天内核对。发包人经核实,认为承包人还应进一步补充资料和修改结算文件,应在上述时限内向承包人提出核实意见,承包人在收到核实意见后的28天内应按照发包人提出的合理要求补充资料,修改竣工结算文件,并应再次提交给发包人复核后批准。

(3)发包人应在收到承包人再次提交的竣工结算文件后的28天内予以复核,将复核结果通知承包人,并应遵守下列规定。

①发包人、承包人对复核结果无异议的,应在7天内在竣工结算文件上签字确认,竣工结算办理完毕。

②发包人或承包人对复核结果认为有误的,无异议部分按照相关规定办理不完全竣工结算;有异议部分由发承包双方协商解决;协商不成的,应按照合同约定的争议解决方式处理。

(4)根据《最高人民法院关于审理建设工程施工合同纠纷案件适用法律问题的解释(一)》(法释〔2020〕25号)相关规定,发承包双方不仅应在合同中约定竣工结算的核对时间,并应约定发包人在约定时间内对竣工结算不予答复,视为认可承包人递交的竣工结算。《建设工程工程量清单计价规范》(GB 50500—2013)对发包人未在竣工结算中履行核对责任的后果进行了规定,即发包人在收到承包人竣工结算文件后的28天内,不核对竣工结算或未提出核对意见的,应视为承包人提交的竣工结算文件已被发包人认可,竣工结算办理完毕。

(5)承包人在收到发包人提出的核实意见后的28天内,不确认也未提出异议的,应视为发包人提出的核实意见已被承包人认可,竣工结算办理完毕。

(6)发包人委托工程造价咨询人核对竣工结算的,工程造价咨询人应在28天内核对完毕,核对结论与承包人竣工结算文件不一致的,应提交给承包人复核;承包人应在14天内将同意核对结论或不同意见的说明提交工程造价咨询人。工程造价咨询人收到承包人提出的异议后应再次复核,复核无异议的,应在7天内在竣工结算文件上签字确认,竣工结算办理完毕;复核后仍有异议的,对于无异议部分按照规定办理不完全竣工结算;有异议部分由发承包双方协商解决;协商不成的,应按照合同约定的争议解决方式处理。承包人逾期未提出书面异议的,应视为工程造价咨询人核对的竣工结算文件已经承包人认可。

(7)对发包人或发包人委托的工程造价咨询人指派的专业人员与承包人指派的专业人员经核对后无异议并签字确认的竣工结算文件,除非发承包人能提出具体、详细的不同意见,发包人、承包人都应在竣工结算文件上签字确认,如其中一方拒不签认,按下列规定办理。

①若发包人拒不签认,承包人可不提供竣工验收备案资料,并有权拒绝与发包人或其上级部门委托的工程造价咨询人重新核对竣工结算文件。

②若承包人拒不签认,发包人要求办理竣工验收备案的,承包人不得拒绝提供竣工验收资料,否则,由此造成的损失,承包人承担相应责任。

(8) 合同工程竣工结算核对完成,发承包双方签字确认后,发包人不得要求承包人与另一个或多个工程造价咨询人重复核对竣工结算。这可以有效地解决工程竣工结算中存在的一审再审、以审代拖、久审不结的现象。

(9) 发包人对工程质量有异议,拒绝办理工程竣工结算的,已竣工验收或已竣工未验收但实际投入使用的工程,其质量争议应按该工程保修合同执行,竣工结算应按合同约定办理;已竣工未验收且未实际投入使用的工程及停工、停建工程的质量争议,双方应就有争议的部分委托有资质的检测鉴定机构进行检测,并应根据检测结果确定解决方案,或按工程质量监督机构的处理决定执行后办理竣工结算,无争议部分的竣工结算应按合同约定办理。

4) 结算款支付

(1) 承包人应根据办理的竣工结算文件向发包人提交竣工结算款支付申请。申请应包括下列内容。

①竣工结算合同价款总额。

②累计已实际支付的合同价款。

③应预留的质量保证金。

④实际应支付的竣工结算款金额。

(2) 发包人应在收到承包人提交竣工结算款支付申请后 7 天内予以核实,向承包人签发竣工结算支付证书。

(3) 发包人签发竣工结算支付证书后的 14 天内,应按照竣工结算支付证书列明的金额向承包人支付结算款。

(4) 发包人在收到承包人提交的竣工结算款支付申请后 7 天内不予核实,不向承包人签发竣工结算支付证书的,视为承包人的竣工结算款支付申请已被发包人认可;发包人应在收到承包人提交的竣工结算款支付申请 7 天后的 14 天内,按照承包人提交的竣工结算款支付申请列明的金额向承包人支付结算款。

(5) 工程竣工结算办理完毕后,发包人应按合同约定向承包人支付工程价款。发包人按合同约定应向承包人支付而未支付的工程款视为拖欠工程款。《最高人民法院关于审理建设工程施工合同纠纷案件适用法律问题的解释》(法释〔2004〕14号)第17条规定:"当事人对欠付工程价款利息计付标准有约定的,按照约定处理;没有约定的,按照中国人民银行发布的同期同类贷款利率计息。"《建设工程工程量清单计价规范》(GB 50500—2013)中指出,发包人未按照上述第(3)条和第(4)条的规定支付竣工结算款的,承包人可催告发包人支付,并有权获得延迟支付的利息。发包人在竣工结算支付证书签发后或者在收到承包人提交的竣工结算款支付申请7天后的56天内仍未支付的,除法律另有规定外,承包人可与发包人协商将该工程折价,也可直接向人民法院申请将该工程依法拍卖。承包人应就该工程折价或拍卖的价款优先受偿。

5) 质量保证金

(1) 发包人应按照合同约定的质量保证金比例从结算款中预留质量保证金。质量保证金用于承包人按照合同约定履行属于自身责任的工程缺陷修复义务的,为发包人有效监督承包人完成缺陷修复提供资金保证。《建设工程质量保证金管理办法》(建质〔2017〕138号)第7条规定:"发包人应按照合同约定方式预留保证金,保证金总预留比例不得高于工程价款结算总额的3%。合同约定由承包人以银行保函替代预留保证金的,保函金额不得高于工程价款结算总额的3%。"

(2) 承包人未按照合同约定履行属于自身责任的工程缺陷修复义务的,发包人有权从质量保证金中扣除用于缺陷修复的各项支出。经查验,工程缺陷属于发包人原因造成的,应由发包人承担查验和缺陷修复的费用。

(3) 在合同约定的缺陷责任期终止后,发包人应按照规定,将剩余的质量保证金返还给承包人。《建设工程质量保证金管理办法》(建质〔2017〕138号)第10条规定:"缺陷责任期内,承包人认真履行合同约定的责任,到期后,承包人向发包人申请返还保证金。"

6) 最终结清

(1) 缺陷责任期终止后,承包人已完成合同约定的全部承包工作,但合同工程的财务账目需要结清,因此,承包人应按照合同约定向发包人提交最终结清支付申请。发包人对最终结清支付申请有异议的,有权要求承包人进行修正和提供补充资料。承包人修正后,应再次向发包人提交修正后的最终结清支付申请。

(2) 发包人应在收到最终结清支付申请后的14天内予以核实,并应向承包人签发最终结清支付证书。

(3) 发包人应在签发最终结清支付证书后的 14 天内,按照最终结清支付证书列明的金额向承包人支付最终结清款。

(4) 发包人未在约定的时间内核实,又未提出具体意见的,应视为承包人提交的最终结清支付申请已被发包人认可。

(5) 发包人未按期最终结清支付的,承包人可催告发包人支付,并有权获得延迟支付的利息。

(6) 最终结清时,承包人被预留的质量保证金不足以抵减发包人工程缺陷修复费用的,承包人应承担不足部分的补偿责任。

(7) 承包人对发包人支付的最终结清款有异议的,应按照合同约定的争议解决方式处理。

3. 工程项目竣工与造价管理的关系

竣工阶段工程造价管理是建设项目全过程工程造价管理的最后一个环节,可全面考核建设工作,审查投资使用合理性,检查工程造价控制情况,是投资成果转入生产或使用的标志性阶段。竣工阶段的主要工作内容有竣工结算和竣工决算。竣工结算是施工企业按照合同规定的内容全部完成所承包的工程,经验收质量合格,并符合合同要求之后,向建设单位进行的最终工程款结算。经审查的竣工结算是核定建设工程造价的依据,也是建设项目竣工验收后编制竣工决算和核定新增固定资产价值的依据。

竣工决算是由建设单位编制的反映建设项目实际造价和投资效果的文件,是竣工验收报告的重要组成部分。竣工阶段与工程造价的关系体现在以下几个方面。

(1) 工程造价管理的主要表现形式和核心内容是建设工程控制造价的全过程。它贯穿决策阶段、设计阶段、工程招标投标阶段、施工实施阶段和竣工阶段的项目全过程中,是围绕追求工程项目建设投资控制目标,以达到所建的工程项目以最少的投入获得最佳的经济效益和社会效益。竣工阶段的竣工验收、竣工结算和决算不仅直接关系到建设单位与施工单位之间的利益关系,也关系到项目工程造价的实际结果。

(2) 竣工结算反映工程项目的实际价格,最终体现了工程造价系统控制的效果。要有效控制工程项目竣工结算价,就必须严把审核关。实践经验证明,一般情况下,经审查的工程结算较编制的工程结算的工程造价资金相差率在 10% 左右,有的高达 20%,对控制投入、节约资金起到很重要的作用。

(3) 基本建设成果和财务的综合反映是竣工决算。它包括项目从筹建到建成投产或使用的全部费用。根据国家基本建设投资的规定，在批准基本建设项目计划任务书时，可依据投资估算来估计基本建设计划投资额。在确定基本建设项目设计方案时，可依据设计概算决定建设项目计划总投资最高数额。在施工图设计时，可编制施工图预算，用以确定单项工程或单位工程的计划价格，同时规定其不得超过相应的设计概算。因此，竣工决算能反映出固定资产计划完成情况及节约或超支原因，从而控制工程造价。

9.5 竣工阶段工程造价控制

9.5.1 竣工验收

建设项目竣工验收是指由发包人、承包人和项目验收委员会，以项目批准的设计任务书和设计文件，以及国家或部门颁发的施工验收规范和质量检验标准为依据，按照一定的程序和手续，在项目建成并试生产合格后（工业生产性项目），对工程项目的总体进行检验和认证、综合评价和鉴定的活动。按照我国建设程序的规定，竣工验收是建设工程的最后阶段，是建设项目施工阶段和保修阶段的中间过程，是全面检验建设项目是否符合设计要求和工程质量检验标准的重要环节，是审查投资使用是否合理的重要环节，是投资成果转入生产或使用的标志。只有经过竣工验收，建设项目才能实现由承包人管理向发包人管理的过渡，它标志着建设投资成果投入生产或使用，对促进建设项目及时投产或交付使用、发挥投资效果、总结建设经验有着重要的作用。

1. 建设项目竣工验收的条件及范围

1）竣工验收的条件

《建设工程质量管理条例》规定，建设工程竣工验收应当具备以下条件。

（1）完成建设工程设计和合同约定的各项内容。主要是指设计文件所确定的、在承包合同中载明的工作范围，也包括监理工程师签发的变更通知单中所确定的工作内容。

（2）有完整的技术档案和施工管理资料。

（3）有工程使用的主要材料、构配件和设备的进场试验报告。对建设工程使用的主要材料、构配件和设备的进场,除具有质量合格证明资料外,还应当有试验、检验报告。试验、检验报告中应当注明其规格、型号、用于工程的哪些部位、批量批次、性能等技术指标,其质量要求必须符合国家规定的标准。

(4) 有勘察、设计、施工、工程监理等单位分别签署的质量合格文件。勘察、设计、施工、工程监理等有关单位依据工程设计文件及承包合同所要求的质量标准,对竣工工程进行检查和评定,符合规定的,签署合格文件。

(5) 有施工单位签署的工程保修书。

2) 竣工验收的范围

国家颁布的建设法规规定,凡新建、扩建、改建的基本建设项目和技术改造项目(所有列入固定资产投资计划的建设项目或单项工程),已按国家批准的设计文件所规定的内容建成,符合验收标准,即工业投资项目经负荷试车考核,试生产期间能够正常生产出合格产品,形成生产能力的;非工业投资项目符合设计要求,能够正常使用的,不论是属于哪种建设性质,都应及时组织验收,办理固定资产移交手续。

有的工期较长、建设设备装置较多的大型工程,为了及时发挥其经济效益,对其能够独立生产的单项工程,也可以根据建成时间的先后顺序,分期分批地组织竣工验收;对能生产中间产品的一些单项工程,不能提前投料试车,可按生产要求与生产最终产品的工程同步建成竣工后,再进行全部验收。

对于某些特殊情况,工程施工虽未全部按设计要求完成,也应进行验收,这些特殊情况主要有以下几点。

(1) 因少数非主要设备或某些特殊材料短期内不能解决,虽然工程内容尚未全部完成,但已可以投产或使用的工程项目。

(2) 规定要求的内容已完成,但因外部条件的制约,如流动资金不足、生产所需原材料不能满足等,而使已建工程不能投入使用的项目。

(3) 有些建设项目或单项工程,已形成部分生产能力,但近期内不能按原设计规模续建,应从实际情况出发,经主管部门批准后,可缩小规模对已完成的工程和设备组织竣工验收,移交固定资产。

2. 建设项目竣工验收的标准、组织及方式

1) 竣工验收的标准

(1) 工业建设项目竣工验收标准。

①生产性项目和辅助性公用设施,已按设计要求完成,能满足生产使用。

②主要工艺设备配套经联动负荷试车合格,形成生产能力,能够生产出设计文件所规定的产品。

③有必要的生活设施,并已按设计要求建成合格。

④生产准备工作能适应投产的需要。

⑤环境保护设施,劳动、安全、卫生设施,消防设施,已按设计要求与主体工程同时建成使用。

⑥设计和施工质量已经过质量监督部门检验并做出评定。

⑦工程结算和竣工决算通过有关部门审查和审计。

(2) 民用建设项目竣工验收标准。

①建设项目各单位工程和单项工程,均已符合项目竣工验收标准。

②建设项目配套工程和附属工程,均已施工结束,达到设计规定的相应质量要求并具备正常使用条件。

2) 竣工验收的组织

大、中型和限额以上建设项目及技术改造项目,由国家发改委或国家发改委委托项目主管部门、地方政府部门组织验收;小型和限额以下建设项目及技术改造项目,由项目主管部门或地方政府部门组织验收。建设主管部门和建设单位(业主)、接管单位、施工单位、勘察设计及工程监理等有关单位参加验收工作;根据工程规模大小和复杂程度组成验收委员会或验收组,其人员构成应由银行、物资、环保、劳动、统计、消防及其他有关部门的专业技术人员和专家组成。

3) 竣工验收的方式

为了保证建设项目竣工验收的顺利进行,验收必须遵循一定的程序,并按照建设项目总体计划的要求以及施工进展的实际情况分阶段进行。建设项目竣工验收,按被验收的对象划分,可分为单位工程验收、单项工程验收及工程整体验收(或"动用验收"),见表9.14。

表9.14 不同阶段的工程验收方式

类 型	验 收 条 件	验 收 组 织
单位工程验收 (中间验收)	1. 按照施工承包合同的约定,施工完成到某一阶段后要进行中间验收; 2. 主要的工程部位施工已完成了隐蔽前的准备工作,该工程部位将置于无法查看的状态	由监理单位组织,业主和承包商派人参加,该部位的验收资料将作为最终验收的依据

续表

类　　型	验 收 条 件	验 收 组 织
单项工程验收（交工验收）	1. 建设项目中的某个合同工程已全部完成； 2. 合同内约定有单项移交的工程已达到竣工标准,可移交给业主投入试运行	由业主组织,会同施工单位、监理单位、设计单位及使用单位等有关部门共同进行
工程整体验收（动用验收）	1. 建设项目按设计规定全部建成,达到竣工验收条件； 2. 初验结果全部合格； 3. 竣工验收所需资料已准备齐全	大、中型和限额以上项目由国家发改委或由其委托项目主管部门或地方政府部门组织验收；小型和限额以下项目由项目主管部门组织验收；业主、监理单位、施工单位、设计单位和使用单位参加验收工作

3. 路桥项目竣工验收报告及备案

1）工程竣工验收报告

道路工程竣工验收合格后,建设单位应当及时提出道路工程竣工验收报告。竣工验收报告主要包括工程概况,建设单位执行基本建设程序情况,对工程勘察、设计、施工、监理等方面的评价,工程竣工验收时间、程序、内容和组织形式,工程竣工验收意见等内容。

道路工程竣工验收报告还应附有下列文件：

①开工（施工）许可证；

②施工图设计文件审查意见；

③工程竣工报告；

④工程质量评估报告；

⑤质量检查报告；

⑥工程质量保修书；

⑦项目执行报告；

⑧验收组人员签署的工程竣工验收补充事项（如果有）；

⑨法规、规章规定的其他有关文件。

2）竣工验收的备案

（1）依照《道路工程竣工验收及备案办法（试行）》的规定，建设单位应当自道路工程竣工验收合格之日起 15 日内，依照本办法规定，向市交通主管部门备案。

（2）建设单位办理道路工程竣工验收备案应当提交下列文件并对提交材料的真实性负责：

①竣工验收备案表；

②道路工程竣工验收报告及相关文件；

③相关质量检测和功能性试验资料以及备案机关认为需要提供的有关资料；

④法律、行政法规规定应当由规划、环保等部门出具的认可文件或者准许使用文件；

⑤法律规定应当由公安消防部门出具的对大型的人员密集场所和其他特殊建设工程验收合格的证明文件；

⑥施工单位签署的道路工程质量保修书；

⑦建设单位组织编制的道路工程管养建议书；

⑧法规、规章规定必须提供的其他文件。

（3）主管部门收到建设单位报送的竣工验收备案文件，应当在道路工程竣工验收备案表上签署文件收讫。道路工程竣工验收备案表一式三份，一份由建设单位保存，一份留主管部门存档，一份由档案管理部门保存。

（4）负责监督该工程的工程质量监督机构应当在工程竣工验收之日起 5 日内，向主管部门提交工程质量监督报告。

（5）主管部门发现建设单位在道路工程竣工验收过程中有违反建设工程质量管理规定行为的，应当在收讫竣工验收备案文件 15 日内，责令停止使用，重新组织竣工验收。

（6）道路工程竣工验收和备案工作违反相关法律法规规定的，主管部门将依法予以处罚，同时依照有关规定将有关单位和从业人员的不良行为记录在案，通过公共媒体予以公布。

9.5.2 竣工决算

1. 建设项目竣工决算的含义、作用及其与竣工结算的区别

1）竣工决算的含义

项目竣工决算是指所有项目竣工后，项目建设单位按照国家有关规定在项目竣工验收阶段编制的竣工决算报告。竣工决算是以实物数量和货币指标为计量单位,综合反映竣工建设项目全部建设费用、建设成果和财务状况的总结性文件,是竣工验收报告的重要组成部分。

2)竣工决算的作用

(1)竣工决算是正确核定新增固定资产价值,考核分析投资效果,建立健全经济责任制的依据,是反映建设项目实际造价和投资效果的文件。

(2)竣工决算是建设工程经济效益的全面反映,是项目法人核定各类新增资产价值、办理其交付使用的依据。竣工决算是工程造价管理的重要组成部分,做好竣工决算是全面完成工程造价管理目标的关键性因素之一。

(3)通过竣工决算,既能够正确反映建设工程的实际造价和投资结果,又可以通过竣工决算与概算、预算的对比分析,考核投资控制的工作成效,为工程建设提供重要的技术经济方面的基础资料,提高未来工程建设的投资效益。

项目竣工时,应编制建设项目竣工决算。建设周期长、建设内容多的项目,单项工程竣工,具备交付使用条件的,可编制单项工程竣工财务决算。建设项目全部竣工后应编制竣工财务总决算。

3)竣工决算与竣工结算的区别

竣工结算是指在工程施工阶段,根据合同约定、工程进度、工程变更与索赔等情况,通过编制工程结算书对已完施工价款进行计算的过程,计算出来的价款称为工程结算价。结算价是该结算工程部分的实际价格,是支付工程款项的凭据。工程竣工结算是由施工单位做的,是施工单位得到工程款项的重要依据。单项工程竣工后,承包人应在提交竣工验收报告的同时,向发包人递交竣工结算报告及完整的结算资料。

竣工决算是指整个建设工程全部完工并经验收以后,通过编制竣工决算书计算整个项目从立项到竣工验收、交付使用全过程中实际支付的全部建设费用、核定新增资产和考核投资效果的过程,计算出的价格称为竣工决算价。它是整个建设工程最终实际价格。工程竣工决算是由建设单位做的,是在项目竣工以及施工单位提交竣工结算报告及结算资料后,建设单位报告全部建设费用、建设成果和财务情况的总结性文件。

由此可以看出,工程竣工决算是一个工程从无到有的所有相关费用,而工程竣工结算是一个实体工程的建筑和安装工程费用。工程竣工决算包含了工程竣工结算的内容,而工程竣工结算是工程竣工决算的一个重要组成部分。

2. 竣工决算的内容

建设项目竣工决算应包括从筹建到竣工投产全过程的全部实际费用,即包括建筑工程费、安装工程费、设备器具购置费用及预备费等费用。根据财政部、国家发改委以及住房和城乡建设部的有关文件规定,竣工决算报告是由竣工财务决算说明书、竣工财务决算报表、建设工程竣工图和工程竣工造价对比分析四部分组成。其中竣工财务决算说明书和竣工财务决算报表两部分又称为建设项目竣工财务决算,是竣工决算的核心内容。竣工财务决算是正确核定项目资产价值、反映竣工项目建设成果的文件,是办理资产移交和产权登记的依据。

1) 竣工财务决算说明书

竣工财务决算说明书主要反映竣工工程建设成果和经验,是对竣工决算报表进行分析和补充说明的文件,是全面考核分析工程投资与造价的书面总结,是竣工决算报告的重要组成部分,其内容主要包括以下几点。

(1) 建设项目概况,对工程总的评价。

(2) 资金来源及运用等财务分析。

(3) 概(预)算执行情况,尾工工程情况,历次审计、审核、稽查情况。

(4) 主要技术经济指标的分析。

(5) 工程建设的经验、项目管理及财务管理工作、合同履行情况。

(6) 征地拆迁、移民安置等需要说明的其他事项。

2) 竣工财务决算报表

建设项目竣工财务决算报表要根据大、中型建设项目和小型建设项目分别制定。根据财政部有关文件,大、中型建设项目竣工财务决算报表包括:建设项目竣工财务决算审批表,大、中型建设项目概况表,大、中型建设项目竣工财务决算表,大、中型建设项目交付使用资产总表,建设项目交付使用资产明细表。小型建设项目竣工财务决算报表包括:建设项目竣工财务决算审批表,竣工财务决算总表,建设项目交付使用资产明细表。

(1) 建设项目竣工财务决算审批表。

该表作为竣工决算上报有关部门审批时使用,其格式按照中央级小型项目审批要求设计,地方级项目可按审批要求做适当修改,大、中、小型项目均要按照要求填报此表。

(2) 大、中型建设项目概况表。

该表综合反映大、中型项目的基本概况,内容包括该项目总投资、建设起止时间、新增生产能力、主要材料消耗、建设成本、完成主要工程量和主要技术经济指标,为全面考核和分析投资效果提供依据。

(3)大、中型建设项目竣工财务决算表。

竣工财务决算表是竣工财务决算报表的一种,大、中型建设项目竣工财务决算表是用来反映建设项目的全部资金来源和资金占用情况,是考核和分析投资效果的依据。该表反映竣工的大、中型建设项目从开工到竣工为止全部资金来源和资金运用的情况。它是考核和分析投资效果,落实结余资金,并作为报告上级核销基本建设支出和基本建设拨款的依据。在编制该表前,应先编制出项目竣工年度财务决算,根据编制出的竣工年度财务决算和历年财务决算编制项目的竣工财务决算。此表采用平衡表形式,即资金来源合计等于资金支出合计。

(4)大、中型建设项目交付使用资产总表。

该表反映建设项目建成后新增固定资产、流动资产、无形资产和其他资产的情况和价值,作为财产交接、检查投资计划完成情况和分析投资效果的依据。小型项目不编制"交付使用资产总表",直接编制"交付使用资产明细表"。大、中型项目在编制"交付使用资产总表"的同时,还需编制"交付使用资产明细表"。

(5)建设项目交付使用资产明细表。

该表反映交付使用的固定资产、流动资产、无形资产和其他资产及其价值的明细情况,是办理资产交接和接收单位登记资产账目的依据,是使用单位建立资产明细账和登记新增资产价值的依据。大、中型和小型建设项目均需编制此表。编制时要做到完整、齐全,数字准确,各栏目价值应与会计账目中相应科目的数据保持一致。

(6)小型建设项目竣工财务决算总表。

由于小型建设项目内容比较简单,因此可将工程概况与财务情况合并编制一张"竣工财务决算总表",该表主要反映小型建设项目的全部工程和财务情况。具体编制时可参照大、中型建设项目概况表指标和大、中型建设项目竣工财务决算表相应指标内容填写。

3)建设工程竣工图

建设工程竣工图是真实地记录各种地上、地下建筑物和构筑物等情况的技术文件,是工程进行交工验收、维护、改建和扩建的依据,是国家的重要技术档案。全国各建设、设计、施工单位和各主管部门都要认真做好竣工图的编制工作。国家规定:各项新建、扩建、改建的基本建设工程,特别是基础、地下建筑、管线、结构、井巷、桥梁、隧道、港口、水坝以及设备安装等隐蔽部位,都要编制竣工图。为确保竣工图质量,必须在施工过程中(不能在竣工后)及时做好隐蔽工程检查记录,整理好设计变更文件。编制竣工图的形式和深度,应根据不同情况区别对待,其具体要求包括以下几点。

(1)凡按图竣工没有变动的,由承包人(包括总包和分包承包人,下同)在原施工图上加盖"竣工图"标志后,即作为竣工图。

(2)凡在施工过程中,虽有一般性设计变更,但能将原施工图加以修改补充作为竣工图的,可不重新绘制,由承包人负责在原施工图(必须是新蓝图)上注明修改的部分,并附以设计变更通知单和施工说明,加盖"竣工图"标志后,作为竣工图。

(3)凡结构形式改变、施工工艺改变、平面布置改变、项目改变以及有其他重大改变,不宜再在原施工图上修改、补充时,应重新绘制改变后的竣工图。由原设计原因造成的,由设计单位负责重新绘制;由施工原因造成的,由承包人负责重新绘图;由其他原因造成的,由建设单位自行绘制或委托设计单位绘制。承包人负责在新图上加盖"竣工图"标志,并附以有关记录和说明,作为竣工图。

(4)为了满足竣工验收和竣工决算需要,还应绘制反映竣工工程全部内容的工程设计平面示意图。

(5)重大的改建、扩建工程项目涉及原有的工程项目变更时,应将相关项目的竣工图资料统一整理归档,并在原图案卷内增补必要的说明一起归档。

4)工程竣工造价对比分析

对控制工程造价所采取的措施、效果及其动态的变化需要进行认真的对比,总结经验教训。批准的概算是考核建设工程造价的依据。在分析时,可先对比整个项目的总概算,然后将建筑安装工程费、设备工器具费和其他工程费用逐一与竣工决算表中所提供的实际数据和相关资料进行核查,与批准的概算、预算指标进行比对,最后与实际的工程造价进行对比分析,以此确定竣工项目总造价是节约还是超支,并在此基础上,总结先进经验,找出节约和超支的内容和原因,提出改进措施。在实际工作中,应主要分析以下内容。

(1)考核主要实物工程量。

对于实物工程量出入比较大的情况,必须查明原因。

(2)考核主要材料消耗量。

要按照竣工决算表中所列明的三大材料实际超概算的消耗量,查明是在工程的哪个环节超出量最大,再进一步查明超耗的原因。

(3)考核建设单位管理费、措施费和间接费的取费标准。

建设单位管理费、措施费和间接费的取费标准要按照国家和各地的有关规定，根据竣工决算报表中所列的建设单位管理费与概预算所列的建设单位管理费数额进行比较，依据规定查明是否存在多列或少列的费用项目，确定其节约或超支的数额，并查明原因。

3．竣工决算的编制及审核

1）竣工决算编制条件

编制工程竣工决算应具备下列条件：

（1）经批准的初步设计所确定的工程内容已完成；

（2）单项工程或建设项目竣工结算已完成；

（3）收尾工程投资和预留费用不超过规定的比例；

（4）涉及法律诉讼、工程质量纠纷的事项已处理完毕；

（5）其他影响工程竣工决算编制的重大问题已解决。

2）竣工决算的编制步骤

（1）收集、整理和分析所有技术资料、工料结算的经济文件、施工图纸和各种变更与签证等依据资料。

（2）清理建设工程从筹建到竣工投产或使用的全部费用的各项财务、债权、债务和结余物资。

（3）对照、核实工程变动情况，重新核实各单位工程、单项工程造价。

（4）编制建设工程竣工决算说明。

（5）填写竣工决算报表。

（6）做好工程造价对比分析。

（7）清理装订好竣工图。

（8）上报主管部门审查。

3）竣工决算的审核

根据《基本建设项目竣工财务决算管理暂行办法》（财建〔2016〕503号）的规定，基本建设项目完工可投入使用或者试运行合格后，应当在3个月内编报竣工财务决算，特殊情况确需延长的，中、小型项目不得超过2个月，大型项目不得超过6个月。

财政部门和项目主管部门对项目竣工财务决算实行先审核、后批复的办法，可以委托预算评审机构或者有专业能力的社会中介机构进行审核。重点审核以下内容。

(1) 工程价款结算是否准确,是否按照合同约定和国家有关规定进行,有无多算和重复计算工程量、高估冒算材料价格现象。

(2) 待摊费用支出及其分摊是否合理、正确。

(3) 项目是否按照批准的概算(预)算内容实施,有无超标准、超规模、超概(预)算建设现象。

(4) 项目资金是否全部到位,核算是否规范,资金使用是否合理,有无挤占、挪用现象。

(5) 项目形成资产是否全面反映,计价是否准确,资产接收单位是否落实。

(6) 项目在建设过程中历次检查和审计所提的重大问题是否已经整改落实。

(7) 待核销基建支出和转出投资有无依据,是否合理。

(8) 竣工财务决算报表所填列的数据是否完整,表间勾稽关系是否清晰、明确。

(9) 尾工工程及预留费用是否控制在概算确定的范围内,预留的金额和比例是否合理。

(10) 项目建设是否履行基本建设程序,是否符合国家有关建设管理制度要求等。

(11) 决算的内容和格式是否符合国家有关规定。

(12) 决算资料报送是否完整,决算数据间是否存在错误。

(13) 相关主管部门或者第三方专业机构是否出具审核意见。

9.5.3 保修费用处理

1. 缺陷责任期与保修期

(1) 缺陷责任期与保修期的概念。

①缺陷责任期。

缺陷是指建设工程质量不符合工程建设强制标准、设计文件,以及承包合同的约定。缺陷责任期是指承包人对已交付使用的合同工程承担合同约定的缺陷修复责任的期限。

②保修期。

建设工程保修期是指在正常使用条件下,建设工程的最低保修期限。其期限长短由《建设工程质量管理条例》规定。

(2)缺陷责任期与保修期的期限。

①缺陷责任期的期限。

缺陷责任期从工程通过竣工验收之日起计。由于承包人原因导致工程无法按规定期限进行竣工验收的,缺陷责任期从实际通过竣工验收之日起计。由于发包人原因导致工程无法按规定期限进行竣工验收的,在承包人提交竣工验收报告90天后,工程自动进入缺陷责任期。缺陷责任期一般为1年,最长不超过2年,由发、承包双方在合同中约定。

②保修期的期限。

《公路工程国内招标文件范本》(交公路发〔2003〕94号)规定:在缺陷责任期结束后,监理工程师签发缺陷责任期终止证书之日,工程进入保修期,在保修期内承包人应对由于施工质量原因造成的损坏进行自费修复。若承包人不履行保修义务和责任,则承包人应承担由于违约造成的法律后果。注:工程保修期一般为5年,若路基工程(含隧道、桥涵)与路面工程分开招标,5年保修期从最后完工的工程项目开始计算。桥梁工程的保修期可适当延长。

2. 质量保证(保修)金的预留、使用及返还

(1)质量保证(保修)金的预留。

根据《建设工程质量保证金管理办法》(建质〔2017〕138号)的规定,建设工程质量保证金(以下简称"保证金")是指发包人与承包人在建设工程承包合同中约定,从应付的工程款中预留,用以保证承包人在缺陷责任期内对建设工程出现的缺陷进行维修的资金。

发包人应按照合同约定方式预留质量保证金,质量保证金总预留比例不得高于工程价款结算总额的3%。合同约定由承包人以银行保函替代预留质量保证金的,保函金额不得高于工程价款结算总额的3%。在工程项目竣工前,已经缴纳履约保证金的,发包人不得同时预留工程质量保证金。采用工程质量保证担保、工程质量保险等其他方式的,发包人不得再预留质量保证金。

(2)质量保证(保修)金的使用。

缺陷责任期内,由承包人原因造成的缺陷,承包人应负责维修,并承担鉴定

及维修费用。如承包人不维修也不承担费用,发包人可按合同约定从质量保证金或银行保函中扣除,费用超出质量保证金额的,发包人可按合同约定向承包人进行索赔。承包人维修并承担相应费用后,不免除对工程的损失赔偿责任。由他人及不可抗力原因造成的缺陷,发包人负责组织维修,承包人不承担费用,且发包人不得从质量保证金中扣除费用。发承包双方就缺陷责任有争议时,可以请有资质的单位进行鉴定,责任方承担鉴定费用并承担维修费用。

关于质量保证(保修)金的处理问题,根据修理项目的性质、内容以及质量缺陷成因等多种因素的实际情况而定。

①承包单位未按国家有关规范、标准和设计要求施工,造成的质量缺陷,由承包单位负责返修并承担经济责任。

②由于设计方面的原因造成的质量缺陷,由设计单位承担经济责任,可由施工单位负责维修,费用由建设单位支付,建设单位可向勘察、设计单位追偿。

③因材料、构配件和设备质量不合格引起的质量缺陷,属于承包单位采购的或经其验收同意的,由承包单位承担经济责任;属于建设单位采购的,由建设单位承担经济责任。

④因使用单位使用不当造成的损坏问题,由使用单位自行负责。

⑤因地震、洪水、台风等不可抗拒原因造成的损坏问题,施工单位、设计单位不承担经济责任,由建设单位负责处理。

(3) 质量保证(保修)金的返还。

缺陷责任期内,承包人认真履行合同约定的责任,到期后,承包人向发包人申请返还质量保证金。发包人在接到承包人返还质量保证金申请后,应于14天内会同承包人按照合同约定的内容进行核实。如无异议,发包人应当按照约定将质量保证金返还给承包人。对返还期限没约定或者约定不明确的,发包人应当在核实后14天内将质量保证金返还承包人,逾期未返还的,依法承担违约责任。发包人在接到承包人返还质量保证金申请后14天内不予答复,经催告后14天内仍不予答复,视同认可承包人的返还保证金申请。

缺陷责任期内,实行国库集中支付的政府投资项目,质量保证金的管理应按国库集中支付的有关规定执行。其他政府投资项目,质量保证金可以预留在财政部门或发包方。缺陷责任期内,如发包方被撤销,质量保证金随交付使用资产一并移交使用单位,由使用单位代行发包人职责。社会投资项目采用预留质量保证金方式的,发承包双方可以约定将质量保证金交由金融机构托管。

参 考 文 献

[1] 包美玲.公路项目成本控制研究[D].昆明:昆明理工大学,2020.

[2] 邓立辉.MLW 至 ZT 段高速公路桥梁工程施工项目质量管理研究[D].昆明:云南大学,2021.

[3] 方永刚.合同管理在公路工程建设管理中的作用[J].交通世界(运输车辆),2013(8):280-281.

[4] 冯辉红.工程项目管理[M].北京:中国水利水电出版社,2016.

[5] 冯建鑫.高东高速公路工程进度计划与控制研究[D].哈尔滨:哈尔滨理工大学,2021.

[6] 谷洪雁,布晓进,贾真.工程造价管理[M].北京:化学工业出版社,2018.

[7] 韩守勇.青海 CN 山区公路工程进度管理及控制研究[D].西安:长安大学,2020.

[8] 胡新萍.工程造价管理[M].武汉:华中科技大学出版社,2013.

[9] 黄卉.广西田乐公路工程项目全过程环境管理优化研究[D].南宁:广西大学,2018.

[10] 黄明昊.公路施工安全管理措施研究[D].石家庄:石家庄铁道大学,2018.

[11] 黄桥连,倪四清,孙梦嘉.高速公路大标段模式组织管理及其效率研究[J].工程管理学报,2015,29(3):82-87.

[12] 解双.建设项目施工阶段造价预控研究[D].南宁:广西大学,2019.

[13] 李兵.国道 112 线高速五合同工程项目进度计划调整与控制研究[D].天津:河北工业大学,2011.

[14] 李会聪.G 公路工程项目施工成本管理研究[D].北京:北京化工大学,2020.

[15] 刘恺.浅谈公路工程进度计划编制方法[J].科技风,2010(17):201.

[16] 刘文栋.工程建设项目的环境管理与控制研究[D].上海:上海交通大学,2008.

[17] 刘晓冬,王亚奇,王莉.甘肃陇东地区高速公路造价主要特点和控制措施[J].

工程建设与设计,2020(9):287-289.

[18] 吕春雨.道路工程施工项目管理技术[M].北京:中国水利水电出版社,2016.

[19] 马瑾.公路建设项目环境风险评价与管理研究[D].西安:长安大学,2012.

[20] 倪良福.龙建路桥股份公司四处实施施工项目职业经理人制度研究[D].长春:吉林大学,2005.

[21] 牛丽娟,陈海明.公路工程全过程造价管理提升关键技术研究[J].工程建设与设计,2019(19):243-245.

[22] 彭东黎.公路工程招投标与合同管理[M].重庆:重庆大学出版社,2021.

[23] 皮振毅.公路工程项目管理便携手册[M].武汉:华中科技大学出版社,2008.

[24] 钱源.公路工程造价编制[M].重庆:重庆大学出版社,2020.

[25] 乔文龙.TG公路工程项目质量管理研究[D].西安:长安大学,2020.

[26] 瞿义勇.公路工程安全员培训教材[M].北京:中国建材工业出版社,2010.

[27] 沈其明,刘燕.公路工程造价编制与管理[M].北京:人民交通出版社,2002.

[28] 斯庆.工程造价控制[M].北京:北京大学出版社,2021.

[29] 滕道社,朱士永.工程造价管理[M].北京:中国水利水电出版社,2017.

[30] 汪华焰.某公路改扩建工程施工成本管理控制研究[D].重庆:重庆交通大学,2020.

[31] 王炳章.公路建设工程招投标与合同管理[M].成都:西南财经大学出版社,2020.

[32] 王娟玲,侯卫周,王淑红.公路工程造价[M].北京:机械工业出版社,2017.

[33] 王秋燕.顺平南线公路大修工程项目质量控制研究[D].北京:北京交通大学,2017.

[34] 王拴保.公路项目成本管理研究[D].西安:长安大学,2011.

[35] 王伟淇.高速公路施工安全管理成熟度评价研究[D].长沙:长沙理工大学,2016.

[36] 王晓燕.108国道改建工程中的质量管理研究[D].北京:北京邮电大学,2019.

参考文献

[37] 王御宇.公路工程索赔及索赔机会的研究应用[D].长沙:湖南大学,2011.

[38] 吴美琼,徐林.建筑工程项目管理[M].北京:中国水利水电出版社,2015.

[39] 鄢光宇,何冬梅.高速公路改扩建路基工程预算编制要点与分析[J].交通企业管理,2021,36(2):60-61.

[40] 杨萍,陈瑾.公路工程项目经理责、权、利思考[J].内蒙古公路与运输,2007(6):63-65.

[41] 叶苏东.项目管理:管理流程及方法[M].北京:清华大学出版社,2019.

[42] 张国志,刘浪.公路工程安全管理[M].北京:人民交通出版社,2007.

[43] 张景全.Z企业公路工程施工项目的质量管理研究[D].北京:北京理工大学,2018.

[44] 赵莹华.新编公路工程预算:定额计价与工程量清单计价[M].北京:中国建材工业出版社,2009.

[45] 钟汉华,赵建东,林张纪.建筑工程项目管理[M].2版.北京:中国水利水电出版社,2014.

[46] 周直,崔新媛.公路工程造价原理与编制[M].北京:人民交通出版社,2002.

[47] 朱江.公路建设项目环境管理体系研究[D].西安:长安大学,2006.